임상심리학

박상규 · 박준호 · 배성훈 · 신성만 · 조성근 · 조혜선 · 최현정 · 홍예영 공저

Clinical Psychology

학지사

머리말

혼히 임상심리학은 심리학의 꽃이라 부른다. 임상심리전문가가 내담자와 지역공동체를 위해서 심리상담, 심리평가, 정신재활, 교육, 연구, 자문 등의 일을 잘 수행하기 위해서는 기초심리학은 물론 현장에서 필요한 다양한 응용심리학적 지식을 배우고 통합할 수 있어야 한다.

1964년에 시작한 한국의 임상심리학은 괄목할 만한 성장을 이루고 있으나 아직 지역공동체를 위해서 해야 할 일이 많다. 임상심리전문가는 병원만이 아니라 지역공동체의 안녕과 행복을 위해서 배운 지식과 경험을 잘 사용해야 한다.

이 책은 학부생들에게 필요한 핵심적 내용을 이해하기 쉽도록 기술한 것이다. 필자들은 미래에 필요한 실사구시의 학문적 관점에서 이 책을 저술하였다. 앞으로는 딥러닝(Deep Learning), 머신러닝(Machine Learning), 빅데이터(Big Data), AI(Artificial Intelligence: AI), 메타버스(metaverse) 등의 도구가 심리평가 및 상담 등에 활발히 사용될 것이다.

제1장 임상심리학의 정의와 윤리는 조혜선 과장, 제2장 임상심리학의 역사와 훈련은 배성훈 교수, 제3장 임상심리학의 연구방법은 조성근 교수, 제4장 임상 면담은 박상규 교수, 제5장 지능평가와 제6장 성격평가는 박준호 교수, 제7장 신경심리평가는 조혜선 과장, 제8장 정신역동치료는 박상규 교수, 제9장 행동 평가와 초창기 인지행동치료는 최현정 교수, 제10장 인지행동치료의 현재는 최현정 교수와 조성근 교수, 제11장 인간중심치료 및 실존주의 심리치료는 신성만 교수, 제12장 집단 심리치료와 제13장 가족치료와 놀이치료는 홍예영 교수, 제14장 정신재활은 신성만 교수, 제15장 임상심리학의 미래와 준비는 배성훈 교수가 맡았다.

　　이 책이 나오기까지 수고하신 여러분에게 감사드린다. 배성훈 교수는 여러 저자로부터 원고를 모으고 정리하는 일로 고생이 많았다. 학지사의 김진환 대표님과 한승희 부장님은 저자들에게 이 책을 집필하도록 격려하고 지지해 주셨다. 또 교정 및 편집 과정에서 많은 수고를 해 주신 학지사의 김순호 이사님과 이세희 선생님에게 감사의 말씀을 전한다.

　　이 책이 학부생들이 임상심리학을 잘 이해하여 미래의 임상심리학자로서의 탄탄한 준비를 하는 데 많은 도움이 되기를 바란다.

2022년 4월

노고산 아래서

저자 대표 박상규

차례

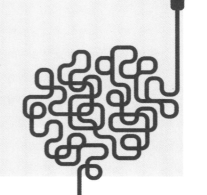

제3장　임상심리학의 연구방법 • 65

제4장　임상 면담 • 85

제5장 지능평가 • 111

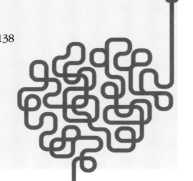

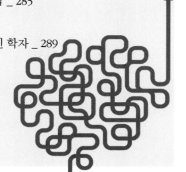

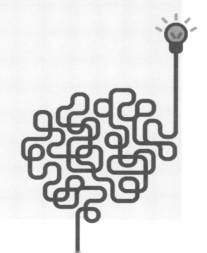

임상심리학의 정의와 윤리

제1장

'심리학의 꽃'이라 일컬어지는 임상심리학은 다양한 영역에서 많은 전문가가 활동하고 있으며, 다수의 개인들과 사회의 안녕에 기여하고 있다. 이 장에서는 임상심리학에 대한 이해를 돕기 위해 임상심리학의 정의, 임상심리학과 유사 분야의 공통점과 차이점, 임상심리학자의 기능과 역할, 임상심리학 관련 자격증, 임상심리학자로서 가져야 할 윤리에 대해 다루고자 한다.

1. 임상심리학의 이해

1) 임상심리학의 정의

산업화 시대에는 경제 성장과 같은 외형적 가치에 초점을 두었다면, 현대에 와서는 점차 워라벨(work-life balance), 소확행(소소하지만 확실히 실현 가능한 행복이나 그러한 행복을 추구하는 삶의 경향) 등과 같이 내면적 가치와 성장을 중요시하고 있다. 특히, 일과 삶의 균형을 이루고 개인의 행복을 지키는 것이 중요한 가치 중 하나로 여겨진다.

사람들이 개인의 행복, 심리적 건강, 스트레스 관리 등에 관심을 두면서 심리학이 인기 학문 중 하나로 조명받고 있다. 다양한 주제의 심리학 서적이 발간될 뿐 아니라 방송 프로그램에도 심리학을 소재로 하는 추세다. 또 심리학은 인문학, 자연과학, 영화나 그림, 소설 등 많은 분야에 영향을 미치고 있다. 그러나 심리학이 구체적으로 어떤 학문인가에 대한 이해는 부족한 편이다.

심리학(Psychology)의 어원은 '마음(psyche)을 연구하는(logos) 학문'이란 의미다. 즉, 심리학이란 인간의 마음과 행동을 과학적 방법으로 탐구하는 학문이다. 우스갯소리로 심리학자의 라이벌은 점술가라는 말이 있다. 아마도 심리학자와 점술가 모두 사람의 마음을 다룬다는 점에서 공통점이 있기 때문일 것이다. 하지만 심리학자와 점술가의 가장 큰 차이는 과학적으로 검증된 접근법을 사용하느냐 아니냐다. 심리학은 인간의 마음과 행동을 검증 가능한 과학적 방법으로 측정하고 판단한다. 심리학의 초점은 과학적 탐구를 통해 인간의 삶을 발전시키는 데 있다.

심리학에는 여러 분야가 있다. 기초심리학에는 인지, 발달, 지각, 생리, 사회심리학 등이 있고, 응용심리학에는 임상, 상담, 건강, 법, 범죄, 산업, 교육심리학 등이 있다.

각 심리학의 분야는 저마다 다른 영역에 초점이 있다. 예컨대, 인지심리학은 인간의 마음이 어떻게 생각하고 기억하며 학습하는지를 연구한다. 의사를 결정하는 과정, 세상을 인식하는 방법 등을 이해하는 데 과학적 방법을 적용한다. 발달심리학은 인간이 일생 동안 어떻게 성장하고 적응하는지를 탐구한다. 개개인의 적응적인 발달을 돕고 발달상의 문제를 극복하며 잠재력을 최대한 발휘할 수 있게 돕는다. 법심리학은 사법체계에서 활용될 수 있는 심리학적 지식과 평가 등을 지원한다. 범죄심리학은 범죄자의 행동을 예측하고 이해하여 범죄 행동을 교정하고 예방하기 위한 학문이다. 사회심리학은 사회 환경과 문화를 인식하는 방식과 이러한 인식이 개인의 선택, 행동, 신념 등에 미치는 영향을 이해할 수 있게 한다. 상담심리학은 인간이 일상에서 겪는 스트레스와 같은 심리적 고통을 경감시키고 대인관계 기능을 촉진하는 데 목적이 있다.

심리학의 여러 분야 중 임상심리학(Clinical psychology)은 인간의 심리적 고통이나 장애를 진단하고 치료하는 전문 분야다. 임상심리학이란 용어는 위트머(Witmer)가 1907년 처음으로 사용하였다. 당시 위트머는 "인간의 변화를 촉진하기 위하여 관찰이나 실험을 통해 연구하는 학문"으로 임상심리학을 정의하였다. 제1차 세계 대전 이후 임상심리학자의 중요한 역할로 심리평가가 강조되었고, 제2차 세계 대전 이후 심리치료 기능이 강조되면서 점차 현재의 임상심리학 정의에 가까워졌다. 임상심리학의 '임상(clinical)'은 '병원' 또는 '병상에서'를 의미한다. 따라서 초기 임상심리학은 병원에서 정신장애를 다루며, 정신질환자를 진단하거나 치료한다고 인식되었다. 이는 극히 제한적인 의미가 아닐 수 없다.

미국심리학회(American Psychological Association: APA)에서는 임상심리학을 다음과 같이 정의한다(https://www.apa.org).

> "임상심리학은 인간의 정신과 행동 건강을 종합적이고 지속적으로 관리하는 전문 분야로 다양한 정신병리를 포함하는 광범위한 분야다."

미국심리학회의 제12분과인 임상심리학회(Society of Clinical Psychology)는 임상심리학을 다음과 같이 정의한다(https://div12.org).

> "임상심리학은 지적·정서적·생물학적·심리학적·사회적·행동적 부적응 및 장애를 이해하고 예측하며 부적응 증상의 완화를 위한 방법 및 절차 관련 연구, 교육, 서비스를 제공하는 전문 분야다."

이를 종합하면 임상심리학은 한 인간을 총체적으로 이해하고, 그가 겪고 있는 정신병리[1]와 같은 부적응 문제와 장애를 심리학적 관점에서 이해하며 이를 경감 또는 완화하기 위한 효과적인 방법을 연구, 교육하거나 심리평가 및 심리치료와 같이 직접적인 서비스를 제공하는 전문 분야다. 이를 위해 임상심리학에서는 이론과 실무 경험을 골고루 갖출 수 있도록 교육하고 훈련한다.

임상심리학은 다양한 주제와 영역으로 세분화할 수 있다(Norcross, Vandenbos, & Freedheim, 2016). 예컨대, 대상 연령에 따라 유아 임상심리학, 아동 임상심리학, 청소년 임상심리학, 성인 임상심리학, 노인 임상심리학으로 나눌 수 있고, 주제 또는 영역에 따라 가족 임상심리학, 지역사회 임상심리학, 건강 임상심리학, 신경 임상심리학, 범죄 및 법정 임상심리학 등이 있다. 또 새로운 영역으로는 직업 임상심리학과 스포츠 임상심리학, 임상행동 분석 등이 있다.

---

1) 정신병리(psychopathology)는 병리학적 관점에서 정신이상을 의미, 정신병, 신경증, 정신병질 등 객관적 관찰·측정이 가능한 부적응적인 심리적 특성을 말한다.

2) 임상심리학과 유사 분야의 공통점과 차이점

(1) 정신의학

정신의학(Psychiatry)은 정신장애[2]를 이해하고 예방하며 치료하기 위한 의학 분야 중 하나다. 'psychiatry'의 어원은 '정신'을 뜻하는 'psyche'와 '고친다'는 의미의 'iatreuō'가 합쳐진 단어다. 즉, 정신의학은 개인의 정신건강을 증진하기 위해 병리적인 문제나 증상을 최소화하는 데 목적이 있다. 이는 임상심리학과의 공통점이라 할 수 있겠다.

정신의학은 정신장애를 치료하기 위해 심리적·사회적·생물학적 방법에 중점을 두고 있다. 특히, 정신의학에서는 생물학적 모델에 근거해 정신장애를 이해하고 있으며, 주요 치료법은 약물치료라는 점에서 임상심리학과 차이가 있다. 일부 정신장애는 약물치료가 필수적이고, 약물치료가 증상의 경감을 효과적으로 돕기도 한다. 예컨대, 주의력결핍-과잉행동장애(Attention Deficit-Hyper Activity Disorder: ADHD)[3]의 경우 단기간에 행동조절 및 주의집중, 학업수행 능력 등을 개선하는 데 약물치료가 효과적이라고 알려져 있다. 다만 ADHD는 약물치료뿐만 아니라 사회적 기술훈련, 행동수정 등 비약물치료도 증상의 호전에 주요한 영향을 미치며 약물치료의 한계점을 보완할 수 있다고 알려져 있다.

(2) 상담심리학

상담심리학은 초기에 교육 현장에서 직업에 관해 지도하고 상담하는 데 초점이 맞춰져 있었으나 오늘날에 점차 활동 영역을 확장하여 웰빙(well-bing)에 초점을 두기 시작하였다. 미국심리학회의 제17분과인 상담심리학회(Society of Counseling Psychology)에서는 상담심리학을 "대인관계 기능을 촉진하는 전문 분야로 일상에서의 정서적·사회적·직업적·교육적 건강과 발달이 주 관심사"라고 정의하였다. 상담심리학자들은 대체로 개업하여 상담 서비스를 제공하거나 학교, 재활 기관, 기업체 및 민간기관 등에서 활동한다.

임상심리학과 상담심리학 모두 인간의 심리적 고통과 부적응을 경감시키고, 적응기능

---

2) 정신장애(Mental Disorder)는 행동적·심리적 증후군으로 비정상적인 심리상태를 질병이나 장애로 보는 생물학적 관점에서 파생된 용어다.

3) 주의력결핍-과잉행동장애(Attention Deficit-Hyper Activity Disorder: ADHD)는 부주의와 과잉행동 및 충동성이 6개월 이상 심각하게 지속되는 정신장애다. 부주의형의 주요 증상으로는 세세한 면에 주의를 기울이지 못하고 부주의한 실수를 저지르거나 지속적으로 주의집중을 유지하지 못하는 것 등이 있다. 과잉행동 및 충동성형의 주요 증상으로는 몸을 한시도 가만히 두지 못하고, 부적절하게 뛰어다니며, 지나치게 수다스럽거나 자신의 차례를 기다리지 못하는 등의 증상이 있다.

을 회복시키는 데 초점을 둔다는 것은 유사하다. 다만 임상심리학이 정신병리와 같은 보다 심각한 증상을 진단하고 치료하는 데 반해 상담심리학은 생의 전반에서 경험하는 일상적인 스트레스의 회복과 행복에 초점을 맞춘다는 점에서 둘 간의 차이가 있다.

2. 임상심리학자의 기능과 역할

임상심리학자는 정신건강 분야의 전문가로서 정신병리에 대한 이해와 평생 발생할 수 있는 정신건강 문제에 대한 이해를 바탕으로 표준화된 심리검사를 실시하고 가설을 세우며 통합적으로 해석할 수 있는 능력, 심리적 부적응 및 정신병리를 치료할 수 있는 능력, 관련 지식과 방법에 관한 연구를 과학적이고 비판적으로 검토할 수 있는 능력 등을 갖추어야 한다. 임상심리학자의 주요 기능과 역할에는 심리평가, 심리치료, 연구, 교육, 자문, 행정 등이 있다.

1) 심리평가

심리평가(Psychological assessment)는 임상심리학자의 고유한 기능과 업무 중 하나다. 심리평가는 인지능력, 성격, 정서, 정신병리, 이상행동 등 개인의 다양한 심리적 상태와 행동을 심리적 지식에 근거해 가설을 세우고, 객관적 지표로 측정하며, 관찰하여 하나의 전문적이고 종합적인 결론에 이르는 과정을 말한다. 심리평가를 통해 임상심리학자는 개인의 부적응적 특징과 심각도, 부적응 증상을 유발한 심리사회적 요인 등을 통합적으로 분석할 수 있고, 이러한 부적응 증상이 향후 개인의 일상에 미칠 영향 등을 예측할 수 있다. 또한 개인의 병리적 특징에 따라 특정 정신장애로 판단 및 진단하는 심리진단(psychological diagnosis)도 심리평가를 통해 가능하다.

심리평가를 구성하는 요소는 면담, 심리검사, 행동 관찰이 있다. 임상심리학자는 면담과 행동 관찰로 개인의 심리적 특성과 행동에 대한 가설을 세우고, 심리검사라는 객관적 지표를 통해 이를 확인하고 해석한다. 임상심리학에서 활용하는 심리검사는 평가 영역에 따라 지능검사, 발달검사, 성격검사, 정서상태검사, 정신병리검사, 신경심리검사 등이 있다.

심리평가 결과는 의뢰 장면에 따라 다양하게 활용할 수 있다. 예컨대, 정신과 장면에서는 정신장애의 진단과 치료계획의 수립, 치료의 효과성 평가, 입·퇴원의 결정, 자살 위험과 같은 고위험 특성 평가 등으로 활용할 수 있다. 신경과적 장면에서는 뇌 기능의 평가, 인지기능장애의 평가, 상해나 뇌 손상 이전의 기능평가 등을 할 수 있고, 법적 장면에서는 진술의 신빙성 평가, 정신이상의 감정, 양육권 결정 시 등에서 활용할 수 있으며, 학술 및 교육적 맥락에서는 학습상의 어려움 평가, 학습장애 및 발달장애 평가, 교육계획 수립 등에 심리평가를 활용할 수 있다.

최근에는 임상심리학의 유사 분야에서도 심리검사를 활용하고 있으나, 임상심리학자는 심리평가의 유일한 전문가로서 심리적 부적응과 정신병리 등을 체계적으로 진단하고 평가할 수 있는 전문지식과 기술을 갖추고 있다.

2) 심리치료

심리치료(Psychotherapy)는 임상심리학자의 중요한 기능과 업무 중 하나다. 임상심리학자는 심리평가를 통해 개인의 심리적 상태나 부적응 문제를 파악하고 이를 토대로 부적응 문제를 경감시키기 위해 심리치료를 한다. 심리치료의 중요한 목적 중 하나는 스스로 해결할 수 없는 부적응 증상을 제거하거나 경감시켜 보다 기능적인 행동을 할 수 있도록 돕고 적응적으로 일상생활을 영위할 수 있도록 하는 것이다.

심리치료는 공인된 자격을 갖춘 전문가에 의해 이루어져야 하며, 검증된 병리와 치료 이론에 근거해 효과적인 방법과 절차를 적용하여야 한다(권석만, 2012). 심리학자의 전문성에는 ① 평가 수행 및 진단적 판단 가능, 체계적인 사례개념화와 치료계획 수립, ② 임상적 결정 및 치료와 지속적인 모니터링 능력, ③ 치료 동맹 형성 능력과 대인관계적 전문지식, ④ 지속적인 자기-반영과 전문 기술 습득, ⑤ 연구 근거 평가 및 활용, ⑥ 다양한 개인, 문화, 상황적 차이의 영향 이해, ⑦ 이용 가능한 자원 검색 능력, ⑧ 설득력 있는 근거가 뒷받침되는 임상적 전략 등을 포함한다(APA, 2002).

심리치료의 종류는 치료 대상의 수나 유형에 따라 개인 심리치료, 집단 심리치료, 부부치료, 가족치료 등으로 나뉘며, 치료 이론에 따라 정신분석치료, 인지치료, 행동치료, 인간중심치료, 실존치료, 게슈탈트 치료, 현실치료 등이 있다. 최근에는 다양한 이론적 접근을 절충하거나 통합하는 시도도 나타나고 있다. 다만, 모든 심리치료에서 중요하게 여기는 치료 요인은 치료자가 전문성을 갖춰야 하고, 긍정적인 치료관계를 맺어야 하며, 치료의 효과가 과학적으로 검증되어야 한다는 점 등이다.

미국심리학회에서는 연구를 통해 치료 효과가 검증된 특정 정신장애에 적합한 치료 목록과 각 치료의 효과성을 제시하고 있다. 심리학의 근거 기반 실천(Evidence-Based Practice in Psychology: EBPP)은 임상의 전문지식과 연구를 통합하여 심리평가, 사례개념화, 치료관계 및 개입에서 경험적으로 지지하는 원칙을 적용해 효과적으로 심리학적 실천을 도모하는 것을 목적으로 한다. 최상의 연구 근거는 개입 전략, 평가, 임상적 문제, 다양한 환경이나 대상군에서 의미 있는 효과가 과학적으로 입증된 연구 결과를 말한다. 이러한 결과는 통계적 및 임상적으로 유의해야 하며, 체계적인 검토를 통해 확인되어야 한다.

과학적 연구를 통해 경험적으로 효과가 입증된 치료(well-established treatment) 또는 강력하게 추천되는 치료(strong recommendation treatment)의 예는 'Cognitive and behavioral therapies for generalized Anxiety Disorder', 'CBT for Schizophrenia', 'CBT for adult ADHD', 'Exposure therapies for Specific Phobias' 등이 있다(Chambless & Hollon, 1998; Tollin et al., 2005).

3) 연구

연구는 임상심리학자가 다른 분야의 전문가와 차별화되는 활동이라 할 수 있다. 임상심리학자는 내담자/환자의 심리적 상태를 파악하기 위한 도구를 개발하거나 표준화하고, 특정 문제가 발생하는 사람들의 특징이나 그 문제를 해결하기 위해 어떤 치료 방법이 효과적인지 등에 대해 조사하고 연구한다.

임상심리학자의 대표적인 훈련 모델인 과학자−전문가 모델도 임상과 연구의 조화를 중점으로 두고 있다. 즉, 과학자−전문가 모델은 임상심리학자가 임상 현장에서 심리평가와 심리치료 등의 전문가일 뿐만 아니라 과학적인 방법을 통해 조사, 탐구, 연구하는 과학자여야 한다는 의미를 포함한다.

국내 임상심리전문가의 수련체계는 이러한 과학자−전문가 모델에 기초하여 발달했다. 임상심리전문가 수련 과정을 보면 심리평가 300시간, 심리치료 300시간 수련뿐만 아니라 주저자로서 논문을 학회지에 투고하는 것도 포함되어 있다.

한국임상심리학회에서는 2종의 학회지를 발간하고 있다. 제1학회지인 『Korean Journal of Clinical Psychology』는 매년 4회 온라인으로 발행하며, 제2학회지인 『한국심리학회지: 임상심리 연구와 실제』는 매년 4회 발행하고 있다.

4) 교육

박사 학위를 취득한 임상심리학자의 상당수는 대학에서 학생들에게 임상심리학 관련 이론을 가르치거나 임상 현장에서 수련생들에게 심리평가 및 심리치료 사례 슈퍼비전을 통해 실무 경험을 지도하기도 한다. 일부 임상심리학자는 의과대학, 교육학과 등 관련 학과의 교수진으로 활동하기도 한다. 이들은 심리학개론, 임상심리학, 이상심리학, 심리검사 등과 같은 학부 강의를 하거나 정신병리학, 심리검사, 심리치료, 성격이론 등과 같은 대학원 강의를 한다.

대학과 수련 감독자 외에도 임상심리학자는 다양한 환경에서 교육한다. 일반인을 대상으로 정신건강 증진이나 자살 예방, 스트레스 관리 등을 위해 교육하거나 다른 정신건강 전문가들을 위해 현장에서 활용 가능한 임상심리학적 지식, 심리검사의 활용 등을 강의한다. 또 경찰, 소방관, 보호관찰관, 교도관 등을 대상으로 다양한 주제에 대해 워크숍을 진행하기도 한다.

5) 자문 및 행정

임상심리학자는 다양한 영역에 자문[4]을 제공할 수 있다. 예컨대, 치료 사례에 대해 동료에게 자문을 제공할 수도 있고, 평가나 심리치료에 대해 다른 정신건강 전문가들에게 자문을 제공할 수도 있다. 민간기업에서는 직원들의 직무 스트레스나 성격특성에 따른 직무 배치 등에 대해 자문을 제공할 수 있고, 국가기관에서는 여러 대상에 제공할 심리 서비스에 관한 자문을 제공할 수 있다. 많은 임상심리학자가 다양한 기관 또는 영역에서 자문을 제공하고 있으며, 이러한 자문이 임상심리학자의 전문성을 공고하게 한다.

"일부 강인한 영혼을 가진 임상심리학자만이 행정가가 된다(Trull & Prinstein, 2014)."라는 문장이 떠오른다. 행정가에게 강인한 영혼이 필요한 것은 다양한 사람들의 요구가 있고 민감한 문제를 해결해야 하는 등 신경 써야 할 부분이 많은 와중에도 목적 달성을 위한 중심을 지켜야 하기 때문일 것이다. 국내에서 행정 업무만을 전담으로 하는 임상심리학자는 드물 것이다. 전임 행정가는 국가기관이나 공공기관 등에서 정책에 방향을 제시하고, 국민의 정신건강이 증진될 수 있도록 다양한 방안을 마련할 수 있다. 전임 행정가가 아니

---

4) 자문은 한 분야의 전문가에게 의견을 물어 효율적으로 업무를 수행하는 과정이다.

더라도 대부분의 임상심리학자는 행정 업무를 한다. 예컨대, 내담자/환자의 기록을 작성 및 관리하고, 연구계획서를 작성하기도 하며, 위원회의 위원이나 학회장 등의 활동을 통해 행정을 담당하기도 한다.

3. 임상심리학자 현황과 관련 자격증

1) 임상심리학자 현황

미국심리학회(American Psychological Association: APA)에 따르면 2019년에 활동한 심리학자는 110,270명으로 평균 연령은 48.4세였고, 이들 중 70%인 77,281명이 여자, 30%인 32,989명은 남자였다. 인종은 91,302명인 83%가 백인이었다. 전체 심리학자 중 6%인 5,707명은 30세 이하, 30%인 32,692명은 31~40세, 25%인 27,379명은 41~50세, 17%인 18,194명은 51~60세, 19%인 20,035명은 61~70세, 6%인 6,263명은 71세 이상이었다.

2021년 미국심리학회 구인공고를 보면, 임상심리학자는 다양한 영역에서 활동하고 있다. 예컨대, 정신건강의학과, 소아과, 신경과 등 의료기관에서는 정신병리, 성격, 정서, 신경발달, 지능 및 학습장애 등을 평가하고 치료한다. 또 암센터와 같이 만성질환자를 치료하는 기관에서는 심리평가, 근거 기반 치료 프로그램 개발 및 실시, 만성질환자에게 적합한 개별 치료 연구 등의 업무를 한다. 대학의 심리학과에서는 정신 및 행동 건강, 정신병리, 아동ㆍ청소년 심리학, 노인 심리학, 심리평가 및 치료 등을 학생들에게 교육하고, 관련 연구를 한다. 교정의료센터에서는 교도소에 수감된 정신질환자를 평가하고 치료하는 업무를 한다. 재활센터에서는 환자의 기능 회복을 위해 면담, 평가, 해석, 치료 서비스를 제공한다. 개업 임상심리학자들은 독립된 사무실을 가지고 환자 또는 그 가족에게 심리학적 서비스(예: 근거 기반 심리치료, 심리평가 실시 및 해석 등)를 제공한다.

미국심리학회에 따르면 2021년 임상심리학자의 연봉은 75,000달러부터 130,000달러 이상이다. 미국 노동통계국(Bureau of Labor Statistics)에 따르면 2020년 5월 기준 임상심리학자의 평균 연봉은 89,290달러였고, 특히 의료기관에서 일하는 경우 평균 109,100달러의 연봉을 받았다.

한국심리학회의 제1분과인 한국임상심리학회에 따르면 2021년 8,000여 명의 회원이 활동하고 있으며, 임상심리전문가 자격취득자는 약 1,700명, 정신건강임상심리사(1급, 2급)

는 약 2,700명이다. 임상심리학자는 의료기관, 개업, 학교, 정부기관 및 공공기관, 민간기관 및 기업체 등 다양한 분야에서 활동할 수 있다.

(1) 의료기관

의료기관은 전통적으로 임상심리학자가 주로 활동하는 영역 중 하나다. 의료기관에서 임상심리학자는 정신건강의학과, 신경과, 소아·청소년과 등에서 면담, 심리평가 및 진단, 심리치료, 연구, 교육 활동을 하며 의료진과 협업을 할 수 있다. 이들은 우울장애, 불안장애, 조현병, 약물 및 알코올 중독 등과 같은 정신장애를 평가하고 진단하며 치료한다. 또 정신질환자에게 적합한 치료법을 고안하기 위한 연구에 참여하기도 한다. 필요한 경우 이들을 평가한 것에 대해 심리학 전문가로서 법적 상황에서 증언을 요청받기도 한다. 만성 정신질환자를 다루는 정신건강센터나 재활시설에서는 정신질환자의 일상생활 관리나 복귀를 돕기 위한 프로그램을 기획하거나 진행하고, 이러한 프로그램의 효과성을 평가하기도 한다.

(2) 개업

최근에는 많은 임상심리학자가 개업하는 추세다. 사회적으로 심리치료나 상담에 관한 관심이 증가하고 부정적 편견은 감소함에 따라 개업하는 심리학자가 점차 증가하고 있다. 아직까지 국내 수련 모델은 개업하는 임상심리학자들을 위한 프로그램이 부족한 편이다. 그로 인해 개업을 두려워하는 임상심리학자들도 있지만, 개업은 전문가로서의 기능과 역할을 다양하고 광범위하게 수행할 수 있다는 장점이 있다. 예컨대, 개업 시 임상심리학자는 스스로의 활동을 계획하고, 내담자/환자를 평가하고 치료계획을 수립하며 치료를 진행하고 그 결과에 대한 연구를 하거나 이를 바탕으로 교육할 수 있다.

(3) 학교

학교는 임상심리학자들이 활동하는 주요 영역 중 하나다. 초등학교나 중학교 및 고등학교, 대학교의 상담센터에서 학생들의 일상생활의 어려움 및 대인관계, 학업, 진로 등의 스트레스나 고민을 상담할 수 있다. 예컨대, 교육부에서 운영하는 위(Wee) 클래스 및 센터는 전체 학생의 정신건강과 위기학생의 심리적 어려움을 지원하기 위해 만들어졌다. 이러한 교내 부설 상담센터에서 임상심리학자들은 학생들의 정신건강을 평가하고 상담하며 치료할 수 있다.

(4) 정부기관 및 공공기관

정부기관은 법원, 대검찰청, 경찰청, 교도소, 보호관찰소, 군대 등이 있으며, 정부 산하 기관인 해바라기센터, 스마일센터 등과 공공기관인 국립트라우마센터, 국립암센터, 아동권리보장원 등에서 활동할 수 있다. 대체로 이들 기관에서는 특정 직무와 관련된 업무를 수행할 수 있다. 예컨대, 법원이나 교도소에서는 범죄자의 정신감정이나 입양부모 평가 등의 역할을 할 수 있으며, 군대에서는 군인의 정신건강 평가를 통해 군생활의 적응도나 위험성을 평가할 수 있고 이를 바탕으로 상담할 수도 있다. 해바라기센터나 스마일센터와 같이 범죄 피해자와 관련된 기관에서는 성폭력 피해 아동이나 장애인을 대상으로 피해 경험 진술에 대한 분석을 하거나 피해 회복을 돕기 위해 활동할 수 있다.

(5) 민간기관 및 기업체

오늘날 많은 기업체가 효율적인 업무환경 조성을 위해 직원들의 직무 스트레스에 관심을 두고 있다. 대표적으로 구글, 애플 등의 IT(information technology: IT) 기업들은 사내에 직원들을 위한 심리 서비스 제공 기관이나 전문가를 상주시키고 있으며, 삼성, LG 등과 같은 국내 대기업에서도 직원들의 심리적 건강에 관한 관심을 가지며 심리학자를 고용하고 있다.

2) 국내 임상심리학 관련 자격증

(1) 임상심리전문가

임상심리전문가는 임상심리학의 가장 오랜 역사와 신뢰성을 가진 자격으로 1971년 자격규정이 공포되었고, 1975년부터 한국심리학회가 발급하고 한국임상심리학회가 시행하는 자격이다. 정신병리 등 정신건강에 대한 전문지식과 기술을 통해 정신질환자를 포함한 다양한 사람들의 심리적 고통을 경감시키기 위해 심리평가, 상담 및 치료를 실시하며, 보다 전문적이고 과학적인 서비스 제공을 위해 연구와 교육을 지속적으로 하고 있다.

(2) 정신건강임상심리사

정신건강임상심리사는 정신건강 분야에 관한 전문지식과 기술을 갖추고 정신질환자 등에 대한 심리평가, 상담 및 치료, 교육 등의 서비스를 제공한다. 이 자격은 「정신보건법」이 시행되면서 정신보건 분야에 관한 전문지식과 기술을 갖추고 보건복지부령으로 정하는 정신건강전문요원 수련기관에서 수련받은 자에게 정신보건전문요원의 지위를 부여하면서 신설되었다. 2016년 「정신보건법」이 「정신건강증진 및 정신질환자 복지서비스 지원에 관한 법률」로 개정되어 2017년부터 시행됨에 따라 정신보건임상심리사의 명칭도 정신건강임상심리로 변경되었다.

(3) 임상심리사

임상심리사는 임상심리학적 지식을 활용하여 심리치료, 심리재활 등의 업무를 수행하기 위해 한국산업인력공단에서 발행하는 자격으로 학위와 실습경력에 따라 1급과 2급으로 구분된다. 각 자격증의 자세한 훈련 과정은 제2장에서 소개하겠다.

3) 임상심리학의 현재와 미래

2020년 이후 전 세계적으로 코로나19(COVID-19)[5]로 인해 빠르게 변화하는 상황에 다양한 전문가들이 대응하고 있다. 미국 노동부가 2020년 발행한 『Occupational Outlook Handbook』에 따르면 심리 서비스의 중요성에 대한 인식이 높아짐에 따라 임상심리학자의 수요는 향후 10년 동안 3% 가량 증가할 것으로 예측되었다. 포스트 코로나 시대를 맞이하여 임상심리학에도 많은 변화가 있다.

(1) 비대면 심리서비스의 활성화

코로나19로 학교 수업뿐만 아니라 재택근무가 필수적인 상황이 되어 비대면 심리서비스의 필요성이 대두되었다. 이러한 비대면 서비스는 심리서비스를 찾는 내담자/환자의 접근성을 높이고, 낙인 문제를 해결하는 데 도움을 줄 수 있다. 비대면 심리 서비스가 대면 서비스 못지않은 치료 효과를 보였다는 연구 결과가 있다. 주요우울장애 환자에게 대면 인지행동치료와 전화를 통한 비대면 인지행동치료를 제공했을 때 대면 치료의 효과가 더 오래 지속되었으나, 두 방법 간 우울감 개선의 차이는 크지 않았다(Mohr et al., 2012). 다만, 비대면 심리 서비스의 이점과 위험성은 여전히 의견이 분분하므로 상황과 대상에 따라 신중히 적용할 필요가 있다.

---

5) 코로나바이러스감염증-19(COVID-19)은 사람과 동물에 감염될 수 있는 바이러스로 주요 증상으로는 발열, 기침, 호흡곤란, 오한, 근육통, 두통, 인후통, 후각·미각소실 등이 있다. 코로나19는 COVID-19의 공식 한글 명칭이다.

(2) 코로나19로 인한 정신건강 문제 증가

코로나19가 지속적으로 삶에 부정적인 영향을 미칠 수 있다는 두려움으로 우울과 불안감을 겪는 인구가 증가하고 있다. '코로나 블루'라는 신조어가 생길 만큼 행동의 제약과 감염에 대한 두려움은 우리의 일상에 깊숙이 영향을 미치고 있다. 또 일부는 사소한 자극에도 예민하게 반응하는 경향이 증가하고, 타인의 행동에 대한 비판과 분노도 급증하고 있다. 사회취약계층의 경우 생활고까지 더해져 코로나19 이후 심리·사회적 및 경제적으로 더 큰 어려움을 겪고 있다. 이러한 심리적 어려움이 확산되고, 가중될수록 정신건강전문가로서 임상심리학자의 역할과 책임이 커질 것이다.

4. 임상심리학자의 윤리

임상심리학자는 개인과 사회의 정신건강을 유지하기 위해 과학적인 지식에 기초하여 전문적인 능력을 발휘해야 한다. 자신의 지위나 지식, 능력을 남용하거나 악용하지 않아야 하며, 직무를 수행하는 데 있어 양심에 거리낌이 없어야 한다. 사회적 및 윤리적으로도 전문가로서 품위를 손상해서는 안 된다. 특히, 임상심리학자는 한 사람의 내밀한 정보를 알게 되는 경우가 많으므로 이러한 개인정보를 다루는 데 윤리적으로 민감해야 한다.

한국임상심리학회(http://www.kcp.or.kr)에서는 임상심리학자가 지켜야 할 윤리에 대해 다음과 같이 규정하고 있다.

⋮

제9조 심리학자의 기본적 책무

1. 심리학자는 인간의 정신 및 신체건강의 향상을 위해 노력하여야 한다.
2. 심리학자는 개인과 사회의 발전을 위해 노력하여야 한다.
3. 심리학자는 학문연구, 교육, 평가 및 치료의 제 분야에서 정확하고, 정직하며, 진실되게 업무를 수행하여야 한다.
4. 심리학자는 자신의 업무가 사회와 인류에 영향을 미칠 수 있음을 자각하여 신뢰를 바탕으로 전문가로서의 책임을 다 한다.
5. 심리학자는 심리학적 연구 결과와 서비스가 필요한 모든 사람에게 공정하게 제공될 수 있도록 최선의 노력을 기울여야 한다.

6. 심리학자는 인간의 가치와 존엄성을 존중하며, 아울러 사생활을 침해받지 않을 개인의 권리와 자기 결정권을 존중한다.

제10조 전문성

1. 심리학자는 자신의 능력과 전문성을 발전시키고 유지하기 위하여 지속적인 노력을 기울여야 한다.
2. 연구와 교육에 종사하는 심리학자는 전문 분야에 대한 과학적 지식을 추구하고 이를 정확하게 전달하기 위하여 끊임없이 노력하여야 한다.
3. 평가와 심리치료에 종사하는 심리학자는 교육, 훈련, 수련, 지도감독을 받고 연구 및 전문적 경험을 쌓은 전문적인 영역의 범위 내에서 서비스를 제공하여야 한다. 긴급한 개입을 요하는 비상 상황인데 의뢰할 수 있는 심리학자가 없는 경우에는 자격을 갖추지 못한 심리학자가 서비스를 제공할 수 있다. 단, 이 경우에는 자격을 갖춘 심리학자의 서비스가 가능해지는 순간 종료하여야 한다.
4. 자신의 전문 영역 밖의 지식과 경험이 요구되는 서비스를 제공하고자 하는 심리학자는 이와 관련된 교육과 수련 및 지도감독을 받아야 한다.

⋮

제14조 다중관계

1. 다중관계, 즉 어떤 사람과 전문적 역할관계에 있으면서 동시에 또 다른 역할관계를 가지는 것은 심리학자가 공정하고 객관적으로 업무를 수행하는 데 위험요인이 될 수 있으며, 또한 상대방을 착취하거나 해를 입힐 가능성이 있으므로, 심리학자는 다중관계가 발생하게 될 때 신중하여야 한다.
2. 심리학자는 자신의 업무 수행에 위험요인이 되고 상대방에게 해를 입힐 수 있는 다음과 같은 다중관계를 피하여야 한다.
   (1) 사제관계이면서 동시에 사적 친밀관계인 경우
   (2) 사제관계이면서 동시에 치료자–내담자/환자 관계인 경우
   (3) 같은 기관에 소속되어 사제관계, 고용관계, 또는 상하관계에 있으면서 기관 내의 치료자–내담자/환자에 대한 지도감독의 대가로 직접 금전적 관계를 형성하는 경우
   (4) 치료자–내담자/환자 관계이면서 동시에 사적 친밀관계인 경우
   (5) 내담자/환자의 가까운 친척이나 보호자와 사적 친밀관계를 가지는 경우
   (6) 기타 업무수행의 공정성을 저해할 가능성이 있거나 착취를 하거나 피해를 입힐 가능성이 있는 다중관계

3. 심리학자의 업무 수행에 위험요인이 되지 않고, 또 상대방에게 해를 입히지 않을 것으로 생각되는 다중관계는 비윤리적이지 않다.

4. 예측하지 못한 요인으로 인해 해로울 수 있는 다중관계가 형성된 것을 알게 되면, 심리학자는 이로 인해 영향 받을 사람들의 이익을 고려하여 합당한 조처를 하고 윤리규정을 따르도록 한다.

제15조 이해의 상충

심리학자는 개인적, 과학적, 전문적, 법적, 재정적 또는 기타 이해관계나 대인관계에 있어서 다음과 같은 경우에는 전문적 역할을 맡는 것을 자제하여야 한다.

1. 심리학자로서의 역할을 수행하는 데 객관성, 유능성, 혹은 효율성을 해치는 경우

2. 전문적 관계를 가지고 있는 개인이나 조직에 해를 입히거나 착취할 것으로 생각되는 경우

:

제17조 비밀 유지 및 노출

1. 심리학자는 연구, 교육, 평가 및 치료과정에서 알게 된 비밀정보를 보호하여야 할 일차적 의무가 있다. 비밀보호의 의무는 고백한 사람의 가족과 동료에 대해서도 지켜져야 한다. 그러나 내담자/환자의 상담과 치료에 관여한 심리학자와 의사 및 이들의 업무를 도운 보조자들 간에서나, 또는 내담자/환자가 비밀노출을 허락한 대상에 대해서는 예외로 한다. 그러나 이 경우에도 실명 노출을 최소화하기 위해 노력한다.

2. 심리학자는 조직 내담자, 개인 내담자/환자, 또는 내담자/환자를 대신해서 법적으로 권한을 부여받은 사람의 동의를 얻어 비밀정보를 노출할 수도 있다. 이는 전문적인 연구 목적에 국한하여야 하며, 이 경우에는 실명을 노출해서는 안 된다.

3. 법률에 의해 위임된 경우, 또는 다음과 같은 타당한 목적을 위해 법률에 의해 승인된 경우에는 개인의 동의 없이 비밀정보를 최소한으로 노출할 수 있다.

   (1) 필요한 전문적 서비스를 제공하기 위한 경우

   (2) 적절한 전문적 자문을 구하기 위한 경우

   (3) 내담자/환자, 심리학자 또는 그 밖의 사람들을 상해로부터 보호하기 위한 경우

   (4) 내담자/환자로부터 서비스에 대한 비용을 받기 위한 경우

:

또 임상심리학자가 내담자/환자를 평가하고 치료할 때는 본인의 동의를 받아야 하며, 관련 자료가 유출되지 않도록 노력해야 한다. 임상심리학자는 평가 및 진단 시 내담자/환자에게 평가의 목적, 비용, 비밀유지의 한계 등과 내담자/환자의 권리를 설명하고 동의를 받아야 한다. 치료 시에도 치료의 목적, 절차, 치료비, 비밀유지의 한계, 치료의 한계와 위험 등에 대해 설명 후 동의를 받아야 한다. 이러한 동의를 문서화하여 안전하게 보관할 의무가 있다.

코로나19로 인해 비대면 상담 및 치료가 활성화되면서 이에 대한 윤리적 기준도 필요하게 되었다. 내담자/환자와 비대면 상담을 하는 경우 비대면 방법의 이점과 위험에 대해 충분히 설명하고 동의를 받은 후 진행할 필요가 있다. 예컨대, 이점은 외부 환경으로부터의 위험(예: 감염 등)이 감소한다는 것과 시간 및 공간의 제약 없이 신속한 개입이 가능하다는 것 등일 것이다. 반면 위험 또는 제한점은 개인정보의 유출 가능성, 불확실한 프라이버시의 확보 여부 등이 있을 수 있다.

따라서 비대면 상담 및 치료를 진행하고자 할 때는 내담자가 비대면 치료에 참여 가능한 임상적 및 인지적 상태인지, 비대면 치료를 위한 환경조성이 가능한지, 비대면 매체를 편안하게 여기고 사용할 수 있는지 등을 통합적으로 고려하여 결정해야 한다. 또 치료자는 비대면 치료 시 내담자의 개인정보를 적절하게 보호할 수 있는지, 비밀보장이 가능한 환경조성이 가능한지, 치료 장소가 적절한지, 능숙한 비대면 매체의 활용이 가능한지 등을 고려하여야 한다. 비용지불 절차나 방법, 동의를 어떻게 받을 것인지도 비대면 상담 및 치료 시 고려해야 할 사항 중 하나다.

코로나19로 심리평가 또한 영향을 받고 있다. 일부 임상심리학자는 코로나19로 심리평가를 실시하지 못할 수도 있지만, 또 다른 일부는 비대면 심리평가를 실시하기도 한다. 미국심리학회에서는 비대면 심리평가에 대해 다음과 같은 지침을 제공하고 있다.

① 심리검사 자료의 보안 유지
임상심리학자는 심리검사의 자극, 문항 등의 자료를 저작권자 또는 출판사의 동의 없이 임의로 보내서는 안 되며, 자료의 보안 유지에 힘써야 한다.

② 방법의 타당성에 대한 고민
임상심리학자는 비대면 심리검사의 위험과 한계에 대해 인식하고 있어야 하며, 내담자의 특성, 검사자의 전문성, 의뢰 사유 및 평가의 목적 등을 고려했을 때 이 방법이 적절한지 고민할 필요가 있다. 자기보고식 검사를 실시하더라도 검사자가 실시간으로 모니터링하는 것은 필수적이다.

③ 비대면 심리검사의 한계점에 대한 인식

비대면 심리검사 시 노출할 수 없는 일부 심리검사나 하위 척도(소검사) 등이 있을 수 있다. 이 경우 가장 신뢰롭고 타당한 척도는 전체 척도라는 것을 잊지 않아야 하며, 일부 하위 척도의 점수를 지나치게 확대해석해서는 안 된다.

④ 신뢰구간의 확대

임상심리학자가 임상적으로 판단할 때는 다양한 고려 사항과 기타 요인을 고려하여 오차 한계를 인정해야 한다. 이러한 오차 한계는 검사 점수에 반영되어 신뢰구간으로 표시되어야 한다. 비대면 심리검사는 아직 표준화되지 않은 방식이므로 이러한 방식으로 검사하는 데 따른 오차 범위는 넓어야 할 것이다. 비대면 심리검사 시 검사자는 내담자/환자에게 넓은 신뢰구간과 해석 과정에서의 오류 가능성을 신중하고 분명하게 설명하는 것이 필요하다.

⑤ 기본 윤리의 유지

임상심리학자의 기본 윤리에서 벗어나지 않아야 하며, 전통적인 심리평가(대면)에서와 동일한 윤리기준이 유지되어야 한다. 예컨대, 사전 동의 절차가 명확해야 하고, 자료를 해석하고 보고서를 작성하는 방식이 투명해야 한다.

✎ 요약

　임상심리학은 인간의 정신과 행동을 총체적으로 이해하고, 그가 겪는 심리적 고통이나 정신병리와 같은 부적응 문제 및 장애를 심리학적 관점에서 진단하고 완화할 수 있는 방법을 연구, 교육하는 전문 분야다.

　임상심리학자는 정신건강전문가로서 의료기관, 학교, 정부기관 및 공공기관, 민간기관 및 기업체 등 다양한 영역에서 근무하며, 최근에는 많은 임상심리학자들이 개업을 하고 있다.

　이들은 심리평가, 심리치료, 연구, 교육, 자문 및 행정 등의 업무를 수행한다. 심리평가는 임상심리학자의 고유한 기능 및 업무 중 하나로 다양한 심리적 상태와 행동에 대해 가설을 세우고 객관적 지표로 측정하며 관찰하여 종합적인 결론을 도출하는 과정을 말한다. 심리치료는 임상심리학자의 중요한 업무 중 하나로 개인이 스스로 해결할 수 없는 부적응 증상을 경감시키거나 완화시켜 적응적으로 생활할 수 있도록 돕는 전문 활동을 말한다. 또한 임상심리학자는 심리검사 도구를 개발 및 표준화하고, 효과적인 심리치료 방법에 대해 연구한다. 대학에서 임상심리학 관련 이론을 가르치거나 현장에서 수련생들에게 슈퍼비전을 통해 실무를 지도하고, 다양한 영역에서 자문을 제공하기도 한다.

　국내 임상심리학 관련 자격으로는 임상심리전문가, 정신건강임상심리사, 임상심리사가 있다. 어떤 자격을 소유했건 정신건강 전문가인 임상심리학자로서 활동하기 위해서는 과학적 지식에 기초해 전문적 능력을 발휘해야 한다. 또 한 사람의 내밀한 정보를 알게 되는 경우가 많으므로 사회적으로도, 윤리적으로도 민감해야 한다.

⌔ 생각해 봅시다

● 임상심리학은 어떤 학문인가?

● 현대사회에서 임상심리학은 왜 필요한가?

● 임상심리학이 다른 분야와 구별되는 점은 무엇인가?

- 임상심리학자는 어떤 기능과 역할을 할 수 있는가?

- 향후 임상심리학자의 활동 영역은 어디까지 확장될 수 있을 것인가?

- 임상심리학자로서 가져야 할 태도와 마음가짐은 무엇인가?

- COVID-19 이후 임상심리학의 변화점은 무엇인가?

형성평가

(   ) 안에 들어갈 용어를 풀어 봅시다.

- (   )은 지적 · 정서적 · 생물학적 · 심리학적 · 사회적 · 행동적 부적응 및 장애를 이해하고 예측하며 완화를 위한 방법 및 절차 관련 연구, 교육, 서비스를 제공하는 전문 분야다.

- (   )는 임상심리학자의 고유한 기능과 업무 중 하나다. 심리평가는 인지능력, 성격, 정서, 정신병리, 이상행동 등 개인의 다양한 심리적 상태와 행동을 심리적 지식에 근거해 가설을 세우고, 객관적 지표로 측정하며, 관찰하여 하나의 전문적이고 종합적인 결론에 이르는 과정을 말한다.

- (   )는 임상심리학의 가장 오랜 역사와 신뢰성을 가진 자격으로 1971년 자격규정이 공포되었고, 1975년부터 한국심리학회가 발급하고 한국임상심리학회가 시행하는 자격이다.

- (   )는 정신건강 분야에 관한 전문지식과 기술을 갖추고 정신질환자 등에 대한 심리평가, 상담 및 치료, 교육 등의 서비스를 제공한다.

참고문헌

권석만(2012). 현대 심리치료와 상담 이론. 서울: 학지사.

American Psychological Association. (2002). Criteria for evaluating treatment guidelines. *American Psychologist, 57*, 1052-1059.

APA Presidential Task Force on Evidence-Based Practice. (2006). Evidence-based practice in psychology. *American Psychologist, 61*, 271-285.

Chambless, D. L., & Hollon, S. D. (1998). Defining empirically supported therapies. *Journal of Consulting and Clinical Psychology, 66*, 7-18.

Mohr, D. C., Ho, J., Duffecy, J., Reifler, D., Sokol, L., Burns, N. N., Jin, L., & Siddique, J. (2012). Effect of Telephone-Administered vs Face-to-face Cognitive Behavioral Therapy on Adherence to Therapy and Depression Outcomes Among Primary Care Patients. *JAMA, 307*, 2278-2285.

Norcoss, J. C., Vandenbos, G. R., & Freedheim, D. K. (2016). *APA Handbook of Clinical Psychology* (Vol. 1, pp. 1-572). American Psychological Association.

Tollin, D. F., McKay, D., Forman, M., Klinsky, E. D., & Thombs, B. D. (2005). Empirically supported treatment: Recommendations for a new model. *Clinical Psychology Science and Practice, 22*, 317-338.

Trull, T. J., & Prinstein, M. J. (2014). 임상심리학(8판)(권정혜, 강연옥, 이훈진, 김은정, 정경미, 최기홍 공역). 서울: Cengage Learning. (원저는 2012년에 출판)

임상심리학의 역사와 훈련

제2장

역사란 일어난 사건과 그 자체에 대한 기록으로, 인간이 의사소통을 위해 개발한 나름의 그림이나 문자로 자신들이 경험한 것들을 기록한 것이다. 진화론[1]적으로 본 인간은 10만 년 전까지만 해도 최소 6종[2]이 있었고, 자연선택[3]에 의해 최종적으로 현생 인류인 호모 사피엔스만 남게 되었다. 이들은 더 발전하여 나름의 언어를 만들었고, 이 언어로 자신들의 생활을 기록하여 그들의 역사를 만들었다. 인간의 심리란 결국 인간이 발생했을 때부터 있었던 것으로 심리학의 역사는 인간 발생과 시기를 같이한다. 다만 그것을 기록할 체계적인 문자나 방법이 부재하여 '선사'에 머물러 있다가, 문자나 그림이 발달하면서 그것을 기록하여 '역사'로 넘어왔을 뿐이다. 고대의 인류나 지금의 인류나 역사는 결국 개인에 대한 기록의 집합체. 사마천[4]의 『사기』[5]가 그랬듯 개인의 역사가 모여 그 시대의 흐름이 드러나게 된다. 따라서 역사를 잘 안다는 것은 그 시대의 주요 인물과 업적에 대해 잘 안다는 것과 같다.

---

1) 다윈(Charles Robert Darwin, 1809년 2월 12일~1882년 4월 19일)에 의해 주창된 이론으로 생물의 자연 선택에 의해 발전되는 양상을 설명한다.
2) 인간 종류는 현재까지 연구된 바에 따르면, 호모 날레디, 호모 하빌리스, 호모 루돌펜시스, 호모 가우텐겐시스, 호모 에렉투스, 호모 에르가스테르, 호모 루조넨시스, 호모 플로레시엔시스, 호모 안테세소르, 호모 세프렌시스, 호모 로데시엔시스, 호모 헤이델베르겐시스, 호모 네안데르탈렌시스, 호모 데니소반스, 호모 사피엔스 등이 있다.
3) 특정 환경 아래서 생존에 적합한 형질을 지닌 개체가 그렇지 않은 개체보다 더 '생존'과 '번식'에 유리하다는 것을 의미한다.
4) 사마천(司馬遷, 기원전 145년경~기원전 86년경): 중국 전한(前漢)의 무제 시대 역사가다. 『사기(史記)』의 저자로서 동양 최고의 역사가로 평가된다.
5) 본기(本紀) 12권, 표(表) 10권, 서(書) 8권, 세가(世家) 30권, 열전(列傳) 70권으로 구성된 기전체 형식의 역사서다.

이러한 의미에서 임상심리학의 역사는 임상심리학에 크게 이바지한 유명 인물들의 역사라고 볼 수 있다. 따라서 본 글은 심리학의 발생에서부터 임상심리학이 분화되어 발전하는 과정까지, 이것에 크게 이바지한 역사적 인물들과 업적에 대해 서술할 것이다.

1. 심리학의 역사

1) 히포크라테스

Hippocrates
(B.C. 460~370)

인간의 작동 원리를 찾으려는 시도는 역사시대 이전인 선사 시대부터 있었겠으나, 실제로 기록이 남아 있는 역사 시대의 자료를 보면, 그 시작은 고대 그리스의 여러 철학자로부터였다. 현대의 심리학은 과학이란 것이 발달하기 이전부터인, 4체액설을 주장한 히포크라테스(Hippocrates)에서 그 기원을 찾아볼 수 있다. 히포크라테스는 흔히 '의학의 아버지'라고 불리는데, 그 기원은 히포크라테스와 그 제자들이 만든 것으로 추정되는 약 70개의 의학 기록물 때문이다. 그러나 이 의학 기록물이 히포크라테스가 직접 쓴 내용인지는 알 수 없으며, 일부 학자들은 그것이 완전한 허구라고 보기도 한다. 사실 '의학의 아버지'라는 상도 갈레노스(A.D. 129~199)라는 유명 의사에 의해 만들어진 것이다. 히포크라테스의 의학 기록물에는 약 42개의 실제 증례[6]가 있는데, 이 기록물에 처음으로 뇌가 마음의 기원이라는 말이 적시되어 있다(이상건, 2019). 히포크라테스는 4체액설을 주장했는데, 4체액설은 당시 그리스 의사들이 주장하던 인체의 구성 원리를 말한다. 4체액은 혈액, 점액, 황담즙, 흑담즙을 말하고, 이들의 균형 상태가 건강한 상태라고 보았다. 이들은 각각 4계절과 4원소(공기, 물, 흙, 불)에 대응되어 다혈질, 점액질, 담즙질, 우울질로 나타난다. 히포크라테스는 뇌 손상이 다양한 형태의 운동 장애, 마비, 뇌전증[7]을 일으킨다고 생각하였다(김근태, 2020). 당시 뇌전증은 그리스 말로 'morbus Herculeus(헤라클레스 병)'이라고 불

---

6) 의료 사례(medical case)를 말한다.
7) 간질과 같은 의미로, 뇌 신경세포가 일시적으로 이상을 일으켜 과도한 흥분 상태가 유발되어 의식 소실, 발작, 행동 변화 등과 같은 증상이 나타나는 상태를 말한다.

려졌다. 그 이유는 그리스 신화에 헤라클레스가 일시적으로 환청과 환시를 경험하면서 자기 자식들을 죽이는 장면이 있는데, 이 모습이 뇌전증과 유사하였기 때문이다. 히포크라테스는 뇌 운동 신경의 교차 현상도 알고 있어서 왼쪽 뇌에 손상을 입어 뇌전증을 일으키는 경우, 그 결과는 오른쪽 팔과 다리 등에서 나타남을 알고 있었다. 즉, 당시 팽배했던 사람의 질병이 신의 노여움이나 나쁜 영혼 때문이 아니라 뇌 질환 때문이라는 것을 주장한 것이다. 게다가 히포크라테스는 뇌전증이 가족력을 가질 수 있음도 알고 있었고, 뇌의 혈관 어딘가에 문제가 생겨(현재의 뇌졸중 개념)서 그런 것이 아닌지 하는 추측도 하였다.

4체액설에 근거하여 질병을 바라보면 다음과 같다. 히포크라테스는 현재의 뇌졸중[8]이라고 불리는 질병에 대해, 머리의 혈관이 갑자기 막혀서 발생하는 현상이라고 보았고, 이를 차가운 흑색 즙이 과분비하여 생기는 병이라고 보았다. 따라서 치료는 몸을 따뜻하게 해 주어야 했고, 그럼에도 몸에서 열이 나지 않으면 사망 가능성이 높다고 보았다. 심지어 히포크라테스는 두부외상(Head trauma)에도 4체액설을 적용하였다. 두개골의 개방형 손상,[9] 비개방형 손상[10]에 따라 다른 접근을 했는데 비개방형에 대해서는 두개골에 구멍을 뚫도록 권고하기도 했다. 그 이유는 두개골에 외상을 입으면 피가 나서 배출되고 상대적으로 다른 체액들이 축적되는데, 이 과정에서 과도해진 체액들이 해로운 농(pus)[11]을 만들어 뇌 기능을 손상시킨다고 믿었기 때문이다. 히포크라테스는 대담하게 뇌수술도 했는데, 심지어 뇌수술은 신속해야 한다는 것, 어디에 어떤 혈관들이 있다는 것, 얼마나 천천히 구멍을 내야 하는지 등도 알고 있었다.

2) 데모크리토스와 플라톤

그리스의 철학은 계속 발전하여 원자(atom)에 대한 통찰까지 가게 된다. 특히, 데모크리토스(Democritos)는 만물이 더 이상 나누어질 수 없는 구성 요소, 즉 최소 단위인 원자로 이루어져 있다고 주장하였다. 그는 원자가 서로 합쳐지기도 하고 떨어지기도 하

Democritos
(B.C. 460~380)

---

8) 뇌에 혈액을 공급하는 혈관이 막히거나 터짐으로써 발생하는 다양한 신경학적 결손을 말한다.
9) 충격에 의해 두개골이 깨짐으로써 뇌가 보이는 상태를 말한다.
10) 충격을 받아 뇌가 손상되었으나 두개골이 깨지진 않은 상태를 말한다.
11) 고름을 의미한다.

Platon
(B.C. 429~348)

면서 자연의 변화가 발생한다고 보았다. 이러한 주장은 인간 역시 특정한 부분으로 구성되어 있고 그들의 조합으로 인해 작동된다는 것을 의미한다(장미성, 2018).

플라톤(Platon)은 이러한 생각과 비슷하게 인간의 정신을 세 부분으로 구성하였다. 구체적으로는 지성, 감정 및 공포, 탐욕과 욕망으로 구성하였는데, 각각 지성은 뇌에, 감정과 공포는 심장에, 탐욕과 욕망은 간이나 창자에 있다고 주장했다. 이를 인간 정신의 삼위일체설이라고 한다. 이것에 근거하여 뇌가 발달한 사람은 지도자에 어울리고, 심장이 발달한 사람은 군인에, 장이 발달한 사람은 노동자에 적합하다고 주장하기도 했다(한정선, 2014). 그것의 과학적 사실이야 어떻든지 간에, 처음으로 인간의 정신을 여러 부분으로 구분했다는 점은 나름의 의미가 있다.

3) 아리스토텔레스

Aristoteles
(B.C. 384~322)

아리스토텔레스(Aristoteles)는 생물과 무생물의 구분이 정신(psyche) 또는 영혼(soul)의 유무에 따라 나뉜다고 주장하였다. 아리스토텔레스는 모든 물체를 '영혼이 있는 것'과 '영혼이 없는 것'으로 나누었는데, 영혼이 '생각하는 것'과 관련 있다고 생각하였다. 아리스토텔레스는 생명을 "스스로 영양 섭취가 가능하고 독자적으로 성장하거나 쇠퇴하는 능력"으로 정의하고 생명의 근원인 영혼을 3개의 영혼, 영양(또는 생식) 영혼과 동물성(또는 감성) 영혼, 합리성(또는 지성) 영혼으로 구분하였다. 아리스토텔레스의 관점에서 볼 때, 정신은 생명을 구성하고 생기를 불어넣는 본질이 된다. 몸은 영혼을 나타나게 하는 도구로 기능하고, 영혼의 연구가 곧 몸의 연구와 같다고 생각하였다. 더불어 아리스토텔레스는 인간 성격에 대해서도 자세히 기술하였다(한도령, 2014). 아리스토텔레스가 저술한 『니코마코스 윤리학』 10권[12]의 책 중 '제7권'에 보면 바람직한 인격 상태에 대해 기술되어 있다. 아리스토텔레스는 인간의 욕구 기능이 균형을 얼마나 이루느냐에 따라

---

12) 도덕에 관한 아리스토텔레스의 철학을 담은 10권의 책으로 리케이온(고대 그리스의 체육장이나 공공 모임 장소)에서 한 강의를 바탕으로 편집된 책이다.

쾌락과 고통이 중용에 이르는 '절제'와 그렇지 못한 '자제력 있음', '자제력 없음', '방종'으로 나누었다. 그러나 이러한 인격 상태를 구체적으로 규정하고 교정해야 하는지에 대해서는 충분히 언급하지 않았다.

4) 갈레노스

Galenos
(A.D. 129~199)

로마의 철학자이자 의사인 갈레노스(또는 갈렌)는 히포크라테스의 4체액설을 기반으로 성격 유형을 만들어 냈다. 그는 신체 내 체액의 정도가 감정과 행동의 성향 또는 '기질[13]'이라는 것에 직접적으로 연관되어 있다고 생각했다. 그의 주장에 따르면, 만물은 흙, 공기, 불, 물이라는 네 가지 기본 원소가 결합해서 생기는데, 이 원소들의 특성은 그에 상응하는 신체의 기능에 영향을 주는 4가지 체액에서 드러나고, 이 체액은 우리의 감정과 행동에 영향을 준다는 것이다. 이 체액이 불균형을 이루면 신체적 · 정신적인 문제가 생기고, 따라서 의사는 체액의 균형 회복을 위해 어떤 개입을 해야 한다는 것이다. 성격 측면을 체액으로 설명하면, 많은 혈액을 가지고 있는 다혈질의 사람은 마음이 따뜻하고 쾌활하고 낙천적이지만 이기적일 수 있다고 하였다. 지나친 점액질은 조용하고 친절하고 차갑지만 이성적인 사람이라고 보았다(Nigel et al., 2012). 갈레노스는 이러한 체액의 균형이 기질처럼 타고난 것으로 이해했다. 그리고 이러한 체액의 불균형은 성격 문제를 일으키는데 이는 식이요법과 운동으로 치료될 수 있다고 보았다. 갈레노스의 체액설은 더 이상 심리학 분야가 아니지만 체액이 많은 신체적 · 정신적 질병과 연결되어 있다는 주장은 현대 정신의학의 토대가 되었다.

5) 중세 암흑기

일반적으로 중세시대(A.D. 500~1500)는 르네상스 시대 이전을 뜻하며 '암흑기'라는 별칭을 가지고 있다. 서기 476년에 유럽에서는 다양한 종족들이 서로 침공하고 복속되는 과정에서 서로마 제국이 이를 감당하지 못하고 붕괴하는 일이 발생하였다. 중세 초기에는

---

13) 타고난 성향을 의미한다.

중세시대의 정신질환 치료

게르만족이 대이동(4~6세기)을 하며 크고 작은 전쟁이 시작되었고, 중세 후기(13~14세기)에는 칭기즈칸의 유목제국이 출현하여 유럽을 휩쓸면서 큰 혼란이 야기되었다. 그야말로 전쟁이 끊이지 않는 시대였다. 일부 학자들은 이 시기를 문화적으로 오직 퇴보만 있었던 암흑 같은 시기라고 보기도 하였다. 지속된 전쟁 탓인지 사람들의 정신은 피폐해졌고 계몽주의 사조의 쇠퇴로 미신이 성행하였다. 하지만 그 시기 역시 나름의 문화적 진보가 이루어졌으며, 특히 여러 부족국가에서 기독교를 받아들이면서 나름의 문화 융합이 이루어지는 발전도 있었다.

당시의 정신장애는 악령이나 마귀, 사탄, 저주의 결과였다. 정신질환[14]의 종류가 어떻든지 간에 그것은 악마의 영향이었고 악마의 꾐에서 벗어나는 것이 정신질환의 치료였다. 고대 이래 악마가 인간에게 영향을 미친다는 생각은 뿌리 깊게 있었기에, 사람들은 어떻게든 이를 막으려 애를 썼다. 고대 그리스 시대나 로마 시대에 정신질환을 병으로 보고 고치려고 했던 것은 아주 일부였었다. 사실 히포크라테스가 병의 원인에 대해 그렇게 주장을 했어도, 대부분의 사람들은 아스클레피오스,[15] 아폴론,[16] 제우스[17] 등에게 계속 기도했다. 중세 초기부터 조금씩 있었던 마녀사냥[18]은 14세기부터 17세기까지 성행했다. 처음에는 민중 사회에서 간단하게 이루어졌던 것이 점차 세기를 더하면서 법정에서의 단죄 형태가 되었다. 마녀는 본래 그들의 지역에서 약초를 잘 다루고 점을 치고 주술적 기능을 하던 미혼의 선각자 같은 여성이었다. 그러나 당시 기독교는 지역의 민족 신앙을 불신했고, 그들을 악마와 놀아나는 여성으로 치부하였다. 특히, 당시 기독교는 약초를 다루는 이들을 경계했다. 기독교에서도 약초를 다루었는데, 이러한 의미에서 약초를 다룰 줄 아는 사

---

14) 정신의학적 병리 증상으로 인해 개인적·사회적·직업적 영역 등에서 손상을 일으키는 정신병이나 정신장애를 의미한다.
15) 그리스 신화의 의학의 신을 말한다.
16) 그리스 신화의 의술을 담당하는 신을 말한다.
17) 그리스 신화의 최고신, 주신을 말한다.
18) 중세 중기부터 근대 초기까지 북미, 북아프리카, 유럽 일대에서 행해진 마법 행위에 대한 추궁과 재판을 말한다.

람은 사업적인 경쟁자였다. 마녀재판에 대한 모든 비용은 아이러니하게도 마녀로 지목된 사람이 지불해야 했고, 그것을 다 지불하고도 마녀로 판정되어 사형을 당하면 마녀의 재산은 영주와 교회로 돌아갔다(김상근, 2008). 그야말로 마녀사업이었다. 만약 누군가 중세시기를 퇴보의 시기라 말한다면, 적어도 정신의학이나 심리학에 있어서는 그 인식과 치료 방법이 퇴보했던 시기라 할 수 있겠다.

6) 데카르트

다행히도 15세기에 르네상스[19]가 도래하면서 인본주의적[20] 관심이 떠올랐고, 16세기에 와서는 조금씩 인간 심리를 과학적으로 연구하려는 시도들이 발생하였다. 그리고 18세기에 과학혁명[21]이 일어나면서부터는 본격적으로 인간 심리에 대한 연구가 활기를 얻기 시작했다. 과학혁명이 일어난 후에는 사람들이 과학적인 방법에 따라 연구하고 기술하려는 방식을 취했고, 그 시발점에 있는 사람이 바로 르네 데카르트(René Descartes)였다. 데카르트는 정신과 신체가 분리되어 있다고 했다. 이를 심신이원론이라고 부

René Descartes
(A.D. 1596~1650)

른다. 정신과 신체의 분리에 대한 개념은 이미 플라톤이 언급한 바 있지만 이를 상세하게 이야기한 사람은 없었다. 그러다 데카르트는 1633년에 『인간론』이라는 철학서에서 정신이나 영혼은 사고를 하는 뇌에 있는가 하면, 신체는 운동을 유발하기 위해 신경계를 통해 흐르는 동물정기 또는 유동체로 작동하는 기계와 같다고 기술했다(Nigel et al., 2012). 데카르트는 이 정신이나 영혼이 뇌의 솔방울샘(pineal gland)에 있다고 믿었다. 데카르트는 정신과 신체가 상호작용한다고 생각했다. 특히, 정신은 '동물정기(animal spirits)'를 신경계를 통해 흐르게 하여 물질적인 신체를 조절한다고 하였다.

---

19) 예술 부흥 시기로 약 14세기부터 16세기를 의미한다.
20) 인간주의, 휴머니즘으로 말하기도 하며, 인간 존재 자체를 중시하는 정신을 말한다.
21) 과학의 급격한 변화가 일어난 다양한 역사적 사건들을 말한다.

7) 요한 프리드리히 헤르바르트

Johann Friedrich Herbart
(A.D. 1776~1841)

요한 프리드리히 헤르바르트(Johann Friedrich Herbart)는 데카르트의 주장에 힘입어 정신 작용을 '뇌-기계'의 작용으로 설명하려 하였다. 특히, 헤르바르트는 인간의 관념[22]에 대해 관심을 많이 가졌다. 헤르바르트에 따르면, 인간의 경험과 감각은 관념들을 형성하기 위해 결합하게 된다. 유사한 내용의 관념들은 서로 공존하거나 결합할 수 있지만, 그렇지 않은 관념들은 서로 저항하고 충돌하면서 에너지를 발생시킨다. 그 과정에서 하나의 관념은 또 하나의 관념을 선호하게 되고, 선호된 관념은 의식에 머무르지만 선호되지 않는 관념은 무의식[23]의 관념이 된다. 헤르바르트는 무의식을 단순히 약하거나 반대되는 관념들을 위한 저장소 정도로 여겼다. 그는 뚜렷하게 갈라지는 두 부분의 의식이 있다고 가정하면서 건강한 정신의 관념들을 다루기 위한 하나의 구조적인 해결책을 전달하려 노력하였다(Nigel et al., 2012). 헤르바르트가 말한 무의식은 추후 프로이트에 의해 더 복잡한 매커니즘을 가진 요인으로 재창조된다.

8) 프랜시스 골턴

Francis Galton
(A.D. 1822~1911)

프랜시스 골턴(Francis Galton)은 인간의 '능력'이라는 것이 학습에 의해 만들어진 것인지 생득적인 것에 대한 논쟁에 불을 지폈다. 프랜시스 골턴은 본성과 양육은 각각 측정될 수 있고, 이것은 서로 개별적으로 영향을 미칠 수 있다고 보았다. 그는 『유전하는 천재』라는 책을 저술하기 위해 많은 사람들을 만났고 가계도를 연구했는데, 그 과정에서 실제로 특정 집안 사람들이 특정 능력에 있어 더 뛰어나다는 것을 알게 되었다. 그러나 그러한 능력이 특정 집안의 환경이나 재력, 가풍을 배제하고도 일어날 수 있는지에 대해서는 정확히 말하지 못했다. 프랜시스 골턴은 본성과 양육에 있어 본성 쪽을 더 지지

---

22) 어떤 일에 대한 견해나 생각을 말한다.
23) 자신과 주변 환경에 대한 자각이 없는 상태로 의식하지 못하는 활동을 말한다.

하는 학자였다. 골턴은 쌍생아 연구를 통해 이들의 유사성 정도가 시간이 흘러도 잘 변하지 않는다는 것을 알았다. 심지어 서로에게 교육의 차이가 있어도 그 정도는 크지 않았다. 이러한 연구와는 약간 다르게, 골턴은 양육에 문제가 있을 경우 그 능력은 충분히 발현될 수 없다고도 하였다. 결국 프란시스 골턴은 양육과 본성 모두 능력과 성격 형성에 필수적이라고 보았다(Nigel et al., 2012). 예를 들어, 지능은 유전에 의해 타고나는 것이지만, 교육에 의해 발전되거나 퇴보할 수 있다는 것이다. 현재까지도 인간의 성격이나 능력이 본성이냐, 양육이냐에 대한 논쟁은 계속되고 있다. 어떤 학자들은 '백지설', 즉 우리의 마음이 백지 상태여서 어떤 자극(환경)에 노출되고 학습되느냐에 따라 달라진다고 믿고 있는 반면, 어떤 사람들은 인간의 본성은 타고나는 것이며 바뀌지 않는다는 것을 더 믿고 있다. 그러나 최근에는 본성과 양육이 인간의 발달에 모두 중요한 영향을 미친다고 보는 것이 일반적인 인식이다.

9) 빌헬름 분트

빌헬름 분트(Wilhelm Wundt)는 찰스 다윈(Charles Darwin)의 인간과 동물에 대한 유전 계보 아이디어에 영감을 받아 의식은 모든 생명체가 보편적으로 소유하고 있고 진화가 시작된 후부터 생겨났다고 주장하였다. 분트는 자신의 이론을 증명하기 위해 라이프치히 대학교에서 세계 최초로 심리학 실험실을 공식적으로 개설했고, 그곳에서 내성법[24]이라는 방법으로 실험을 시작하였다. 이 때문에 실험심리학의 아버지라고도 불리고 있다. 그에 따르면 인간의 의식은 '내적 경험'이며, 모든 생물은 이런 내적인 경험을 한

Wilhelm Wundt
(A.D. 1832~1920)

다고 한다(Nigel et al., 2012). 즉, 모든 생물은 분명 이런 내적 경험을 했을 것이고, 정신생활의 시작은 결국 생명의 시작점까지 올라간다는 데 있어 찰스 다윈은 이론과 맥을 같이한다. 더불어 의식이란 내적 경험은 자기 관찰로부터 시작되며, 자기 관찰은 특정하게 고안된 실험에 의해 기록될 수 있다고 보았다. 결국 이러한 실험을 통해 의식에 관한 양적 자료를 만들어 낼 수 있으며, 이러한 심리에 대한 실험을 하는 것이 심리학이고 실험에 의해 정보가 발생되니 심리학은 과학의 일환이라고 보았다.

---

24) 자신의 주관적 경험을 자신이 직접 관찰하는 방법을 말한다.

10) 에밀 크레펠린

Emil Kraepelin
(A.D. 1856~1926)

에밀 크레펠린(Emil Kraepelin)은 여러 정신질환의 세부적인 분류법을 알아내고 정신의학 교과서를 쓴 것과 관련하여, 흔히 정신의학의 창시자로 불린다. 특히, 조현증(정신분열증)에 대해 연구한 것은 추후에 조현증의 진단 토대가 되기도 하였다. 크레펠린은 대부분의 정신장애가 생물학적 문제에 의해 발생된다고 믿었다. 이러한 믿음을 근거로 조현증 환자들의 뇌를 연구했고, 그 과정에서 조현증 환자들의 뇌 기능 장애와 생화학적 결함, 구조적 결함까지 밝혀내었다(Nigel et al., 2012). 정신장애가 뇌의 생물학적 문제에 기원을 둔다는 크레펠린의 믿음은 추후 정신의학 분야에 지속적인 영향을 주었고, 오늘날의 정신장애에 대한 약물치료의 근거로도 활용되고 있다.

11) 헤르만 에빙하우스

Hermann Ebbinghaus
(A.D. 1850~1909)

헤르만 에빙하우스(Hermann Ebbinghaus)는 스스로 피험자가 되어 자신에게 학습과 기억에 대한 실험을 하였다. 에빙하우스는 기억의 양을 확인하기 위해 수학적으로 실험 결과를 기록하면서 기억의 효과를 연구하였다. 그리고 유명한 에빙하우스의 망각 곡선[25]을 만들었고, 그 안에서 다양한 기억에 대한 특징을 알아냈다. 대표적으로는, 학습된 것은 24시간 내에 2/3가 없어진다는 것이 있다. 이 외에도 에빙하우스의 실험을 통해 첫째, 망각은 처음 9시간 내에 빠르게 일어난다. 둘째, 잊어버린 항목은 처음 배운 새로운 것들보다 더 빨리 배울 수 있다. 셋째, 오랜 시간 간격으로 반복 학습하면 더 오래 기억할 수 있다. 넷째, 과잉학습된 정보는 더 오래 기억된다. 다섯째, 하나의 배열로 시작과 끝이 나는 항목들이 가장 쉽게 기억된다. 여섯째, 의미 있는 정보가 무의미 정보보다 약 10배 더 오래 기억된다는 것을 알게 되었다(Nigel et al., 2012). 그는 실험으로 기억을 체계적으로 연구한 최초의 심리학자가 되었다.

---

25) 기억 유지를 위한 리허설이 없었을 때, 시간이 지남에 따라 습득한 정보가 손실되는 정도를 말한다.

12) 장 마르탱 샤르코

장 마르탱 샤르코(Jean Martin Charcot)는 현대 신경학의 창시자로 알려져 있으며, '히스테리'에 대해 많이 연구하였다. 당시 샤르코는 여성한테서 나타났던 지나친 웃음, 격렬한 몸짓, 기절, 마비, 경련, 지나치게 감정적인 행동 등을 설명하기 위해 그리스어로 자궁이라는 뜻의 '히스테라(hystera)'라는 용어를 사용하였다. 파리에 있는 살페트리에르 병원에서 수많은 히스테리 연구를 했던 샤르코는 히스테리가 유전되고 충격에 의해 유발된다고 생각했다. 샤르코는 히스테리가 규칙적이고 명확한 구조를 따르며 최면술로 치료가 가능하다고 보았다(Nigel et al., 2012).

Jean Martin Charcot
(A.D. 1825~1893)

13) 그랜빌 스탠리 홀

청년기(Adolescence)라는 주제를 최초로 연구한 심리학자이자 교육학자인 G. 스탠리 홀(Granville Stanley Hall)은 다윈의 진화론에 영향을 받아 인간의 발달 과정(특히, 아동기)을 유전적 형질의 발달로 설명하고자 했다. G. 스탠리 홀은 인간 발달은 본성으로 결정되고 그것은 유전 형질의 반복이라고 보았다. 아동기는 동물과 같은 기질을 가지고 있는데, 이는 몇 가지 성장 단계를 거쳐 청년기가 되고 이때 개인적인 변화가 발생한다고 보았다. 청년기에는 거칠고 제멋대로 행동하며 우울증에도 취약하다고 보았다. 스

Granville Stanley Hall
(A.D. 1844~1924)

탠리 홀은 이러한 청년기를 '질풍노도의 시기'라고 설명하며, 감정적 혼란, 쉽게 지루해함, 세부적인 일에 대한 인내 부족, 지나친 예민함, 자의식 과잉이 특징이라고 하였다(Nigel et al., 2012).

14) 피에르 자네

의사이자 철학자인 피에르 자네(Pierre Janet)는 심리학 최초로 성격 분열을 정신질환으로 보고 연구한 사람이다. 파리의 살페트리에르 병원에서 일했던 피에르 자네는 히스테리

Pierre Janet
(A.D. 1859~1947)

를 앓고 있던 사람들을 치료했고, 그 과정에서 다중의 성격을 가진 '루시'라는 사람을 만나 분열된 성격에 대해 연구하게 되었다. 이 경험을 통해 잠재의식과 정신적 외상, 성격의 분열을 알게 된 피에르 자네는, 누군가 명확한 이유가 없는데도 두려움이나 불안 같은 징후를 보인다면 그것은 그 사람의 잠재의식에 있는 어떤 생각 때문일 것이고 이것이 심해지면 성격의 분열이 일어날 수 있다고 생각하였다(Nigel et al., 2012). 한편, 잠재의식이라는 말은 추후 지크문트 프로이트에 의해 무의식이란 말로 불렸다. 자네의 업적은 수십 년간 무시되었다가 20세기말에 '해리장애'[26]가 연구되면서 다시 한번 관심을 받게 되었다.

15) 윌리엄 제임스

William James
(A.D. 1842~1910)

의식에 대해 연구했던 윌리엄 제임스(William James)는 의식을 흐름을 마치 어떠한 방해에도 계속 흐르는 강이나 개울에 비유하여 설명했다. 그는 의식을 하나의 사고 흐름으로 보았고 이들은 서로 완전히 분리, 또는 차례로 이어진다고 보았다. 어떤 과정을 거치든 이 사고들은 하나의 통일된 감각으로 결합되는데, 이를 의식으로 보았다. 의식의 흐름 내에서 어떤 파동이 발생하는데 이 파동은 하나의 결론에서 다른 결론으로 우리에게 충격을 주고 계속 연결되게 된다. 이 연결은 마치 강과 같이 계속 흐르는 것으로, 의식은 강의 흐름처럼 어떠한 방해에도 결국 합쳐져서 어떤 방향으로 흐르게 된다. 더불어 윌리엄 제임스는 의식 연구 중에 감정의 중요성을 깨닫고 그의 동료 칼 랑게(Carl Lange)와 함께 제임스 랑게 정서 이론[27]을 만들어 냈다(조상식, 2002). 또한 윌리엄 제임스는 '참된 신념'이란 그것을 믿는 사람이 유용하다고 여기는 것이라고 했고, 이러한 신념의 유용성을 강조하였다. 이러한 주장은 추후 미국 철학의 핵심이 되는 실용주의로 이어졌다. 윌

---

26) 기억, 의식, 정체감 등에 대한 기능 일부가 일시적으로 상실되거나 변화되어 사회적 및 직업적 · 개인적 부적응이 초래되는 정신질환을 말한다.
27) 정서 경험은 외부 자극에 대한 신체 반응을 지각한 결과로 발생한다는 이론이다.

리엄 제임스는 1890년에 『심리학의 원리』라는 책을 쓰면서 의식, 감정, 진리를 연구하는 다른 과학자들에게도 큰 영향을 주었다.

16) 알프레드 비네

평소 빌헬름 분트의 지능지수(IQ)에 관심이 있던 알프레드 비네(Alfred Binet)는 지능을 지능검사로 측정이 가능하다고 생각하였다. 개인의 정신능력은 특정 시간과 맥락에서 변하고, 장기간에 걸쳐서는 발달의 일부로서 변한다고 믿었다. 즉, 지능은 고정된 것이 아닌 일생 동안 바뀔 것이라고 생각했다. 비네는 학습장애가 있을 수 있는 아이들을 선별하기 위해 '테오도르 시몽(Théodore Simon)'과 함께 비네-시몽 검사를 개발하였다. 비네는 지능검사를 만들 때 지능이라는 것이 유전적으로만 결정되는 것이 아니라

Alfred Binet
(A.D. 1857~1911)

고 생각하였다(Nigel et al., 2012). 특히, 비네는 아이의 지능이 고정된 수치가 아니라 발달에 따라 증가한다고 주장했다. 그는 자신이 개인의 지능을 측정하는 검사를 개발했어도 정확한 측정은 불가능하다고 보았다.

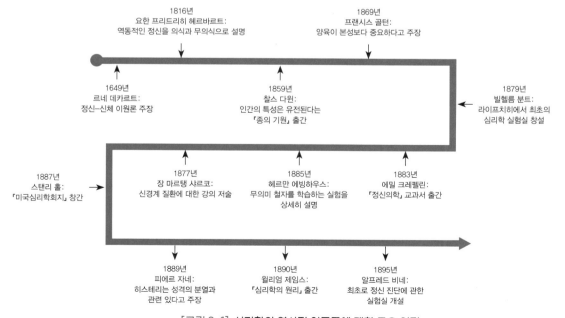

[그림 2-1] 심리학의 역사적 인물들에 대한 주요 업적

2. 임상심리학의 역사

1) 임상심리학 발전의 주요 인물들과 단체

(1) 벤저민 러시

미국 독립선언서의 서명인 중 한 명이었던 벤저민 러시(Benjamin Rush)는 사혈 치료[28]로 널리 알려져 있지만, 한편으로 그는 그동안의 폐쇄적이고 반인권적인 정신병원을 개혁한 중요 인물이기도 하다. 그는 최초의 정신과 교과서를 만든 사람이기도 하고, 인도주의적 치료로 정신질환을 치료하려 한 사람이기도 했다(김환석, 2014). 당시 날뛰는 환자를 보고 인도적으로 그냥 두고 볼 수 없었던 벤저민 러시는 안정의자(사실은 구속의자)를 사용하여 몸을 통제하고 이를 통해 정신을 통제하려고 하였다. 안정의자는 사실상 자세뿐만 아니라

Benjamin Rush
(A.D. 1746~1813)

외부 감각 일체를 제한하는 의자였다. 벤저민 러시는 인도주의적 관점에서 정신질환자를 치료하려 나름대로 노력했지만, 사혈 치료로 인해 오히려 더 많은 사람을 죽게 한 것처럼, 그의 실제 의도와는 다르게 오히려 인권이 제한되는 결과를 가져오게 되었다. 그럼에도 불구하고 그의 신념과 방식은, 그 전의 정신질환자를 대하는 관점과 태도에 비해서 상당히 인도주의적이라고 높게 평가할 수 있다. 그는 자신의 인도주의적 관점에서 정신병원을 개혁하려 노력하였다.

(2) 도러시아 린드 딕스

도러시아 딕스(Dorothea Lynde Dix)는 19세기 중반에 미국의 정신병원 개혁운동을 이끌었던 사람 중 하나다. 그는 정신병원의 개혁운동뿐만 아니라 사회개혁가로도 활동했다. 개혁사상은 인간에 대한 낭만주의적 믿음, 기독교 복음주의[29]에 근거를 두고 있다. 그녀는 비인도주의적 정신병원 상태를 고발하며 1843년에 만성 정신질환자를 위한 새로운 시설 건설을 주정부에 요구했고, 정신질환자들이 병원에서 전문적인 치료를 받아야 한다는

---

28) 침 등으로 특정 신체 부위를 찔러 피를 내어 병을 치료하는 요법을 말한다.
29) 개신교회의 사상을 말한다.

것을 강조하여 정신병을 의료화시키는 데 공헌했다(이현주, 2003). 도로시아 딕스의 정신병원 개혁운동은 급격한 산업화와 사회변동이 있었던 19세기의 사회질서 유지 및 안정화를 도모했던 보수적인 사회개혁운동으로서 평가된다.

Dorothea Lynde Dix
(A.D. 1802~1887)

(3) 윌리엄 투케

윌리엄 투케(William Tuke)는 그의 동료와 함께 정신질환자의 작은 공동 시설인 '요크 리트리트(York Retreat)'를 만들었다. '요크 리트리트'는 1796년에 문을 처음 연 소규모 치료기관이다. 30명의 정신질환자가 함께 살고 휴식하고 대화 및 수작업을 하는 치료 공동체였으며, 병원과 달리 구속을 최소화하고 합리성과 도덕성을 키우는 데 중점을 두는 치료 시설이었다(Glover, 1984). 현대에 있어서는 윌리엄 투케를 도덕 치료의 창시자로 평가한다.

William Tuke
(A.D. 1732~1822)

(4) 필리프 피넬

필리프 피넬(Philippe Pinel)은 정신병 환자들을 구속하고 있던 사슬을 제거하고 따뜻한 관심과 친절로 치료를 제공하였다. 특히, 피넬은 다양한 책도 저술하였는데, 1801년에 발표한 『Traité médicophilosophique sur l'aliénation mentale ou la manie』라는 논문에서는 정신질환을 심리학적으로 접근하기도 하였다(Weiner, 2000). 그는 자신이 몸 담았던 병원(살페트리에르 병원: 주로 여성 환자가 있는 정신병원)에서의 경험을 바탕으로 책을 내기도 했다. 피넬의 제자인 장 에티엔 에스키롤(Jean-Étienne Esquirol, 1776~1840)은 피넬의 아이디어를 이어받아 정신질환자들에 대한

Philippe Pinel
(A.D. 1745~1826)

인식과 치료적 환경을 개선하는 데 계속 힘썼다(Huertas, 2008). 필리프 피넬은 윌리엄 투케와 함께 도덕 치료를 시행한 최초의 의사로도 평가받고 있지만, 이러한 노력에도 불구하고 당시의 정신질환에 대한 개념은 아직 확립되지 않았고, 정신질환을 앓고 있는 환자들에 대한 처우도 대부분 매우 열악하였다.

(5) 미국심리학회(American Psychological Association: APA)

APA
1892~현재

APA(American Psychological Association)는 1892년에 30명의 회원을 시작으로 처음 만들어졌다. 초대 회장은 G.스탠리 홀이었다. 처음에는 직업심리학자들로 모였지만, 현재는 학생, 연구자 등 다양한 사람들로 구성되어 있다. 현재는 122,000명 이상의 연구원, 교육자, 임상의, 컨설턴트 및 학생이 참여하고 있다. 54개 분과로 나누어져 있으며, 각각의 분과에서는 해당 주제에 맞는 심도 깊은 심리학 연구들이 진행되고 있다. APA에는 심리상담, 심리치료, 임상심리에 있어 매년 새롭고 유용한 연구들이 등록되고 있다.

(6) 라이트너 위트머

Lightner Witmer
(A.D. 1867~1956)

라이트너 위트머(Lightner Witmer)는 임상심리학의 아버지로 평가받는다. 그는 1896년에 펜실베이니아 대학교에 심리 클리닉을 개소하였다. 역사적으로 봤을 때, 이 일을 임상심리학의 시작으로 여긴다. 위트머는 1888년에 펜실베이니아 대학을 마친 후 1891년에 독일 라이프치히로 가서 분트의 제자가 되었다. 이후 1892년에 학위를 마치고 펜실베이니아 대학교로 돌아와 커텔(James M. Cattell)의 뒤를 이어 실험실을 운영했고, 1896년에는 상기한 심리 클리닉을 만들었다. 위트머는 1896년에 당시 심리 클리닉에서 약 1년 동안 24~25사례를 치료하였다. 위트머는 주로 교육과 관련된 치료를 했는데, 실제로 위트머는 사람들이 능력을 개발하도록 조력하는 '교육적 역할'을 하고자 하였다(이현수, 1988). 당시 주 환자들은 학습장애나 품행장애를 가진 아동·청소년이었다. 위트머는 이들에 대한 평가와 진단, 치료를 했는데 특히 진단을 매우 중요시하였다. 이러한 노력으로 위트머는 1904년에 펜실베이니아 대학교에서 최초로 임상심리학 강좌를 개설하였고, 1907년에는 최초의 임상심리학 저널인 『The Psychological Clinic』을 창간하였다. 위트머는 임상심리학의 기술을 아동에게만 국한하지 않고 점차 그 범위를 성인, 부부, 가족에게까지 넓혀 나갔다. 게다가 임상심리학자의 역할을 치료실 영역 이상으로 확대하여 지역사회 내 정신보건센터나 각종 교육기관 재활센터, 건강증진센터에까지 활동 영역을 넓혔다(이현수, 1988). 위트머는 환자들에게 유해할 수 있는 사회적 조건을 개선하거나 예방적 사회운동까지 하려 했다. 이 과정에서 위트머는 당시에 사회복지사들과 협력해야 한다고 생각했었다. 한편, 미국심리학회(APA)의 학교심리학 분과에서는 이러한 위트머의 개척 정신을 기리며 매년 위트머상을 수여하고 있다. 제1차 세계 대전이 발생하기 전까지 위트머의 심리 클리닉을 모방한 여러 클리닉들이 생겼고, 1931년에는 그러한 클리닉을 이용하는 사례의 수가 10,000건에 이르게 되었다. 위트머는 임상심리학이라는 학문과 임상심리사라는 전문직업을 최초로 만든 사람이지만 새로운 이론이나 방법을 제시하지 못했다는 한계에 의해 심리학사의 역사적 인물 정도로만 평가되고 있다. 위트머의 방식은 당시 심리학계에 있어 매우 참신하고 도전적이었지만, 기존 방식들과 동떨어져 있었다는 점에서 대중적으로는 주목받지 못했다.

(7) 루이스 매디슨 터먼

루이스 M. 터먼(Lewis Madison Terman)은 창의성, 수학능력, 기억력, 운동능력, 논리 및 언어 능력 등을 잴 수 있는 정신검사를 만들었다. 1905년에는 캘리포니아의 학교에서 교장을 역임했고, 1907년에는 로스앤젤레스 사범학교에서 교수로 재직했다. 1910년에 스탠퍼드 대학교수가 된 그는 비율 지능 개념과 기존의 비네-시몽 검사를 수정하여 스탠퍼드-비네 검사를 만들었다. 더불어 제1차 세계 대전이 일어나자 미 육군의 알파 및 베타 검사[30]를 개발하는 데 큰 기여를 했다. 터먼은 자신의 검사 도구로 '영재'에 대

Lewis Madison Terman
(A.D. 1877~1956)

한 장기 종단 연구도 시행했다. 당시에는 영리한 아이들이 약하고 사회적으로 부적합하다는 고정관념을 가지고 있었는데, 그러한 관념과는 달리 연구 결과에서는 영재가 평균 아이들보다 더 건강하고 안정적인 경향이 있는 것으로 나타났다(Boring, 1959). 한편, 터먼은 이러한 연구 결과를 우생학과 연결 지어 해석하기도 했고, 우생학[31]과 관련된 단체의 회원이기도 했다. 루이스 터먼은 APA의 회장직을 역임했고, G. 스탠리 홀과 더불어 20세기에 가장 영향력 있는 심리학자로 뽑히기도 했다.

---

30) 제1차 세계 대전 중 군대 신병들을 평가하기 위해 만들어진 언어적 집단검사를 알파검사, 문자해독력이 낮거나 외국어를 구사하는 군인을 평가하기 위해 만들어진 비언어적 집단검사를 베타검사라고 한다.
31) 인간의 선발 육종을 위해 인간의 유전 형질을 개량하려는 이론을 말한다.

(8) 지크문트 프로이트

Sigmund Freud
(A.D. 1856~1939)

장 마르탱 샤르코의 히스테리에 대한 아이디어와 요제프 브로이어(Josef Breuer)와 함께한 최면술 치료의 경험은, 프로이트(Sigmund Freud)에게 무의식의 존재와 정신장애의 치료법에 대한 아이디어를 알려 주었다. 그는 의식이 감당하지 못할 만큼의 강력한 부정적 생각이나 욕구, 기억은 억압되고 이는 무의식에 저장되어 개인의 행동과 생각을 교묘히 조종한다고 믿었다. 무의식적 생각과 의식적 생각의 차이는 심리적 긴장을 발생시키고 이것을 풀려면 자신이 만든 정신분석을 통해 해결해야 한다고 판단하였다.

프로이트는 여러 사례 연구를 통해 정신분석이론을 완성시켰고, 정신분석이론은 추후 여러 심리학자들에게 큰 영향을 주어 새로운 심리치료 방법이 개발되는 데 도움을 주었다. 프로이트는 오스트리아 빈에서 정신분석 학회를 창립했지만, 지나치게 자신의 이론만 고집하고 자신만의 교육 방법으로 학자들을 교육하려는 것으로 인해 제자들과 자주 갈등을 겪었다. 결국 정신분석학회는 프로이트 학파, 클라인 학파, 신프

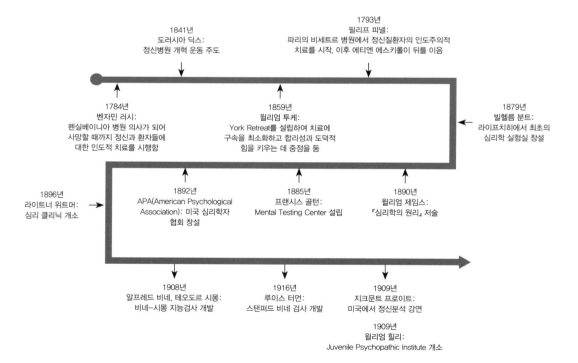

[그림 2-1] 심리학의 역사적 인물들에 대한 주요 업적

로이트학파로 갈라졌다. 현대에는 20개가 넘는 정신분석학파가 있지만 그 중심에는 여전히 프로이트의 정신분석이론이 있다.

2) 세계 대전과 임상심리학

(1) 제1차 세계 대전

전쟁은 누군가의 생명을, 재산을, 환경을 파괴하는 참혹한 결과를 낳지만, 어떤 이들에게는 경제적으로, 학문적으로 기회를 주는 일이기도 하다. 임상심리학은 세계 대전과 함께 발전했다고 해도 과언이 아닐 정도로, 당시에 큰 발전을 이루어 냈다. 전쟁 중에는 미국임상심리사협회(American Association of Clinical Psychologists: AACP)가 따로 만들어지기도 했는데, 1919년에 APA와 결합했지만, 이러한 현상 자체가 임상심리학 발전의 한 노력이라 볼 수 있다. 제1차 세계 대전 중에는 입영 대상자를 선별하기 위해 임상심리학자들이 고용되어 알파 집단 지능검사와 베타 집단 지능검사(비영어권, 영어 독해력이 부족한 수검자 대상)가 개발되었는가 하면, 군인들의 인성 문제를 가려내기 위한 개인자료 기록지(Personal Data Sheet)가 개발되어 사용되기도 하였다(신민섭 외, 2019). 제1차 세계 대전 동안 많은 군인들이 심리검사를 받았고, 이때 높아진 심리검사에 대한 관심은 제1차 세계 대전이 끝난 뒤에도 계속 되었다. 더불어 임상심리학자들은 부족한 의사들을 대신해 의료 장면에서 정신검사를 시행하고, 일부는 아동지도소나 심리 클리닉에서 교정적 작업에 종사하기도 했다. 전쟁은 지능검사 외에도 다양한 검사들을 개발 및 사용하게 하였다.

임상심리학자들은 군인들뿐 아니라 아동이나 일반 성인들에게도 심리검사를 시행하였다. 제1차 세계 대전이 끝난 후 로르샤흐 잉크 블롯 검사, 스트롱 직업흥미검사, 주제통각검사, 벤더-게슈탈트 검사 등이 개발되어 사용되었고, 특히 1939년에는 웩슬러 지능검사의 전신인 웩슬러-벨뷰 지능검사가 개발되고 MMPI(Minnesota Multiphasic Personality Inventory: MMPI) 개발의 시초가 되는 연구가 나오기도 하였다. 이 당시부터 임상심리학자들은 개발된 검사를 가지고 자연히 정신질환자들의 진단과 치료에 관여하기 시작했다. 어떤 이들은 병원에서, 어떤 이들은 아동기관에서, 어떤 이들은 개업을 하여 임상심리 일을 하기 시작했다.

(2) 제2차 세계 대전

제2차 세계 대전이 발발하자 임상심리학자들은 다시 군대에서 활약할 기회가 생겼다.

임상심리학자들은 당시에 주로 징병과 군인 배치 업무를 하였으나 심리평가, 집단심리치료도 하였다. 이때는 보다 정교하고 세련된 심리검사 도구들이 만들어졌는데, 대표적으로 1943년에 MMPI가 출간되고 1949년에는 아동용 웩슬러 지능검사가, 1955년에는 성인용 웩슬러 지능검사가 만들어졌다. 그리고 이때 로르샤흐 잉크 블롯 검사와 주제통각검사의 인기가 절정에 달했다. 이때부터 임상심리학자들에 대한 역할과 사회 인식은 점차 달라졌고, 전쟁 이후에는 임상심리학자들의 지역사회 진출도 많아졌다. 전쟁이 끝난 후에는 APA가 재조직되었고, 그 과정에서 APA는 심리학을 과학으로 올리고 직업심리학자들에 대한 후원도 적극적으로 하였다.

3) 임상심리학 훈련 모델

(1) 볼더 모델

제2차 세계 대전이 끝나자 심리적 어려움을 호소하는 상이용사들이 많아졌고, 미국의 재향군인회[32]는 이들을 치료할 의료인력 부족을 인지하여 1946년에 4,700명의 임상심리학자들을 보내 줄 것을 APA에 요청했다. APA는 재향군인회의 도움을 받아 '임상심리학수련위원회'를 만들었고, 임상심리학자가 되기 위해서는 4년의 박사 학위와 1년의 임상 수련 과정이 필요하다는 기준을 만들었다. 심리학자는 연구를 할 수 있는 과학자이면서 치료와 평가를 할 수 있는 전문가여야 한다는 기준 아래 미국의 재향군인병원을 중심으로 22개의 임상심리학 수련 과정을 만들었다. 1948년에 22개였던 수련 과정은 1949년에 42개로 늘어났고, 여기서 수련 받은 대학원생들은 심리진단, 심리치료, 정신건강 연구 등을 활발히 수행하여 현대의 임상심리학을 출현시켰다(신민섭 외, 2019).

한편, 1949년에는 미국 콜로라도주 볼더 지방에서 '임상심리학 수련'에 대한 대규모 회의가 열렸고, 이때 과학자-전문가 모델, 약칭 '볼더 모델'이 탄생되었다. 이 모형의 내용에는 ① 임상심리학자가 되기 위해서는 대학 심리학과에서 교육 받을 것, ② 심리학자로 먼저 수련받고 임상가로서 수련을 받을 것, ③ 임상 수련을 이수할 것, ④ 진단 및 심리치료를 수련할 것, ⑤ 수련의 정점은 박사 학위이고, 독창적 연구로 공헌할 것 등이 있었다.

---

32) 퇴역 군인 출신 모임을 말한다.

(2) 베일 모델

APA의 탄탄한 발전과 임상심리학자들의 꾸준한 증가에도 불구하고, 여전히 직업 임상심리학자들의 수는 정신보건 분야를 충분히 담당하기에는 부족하였다. 볼더 모델에 따른 임상심리학자의 배출은 지나치게 전문적이어서 임상심리학자들이 효과적으로 일하는 데 있어 볼더 모델이 얼마나 효용성이 있는지에 대한 의문이 발생하였다. 이 대안으로 철학 박사(Ph. D)가 아닌 심리학 박사(Psy. D)만으로 임상심리 분야에서 일할 수 있게 하는 것이 제안되었다. 심리학 박사(Psy. D) 제도는 연구논문에 대한 요구를 줄이는 것으로 연구 논문을 쓰지 않아도 임상심리학자가 될 수 있는 것이었다. 1962년, 뉴저지의 프린스턴에서 열린 회의에서 정신보건 분야의 인력 부족을 해소하기 위해 심리학 박사(Psy. D) 제도를 허용해야 한다는 주장이 강하게 나왔고, 결국 1973년 콜로라도의 베일에서 열린 회의에서 심리학 학위를 인정한 학자-전문가 모형이 승인되면서 임상심리학자 훈련 프로그램 모델로 볼더 모델과 베일 모델 두 개가 존재하게 되었다. 베일 모델의 주요 내용은 ① 석사 학위 소지자로서 적절한 훈련을 받은 자는 '심리학자'라는 칭호를 쓸 수 있다는 것, ② 심리학 박사(Psy.D) 프로그램도 적절한 임상심리학자 훈련 과정으로 인정한다는 것이었다. 이 모델은 임상심리학자의 학문적 기능보다 임상가 기능을 더 강조한 것이다.

4) 현대의 임상심리학

1980년에는 그동안 의사들에게만 보험금을 지급해 왔던 보험회사를 상대로 버지니아 임상심리사회사가 소송을 하였고, 4년 동안의 소송전 끝에 승리하여 정신과 의사들과 동등한 위치에서 심리치료를 할 수 있게 되었다. APA는 꾸준히 회원 수가 증가하여 2000년 경에는 회원수가 20,000명이 넘었고, 2018년에는 APA의 전면인증 박사과정 임상심리학 수련 프로그램이 250여 개에 달하게 되었다.

1990년대 이후 긍정심리학, 몰입, 행복 등 다양한 주제의 임상심리 연구가 진행되었고, 이러한 연구들은 인간의 부정적인 측면만 강조해 오던 기존의 임상심리학 주제를 벗어나 새로운 시각으로 인간 복지에 대해 기여할 수 있게 하였다. 1994년 이후에는 보다 실무적이고 효율적인 임상심리 업무 수행을 위해 더 다양한 임상심리학 수련 모델, 훈련 모델들이 개발되었다(신민섭 외, 2019). 1995년에는 APA가 추가적인 약물치료 관련 교육과 수련 과정을 전제로 약물처방권에 관한 수련을 승인하였고, 2002년에는 뉴멕시코주에서 최초로 임상심리학자들의 약물처방권이 인정되기도 하였다. 더불어 1995년에는 APA가 경험적으로 타당화된 치료 목록을 개발하여 발표하기 시작하며 근거에 기반한 실무 지침대로 치료하기를 권유했다(신민섭 외, 2019). 근거 기반 실무는 무선화 방법을 사용하여 효과성과 효율성이 입증된 치료 방법을 사용한 실무를 의미한다.

5) 한국의 임상심리학

한국의 임상심리학은 1940년대부터 시작된다. 이 글은 2017년에 발간된 『한국임상심리학회 50년사』를 중심으로 정리되었다. 한국 임상심리학의 역사에 대해 더 자세히 알고 싶은 독자는 『한국임상심리학회 50년사』를 읽어 보기 바란다.

한국 임상심리학회의 시작은 1964년 조선심리학회(한국심리학회의 전신)의 임상심리분과회를 창설한 때부터라고 할 수 있다(조선심리학회는 1946년에 창립되었다.). 이후 1965년에 정범모, 이정균, 진위교가 한국판 MMPI를 출판하였고, 동년에 최초로 성모병원 신경정신과에서 김중술의 지도하에 임상심리 수련이 시작되었다. 1971년에는 전용신이 고대−비네검사를 출판하였고, 1972년에는 임상 및 상담심리전문가 자격규정을 인준하였다. 1973년에는 임상심리전문가(8명)와 상담심리전문가(7명)가 처음으로 배출되었다. 1974년에는 임상심리분과회가 임상 및 상담심리분과회로 명칭을 개명하였고, 1987년에는 임상 및 상담심리분과회가 임상심리분과회와 상담심리분과회로 각각 분리되었다. 1989년에 김영환, 김재환, 김중술, 노명래, 신동균, 염태호, 오상우가 신판 MMPI를 출판하였고, 1990년에는 염태호와 김정규가 16PF를 모델로 성격요인검사를 출판하였다. 1992년에 염태호, 박영숙, 오경자, 김정규, 이영호가 K-WAIS를 출판했고, 1993년에 권정혜와 민병배가 임상심리학자 최초의 심리상담기관인 서울인지치료상담센터를 설립하였다. 이후 1997년에는 오경자, 하은혜, 이혜련, 홍강의가 K-CBCL을, 1998년에는 최진영이 한국판 치매평가척도(K-DRS)를, 1999년에는 김홍근이 Rey-Kim 기억검사를 출판하였다. 1999년에는 「정신보건법」에 의해 사회복귀시설 등에서 임상심리학회 회원이 활동을 하였다. 2001년에는 김영환, 김지혜, 오상우, 임영란, 홍상황이 성격평가질문지(PAI)를 출판하였다. 2003년에는 한국산업인력공단 국가기술자격 임상심리사 2급(1급은 2010년 시행)이 처음 시행되었고, 이때 강연욱, 나덕렬이 서울신경심리검사(SNSB)를 출판하기도 했다. 2004년에 김홍근이 Kims 전두엽−관리기능 신경심리평가를 출판하였고, 2005년에 김중술, 한경희, 임지영, 이정흠, 민병배, 문경주가 MMPI-2(한국어판)를 출판하였다. 2011년에는 곽금주, 오상우,

〈표 2-1〉 한국 임상심리학사에서의 주요 사건

연대	주요 사건
1960년대	
	1964년 조선심리학회(한국심리학회의 전신)의 임상심리분과회 창설
	1965년 정범모, 이정균, 진위교가 한국판 MMPI를 출판
	1965년 최초로 성모병원 신경정신과에서 김중술의 지도하에 임상심리 수련이 시작
1970년대	
	1971년 전용신이 고대-비네검사를 출판
	1972년 임상 및 상담심리전문가 자격규정 인준
	1973년 임상심리전문가(8명)와 상담심리전문가(7명) 배출
	1974년 임상심리분과회가 임상 및 상담심리분과회로 명칭 개명
1980년대	
	1987년 임상 및 상담심리분과회가 임상심리분과회와 상담심리분과회로 분리
	1989년 김영환, 김재환, 김중술, 노명래, 신동균, 염태호, 오상우가 신판 MMPI를 출판
1990년대	
	1990년 염태호와 김정규가 16PF를 모델로 성격요인검사를 출판
	1992년 염태호, 박영숙, 오경자, 김정규, 이영호가 K-WAIS를 출판
	1993년 권정혜와 민병배가 서울인지치료상담센터 설립
	1997년 오경자, 하은혜, 이혜련, 홍강의가 K-CBCL를 출판
	1998년 최진영이 한국판 치매평가척도(K-DRS)를 출판
	1999년 김홍근이 Rey-Kim 기억검사를 출판
	1999년 정신보건법에 의한 사회복귀시설등에서 임상심리학회 회원이 활동
2000년대	
	2001년 김영환, 김지혜, 오상우, 임영란, 홍상황이 성격평가질문지(PAI)를 출판
	2003년 한국산업인력공단 국가기술자격 임상심리사 2급(1급은 2010년 시행)이 시행
	2003년 강연욱, 나덕렬이 서울신경심리검사(SNSB)를 출판
	2004년 김홍근이 Kims 전두엽-관리기능 신경심리평가를 출판
	2005년 김중술, 한경희, 임지영, 이정흠, 민병배, 문경주가 MMPI-2(한국어판)를 출판
2010년대	
	2011년 곽금주, 오상우, 김청택이 K-WISC-IV를 출판
	2012년 황순택, 김지혜, 박광배, 최진영, 홍상황이 K-WAIS-IV와 K-WMS를 출판
	2014년 한국임상심리학회 창립 50주년 기념식
	2016년 '한국심리학회지: 임상'이 영문화

김청택이 K-WISC-IV를 출판하였고, 2012년에는 황순택, 김지혜, 박광배, 최진영, 홍상황이 K-WAIS-IV와 K-WMS를 출판하였다. 2014년에는 한국임상심리학회 창립 50주년 기념식이 있었으며, 2016년에는 '한국심리학회지: 임상'이 영문화되었다.

한국임상심리학회의 전문회원은 1973년에 8명을 시작으로 1995년에는 102명, 2001년에는 210명, 2010년에는 616명, 2018년에는 1,405명으로 꾸준히 늘고 있다. 창립부터 최근(2018년)까지 전문회원과 일반회원, 특별회원, 종신회원까지 모두 합하면 7,085명의 회원이 한국임상심리학회에 가입되어 있다.

3. 한국에서의 임상심리학자 훈련

앞서 기술된 바와 같이 미국의 임상심리학자 수련 모델은 볼더 모델과 베일 모델이 있다. 공식적으로는 과학과 실무 모두를 아우르는 전문가를 키우는 것이 임상심리학 수련 모델이며, 이는 한국의 임상심리학자 수련 모델과도 크게 다르지 않다. 임상심리전문가를 배출하는 한국임상심리학회에 따르면, 임상심리를 다루는 최고위 자격증인 '임상심리전문가'는 심리평가, 심리진단, 심리치료 혹은 개입, 자문, 연구, 교육 등을 할 수 있어야 한다. 더불어 이를 위해 일정 시간의 수련을 거쳐야 한다.

한국에서 임상심리학과 관련된 자격증은 크게 세 가지가 존재한다. 첫 번째는 임상심리전문가, 두 번째는 정신건강임상심리사 1, 2급, 세 번째는 임상심리사 1, 2급이다. 이 중 가장 최고위 자격증은 임상심리학회에서 제공하는 '임상심리전문가'다. 각각의 훈련에 대해 살펴보면 다음과 같다.

1) 임상심리전문가

본 내용은 한국임상심리학회의 임상심리전문가 관련 규정을 정리한 것이다. 자세한 내용, 시행 세칙 등은 한국임상심리학회 홈페이지(http://www.kcp.or.kr)에서 확인하기 바란다.

기본적으로 임상심리전문가는 한국심리학회가 인정하는 대학 및 기타 교육기관에서 임상심리학을 전공하여 석사 및 그 이상의 학위를 받은 자여야 한다. 학부 졸업으로는 부족하며, 반드시 석사 이상의 학위를 받아야 한다. 석사 학위는 임상심리전문가 수련을 받을 수 있는 전제 조건으로 학위 자체가 수련 시간에 포함되지는 않는다. 다만, 석사의 전공이 임상심리인 경우, 지도교수가 임상심리전문가인 경우, 석사 과정 시작 때부터 수련을 등록하고 석사 과정 동안 소정의 과목들을 이수하는 경우 석사 과정에서 한 활동들이 임상심리전문가 수련 시간의 일부로 인정될 수 있다. 일반적으로는 석사 학위 중, 또는 석사 학위를 마치고 임상심리전문가 수련을 시작하는 경우가 많으나, 박사 학위 중이나 박사 학위를 가진 후에도 임상심리전문가 수련을 할 수 있다. 박사 학위 중이나 박사 학위를 가진 경우에는, 수련 시간이 약 1년~2년 정도 줄어든다. 외국에서 임상심리전문가 자격증을 취득한 사람은 국내의 관련 분야에서 1년 이상의 수련을 받으면 임상심리전문가가 될 수 있다. 그러나 모든 수련의 마지막에는 수련 완료에 대한 심사, 자격시험과 면접시험을 통과해야 한다. 수련 시간은 연 1,000시간 이상, 3년 과정이다. 이는 평균적으로 연에 1,000시간 이상, 3년을 받아야 함을 의미한다.

석사 과정에서 필수적으로 들어야 하는 과목으로는 임상심리학과 관련된 3과목 9학점 이상(예: 고급 임상심리학, 정신병리학, 심리진단(또는 심리평가), 심리치료, 임상실습, 신경심리평가, 행동평가 등), 연구방법론과 관련된 과목 1과목 3학점 이상(예: 심리통계, 실험설계, 자료분석, 중다변인분석법 등)이어야 한다. 유사 과목일 경우 수련위원회에 해당 과목의 강의계획안을 제출하여 인정을 받아야 한다. 이러한 과목들과 더불어 석사 과정 동안 나름의 자체 스터디, 연구 활동, 실습 등의 시간을 합하여 최대 1,000시간을 인정받을 수 있다. 이렇게 해서 상기 조건을 모두 충족하는 경우 3년 수련 중 1년(1,000시간)을 대학원 과정으로 대체할 수 있다(시간이 부족하면 다음 해에 부족한 만큼 채워야 하는데, 그래도 최소 800시간은 넘어야 한다.).

대학원을 졸업한 후에는 임상심리전문가 수련기관에서 수련을 이어 나가야 한다. 수련기관은 크게 '일반 수련기관'과 '필수 수련기관'이 있는데, 이름에서도 알 수 있듯이, 3년의 수련 중 최소 1년은 '필수 수련기관'이라는 곳에서 수련을 받아야 한다. 필수 수련기관은 한국임상심리학회 수련위원회에 등록되어 있는 기관을 의미한다. 임상심리전문가가 1인 이상 상근 전임으로 근무하거나 또는 2인 이상의 임상심리전문가가 전임으로 근무하고 있는 기관으로 전문 상담시설이나 병원 정신건강의학과인 경우가 대부분이다. 이곳에서 2~3년을 수련 받아도 되고, 1년만 수련한 후 필수 수련기관을 나와 나머지 1년을 일반 수련기관에서 1,000시간 동안 수련 받을 수도 있다. 필수 수련기관에서는 심리평가, 심리치료 등의 기회를 제공하고 슈퍼바이저의 슈퍼비전과 교육을 받을 수 있다. 반면, 일반 수련기관의 경우 기관 사정에 따라 매우 달라서, 개인의 수련 인프라로 1,000시간을 채워야 하는 경우도 있다. 수련은 한국임상심리학회에 매해 모집/수료 보고를 해야 인정받을 수 있다. 개인 사정에 의해 수련을 잠시 쉬는 경우, 일정 기간이 지나면 기존의 수련 시간이 무효가 될 수 있어 주의해야 한다. 수련 기간 동안의 심리평가, 심리치료, 연구 등의 최소 시간과 횟수가 정해져 있다. 더불어 수련 기간 동안에는 학술회의(학회 참석, 지회 사례회의 참석 등) 참가나, 대외협력 지원사업 참여, 윤리교육도 필수적으로 들어야 한다. 과거에 수련에 대한 기록은 특정 수첩에 했으나, 현재는 온라인화되어 있다.

3년, 3,000시간 수련을 모두 마친 후에는 수련 완료 검증을 학회에서 받은 후 '자격시험' 과 '면접시험'에 응시해야 한다. 자격시험은 기초과목과 임상과목으로 분류되며, 기초과목은 성격심리학, 인지 및 학습심리학, 생리심리학, 임상심리학 연구방법론이고, 임상과목은 정신병리학, 심리평가, 심리치료가 포함된다. 3년 3,000시간 수련, 자격시험과 면접시험을 모두 통과한 후에야 임상심리전문가 번호가 부여된다.

상기 자격 과정은 타 전문 자격증의 수련 시간에 비해 월등히 많다. 특히, 필수 수련기관에서의 수련은 레지던트 의사들의 수련 시간이나 수련 강도와 유사하다. 따라서 임상심리전문가 자격증은 명실상부 임상심리 최고위 자격증이라 할 수 있다.

2) 정신건강임상심리사

정신건강임상심리사는 보건복지부에서 인정하는 정신건강전문요원 중 하나다. 임상심리전문가 자격증이 학회 차원에서 발행하는 민간자격증인 반면, 정신건강임상심리사는 국가 자격증이다. 일반적으로 정신건강임상심리사와 임상심리전문가의 수련 과정은 서로 겹치거나 유사한 경우가 많아, 임상심리전문가 수련과 정신건강임상심리사 수련을 동시에 받는 수련생들이 많다. 정신건강임상심리사에 대해 살펴보면 다음과 같다. 아래 내용은 '정신건강전문요원의 수련 및 보수교육 등에 관한 규정'에 대한 내용을 정리한 것이다. 자세한 내용은 본 규정을 보기 바란다.

정신건강임상심리사의 수련은 「정신건강증진 및 정신질환자 복지서비스 지원에 관한 법률 시행규칙」에 근거를 두고 있다. 대학원생이 수련을 할 때는 정신병리학(혹은 고급이상심리학), 심리평가(혹은 심리진단, 심리검사), 심리치료(혹은 고급상담이론), 연구방법론(혹은 고급심리통계, 고급심리설계)을 필수로 이수해야 하고, 인지치료, 행동치료, 정신분석치료, 집단치료 등의 25개 과목에서 3개를 선택적으로 이수해야 한다. 반면, 대학생이 수련을 할 때는 임상심리학, 이상심리학, 심리평가(또는 심리검사, 심리진단), 연구방법론(또는 심리통계, 심리설계)을 필수로 이수해야 하고, 상담심리학, 집단상담, 가족상담 등 29과목 중 6과목을 선택 이수해야 한다. 수련 기관은 기본적으로 정신의료기관이며, 실습 시간의 4분의 1 이상을 정신요양시설, 정신재활시설, 정신건강복지센터 또는 보건소에서 수련해야 한다. 반면, 정신요양시설, 정신재활시설, 정신건강복지센터 또는 보건소에서 수련하는 경우 실습 시간의 4분의 1 이상을 정신건강전문요원의 수련기관으로 지정된 정신의료기관에서 수련해야 한다. 수련기관의 장은 수련 성과 확인을 위해 실습 평가와 학습 평가를 실시해야 한다. 정신건강임상심리사 1급의 경우 이론, 실습, 학술활동으로 구분된 수련을 연 1,000시간, 총 3년(총 3,000시간)을 해야 한다. 정신건강임상심리사 2급의 경우, 이론, 실습, 학술활동으로 구분된 수련을 1,000시간, 1년을 하면 된다. 더불어 정신건강임상심리사는 매년 12시간 이상을 보수교육을 받아야 한다.

3) 임상심리사(한국산업인력공단)

「국가기술자격법」의 관리를 받아 한국산업인력공단에서 시행하는 임상심리사 1, 2급 역시 특정한 조건이 있다. 임상심리전문가나 정신건강임상심리사만큼의 수련 시간을 요구하지는 않지만, 이 역시 일정 과목 이수 조건과 실습 조건이 존재한다.

먼저 임상심리사 1급은 임상심리와 관련하여 2년 이상 실습수련을 받거나 4년 이상 실무에 종사한 사람 중 심리학 분야에서 석사 학위 이상의 학위를 취득한 자, 취득 예정자인 사람이어야 한다. 또는 임상심리사 2급 자격 취득 후 임상심리와 관련하여 5년 이상 실무에 종사한 사람이나 외국에서 동일한 종목에 해당하는 자격을 취득한 사람이어야 한다. 학위로 조건이 된 사람이 아닌 경우 필요에 따라 실무경력증명서가 필요하다. 실습수련과 실무 경력은 다른데, 구체적으로 실무 경력 기관이란 보수를 받고 일하며 고용보험 등 4대 보험 가입이 되어 있는 곳을 말한다. 실습수련 기관의 경우 실습수련 감독자가 있어야 하는데, 실습수련 감독자는 심리학 분야 대학 교수, 심리학 관련 자격(임상심리사, 정신건강임상심리사) 보유자, 임상심리전문가가 될 수 있다.

상기 자격이 되는 사람이 필기시험과 실기시험을 합격하면 임상심리사 1급을 취득할 수 있다. 필기시험으로 임상심리연구방법론, 고급이상심리학, 고급심리검사, 고급임상심리학, 고급심리치료 과목에서 과목당 40점 이상, 평균 60점을 달성해야 한다. 실기시험은 주관식 시험으로 이 역시 60점 이상이어야 한다.

다음으로 임상심리사 2급은 임상심리와 관련하여 1년 이상 실습수련을 받은 사람이나 2년 이상 실무에 종사한 사람으로서 대졸자나 졸업 예정자인 경우에 응시 가능하다. 대학원 졸업생도 응시가 가능하나, 대학원 졸업생의 경우 1년 이상의 임상심리 실습을 받거나 전공이 상담이나 치료가 들어간 전공이어야 한다. 단, 직업상담과 같이 교과과정상 심리학 분야와 거리가 있는 학과는 대학원 과정이 실습으로 인정되지 않는다. 실습수련이나 실무 경력의 기관의 기준, 실습수련 감독자의 기준은 1급과 동일하다.

상기 자격이 되는 사람이 필기시험과 실기시험을 합격하면 임상심리사 2급을 취득할 수 있다. 필기시험으로는 심리학개론, 이상심리학, 심리검사, 임상심리학, 심리상담 과목에서 과목당 40점 이상, 평균 60점을 달성해야 한다. 실기시험은 주관식 시험으로 이 역시 60점 이상이어야 한다.

임상심리사 1급을 취득하면 정신건강임상심리사 자격 수련을 받을 수 있는 자격이 발생한다. 이러한 의미에서 산업인력공단의 임상심리사는 임상심리전문가나 정신건강임상심리사에 비해 상대적으로 낮은 지위의 자격증이 된다. 그러나 임상심리사 역시 각종 기관에서 우대받으며 일을 할 수 있다. 특히, 관련 공무원 임용 등에서 임상심리사 자격증의 보유는 가산점을 받을 수 있다.

📝 요약

　고대부터 이어진 인간 심리에 대한 탐구는 히포크라테스, 플라톤, 아리스토텔레스를 거쳐 갈레노스까지 이어지게 된다. 아쉽게도 중세시대에는 인간에 대한 탐구가 다소 퇴보했으나, 데카르트와 헤르바르트, 골턴을 통해 인간 마음과 신경계, 유전에 대한 연구가 진행되었고, 이를 분트가 과학적 방법으로 실험을 하면서 심리학이라는 학문이 세상에 분명히 드러나게 되었다. 분트로 시작된 실험심리학은 인간의 인지와 정신질환에 대한 자세한 탐구를 가능하게 해 주었고, 여기서 얻은 지식들은 임상심리학의 근간이 되어 훌륭하게 심리적 어려움을 가진 사람을 돕게 되었다.

　정신질환자들에 대한 가혹했던 치료 환경은 벤저민 러시, 도러시아 딕스, 윌리엄 투케, 필리프 피넬 등을 통해 점차 개선되었고, APA의 설립으로 임상심리학자들은 학문적으로나 직업적으로 정신질환자들을 돕는 것이 용이해졌다. 라이트너 위트머는 임상심리학 강좌와 임상심리학 저널을 만들었다는 데서 임상심리학의 아버지로 불린다. 임상심리는 지능검사 및 치료 이론의 개발과 세계 대전을 바탕으로 점차 확장되어 갔으며, 현재는 그 어떤 전문가들보다도 탄탄하고 신뢰로운 수련 모델을 갖춘 심리학자로 자리매김하였다.

　한국에서는 1964년에 처음 한국심리학회 임상심리분과회가 생기면서 임상심리학이 시작되었다. 40년 동안 훌륭한 임상심리학자들이 심리검사를 개발하고 심리치료를 수행하였으며, 미국 모델과 유사한 과학자-전문가 수련 모델도 정착시켰다. 더불어 정신건강임상심리사와 임상심리사라는 국가 자격증을 만들기도 하였다. 현재 한국임상심리학회는 7,000명이 넘은 회원을 가진 전문 심리 학술 집단이 되었고, 한국의 정신건강과 세계의 정신건강을 위해 현재도 연구와 실무를 계속하고 있다.

⟨?⟩ 생각해 봅시다

● 고대 철학은 어떻게 심리학과 연결되어 있는가?

● 찰스 다윈과 데카르트의 사상은 심리학에 어떤 영향을 미쳤는가?

- 임상심리학은 상담심리학과 어떻게 다른가?

- 한국의 임상심리학자 수련 모델은 어떤 점에서 장점이 있고 어떤 점에서 단점이 있는가? 그리고 그것의 개선은 어떻게 하는 것이 좋겠는가?

형성평가

- 임상심리학의 아버지로 불리는 사람은 누구이며, 어떠한 일을 했는지 기술하시오.

- 제1차 세계 대전과 제2차 세계 대전을 거치면서 발전한 임상심리학의 양상에 대해 서술하시오.

- 임상심리학자 수련 모델인 볼더 모델과 베일 모델에 대해 기술하시오.

참고문헌

김근태(2020). 성 발렌티노, 뇌전증 환자들을 지키다. 대한신경과학회지, 38(2), 111-115.

김상근(2008). 신플라톤주의 신학이 16-17세기 유럽의 마녀사냥에 미친 영향. 신학논단, 51, 139-171.

김환석(2014). '의료화'에서 '생의료화'로: 정신장애의 사례. 과학기술학연구, 14(1), 3-33.

신민섭, 권석만, 민병배, 이용승, 박중규, 정승아, 김영아, 박기환, 송현주, 장은진, 조현주, 고영건, 송원영, 진주희, 이지영, 최기홍(2019). 한국 임상심리 연구와 현장의 전문가 열여섯 명이 쓴 최신 임상심리학. 서울: 사회평론아카데미.

이상건(2019). 뇌 연구의 역사 1: 기원전 고대 뇌 연구의 역사. 에필리아: 뇌전증과 사회, 1(1), 4-10.

이현수(1988). 임상심리학의 창시자 라이트너 위트머(Lightner Witmer, 1867~1956). *Korean Journal of Clinical Psychology*, 7(1), 149-157.

이현주(2003). 도로시아 린드 딕스(Dorothea Lynde Dix)의 정신병원 개혁운동. 미국사연구, 18, 53-81.

장미성(2018). 정신 질병의 탄생: 고대 그리스 의학적 시선의 철학적 기원: 플라톤의 정신 질병 개념을 중심으로. 철학연구, 121, 1-24.

조상식(2002). 개인연구: 윌리엄 제임스의 의식이론에 대한 교육학적 고찰-행동이론을 중심으로. 교육철학, 28, 207-227.

한국임상심리학회 편찬위원회(2017). 한국임상심리학회 50년사. 서울: 한국임상심리학회.

한도령(2014). 건강한 신체에 건전한 정신이 깃든다: 플라톤과 아리스토텔레스를 중심으로. 한국웰니스학회지, 9(2), 1-11.

한정선(2014). 플라톤의 신체교육관에 대한 심리학적 고찰. 교양교육연구, 8(1), 193-216.

Boring, E. G. (1959). *Lewis Madison Terman, 1877-1956: A Biographical Memoire by Edwin G. Boring*. CA: Stanford University Press.

Glover, M. R. (1984). *The Retreat, York: Early Quaker Experiment in the Treatment of Mental Illness*. New York: William Sessions Limited.

Huertas, R. (2008). Between doctrine and clinical practice: nosography and semiology in the work of Jean-Étienne-Dominique Esquirol (1772-1840). *History of Psychiatry, 19*(2), 123-140.

Nigel, B., Catherine, C., Joannah, G., Voula G., Merrin L., Marcus, W., & Sarah, T. (2012). *The Psychology Book*. UK: Dorling Kindersley.

Weiner, D. B. (2000). Betrayal! The 1806 English Translation of Pinel's Traité médico-philosophique sur l'aliénation mentale ou la manie. *Gesnerus, 57*(1-2), 42-50.

임상심리학의 연구방법

제3장

장애에 가장 효과적인 치료법은 무엇인가? 조현병 증상은 개인의 일상생활 기능에 어떠한 영향을 미치는가? 이러한 질문에 답하기 위해 임상심리학 분야에서는 일찍이 엄격한 연구 수행을 강조해 왔다. 임상심리학 분야에서 연구는 정신병리학, 정신건강, 심리적 요인과 신체적 질병 간의 관계를 포함하여 임상심리학자가 관심을 갖는 다양한 현상을 이해할 수 있는 지식의 토대를 제공한다. 또한 정신적·심리적·행동적 장애/문제에 대해 경험적으로 검증된 평가 및 진단방법과 증거 기반 치료를 포함하여 임상 현장에서의 실무를 안내하는 일련의 증거를 제공하기도 한다. 이를 위해 연구자는 연구의 목적을 이해하고, 다양한 연구방법을 활용하며, 연구윤리규정을 숙지하고 준수해야 한다.

1. 연구의 목적

연구란 새로운 지식을 발견하는 과정이다. 이러한 지식은 새로운 개념의 발전일 수도 있고, 기존의 지식과 이론의 발전일 수도 있으며, 이전에는 알려지지 않았던 새로운 이해로 이어질 수도 있다. 정신병리에 대한 이해에서 개입에 이르기까지 임상심리학 분야의 연구자들은 인간의 삶의 질을 개선한다는 궁극적인 목표를 가지고 과학, 이론, 임상 관련 지식을 통합하는 새로운 방법을 끊임없이 찾고 있다. 따라서 임상심리학 연구의 목적은 정신병리 및 그 치료에 대한 과학적 지식을 발전시키고, 실제 임상 장면에서 임상심리학자들이 증거 기반 평가 및 치료를 적용할 수 있게 안내하는 것이다. 연구는 다양한 형태를 취할 수 있지만 연구에는 다음과 같은 3가지 주요 목적(Ray, 2011)이 있다.

- 탐색적 연구: 탐색적 연구는 아직 명확하게 정의되지 않은 문제를 중심으로 수행되는 최초의 연구다. 따라서 탐색적 연구는 문제 자체에 대한 결정적인 답을 제공하는 것이 아니라 문제의 정확한 성격을 더 잘 이해하는 것을 목표로 한다. 이를 통해 나중에 더 심층적인 연구를 수행할 수 있다.
- 기술적 연구: 탐색적 연구를 통해 어느 정도 기반이 마련되면 새롭게 탐색된 분야는 더 많은 정보가 필요하다. 기술적 연구에서는 기존 연구의 부족한 부분을 채우고 이해를 확장시키기 위해 특정 현상을 설명하거나 정의하는 것이다. 따라서 기술적 연구는 '왜'가 아닌 '어떻게'와 '무엇'에 초점을 맞춘다.
- 설명적 연구: 인과관계 연구라고도 하는 설명적 연구는 변인이 상호작용하는 방식, 즉 인과관계를 확인하기 위해 수행된다. 설명적 연구는 연구 질문의 '이유'를 다루므로 종종 실험을 기반으로 한다.

2. 연구방법

임상심리학 연구자들이 사용하는 연구방법은 한 명을 대상으로 하는 연구부터 수십, 수백 또는 수천 명의 참여자를 대상으로 하는 연구에 이르기까지 다양하다. 또한 엄격하게 통제된 실험실에서 수행하는 연구뿐만 아니라 병원, 학교, 지역사회와 같은 실제 환경에서 수행하는 연구도 있다. 다양한 연구방법 중 어떤 방법을 사용하는 것이 가장 좋을까? 아쉽게도 모든 연구문제와 가설을 검증할 수 있는 단일 연구방법은 없지만, 특정 유형의 연구문제와 가설을 검증하는 데 유용한 방법들은 있다. 따라서 이 절에서는 다양한 연구방법 중 기술연구, 상관연구, 실험연구, 관찰법에 대해 알아보고자 한다.

1) 기술연구

기술연구는 집단, 상황 또는 현상을 정확하고 체계적으로 설명하기 위한 목적으로 사용한다. 기술연구는 주로 특정 집단, 상황, 현상이 발생하는 원인을 예측하거나 이해하는 것보다 이를 설명하는 데 중점을 둔다. 임상심리학 분야에서 기술연구는 특정 문제나 장애에 대한 연구의 첫 단계로 실시되는 경우가 많다. 이는 특정 문제/장애가 무엇인지 제대로 파악한 뒤, 이에 대한 원인을 예측하거나 이해하는 것이 중요하기 때문이다. 따라서 기술연구를 수행하는 연구자는 주로 문제의 정확한 측정과 표본의 대표성에 관심을 둔다. 특히, 임상심리학 분야에서 기술연구는 다양한 정신장애 유병률과 발생률을 확인하는 역학연구를 위해 자주 사용된다. 연구자는 이를 통해 위험도가 높은 집단을 확인하여 보건정책을 수립하고 예방 및 치료 프로그램을 제공하는 데 도움을 줄 수 있다. 역학연구에서 주로 측정하는 유병률과 발생률 종류는 다음과 같다.

- 유병률: 특정 시점 또는 특정 기간 동안 특정 인구 집단에서 발생한 질병의 환자 비율
  - 시점 유병률: 어느 한 시점에서 질병에 걸린 경험이 있는 환자의 비율
    (현재 우울증이 있는가?)
  - 기간 유병률: 일정 기간 동안 질병에 걸린 경험이 있는 환자의 비율
    (지난해에 우울증을 앓은 적이 있는가?)
  - 평생 유병률: 평생 동안 한 번 이상의 질병에 걸린 경험이 있는 환자의 비율
    (지금까지 우울증을 앓은 적이 있는가?)
- 발생률: 특정 기간 동안 특정 인구 집단에서 새로 발생한 질병의 비율

기술연구 예시

> 연구자는 국내 만성통증 환자의 정신건강 실태를 파악하고자 한다. 이를 위해 연구자는 전국 국립대학병원 마취통증의학과에 내원하는 1,000명의 만성통증 환자를 대상으로 설문조사를 통해 우울, 불안, 자살, 정신건강 서비스 이용 관련 지표를 선정 및 조사하였다.

2) 상관연구

'상관'이라는 용어는 서로 관련성이 있다는 것을 의미하며, 이에 상관연구는 둘 이상의 변인이 서로 관련성이 있는 정도를 파악하기 위한 목적으로 사용한다. 여기에서 주의할 점은 상관관계는 인과관계를 의미하지 않는다는 것이다. 변인들이 서로 관련성이 있다고 해서 한 변인이 다른 변인을 유발한다는 것을 의미하지는 않는다. 예를 들어, 많은 상관연구를 통해 음주를 많이 할수록 간암 발생률이 더 높아진다는 결과가 확인되었다. 대중들은 이러한 결과를 통해 과도한 음주가 간암을 유발한다는 인과관계로 오해하기도 하나, 해

당 변인들을 엄격한 통제하에 수행한 실험연구가 아니기 때문에 이러한 인과관계를 증명할 수 없다. 따라서 상관연구는 연구자가 변인을 조작하는 것이 비현실적이거나 비윤리적인 경우 유용하다. 또한 상관연구는 주로 설문조사를 통해 많이 진행되는데, 이는 특정 주제에 대한 정보를 쉽고, 빠르고, 저렴하게 수집할 수 있어, 추후 본격적인 연구를 위하거나 변인 간 인과관계를 검증하기 위한 예비연구로서의 역할을 하기도 한다. 마지막으로, 상관연구에서 연구자는 두 변인 간 관계의 방향과 강도를 다음과 같이 확인할 수 있으며, 변인 간 관계가 있는 경우 한 변인의 점수를 사용하여 다른 변인의 점수를 예측할 수 있다.

(1) 상관의 방향

- 정적 상관: 두 변인의 값이 같은 방향으로 움직이는 것을 의미한다. 즉, 한 변인의 값이 증가하면 다른 변인의 값도 증가하고, 반대로 한 변인의 값이 감소하면 다른 변인의 값도 감소하는 것을 의미한다(예: 지능이 높을수록 학업 성적이 더 높다.).
- 부적 상관: 두 변인의 값이 반대 방향으로 움직이는 것을 의미한다. 즉, 한 변인의 값이 증가하면 다른 변인의 값은 감소하고, 그 반대의 경우도 마찬가지다(예: 삶의 질이 떨어질수록 흡연을 더 많이 한다.).
- 무상관: 두 변인 간 관련성이 없는 것을 의미한다.

정적 상관   부적 상관   무상관

[그림 3-1] 상관관계 그래프

(2) 상관의 강도

상관관계는 강하거나 약할 수 있으며 때로는 없을 수도 있다. 상관계수는 두 변인 간 관계의 강도를 측정하는 데 사용된다. 상관의 강도는 -1.00에서 $+1.00$ 사이의 값으로 나타낼 수 있다. 상관계수가 0에 가까울수록 두 변인 간에 관계가 약해지고, $+1.00$(정적 관계) 또는 -1.00(부적 관계)에 가까울수록 두 변인 간에 더 강한 관계가 있다는 것을 나타낸다.

상관연구 예시

연구자는 감정노동자를 대상으로 수면 곤란과 불안과의 관계를 파악하고자 한다. 이를 위해 연구자는 서울 지역의 한 콜센터에서 근무하는 150명의 상담원을 대상으로 수면과 불안 관련 설문지를 실시한 후, 수면의 다양한 측면(불면증, 수면질, 주간졸림)과 불안 간의 관계를 검증하였다.

3) 실험연구

실험연구는 가장 엄격한 연구방법 중 하나로, 변인 간 인과관계를 검증하기 위한 목적으로 사용한다. 인과관계가 성립하기 위해서는 다음의 3가지 조건이 충족되어야 한다. 첫째, 원인은 결과에 시간적으로 선행한다(시간적 우선성). 둘째, 원인이 변하면 결과도 변화한다(공변성). 셋째, 원인과 결과의 관계를 설명할 수 있는 다른 변인은 없다(외생변인의 통제). 이를 위해 연구자는 실험연구 설계 시 다음의 요소들을 기본적으로 포함한다(Morling, 2020).

- 독립변인의 조작: '조작'이란 실험연구와 다른 연구방법들을 구분하는 고유한 특징으로, 연구자가 독립변인을 인위적으로 변화시키는 것을 의미한다. 독립변인은 연구자의 통제하에 있기 때문에 이 요인의 변화가 종속변인의 변화를 일으키는지의 여부를 판단할 수 있다.
- 무선할당: 모든 연구 참여자들이 각 집단에 배정될 확률을 균등하게 하기 위한 목적으로 시행한다. 이를 통해 연구자는 집단 간 동질성을 확보하여 외생변인의 영향을 통제할 수 있다.
- 외생변인의 통제: 독립변인이 아닌 변인이 종속변인에 미치는 영향을 체계적으로 방지하기 위한 목적으로 시행한다. 독립변인의 조작과 무선할당을 포함해 외생변인을 통제하는 여러 가지 방법들이 있다.

실험연구는 실험실이나 현장에서 수행할 수 있다. 실험실에서 수행되는 실험은 외생변인의 통제로 내적타당도가 높은 경향이 있지만, 이는 연구가 수행되는 실험실 환경이 실제 환경을 반영하지 않기 때문에 외적타당도는 낮다. 반면, 현장 실험은 실제 환경에서 독립변인을 조작하고 외생변인의 영향을 통제하는 것이 어렵기 때문에 내적타당도가 낮은 경향이 있지만 외적타당도는 높다.

내적타당도와 외적타당도

내적타당도는 연구가 얼마나 잘 수행되었는지, 즉 종속변인의 변화가 외생변인의 영향이 아닌 독립변인의 영향에 의해 나타난 것인지와 관련이 있다. 외적타당도는 실험을 통해 검증된 인과관계가 일반적인 상황에 얼마나 잘 적용(일반화)될 수 있는지와 관련이 있다. 내적타당도와 외적타당도는 서로 상충하는 관계에 있다. 실험실에서의 실험은 외부 변인의 영향을 최소화할 수 있기 때문에 내적타당도가 증가하는 반면에, 실험실 환경은 외부 세계와 다르기 때문에 외적타당도는 감소한다. 이러한 상충관계에 대한 해결책은 먼저 실험실(통제된) 환경에서 연구를 수행하여 인과관계의 존재를 확인한 다음, 그 결과가 일반적인 상황에서도 유지되는지 분석하는 현장 실험을 수행하는 것이다.

　임상심리학 분야에서 실험연구는 주로 이상행동의 원인, 악화 또는 유지에 기여하는 변인과 과정을 밝히고, 문제를 예방하거나 치료하기 위한 개입의 효과를 평가하기 위해 사용된다. 연구자는 이러한 연구문제를 검증하기 위해 다음과 같은 다양한 실험설계 방법을 사용한다.

(1) 집단 간 설계

　집단 간 설계는 실험 대상자가 서로 다른 조건에 할당되는 실험설계의 한 유형이며, 각 실험 대상자는 실험 조건 중 하나만 경험하게 된다. 모든 실험 대상자들은 하나의 조건만 경험하기 때문에 이러한 유형의 설계를 종종 독립측정설계라고도 한다. 가장 기본적인 수

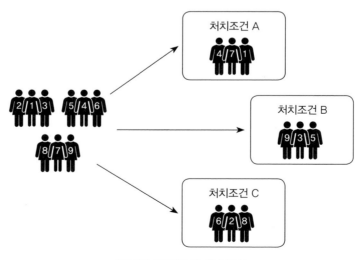

[그림 3-2] 집단 간 설계 도식

준에서 이 설계는 처치조건과 통제조건이 필요하며, 실험 대상자는 2개의 조건 중 하나에 무선으로 할당된다. 3개의 처치 조건으로 구성된 실험에서는 실험 대상자는 3개의 조건 중 하나에 무선으로 할당된다.

집단 간 설계 예시

연구자는 섭식장애 환자를 대상으로 개발한 주의편향 수정 프로그램의 효능(efficacy)을 검증하고자 한다. 이를 위해 연구자는 섭식장애 진단을 받은 성인 환자 40명 중 20명은 처치 집단, 20명은 통제 집단에 무선할당하였다. 처치 집단은 모니터 화면에 고칼로리 음식–저칼로리 음식 자극쌍이 제시될 때마다 저칼로리 음식 자극에만 주의를 두게 하였고, 통제 집단은 무선적으로(전체 시행에서 50:50 비율) 고칼로리 음식 자극과 저칼로리 음식 자극에 주의를 두게 하였다.

(2) 집단 내 설계

2개 이상의 집단이 서로 다른 조건에 참여하는 집단 간 설계와는 달리, 집단 내 설계에서는 1개의 집단만 있으며 각 실험 대상자가 모든 조건에 참여한다. 집단 내 설계는 각 실험 대상자가 각 조건을 경험할 때 반복적으로 측정되기 때문에 반복측정설계라고도 한다. 집단 내 설계의 가장 중요한 장점은 모든 실험 대상자가 모든 조건을 경험하기 때문에 결과를 왜곡시킬 수 있는 개인차에 대해 걱정할 필요가 없고, 많은 실험 대상자들이 필요하지 않다는 것이다. 그러나 2개 이상의 조건을 순차적으로 경험하기 때문에 한 조건에서의 경험이 다른 조건에서의 경험에 영향을 줄 수 있다.

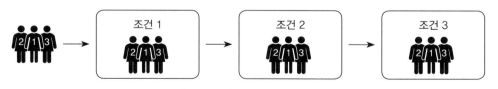

[그림 3-3] 집단 내 설계 도식

집단 내 설계 예시

연구자는 대인관계 문제를 가지고 있는 내담자를 대상으로 치료자의 성별이 치료자에 대한 신뢰도 지각에 미치는 효과를 검증하고자 한다. 이를 위해 연구자는 대인관계 문제가 있는 성인 30명에게 무선적으로 한 번은 내담자와 같은 성별의 치료자와, 한 번은 내담자와 다른 성별의 치료자와 면담을 하게 하였다. 연구자는 각 면담 후 설문지를 통해 치료자 신뢰도에 대해 측정하였다.

(3) 혼합설계

혼합설계는 집단 간 설계와 집단 내 설계를 혼합한 설계방법이다. 따라서 연구자는 종속변인에 대한 2개 이상의 집단 간 차이를 검증할 뿐만 아니라, 시간 경과에 따라 각 집단 개별 실험 대상자가 보이는 종속변인의 변화 차이를 검증할 수 있다. 이 설계방법은 집단 간 설계와 집단 내 설계의 장점을 모두 가지고 있기 때문에, 특히 임상심리학 연구에서는 심리학적 개입의 효과성을 검증할 때 많이 쓰인다.

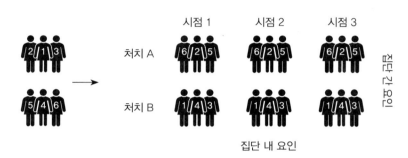

[그림 3-4] 혼합설계 도식

혼합설계 예시

연구자는 강박장애 환자를 대상으로 인지행동치료와 수용전념치료의 효과를 비교 검증하고자 한다. 이를 위해 연구자는 강박장애 진단을 받은 성인 환자 60명 중 30명은 인지행동치료집단, 30명은 수용전념치료 집단에 무선할당하였다. 이후 각 집단별로 해당 치료를 실시하고 이에 대한 효과를 검증하기 위해 치료 전, 치료 후, 치료 3개월 후 3번에 걸쳐 설문지를 통해 강박장애 관련 증상을 측정하였다.

(4) 준실험설계

준실험설계는 실험설계의 기본 요건인 독립변인의 조작, 무선할당, 외생변인의 통제 중 일부가 충족되지 않는 설계다. 실험설계와 마찬가지로 준실험설계는 독립변인과 종속변인 간 인과관계를 설명하고자 한다. 그러나 준실험설계에서는 연구 참여자를 무선적으로 할당할 수 없어, 실험설계만큼 외생변인을 효과적으로 통제하지 못해 변인 간 인과관계를 충분히 설명하지는 못한다. 그럼에도 불구하고, 준실험설계는 다음과 같은 윤리적이거나 실제적인 이유로 실험설계를 사용할 수 없는 상황에서 사용할 수 있는 유용한 설계방법이다.

- 연구자가 독립변인을 직접 조작하기에 비윤리적인 상황(예: 코로나 바이러스 감염이 우울과 불안에 미치는 영향)
- 실험설계를 사용하기에 불가능하거나 비용이 많이 드는 상황(예: 금연 구역 확대 정책이 금연에 미치는 효과)
- 실제 장면에서의 특정 개입의 효과성(effectiveness)을 검증하는 상황(예: 학교 기반 마음챙김 훈련이 고등학생의 정신건강에 미치는 영향)

준실험설계 예시

연구자는 주요우울장애 환자 대상으로 자살 위험성의 높고 낮음에 따라 집행기능의 차이를 검증하고자 한다. 이를 위해 연구자는 주요우울장애 진단을 받은 성인 환자 50명 중 벡 자살사고 척도(Beck Scale for Suicide Ideation)의 점수를 기준(저집단: 15점 미만, 고집단: 15점 이상)으로 34명은 자살 위험성-고집단, 16명은 자살 위험성-저집단에 할당하였다. 이후 각 집단은 집행기능을 측정하는 일련의 검사들을 수행하였다.

(5) 단일피험자 실험설계

임상 장면에서 많은 수의 연구 참여자를 모집하는 것이 가능하지 않거나 바람직하지 않은 경우들이 있다. 이때 단일피험자 실험설계를 집단설계에 대한 대안으로 사용할 수 있고, 때로는 집단설계 전 개입의 개발 방향을 안내하는 단계로서도 사용할 수 있다. 단일피험자 실험설계는 적은 수의 참여자 또는 1명의 참여자를 대상으로 개입 효과를 평가하는 방법이며, 기본적으로 개입 전 표적행동의 상태를 관찰하는 기저선 단계(A)와 개입 후 표적행동의 변화를 관찰하는 개입 단계(B)로 구성된다. 개입 효과에 대한 추론은 종종 그래프 상에 나타난 표적행동의 변화를 통해 이루어진다.

AB설계 예시

연구자는 1명의 ADHD 아동을 대상으로 잔잔한 클래식 음악이 주의산만 행동을 감소시키는지 검증하고자 한다. 이를 위해 연구자는 기저선 단계(A)에서는 하루에 1회 15분씩 총 5회에 걸쳐 잔잔한 클래식 음악을 틀지 않은 상태에서 연구자가 동화책을 읽어 주는 동안 주의산만 행동을 관찰하였다. 이후 개입 단계(B)에서는 하루에 1회 15분씩 총 5회에 걸쳐 잔잔한 클래식 음악을 튼 상태에서 연구자가 동화책을 읽어 주는 동안 주의산만 행동을 관찰하였다.

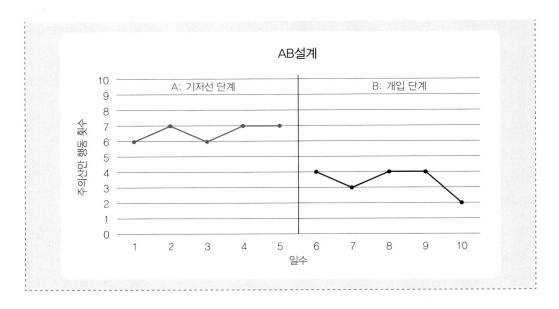

- AB설계: AB설계는 단일피험자 실험설계 중 가장 기본적인 형태다. 이 설계에서는 일
반적으로 개입 전 기저선 단계(A) 동안 표적행동을 관찰해야 한다. 개입 단계(B)가 시
작되면 마찬가지로 표적행동을 계속해서 관찰한다. 개입의 효과를 평가하기 위해 개
입 단계의 관찰 자료를 기저선 단계의 관찰 자료와 비교한다. 표적행동의 변화가 개
입으로 인한 것이라는 확신을 갖기 위해서는 표적행동의 즉각적이고 분명한 변화가
필요하다. 그러나 AB설계에서는 외생변인을 통제하지 않기 때문에 이러한 인과관계
해석은 조심스럽게 이루어져야 한다.

- 반전(ABA/ABAB)설계: 반전설계에서는 개입이 표적행동에 미치는 영향을 평가하기 위
해 최소 3단계가 포함된다. 개입 전 기저선 단계(A), 개입 단계(B), 개입 중단 후 기저
선 단계(A). 표적행동의 변화가 개입의 시행 및 중단과 밀접한 관련이 있는 경우, 이는
표적행동의 변화가 개입으로 인한 것이라는 증거로 간주된다. 반전설계는 AB 단계를
여러 번 반복 시행할 수 있고(예: ABABAB), 이때 개입 시행 및 중단에 따라 표적행동
이 지속적으로 변하면 내적타당도가 향상되었음을 시사한다. 반전설계는 윤리적인
이유로 표적행동이 기저선 수준으로 돌아가도 괜찮은 경우에 한해 사용된다. 예를 들
어, 반전설계는 일반적으로 자해 또는 공격적인 행동에 대한 개입을 평가할 때 사용
되지 않는다. 또한 반전설계는 개입 단계에서 학습한 행동이 개입이 중단된 경우에도
지속될 가능성이 있는 경우 유용하지 않을 수 있다. 이러한 경우 개입의 효과가 지속
성이 있다고 판단할 수도 있으나, 외생변인의 영향을 배제할 수 없기 때문에 개입과

표적행동의 변화 간 인과관계를 확신할 수 없다.

ABAB설계 예시

연구자는 불면증을 호소하는 1명의 대학생을 대상으로 광치료가 수면효율성을 높이는지 검증하고자 한다. 이를 위해 연구자는 기저선 단계(A)에서 5일 동안 수면효율성을 수집하였다. 이후 개입 단계(B)에서는 하루에 1회 30분씩 총 5회 아침에 잠에서 깨자마자 1만 룩스의 밝은 빛을 쏘이게 하고 수면효율성을 수집하였다. 이후 단계(A)에서 5일 동안 광치료 없이 수면효율성을 수집하였고, 마지막 단계(B)에서는 다시 하루에 1회 30분씩 총 5회 아침에 잠에서 깨자마자 1만 룩스의 밝은 빛을 쏘이게 하고 수면효율성을 수집하였다.

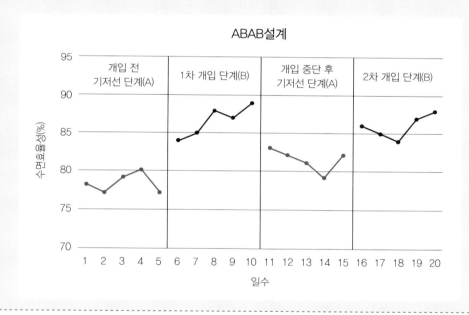

4) 관찰법

관찰법은 용어 그대로 관찰을 통해 자료를 수집하는 연구방법으로 앞서 소개한 기술연구, 상관연구, 실험연구에서 모두 사용 가능하다. 관찰법은 집이나 학교 같이 자연스러운 조건 혹은 클리닉이나 실험실 같이 통제된 조건에서 수행할 수 있다. 관찰법에서는 행동에 대한 직접적인 측정이 가능하여 정확한 기록이 필요하거나 자기보고에 적합하지 않은 행동을 측정할 때 유용하다. 또한 특정 행동이 일어나는 상황을 이해하는 데에도 유용하다. 예를 들어, 아버지가 "아들이 저와 말을 섞질 않아요."라고 호소한다면, 아버지와 아들 사이의 상호작용 관찰을 통해 실제로 어떤 상황에서 어떤 언어적·비언어적 행동이 일어나는지 직접 확인할 수 있다. 반면에 관찰 대상자가 자신이 관찰되고 있다는 것을 인지하는 경우 평소와 다르게 행동하거나, 관찰자가 편향이나 기대를 가지고 행동을 관찰하여 결과가 왜곡될 수 있다는 단점도 있다. 관찰은 대부분의 사람들에게 자연스럽지 않은 활동이기 때문에 관찰연구를 수행하는 데 있어 특별한 훈련이 필요하다. 관찰법에는 다음과 같은 여러 가지 방법들이 있다.

(1) 자연관찰법

자연관찰법은 실험실 통제나 변인의 조작 없이 자연스러운 상황에서 관찰 대상자의 일상적인 행동을 관찰하고 기록하는 방법이다. 자연관찰법에서는 관찰 대상자가 자신이 관찰되고 있다는 것을 인지하면 자연스럽게 행동할 가능성이 적기 때문에, 가능한 한 눈에 띄지 않게 관찰하는 것이 중요하다. 이를 위해 전자 활성화 기록장치(electronically activated recorder)와 같이 간헐적으로 음성을 기록하는 장치(사용자에 맞춰 설정할 수 있으나 일반적으로 하루에 시간당 30~50초의 음성을 3~10회에 걸쳐 기록)를 사용하여 관찰하기도 한다. 자연관찰법의 가장 큰 장점은 자연스러운 환경에서 눈에 띄지 않게 수집한 정보의 타당성이다. 관찰 대상자가 주어진 상황에서 평소처럼 행동한다는 것은 다른 연구방법보다 더 높은 수준의 생태학적 타당도를 가진다는 것을 의미한다. 반면 상황의 통제가 어렵고, 상당한 시간과 비용이 필요하다는 단점이 있다.

자연관찰법 예시

연구자는 난임 부부 대상으로 일상생활에서 부부 사이의 난임 관련 대화 내용과 이들의 심리적 적응 간 관련성을 검증하고자 한다. 이를 위해 연구자는 난임 부부 30쌍에게 전자 활성화 기록장치를 몸에 부착하게 하여 일주일간 이들의 대화 내용을 녹음하였다. 녹음된 대화는 2명의 평가자에 의해 평가되었고, 평가한 내용과 설문지를 통해 수집한 부부의 심리적 적응 관련 지표 간 관계를 검증하였다.

(2) 유사관찰법

유사관찰법은 자연관찰법과는 달리 실험실이나 클리닉과 같은 통제된 환경에서 특정 행동이 일어나는 상황을 유도하여 관찰하고 기록하는 방법이다. 이를 위해 연구자는 표준화된 절차를 사용하여 언제, 어디, 어떤 상황에서 어떤 행동을 관찰할지 결정한다. 유사관찰법 특성상 관찰 대상자는 자신이 관찰된다는 것을 명백하게 인지하지만, 연구자는 일반적으로 거리를 유지하면서(예: 일방경을 통한 관찰) 관찰 대상자와의 직접적인 접촉을 피한다. 유사관찰법은 통제된 환경에서 표준화된 절차를 사용하기 때문에 다른 연구자들이 이를 쉽게 재현할 수 있어 신뢰도 검증이 쉽다는 장점이 있다. 또한 짧은 시간 내에 많은 관찰 대상자들을 관찰할 수 있기 때문에 표본의 대표성을 확보할 수 있고, 이는 연구 결과의 일반화를 가능하게 해 준다. 반면 관찰 대상자는 자신이 관찰되고 있다는 것을 인지하고 있기 때문에, 자신의 원래 의도와는 다르게 반응하거나 관찰자의 의도에 맞춰 반응하는 특성으로 인해 타당도가 부족할 수 있다는 단점이 있다.

유사관찰법 예시

> 연구자는 선택적 함구증 아동을 대상으로 보호자 동석 여부에 따라 낯선 환경에 대한 아동의 자발적 탐색에 미치는 영향을 검증하고자 한다. 이를 위해 연구자는 선택적 함구증 아동과 보호자 10쌍을 모집하였다. 2명의 평가자는 일방경을 통해 실험실에서 보호자가 과제로 서류를 작성하는 15분 동안 아동의 환경 탐색 행동과 이후 보호자를 아동과 분리하여 대기실에 둔 15분 동안 아동의 환경 탐색 행동에 대해 주요 관찰 항목 체크리스트에 표시하였다.

(3) 자기관찰법

임상심리학 분야에서 광범위하게 사용되는 방법인 자기관찰법은 대개 자연스러운 상황에서 관찰 대상자가 직접 자신의 생각, 감정, 행동이 발생할 때 이를 체계적으로 관찰하고 기록하는 방법이다. 이를 위해 연구자는 관찰 대상자로 하여금 일지나 휴대전화 어플리케이션을 활용하여 자신의 생각, 감정, 행동을 언제 어디서나 관찰하고 기록할 수 있게 한다. 자기관찰법은 특히 연구자가 확인할 수 없는 일상생활에서의 관찰 대상자의 생각, 감정, 행동에 대한 정보를 수집할 수 있다는 장점이 있다. 또한 자연관찰법 및 유사관찰법에 비해 시간과 비용의 측면에서 효율적이기도 하다. 반면 자신에 대한 관찰과 기록을 왜곡하거나 관찰을 의식하여 다르게 반응함으로써 원래 의도에 맞는 정보를 수집하지 못할 수 있다는 단점이 있다. 그러나 후자의 경우, 오히려 임상적인 측면에서 치료적인 효과를 발휘하기도 한다.

자기관찰법 예시

연구자는 분노 조절에 어려움이 있는 성인을 대상으로 자기관찰이 분노 표출에 미치는 영향을 검증하고자 한다. 이를 위해 연구자는 분노 조절에 어려움이 있는 성인 25명에게 자기관찰 과제를 부여하여 일주일 동안 분노 유발 상황, 당시 생각, 감정, 행동, 행동의 결과를 일지에 작성하게 했다. 이에 대한 효과를 검증하기 위해 자기관찰 과제 전, 후 두 번에 걸쳐 설문지를 통해 분노 조절 관련 지표를 측정하였다.

〈자기관찰 기록지〉

분노 유발 상황	생각 & 감정	행동	행동의 결과
예시: 상사가 일을 다시 해 오라고 지시했다.	감정: 화/서운함 생각: 언제 이걸 다시 하지?	상사의 사무실을 박차고 나가, 쓰레기통을 발로 걷어찼다.	쓰레기통이 떨어지는 소리를 듣고 상사가 사무실을 나와서 화났냐고 물어보았다.

3. 연구윤리

임상심리학 연구는 거의 대부분 연구자와 참여자의 상호작용 맥락하에 이루어진다. 따라서 연구자는 연구를 주의 깊게 설계 · 수행하고, 참여자의 권리를 보호하며, 그 결과를 신중하게 해석하고 보고해야 한다. 이를 위해 연구자는 적절하고 책임감 있게 그리고 전문적인 방식으로 행동할 수 있도록 윤리규정을 면밀하게 숙지하고 준수해야 한다.

1) 연구윤리규정

연구자는 연구를 수행하는 과정에서 자신이 윤리적으로 적절하게 행동하고 있다고 어떻게 확신할 수 있는가? 이를 위해 한국임상심리학회에서는 연구 관련 윤리규정(〈표 3-1〉)을 제정하여 연구자가 윤리적으로 적절하게 의사결정을 내릴 수 있는 기준을 제시하고 있다. 연구 수행 시 윤리적으로 고려할 핵심 사항은 연구 참여자의 권리, 안전, 복지를 보호하는 것이다. 이를 위해 연구 참여자는 사전 동의를 통해 연구 관련 절차와 잠재적 위험 등에 대해 고지받게 된다. 이 과정에서 연구 참여 여부 결정은 자발적이어야 하며, 참여 중이라도 언제든지 불이익 없이 그만둘 수 있어야 한다. 또한 참여자의 사생활 보호를 위해 개인정보는 참여자가 동의하거나 법률에 특별한 규정이 있는 경우를 제외하고는 비밀로서 보호되어야 한다.

2) 기관생명윤리위원회

어떠한 윤리규정도 모든 윤리적 상황을 예상할 수는 없다. 또한, 연구자들이 연구계획을 수립할 때 최대한 모든 윤리적 문제를 고려하도록 보장하는 절차가 필요하다. 이를 위해 관련 기관에서는 기관생명윤리위원회(Institutional Review Board: IRB)를 설치 및 운영하고 있다. IRB의 운영 목적은 실재적이고 잠재적인 위험으로부터 연구 참여자의 권리, 안전, 복지를 보호하는 데 있다. 따라서 IRB는 인간과 동물을 대상으로 하는 연구에 앞서 연구자로 하여금 관련 법규나 지침에 따른 교육 · 훈련[1] 이수 후 연구계획서를 제출하여 심의를 받게 한다. 이 과정에서 IRB는 권리, 안전, 복지의 측면에서 참여자가 적절히 보호되고 있는지 여부를 검토 및 판단하여, 필요한 경우 연구자에게 추가 조치를 요구하기도 한다.

---

1) IRB 온라인 교육은 http://edu.irb.or.kr에서 이수할 수 있다.

〈표 3-1〉 한국임상심리학회 연구 관련 윤리규정

제21조 학문의 자유와 사회적 책임

연구에 종사하는 심리학자는 학문의 자유에 대한 기본권을 가지며, 그에 따른 다음과 같은 사회적 책임과 의무를 가진다.

1. 사상, 종교, 나이, 성별 및 사회적 계층과 문화가 다른 집단의 학문적 업적에 대하여 편견 없이 인정하여야 한다.
2. 자신의 연구에 대한 비판에 개방적이고, 자신의 지식에 대하여 끊임없이 회의하는 자세를 가져야 한다.
3. 자신의 주장을 반박하는 설득력 있는 증거를 발견하면, 자신의 오류를 수정하려는 자세를 가져야 한다.
4. 새로운 연구문제, 사고체계 및 접근법에 대하여 편견 없이 검토하여야 한다.

제22조 기관의 승인

연구수행 시 기관의 승인이 요구될 때, 심리학자는 연구를 수행하기 전에 연구계획에 대한 정확한 정보를 제공하고 승인을 얻는다. 또한 승인된 연구계획안대로 연구를 수행하여야 한다.

제23조 연구 참여자에 대한 책임

심리학자는 연구 참여자에 대해 다음과 같은 책임을 가진다.

1. 연구 참여자의 인격, 사생활을 침해받지 않을 개인의 권리와 자기 결정권을 존중한다.
2. 연구 참여자의 안전과 복지를 보장하기 위한 조처를 하고, 위험에 노출되지 않도록 하여야 한다.
3. 연구 참여자에게 심리적·신체적 손상을 주어서는 아니 되며, 예상하지 못한 고통의 반응을 연구 참여자가 보일 경우 연구를 즉시 중단하여야 한다.

제24조 연구 참여에 대한 동의

1. 연구 참여는 자유의지로 결정되어야 한다. 따

라서 심리학자는 연구 참여자로부터 연구 참여에 대한 동의를 받아야 한다. 동의를 얻을 때에는 다음 사항을 알려 주고, 이에 대해 질문하고 답을 들을 수 있는 기회를 제공한다.
   (1) 연구의 목적, 예상되는 기간 및 절차
   (2) 연구에 참여하거나 중간에 그만둘 수 있는 권리
   (3) 연구 참여를 거부하거나 그만두었을 때 예상되는 결과
   (4) 참여 자발성에 영향 미칠 것으로 예상되는 잠재적 위험, 고통 또는 해로운 영향
   (5) 연구에 참여함으로써 얻을 수 있을 것으로 예상되는 이득
   (6) 비밀보장의 한계
   (7) 참여에 대한 보상

2. 실험 처치가 포함된 중재 연구를 수행하는 심리학자는 연구 시작부터 참여자에게 다음 사항을 분명하게 알려 준다.
   (1) 실험 처치의 본질
   (2) 통제 집단에게 이용할 수 있거나 또는 이용할 수 없게 될 서비스
   (3) 처치 집단 또는 통제 집단에의 할당 방법
   (4) 개인이 연구에 참여하고 싶지 않거나, 연구가 이미 시작된 후 그만두고 싶어 할 경우 이용 가능한 처치 대안
   (5) 연구 참여에 대한 보상이나 금전적인 대가

제25조 연구를 위한 음성 및 영상 기록에 대한 동의

심리학자는 자료수집을 위하여 연구 참여자의 음성이나 영상이 필요한 경우에는 기록하기 전에 연구 참여자로부터 동의를 받아야 하는데, 다음의 경우는 예외로 한다.

1. 연구의 내용이 공공장소에서 자연관찰하는 것이거나, 그 기록이 개인의 정체를 밝히거나 해를 끼치는 데 사용될 것으로 예상되지 않을 경우

2. 연구설계에 속이기가 포함되어 있어서, 기록 후에 기록 사용에 대한 동의를 얻어야 하는 경우

제26조 내담자/환자, 학생 등 연구자에게 의존적인 참여자

1. 심리학자가 내담자/환자, 학생 등 자신에게 의존적인 사람을 대상으로 연구를 수행할 때에는, 심리학자는 이들이 참여를 거부하거나 그만둘 경우에 가지게 될 해로운 결과로부터 이들을 보호하는 조처를 한다.
2. 연구 참여가 수강 과목의 필수 사항이거나 추가 학점을 받을 수 있는 기회가 될 경우, 수강 학생에게 다른 대안적 활동을 제공하여 학생 스스로 선택할 수 있도록 한다.

제27조 연구 동의 면제

심리학자는 다음 경우에 연구 참여자로부터 동의를 받지 않을 수 있다.

1. 연구가 고통을 주거나 해를 끼치지 않을 것으로 판단되는 경우
   ① 교육 장면에서 수행되는 교육 실무, 교과과정 또는 교실 운영 방법에 대한 연구
   ② 연구 참여자의 반응 노출이 참여자들을 형사상 또는 민사상 책임의 위험에 놓이지 않게 하거나, 재정 상태, 고용 가능성 또는 평판에 손상을 입히지 않으며, 비밀이 보장되는 익명의 질문지, 자연관찰 또는 자료수집 연구
   ③ 조직 장면에서 수행되는 직업이나 조직 효율성에 관련된 요인들에 대한 연구로, 참여자의 고용 가능성에 위험이 되지 않고, 비밀이 보장되는 경우
2. 국가의 법률 또는 기관의 규칙에 의해 허용되는 경우

제28조 연구 참여에 대한 보상

1. 심리학자는 연구 참여에 대해 적절한 정도의 보상을 한다. 그러나 연구 참여를 강요하게 될

정도로 지나치게 부적절한 금전적 또는 기타의 보상을 제공하지 않는다.
2. 연구 참여에 대한 보상으로 전문적 서비스를 제공할 시, 심리학자는 그 서비스의 본질뿐만 아니라, 위험, 의무, 한계를 분명히 하여야 한다.

제29조 연구에서 속이기

1. 심리학자는 속이기 기법을 사용하는 것이 연구에서 예상되는 과학적, 교육적, 혹은 응용 가치에 의해서 정당한 사유가 되고, 또한 속임수를 쓰지 않는 효과적인 대안적 절차들이 가능하지 않다고 결정한 경우를 제외하고는 속임수가 포함된 연구를 수행하지 않는다.
2. 심리학자는 연구에 참여할 사람들에게 신체적 통증이나 심한 정서적 고통을 일으킬 수도 있다는 정보를 알려 주고 속이지 않는다.
3. 심리학자는 실험에 포함된 속임수를 가능한 빨리, 가급적이면 연구 참여가 끝났을 때, 아니면 늦어도 자료수집이 완료되기 전에 설명함으로써, 참여자들에게 자신의 실험자료를 철회할 수 있는 기회를 준다.

제30조 연구 참여자에 대한 사후보고

1. 심리학자는 연구 참여자들에게 연구의 본질, 결과 및 결론에 대한 정보를 제공하는 것이 과학적 가치와 인간적 가치를 손상시키지 않는 한, 연구 참여자들이 이에 대한 정보를 얻을 수 있는 기회를 제공한다.
2. 심리학자는 연구절차가 참여자들에게 피해를 입혔다는 것을 알게 되면, 그 피해를 최소화하기 위한 조처를 한다.

제31조 동물의 인도적인 보호와 사용

심리학 연구에서 동물실험은 불가피할 수 있다. 그러나 심리학자의 기본 의무는 생명을 존중하는 것이므로 동물을 대상으로 연구할 때 다음과 같은 기준에 따라야 한다.

1. 연구를 위해 동물실험 이외의 대안적 방법이

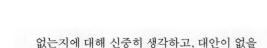

없는지에 대해 신중히 생각하고, 대안이 없을 경우에만 동물을 대상으로 연구한다.

2. 동물실험은 과학적 지식을 얻기 위한 목적으로만 수행되어야 하며, 실험 방법, 사용하는 동물의 종, 동물의 수가 적절한지에 대해 심사숙고하여야 한다.

3. 현행 법률과 규정에 따라서 그리고 전문적 기준에 따라서 동물을 확보하고, 돌보고, 사용하며, 처리한다.

4. 동물 피험자의 고통, 통증 및 상해를 최소화하기 위해 노력한다.

5. 대안적인 절차 사용이 가능하지 않을 때에만, 그리고 그 목적이 과학적, 교육적 또는 응용 가치에 의해 정당화될 때에만 동물을 통증, 스트레스, 혹은 박탈 상황에 노출하는 절차를 사용할 수 있다.

제32조 연구결과 보고

1. 심리학자는 자료를 조작하지 않는다.

2. 심리학자는 연구대상 개개인이 식별될 수 있는 자료는 익명화하여 보고하여야 한다.

3. 심리학자는 출판된 자신의 자료에서 중대한 오류를 발견하면, 정정, 취소, 정오표 등 적절한 출판수단을 사용하여 오류를 바로잡기 위한 조처를 취한다.

제33조 표절

심리학자는 자신이 수행하지 않은 연구나 주장의 일부분을 자신의 연구나 주장인 것처럼 논문이나 저술에 제시하지 아니 한다. 비록 그 출처를 논문이나 저술에서 여러 차례 참조하더라도, 그 일부분을 자신의 연구나 주장인 것처럼 제시하는 것은 표절이 된다.

제34조 출판 업적

1. 심리학자는 자신이 실제로 수행하거나 공헌한 연구에 대해서만 저자로서의 책임을 지며, 또한 업적으로 인정받는다.

2. 논문이나 기타 출판 업적의 저자나 저자의 순서는 상대적 지위에 관계없이 연구에 기여한 정도를 상대적으로 정확하게 반영하여야 한다. 단순히 어떤 직책에 있다고 해서 저자가 되거나 제1저자로서의 업적을 인정받는 것은 정당화되지 않는다. 연구나 저술에 대한 작은 기여는 각주, 서문, 사의 등에서 적절하게 고마움을 표한다.

3. 예외적인 상황을 제외하고, 학생의 석사 학위 또는 박사 학위 논문을 토대로 한 여러 명의 공동 저술인 논문에서는 학생이 제1저자가 된다.

제35조 연구자료의 이중 출판

국내외 출판을 막론하고 심리학자는 이전에 출판된 자료(출판 예정이나 출판 심사 중인 자료 포함)를 새로운 자료인 것처럼 출판하거나 출판을 시도하지 않는다. 이미 발표된 자료를 사용하여 출판하고자 할 때에는, 출판하고자 하는 저널의 편집자에게 게재 요청 시에 이전 출판에 대한 정보를 제공하고 이중 출판에 해당하는지 여부를 확인하여야 한다.

제36조 결과 재검증을 위한 연구자료 공유

1. 연구 결과가 발표된 후, 다른 연구자가 재분석을 통해 발표된 결과를 재검증하기 위한 목적으로 연구자료를 요청하면, 연구 참여자에 대한 기밀이 보호될 수 있고, 또 소유한 자료에 대한 법적 권리가 자료 공개를 금하지 않는 한, 심리학자는 자료를 제공한다.

2. 전항에 의해 자료제공을 받은 심리학자는 오로지 그 목적으로만 자료를 사용할 수 있으며, 그 외의 다른 목적으로 자료를 사용하고자 할 경우에는 사전에 서면 동의를 얻어야 한다.

제37조 심사

투고 논문, 학술발표 원고, 연구계획서를 심사하는 심리학자는 제출자와 제출 내용에 대해 비밀을 유지하고 저자의 저작권을 존중한다.

✎ 요약

임상심리학 연구의 목적은 정신병리 및 그 치료에 대한 과학적 지식을 발전시키고, 실제 임상 장면에서 임상심리학자들이 증거 기반 평가 및 치료를 적용할 수 있게 안내하는 것이다.

연구는 다양한 형태를 취할 수 있지만 연구에는 탐색적 연구, 기술적 연구, 설명적 연구의 3가지 주요 목적이 있다.

모든 연구문제와 가설을 검증할 수 있는 단일 연구방법은 없지만, 특정 유형의 연구문제와 가설을 검증하는 데 유용한 방법들은 있다.

기술연구는 집단, 상황 또는 현상을 정확하고 체계적으로 설명하기 위한 목적으로 사용한다.

상관연구는 둘 이상의 변인이 서로 관련성이 있는 정도를 파악하기 위한 목적으로 사용한다.

실험연구는 가장 엄격한 연구방법 중 하나로, 변인 간 인과관계를 검증하기 위한 목적으로 사용한다.

관찰법은 관찰을 통해 자료를 수집하는 연구방법으로 자연관찰법, 유사관찰법, 자기관찰법 등이 있다.

연구자는 연구를 수행하는 과정에서 적절하고 책임감 있게 그리고 전문적인 방식으로 행동할 수 있도록 윤리규정을 면밀하게 숙지하고 준수해야 한다.

⟨⁇⟩ 생각해 봅시다

● 임상심리학에서 연구의 목적을 생각해 봅시다.

● 기술연구, 상관연구, 실험연구, 관찰법의 장단점은 무엇인가?

● 내적타당도와 외적타당도의 관계를 설명해 봅시다.

● 연구 수행을 위해 연구윤리를 준수해야 하는 이유는 무엇인가?

✍️ 형성평가

- 연구의 3가지 주요 목적에 대해 설명하시오.

- 상관연구와 실험연구의 차이점에 대해 비교 설명하시오.

- 변인 간의 인과관계가 성립하기 위해서 필요한 조건은 무엇인가?

- 자연관찰법, 유사관찰법, 자기관찰법에 대해 비교 설명하시오.

- 기관생명윤리위원회의 운영 목적은 무엇인가?

📖 참고문헌

Morling, B. (2020). *Research methods in psychology: Evaluating a world of information* (4th ed.). W. W. Norton & Company.

Ray, W. J. (2011). *Methods toward a science of behavior and experience* (10th ed.). Cengage Learning.

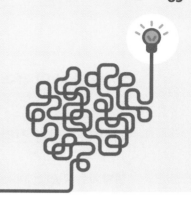

임상 면담

제4장

사랑과 전문성으로 내담자를 이해한다.

임상가는 면담을 통해 내담자를 잘 이해하게 된다. 이 장에서는 면담의 목적, 면담의 방법, 면담의 과정 등을 중심으로 알아보고자 한다.

1. 면담의 목적

면담은 내담자를 올바로 이해하고 효과적으로 돕고자 하는 목적으로 사용된다. 면담의 시작은 내담자와 면담자가 만나는 순간부터다. 처음 만날 때에 면담자가 내담자를 어떤 태도로 만나느냐 하는 것이 앞으로 면담을 진행하는 데 중요하다. 면담자는 전문성을 가지고 이해하려는 마음으로 내담자를 만나야 한다. 정신과 환자에 대한 면담은 주로 정신병리학적인 입장에서 내담자의 고통을 이해하려는 체계적인 접근으로 내담자의 정신병리의 기저와 심리역동 등을 파악하는 것이다(조두영 외, 1997). 면담을 효과적으로 진행하기 위해서는 면담자는 정신병리에 대한 지식이 풍부해야 한다. 하지만 면담을 할 때 내담자가 가지고 있는 정신병리적 증상과 내담자의 인격을 동일시하지 않도록 주의해야 한다. 내담자의 심리적인 문제가 심각하더라도 인간으로서 내담자는 나와 똑같은 영성을 가지고 있는 귀중한 존재다. 면담자는 심리적 문제를 가지고 있는 귀중한 존재로서 내담자를 대해야 한다.

2. 면담자의 준비

1) 마음가짐과 건강

면담자는 편안한 마음으로 면담에 임한다. 면담자가 불안하거나 피로하다면 지금 자신이 만나는 내담자에게 집중하기가 어렵다. 면담자는 자기 마음과 몸의 상태를 잘 알아차리고 관리해야 한다.

면담자는 면담에 앞서 면담에 필요한 준비를 잘해야 한다. 내담자를 만나기 전에 내담자와 관련된 정보나 자료를 미리 챙겨보는 것이 좋다. 만약 내담자가 스마트폰 중독이 의심되는 사람이라면 면담자는 스마트폰 중독과 관련된 지식을 알고 있어야 한다. 하지만 어떤 선입견을 가지고 내담자를 만나지 않도록 조심한다.

면담자는 내담자를 만나기 전 이전 회기에 나누었던 대화 주제나 지금 준비해야 할 것이 무엇인지를 알아보고 확인한다. 면담자는 지금 만나는 내담자의 고통과 문제를 이해하면서 내담자의 건강한 면과 긍정적 자원도 함께 찾아본다. 면담자가 내담자의 병리적인 면이나 결점만을 찾아내어 진단하는 것은 내담자에게 관심과 사랑을 갖는 것이 아니다. 그것은 단지 세밀하게 조사하는 것일 뿐이다(Hora, 2020). 면담자는 내담자를 있는 그대로 총체적으로 이해하여 내담자가 보다 건강하고 행복할 수 있도록 도와야 한다.

면담자는 전문가로서 자신감을 가지고 면담에 임해야 한다. 자신감을 가지기 위해서는 면담에 대한 지식과 경험을 많이 가져야 한다. 면담을 잘 진행하기 위해서는 이상심리학, 발달심리학, 심리평가, 심리상담 등과 관련된 지식이 필요하다.

면담 경험이 부족한 초보 면담자도 지도자로부터 슈퍼비전을 받음으로써 자기와 내담자를 잘 이해하며 효과적으로 면담할 수 있다.

면담은 내담자를 올바로 이해하기 위한 목적으로 시행되므로 내담자의 특성이나 상황에 따라 많은 시간이 걸리기도 한다. 하지만 많은 시간을 면담에 투자하는 만큼 라포가 더 잘 형성될 수 있으며, 내담자에 대한 이해가 깊어진다.

면담자는 전문가로서의 품위와 상황에 맞는 의복을 입고서 면담에 임하여야 한다. 면담자의 의복 상태가 피면담자의 주의산만에 영향을 미치지 않도록 유의해야 한다(Sommers-Flanagan & Sommers-Flanagan, 2020).

2) 마음챙김[1]

면담자는 면담 과정에서 일어나는 자기의 마음을 잘 알아차려야 한다. 면담 과정에서 일어나는 자기 마음을 명백하게 알아차리면 좀 더 편안하게 면담할 수 있다. 면담자가 안정되면 마음이 맑아져서 내담자의 마음을 더 잘 이해하고 공감할 수 있고 지금 이 상황에 보다 적절한 행동을 할 수 있는 심적 준비 태세를 갖게 된다(박상규, 2020).

면담자는 먼저 자신이 세상과 내담자를 어떤 관점으로, 어떤 눈으로 보는지를 알고 있어야 내담자를 있는 그대로 볼 수 있다. 면담자가 자기 자신을 성찰할 수 있는 만큼 내담자를 잘 이해하게 된다. 면담자가 내담자를 만나면서 일어나는 자기의 마음과 내담자와 상황을 총체적으로 알아차릴 수 있으면 마음이 편안해지고 내담자와 상황에 적절한 말이나 행동을 하게 된다.

면담자는 자기 마음을 있는 그대로 알아차리고 수용해야 한다. 예를 들어, 입원 환자의 대부분이 만성 조현병 환자로 구성되어 있는 병원에서는 면담자가 처음 만나는 내담자를 조현병 환자로 보려는 경향이 있다. 면담자는 마음챙김하여 선입관 없이 내담자를 있는 그대로 이해할 수 있어야 한다.

만약 면담자가 마음이 불안하다면 잠시 호흡에 집중한 다음, 지금 자기가 무엇을 말하고 싶고 왜 말하고 싶은지를 알아차린 상태에서 말한다(Sofer, 2019). 이렇듯 면담을 적절하게 진행하기 위해서는 평소에 면담자의 마음챙김이 필요하다. 면담자가 마음챙김하면 내담자를 정확하게 이해하고 공감하면서 면담이 자연스럽게 진행된다.

3) 면담 환경

면담은 내담자가 편안함을 느낄 수 있는 환경에서 진행되어야 한다. 면담 장소는 적절한 온도와 채광이 필요하고 소음이 차단되어야 한다. 또 주의집중에 방해받지 않도록 주변 환경을 잘 정리해야 한다. 면담을 시작하기 전에 스마트폰이나 전화기를 꺼 놓는다. 만약 면담 중에 어떤 일로 방해를 받는다면, 면담자는 먼저 마음을 안정시킨 후, 내담자

1) 마음챙김(mindfulness): 마음챙김은 현재 일어나는 자기의 몸과 마음의 현상을 있는 그대로 순수하게 알아차리고 받아들이는 일종의 초인지적 기능이다. 마음챙김은 불교의 위빠사나에서 유래되었으며 현재 상담과 심리치료에 많이 적용되고 있다.

[그림 4-1] 면담 환경

에게 중단된 것에 대해 사과하고 방해받은 시간을 보충해서 면담을 진행한다(Sommers-Flanagan & Sommers-Flanagan, 2020). 면담 환경에서는 내담자와 거리감이 생기지 않도록 의자의 크기도 비슷하면서 내담자가 편안하게 느낄 수 있는 것으로 준비한다. 자리의 위치는 주로 대각선으로 앉아서 면담하는 것이 좋다.

피해망상이 있거나 충동조절력이 상실된 내담자가 면담 중에 갑작스럽게 면담자를 공격할 가능성이 있다. 면담자는 혹시 발생할 수 있는 위험한 상황에서 재빨리 피할 수 있도록 문 가까이에서 면담을 하거나, 비상시에 도와줄 사람을 미리 대기시키는 것이 좋다. 또 면담자의 안전을 도모하기 위해서 비상벨이나 CCTV 등의 장치 마련이 필요하다.

4) 내담자 보호와 비밀의 유지

면담자는 내담자가 면담으로 피해를 입지 않도록 보호해야 한다. 비밀유지가 특히 중요하기에 내담자에게 비밀이 유지됨을 말하고 안심시킨다. 하지만 비밀유지의 예외 조항에 대해서도 미리 알려 주어야 한다. 내담자가 자살하려는 계획을 가지고 있거나 범죄에 연루되어 있거나 법원의 요구가 있거나 감염성 질병이 있는 경우에는 비밀유지의 예외 조항으로 위험성을 미리 제거하는 것이 우선이다.

5) 라포

라포(Rapport)가 형성되어야 면담이 잘 진행된다. 라포가 형성되면 내담자가 편안하게 자기의 문제와 감정을 표현한다. 면담자가 편안한 마음으로 내담자를 존중하면서 진솔하게 대하면 내담자와 라포가 잘 형성된다. 만약 면담 중에 면담자 자신이 불편하거나 짜증이 날 때 그런 자기의 마음을 있는 그대로 알아차리고 받아들이면 마음이 편안해진다. 비록 면담자가 의식하지 못하더라도 면담자의 불안이나 짜증스러움은 얼굴 표정, 목소리, 눈빛, 태도 등 비언어적인 내용으로 내담자에게 전달되어 라포 형성에 장애가 된다. 정신과 환자의 경우에는 면담자가 보여 주는 부정적인 단서를 더 민감하게 지각하는 경향이 있음을 알고 좀 더 유의해야 한다. 만약 내담자가 면담을 거부하거나 욕설을 할 때도 면담자는 마음챙김하면서 그 상황에 맞게 대처한다.

면담자는 진정으로 내담자를 걱정하고 도와주려는 마음과 그 일을 수행하는 데 기쁨을 가져야 한다(Bird, 2007). 내담자를 이해하고 도와주려는 면담자의 태도는 내담자의 자기 개방에 영향을 미친다. 면담자는 면담 초기에 내담자에게 "당신을 잘 이해하기 위해서 면담을 진행합니다."라고 말하는 것이 좋다. 면담자의 진지하고 인간적인 태도가 비언어적 행동으로 나타나고 면담 과정에 영향을 미친다.

면담자는 내담자를 마치 가족이나 친구와 같이 대하면서도 전문가로서 권위를 가져야 한다. 또 면담자는 자기 노출을 적절하게 해야 한다. 적절한 자기 노출은 내담자와의 라포 형성에 도움이 된다. 하지만 상황에 맞지 않는 지나친 자기 노출은 면담에 장애가 될 수 있다. 면담자가 면담 과정에서 내담자에게 불필요하게 조언하거나 가르치려는 충동이 일어나면 그런 마음을 있는 그대로 알아차리고 조절할 수 있어야 한다.

3. 한국인의 심리적 특성과 면담

면담자가 우리나라 문화와 사회 특성을 고려하여 면담을 진행하면 라포가 잘 형성되고 면담의 효과가 높다. 한국문화와 한국인의 심리적 특성은 한, 흥, 우리성, 정, 권위와 체면 등으로 볼 수 있다(최상진 외, 1999). 내담자와 라포를 잘 형성하기 위해서는 우리 문화와 한국인의 심리적 특성을 고려하여 면담하는 것이 좋다.

심리적 문제를 가진 대부분의 사람은 한(恨)을 지니고 살아간다. 면담자가 내담자의 말에 경청과 공감을 하면서 진솔하게 대하면 내담자의 내면에 억압되어 있는 슬픔이나 억울함, 분노 등의 한을 잘 표현하게 된다. 면담자는 내담자가 표현하는 한을 공감하면서 한의 의미를 잘 이해해야 한다.

둘째, 흥(興)을 잘 활용한다. 면담할 때 내담자가 지루해하지 않고 기쁨이나 의미를 느낄 수 있으면 좋다. 특히, 아동을 대상으로 한 면담에서는 아동의 발달 단계에 맞는 적절한 놀이를 하면서 면담한다.

셋째, 면담자는 내담자와 공통되는 점, 우리성을 가질 수 있도록 해야 한다. 취미나 고향, 종교 등에서 공통점이 있으면 이러한 주제를 가지고 면담을 시작하는 것이 라포를 잘 형성하게 한다. 면담자는 내담자의 말투, 지적 수준, 사용하는 어휘 등을 잘 관찰해서 가능한 내담자와 맞추어 가면서 대화한다.

넷째, 한국문화는 정(情)을 강조한다. 면담자가 따스한 말이나 행동으로 정겹게 대하면 라포가 잘 형성된다.

마지막으로, 면담자는 내담자를 존중하면서 내담자의 권위와 체면이 손상받지 않도록 겸손해야 한다. 내담자가 자기의 권위와 자존감이 상하면 면담에 대한 동기가 낮아진다.

4. 언어적 내용 및 비언어적 내용의 관찰

면담자는 내담자가 말하는 언어적 내용과 비언어적 내용을 관찰해야 한다. 특히, 면담자는 내담자가 감추려 하거나 숨겨져 있는 내용을 파악하기 위하여 내담자의 비언어적 의사소통을 잘 파악해야 한다(조두영 외, 1999). 내담자가 말하는 언어적 내용은 면담 상황에서 내담자가 스스로 말한 내용 혹은 면담자의 질문에 의해서 반응한 것이다. 하지만 내담자는 자기 자신을 방어하기 위해 거짓말을 할 수도 있고, 병식(insight)이 없을 경우에는 사실과 다른 내용의 말을 할 수도 있다. 면담자는 필요한 경우에 보호자와 면담을 해야 한다.

면담자는 내담자의 얼굴 표정, 눈빛, 손과 발의 움직임, 태도, 목소리, 웃음, 울음, 냄새, 호흡 상태 등 내담자에게 나타나는 비언어적 행동을 잘 관찰하면서 면담해야 한다. 특히, 내담자의 호흡 상태가 어떤지에 대해서 알아보는 것은 내담자의 심리를 이해하는 데 도움이 된다. 내담자의 호흡이 편안하면 마음이 편안하고, 마음이 불안하면 호흡도 불편하기 때문이다.

중독자, 범죄자, 망상장애자 등은 자기 문제를 사실과 다르게 말할 수 있기 때문에 비언어적 내용이 언어적 내용보다 보다 신뢰롭고 많은 정보를 제공한다(김규식 외, 2019). 면담자는 내담자가 말하는 것뿐만 아니라 말하지 않으려고 하는 것이 무엇인지를 추정하고 그 의미를 알아본다. 면담 과정에서 내담자가 면담자의 질문에 망설이거나 불안해하거나 침묵할 때의 의미가 무엇인지를 확인한다. 내담자가 보여 주는 비협조적 태도, 말이 적거나 말을 하지 않거나 화를 내거나 웃는 것 등도 다 의미가 있는 것으로 보고 해석한다(조두영 외, 1999). 면담자는 내담자가 보여 주는 행동을 잘 관찰함으로써 내담자를 보다 정확하게 이해하게 된다.

5. 내담자의 특성에 따른 면담

면담은 항상 내담자에게 초점을 두고(Heriden & Hersen, 2005), 내담자의 특성에 맞게 적절하게 진행해야 한다. 불안한 내담자, 우울한 내담자, 지적장애가 있는 내담자, 중독문제를 가진 내담자, 범죄자, 조현병 환자를 만날 때는 각 내담자의 특성과 상황에 맞추어 면담을 진행하면서 증상의 특성이나 원인, 개인적 역사 등을 알아본다.

첫째, 불안이 심한 내담자는 면담 상황에서도 불안한 모습을 보일 수 있다. 면담자는 내담자의 불안 정도를 호흡 상태나 행동 관찰을 통해서도 알아본다.

둘째, 우울한 내담자는 힘이 없고 느리게 반응할 수 있어 내담자에 맞게 천천히 면담을 진행한다.

셋째, 지적장애가 있는 내담자와 면담할 때는 내담자의 지적 수준이나 지적 연령에 맞추어 대화해야 한다. 하지만 내담자를 대할 때 그 사람의 생활연령에 맞게 예의를 갖추어야 한다. 이를테면 생활연령이 30대인 내담자가 6세 수준의 지적 연령을 가지고 있다면 대화할 때 6세 수준의 아동이 이해할 수 있도록 대화를 나누어야 한다. 하지만 그 사람을 대할 때는 30대의 일반인을 대하는 예의를 가지고 대한다.

넷째, 중독자는 자기 문제를 부정(denial)하는 방어기제를 사용하고 있다. 일부러 거짓말하는 것은 아니지만 자기 문제에 대한 인식이 없어 자기 문제를 부정할 뿐만 아니라 변화에 대한 동기가 없기 때문이다. 알코올 중독자나 도박 중독자가 "나는 아무 문제가 없으며 조절할 수 있다."고 말할 때는 이 문제를 논쟁하기보다는 수용하고 공감하면서 다른 화제로 넘어간다. 중독자나 비행 청소년 등이 비자발적으로 면담자를 방문하였을 때 면담자는 문제행동을 유발한 심리적 어려움에 초점을 두고 그 속에 숨겨진 내담자의 상처를 공감하면 라포가 형성된다(천성문 외, 2022).

다섯째, 범죄자는 처벌을 피하거나 형량을 줄이기 위해 범죄 사실을 부정하거나 꾀병을 부리기도 하며 때로는 면담에 협조적인 태도를 보이기도 한다. 얼굴 표정, 눈빛, 손과 발의 자세나 움직임, 목소리 등을 세세하게 관찰하여 정보를 얻는다. 가장 타당성이 있는 내용은 그 개인의 과거력이다. 특히, 사이코패스의 경우는 그 개인의 과거 행동이나 범죄력 등을 참고하여 평가하는 것이 타당도가 높다.

여섯째, 조현병 환자는 자기 문제에 대한 병식(insight)이 없기에 본인의 진술만으로 환자의 병리를 올바로 파악하기가 어렵다. 다만 환자가 그렇게 생각하고 있다는 것을 알고 증상의 의미를 이해하는 것이 중요하다. 망상장애 환자와 면담할 때는 그 개인의 말에 대해서 반박하거나 동조하기보다는 중립적으로 대한다. "그런 생각 때문에 힘들겠습니다." 등으로 공감하면서 환자가 보다 현실감을 가질 수 있도록 도와준다. 망상장애 환자와 면담할 때는 환자의 자존심이 상하지 않도록 유의한다.

6. 가족이나 주변 사람과의 만남

중독자나 조현병 환자 등의 경우에는 가족과의 면담을 통해서 정보가 보완되고 확인되어야 한다. 면담자는 내담자가 말한 내용과 가족이나 그 환자를 잘 아는 주변 사람과 대화하면서 얻은 정보를 종합하여 내담자를 이해한다. 내담자의 가족과 면담할 때는 내담자에게 먼저 동의를 구하는 것이 좋다. 어떤 내담자의 경우는 가족과 면담하는 것에 대해 예민하게 반응하기에 내담자부터 면담을 진행하여 어느 정도 라포가 형성된 후에 동의를 구하고 가족과 면담한다.

7. 평가 면담의 기법

면담은 내담자를 이해하는 데 필요한 정보를 얻을 수 있지만 심리검사나 상담을 잘 진행하는 데도 도움을 준다. 면담자는 내담자의 병리적인 부분뿐만 아니라 내담자가 가지고 있는 긍정적인 부분을 잘 파악하면서 면담한다. 정신과 환자에 대한 면담에서 주의해야 할 것은 병든 부위만큼 정신병인 것은 사실이지만 그와 동시에 병들지 않은 부위만큼 정상적인 면이 많다는 것을 명심해야 한다(Bird, 2007).

면담자는 내담자가 보여 주는 비언어적 행동을 관찰하면서 동시에 내담자에게 보여 주는 면담자 자신의 반응을 객관화해서 알아볼 필요가 있다. 마음챙김하면서 면담을 진행하면 자기를 좀 더 객관화하여 볼 수 있고, 내담자와 상황에 적절한 면담을 진행하게 된다.

면담자는 면담 과정에서 내담자와 눈을 맞추거나 미소를 짓는 등의 비언어적 반응을 통해서 내담자에 대한 관심을 표현한다(박경, 최순영, 2009). 면담자는 내담자의 말과 행동에 주의를 기울이면서 필요한 질문을 하고, 핵심적인 생각들을 따라가고, 내담자의 변화에 주목하고 요약한다(Heriden & Hersen, 2005).

면담이 원만하게 진행되기 위해서는 라포 형성이 중요하다. 면담자는 진정성을 가지고 경청과 공감을 잘하면서 개방적 질문과 폐쇄적 질문을 적절하게 사용한다. 면담자에게 있어 가장 중요한 기술은 내담자가 이야기를 계속할 수 있도록 잘 경청하고 공감하면서 질문하는 것이다(Bird, 2007). 면담자는 면담의 초점을 내담자에게 맞추고 가능한 한 자기가 하고 싶은 말을 줄이면서 내담자가 자기를 잘 표현하도록 해야 한다. 내담자와 라포 형성이 잘되면 내담자가 보다 자발성을 가지고 면담에 임할 수 있다. 면담 과정은 면담의 목적에 맞게 자연스럽게 진행되어야 한다.

1) 경청

면담에서 가장 중요한 것은 내담자를 올바로 이해하는 것이다. 면담자는 내담자의 말에 집중할 뿐 아니라 내담자가 보여 주는 행동을 잘 관찰하면서 들어야 한다. 또 내담자가 말하고 행동하는 것의 의미를 잘 파악해야 한다.

경청할 때는 시선을 적절히 마주치면서 고개를 끄덕이는 등의 비언어적 태도를 함께 표현한다. 내담자에게 흥미를 갖고 열심히 듣고 있다는 메시지를 보내야 한다. 경청을 잘 하려면 적절하게 맞장구를 치는 것이 좋다(이민규, 2005). 면담 중에 내담자의 말을 잘 듣지 못했거나 제대로 이해하지 못했으면 내담자에게 질문한다.

2) 공감

공감은 내담자의 입장에서 내담자의 감정을 이해하고 느껴 보고 이를 내담자에게 잘 전달하는 것이다. 면담자는 공감적 이해를 통해서 내담자를 파악한다(이무석, 2016). 면담자는 내담자의 말이나 행동으로 드러나는 감정뿐만 아니라 이면의 감정을 자기의 감정인 것처럼 가슴으로 느껴 보면서 내담자의 감정을 올바로 이해한다. 공감은 내담자의 입장에서 이해하고 내담자에 맞추어 표현하는 것이다. "그런 상황에 처해 있다니 힘이 빠지겠습니다.", "많이 걱정되겠습니다." 등으로 내담자의 감정을 이해한 바를 내담자에 맞추어 표현한다. 공감은 내담자의 말에 동정하거나 동의하는 것과는 다르다. 공감은 자기 생각과 일치한다거나 도와주고 싶은 마음을 표현하는 것이 아니라 내담자를 올바로 이해하는 것이고, 그것을 통해 내담자가 자기를 잘 이해하고 수용할 수 있다.

공감은 말뿐만 아니라 얼굴 표정이나 목소리, 태도 등 비언어적 내용으로도 전달된다. 면담에서 공감은 치료적 효과를 함께 지니고 있다.

3) 명료화

명료화는 내담자가 한 말을 잘 이해하고 이해한 것을 구체적이며 알기 쉽게 내담자에게 설명해 주는 것이다. 명료화는 자신과 내담자가 말한 의도를 분명하게 하는 데 목적이 있다(Sommers-Flanagan & Sommers-Flanagan, 2020). 만약 내담자가 말하는 주제에 대해 면담자가 이해하기 어려워 좀 더 자세하게 알아볼 필요가 있다면 "좀 더 구체적으로 말씀해 주시겠습니까?", "자세하게 말해 주시겠습니까?", "예를 들자면 어떤 것입니까?" 등으로 질문하여 내담자에 대해서 좀 더 명확하게 이해한 다음에 자신이 이해한 내용을 내담자에게 되돌려 준다. 명료화의 자료는 내담자 자신은 미처 충분히 자각하지 못했던 의미나 관계다. 내담자가 애매하게만 느끼던 내용이나 불충분하게 이해한 자료를 면담자가 말로 정리해 준다는 점에서 내담자가 면담 과정에서 이해받고 있다는 느낌을 갖게 해 준다(이장호, 정남운, 조성호, 2005).

4) 질문

면담에서 정보를 얻기 위해서는 질문을 자주 해야 한다. 하지만 "왜?∼"라는 질문은 하지 않는 것이 좋다. 대신에 "어떻게 생각하십니까?", "어떻게 그렇게 되었습니까?", "∼에 대해 말씀해 줄 수 있습니까?" 등으로 질문하면 더 많은 정보를 얻는다(박경, 최순영, 2009).

면담자는 필요한 경우 구체적으로 질문하여 정보를 확인할 수 있다. 면담자는 "∼에 대해서 구체적으로 말씀해 보시겠습니까?", "예를 들자면 어떤 것입니까?" 등으로 질문한다.

면담자는 내담자가 어떤 상황에서 어떤 기분을 느꼈는지 알 필요가 있을 경우에는 "그 상황에서 기분이 어떠했습니까?", "당시에 어떤 느낌이 들었습니까?" 등으로 질문할 수 있다. 또 환청과 같은 지각의 장애 여부를 확인할 때는 "아무도 없는 곳에서 누가 부르는 소리를 들은 적이 있습니까?" 등으로 질문한다.

질문은 개방적인 질문과 폐쇄적 질문이 있는데, 개방적 질문은 다양한 정보를 얻는 데 유용하다. 개방적인 질문을 함으로써 내담자가 좀 더 편안하게 대답하게 된다. "오늘 기분이 어떤지요?", "요즘 어떤 점이 힘들었지요?" 등으로 질문하면 내담자가 자기에 대해서 여러 가지 대답을 할 수 있다. 폐쇄적 질문은 "오늘 기분이 우울합니까?"와 같은 질문으로 내담자가 "예"나 "아니요"로 대답하게 되는 것이다. 폐쇄적 질문은 내담자를 진단하거나 내담자에 대해 특정한 정보를 얻고 확인하기 위해 주로 사용된다(민성길, 2011). 대부분의 면담 과정에서는 주로 개방적 질문을 하고 필요한 경우에는 폐쇄적 질문을 한다.

면담자는 내담자가 민감하게 느낄 수 있을 것으로 보이는 주제에 대해 알고 싶을 때에는 간접질문을 사용한다. 간접질문은 좀 더 부드럽게 내담자에게 물어보는 것이다. 간접질문은 "졸업 후에 어디에 취업할 예정인지 궁금합니다."와 같이 대개 "궁금해요" 또는 "~일 거예요" 등으로 말한다(Sommers-Flanagan & Sommers-Flanagan, 2020).

면담자는 내담자의 말을 자기 방식대로 이해할 수도 있음을 알고 자기 생각이 맞는지를 내담자에게 질문하여 확인해 볼 필요가 있다. 또 면담자가 내담자의 말에 대해서 명확하게 이해하지 못하였거나 말한 것의 의미나 정도를 파악하지 못한 경우에도 내담자에게 질문하여 내담자를 올바르게 이해해야 한다.

면담자가 어떤 방식으로 질문하느냐에 따라 내담자의 답변이 달라질 수 있다. "이런 방법에 대해서 어떻게 생각하십니까?"라는 질문과 "좋은 방법이 있으면 말씀해 주세요."라는 요청에 따라 답변이 다르게 나올 수 있다. 면담자는 내심 내담자가 답해 주기를 바라면서 유도질문을 하지 않도록 마음챙김하면서 질문한다.

자살의 위험성을 평가하기 위해서는 "자살을 계획한 적이 있습니까?", "자살을 시도한 적이 있습니까?" 등으로 보다 직접적으로 질문한다.

어떤 질문은 내담자와의 라포를 방해할 수 있다. 질문할 때는 먼저 내담자의 마음을 공감한 다음에 질문하는 것이 좋다. 공감한 다음에 질문하면 내담자에 대한 더 깊은 정보를 얻을 수 있다. 예를 들어, "정말 힘들었겠습니다. 그때 구체적으로 어떤 생각이 들었는지 말씀해 주시겠습니까?" 등으로 질문하면 내담자가 자기 마음을 잘 표현할 수 있다.

5) 반영

반영은 내용 반영과 감정 반영으로 나누어진다. 내용 반영은 면담자가 내담자의 말을 잘 듣고 내용을 이해하여 핵심을 표현하거나 다른 말로 되돌려 주는 것이다. 면담자는 가능한 다른 말을 사용하면서 내담자에게 관심을 가지며 이해하고자 한다는 태도를 보인다 (이장호, 정남운, 조성호, 2005). 감정 반영은 내담자의 감정을 면담자가 알아차리고 이해한 대로 내담자에게 전달하는 것이다. 내담자는 자신의 감정에 대해 불명확하거나 혼란스럽거나 냉담해져 있는 경우가 많은데, 감정 반영을 함으로써 자신의 내적 감정을 자각하고 표현할 수 있다(천성문 외, 2022).

6) 요약

요약은 내담자가 말한 내용의 중요한 면을 재정리하여 간단하게 표현하는 것이다. 내담자가 한 말을 면담자가 다시 요약하여 설명해 주면 내담자가 자신을 잘 이해하게 된다. 내담자는 면담자가 자신의 말을 잘 경청하고 이해하고 있음을 확인하면서, 면담자에게 공감받았다는 느낌을 가지게 된다. 요약하기를 통해 내담자가 자신의 중요한 문제에 집중하도록 돕고, 자신의 말속에 숨어 있는 의미를 찾거나 정리하게 된다(Sommers-Flanagan & Sommers-Flanagan, 2020). 요약하기는 면담 중간에 필요한 경우나 면담을 마칠 즈음에 할 수 있다.

8. 면담 방식과 심리치료 이론

면담자 본인이 선호하는 심리치료 이론에 따라 면담 과정에서 관심을 두는 주제나 강조하는 내용이 다르다(Kramer, Bernstein, & Phares, 2012). 정신역동이론에 근거한 면담은 인지행동치료 이론에 근거한 면담과 다르게 진행한다. 정신역동이론에 토대를 둔 면담에서는 주로 초기 기억, 어린 시절의 기억이나 자주 꾸는 꿈, 가족관계 등을 알아보며 내담자의 핵심 감정이 무엇인지를 밝혀내고자 한다. 정신역동치료에서는 내담자의 문제들과 패턴을 알아보기, 내담자의 발달력을 검토하기, 문제들과 패턴들을 과거력과 연결하기 등으로 정신역동적 공식화를 구성한다(Cabaniss et al., 2019).

반면에 인지행동치료 이론으로 접근하는 면담자는 사건이 일어난 환경과 그 사건을 어떤 관점으로 보는지, 그 사건을 어떻게 해석하는지 등에 관심이 많다. 벡(Beck) 인지치료에서는 내담자에게 일어난 중요 사건이나 환경을 알아보고 그때 어떤 자동적 사고가 스쳐 갔는지 등을 확인한다.

가족체계이론[2]으로 접근하는 면담자는 내담자와 가족 구성원과의 관계, 가족 간의 의사소통, 가족 분위기가 어떤지 등에 대해 더 많은 관심을 가진다. 하지만 내담자를 올바로 이해하기 위해서는 특정한 이론이나 가치관에 집착하여 어떤 틀로서만 환자를 보지 않도록 유의해야 한다. 이론은 내담자를 이해하는 도구로서 사용되는 것이다.

9. 평가 면담의 내용

평가 면담에서는 지금 이 내담자의 주요 문제가 무엇인지를 알아본다. 주요 문제를 파악하기 위해서는 '왜 지금 이 시기에 내담자가 방문하였는가?', '내담자의 현재 문제가 발생하게 된 경로나 원인은 무엇인가?', '내담자의 현재 문제는 무엇이며 어떻게 대처하고 있는가?' 등을 질문하여야 한다(천성문 외, 2022). 평가 면담에서는 이 내담자에게 어떤 치료적 개입이 효과가 있을 것인지에 대해서도 알아본다. 이와 관련된 정보를 수집하기 위해서 다음과 같은 내용을 파악한다.

내담자가 호소하는 문제와 관련하여 일상에서 내담자가 어떤 어려움을 겪고 있으며, 가족이나 주변 사람과의 관계가 어떤지를 살펴본다. 또 직장이나 학교, 가정에서 자기 역할을 잘 하는지 평가한다. 이때 가족의 입장은 어떤지를 알기 위해서는 가족이나 주변 사람을 통한 면담도 필요하다.

면담에서는 내담자가 태어났을 때부터 지금까지 살아온 과정과 변화를 살펴본다. 가장 어린 시절의 초기 기억부터 초등학교, 중·고등학교, 대학교, 직장생활, 가정생활은 어떤지, 힘든 점은 무엇인지, 좋았던 점이 무엇인지 등을 알아본다. 특히, 내담자의 경험에서 의미 있는 일은 무엇인지에 대해서 살펴본다. 살아오면서 기억나는 주요한 사건이 무엇이며, 그 사건으로 어떤 생각과 기분이 들었는지도 파악한다. 과거에 힘든 상황은 어떤 것이

---

2) 가족체계이론(family system theory): 가족체계이론은 내담자의 문제를 개인의 문제로만 보지 않고 가족의 체계나 가족 기능의 문제로 본다. 몇 대를 이어 온 가족체계나 가족 간의 상호관계가 현재 개인의 정신건강에 영향을 미친다.

며, 그때 내담자가 어떻게 대처했는지도 알아본다.

　주요 문제가 발생하기 전에는 어떤 일이 있었고 지금까지 지속되는 문제가 무엇인지에 대해서 살펴본다. 만약 과거에 앓았던 신체적 질병이나 정신과적 치료 경력이 있으면 그 점에 대해서도 질문하고 확인한다. 내담자의 심리적 문제를 잘 이해하기 위해서는 신체 건강 상태도 알아본다. 건강이 어떤지, 신체질환이 있다면 어떤 병인지, 증상은 어떤지, 잠은 하루에 몇 시간을 자는지, 수면장애는 없는지, 식사는 잘하는지, 규칙적으로 운동하는지 등을 확인한다.

10. 정신상태의 평가

　내담자의 증상을 올바로 이해하고 진단분류를 하기 위해서 내담자의 정신상태를 정확하게 평가해야 한다. 잘못된 진단이 장애의 본질을 올바로 인식하지 못하게 하여 적절한 치료를 받지 못하게 할 수도 있기에 진단을 내리는 데는 항상 신중해야 한다(고경봉, 2000). 정신상태의 평가에는 일반적 외모, 면담자에 대한 태도, 정신운동성 기능, 감정과 정서, 불안, 언어와 사고, 지각의 혼란, 지남력, 현실검증력 등이 포함된다(김재환 외, 2014; 민성길, 2011).

1) 일반적 외모

　일반적 외모의 평가는 내담자의 얼굴 표정, 눈빛, 목소리, 복장, 자세와 태도 등을 알아보는 것이다. 외모가 단정한지, 지저분한지, 얼굴 표정이 어두운지, 밝은지, 긴장되어 있는지, 굳어 있는지, 편안한지, 눈빛이 무서운지, 목소리가 힘이 있는지, 힘이 없는지, 복장이 계절이나 상황에 어울리는지, 자세와 태도가 자연스러운지, 어색한지, 위축되어 있는지 등을 알아본다. 면담자는 내담자가 보여 주는 얼굴 표정이나 눈빛, 목소리, 호흡 상태 등을 관찰하여 개인의 정신건강 상태, 성격, 기분 등을 추정할 수 있다.

2) 면담자에 대한 태도

　면담 과정에서 내담자가 어떤 태도를 보이는지를 평가한다. 면담자에게 협조적인지, 비협조적인지, 호의적인지, 적대적인지, 유혹하는지, 공격적인지, 자기 문제를 부정하는지, 솔직한지, 의심이 많은지, 면담을 회피하는지 등을 알아본다. 내담자가 협조적이고 솔직하게 대답하는 경우에는 변화에 대한 동기가 있다고 볼 수 있다.

3) 정신운동성 기능

내담자의 말이나 행동을 관찰하여 정신운동성 기능을 평가한다. 내담자의 말과 행동이 느린지, 지체되어 있는지, 빠른지, 과잉활동적인지, 초조한지 등을 살펴본다. 질문할 때 내담자의 답변이 매우 느리고 천천히 말한다면 정신운동성 기능이 지체된 것으로 볼 수 있다.

4) 감정과 정서

지금 내담자가 보여 주는 주된 감정이나 정서가 어떤지 알아본다. 내담자가 기분이 좋은지, 나쁜지, 우울한지 등을 평가한다. 또 내담자가 표현하는 감정이 상황에 적절한지, 부적절한지, 감정이 억압되어 있는지, 감정이 빨리 변화되는지 등을 평가한다. 내담자의 감정은 내담자의 표정, 몸자세와 몸놀림, 태도 등 비언어적인 것으로부터도 추정할 수 있다 (박경, 최순영, 2009).

5) 불안

내담자가 불안한지, 편안한지를 알아본다. 만약 불안하다면 어느 정도로 불안한지, 불안이 지금 이 상황에 적절한지 등을 확인한다. 내담자의 불안은 언어적 내용뿐만 아니라 표정이나 몸짓, 말의 흐름, 호흡 상태 등을 관찰하여 추정할 수 있다.

6) 언어와 사고

내담자가 표현하는 언어나 글은 생각이 드러난 것이다. 내담자의 언어가 분명한지, 어눌한지, 말이 빠른지, 느린지 등을 알아본다. 내담자의 사고가 논리적인지, 비논리적인지, 합리적인지, 비합리적인지, 적절한지, 부적절한지, 사고 내용에서 망상을 보이는지, 사고가 기괴한지, 자기중심적 사고를 하는지, 강박적 사고를 하는지, 사고가 경직되어 있는지,

유연한지, 문제해결 능력이 있는지 등을 평가한다.

7) 지각의 혼란

지각의 장애는 환각과 착각으로 구분할 수 있다. 환각은 실제로는 외부에서 자극이 들어오지 않는데, 자극이 있는 것처럼 지각하는 것이다. 환각에는 실제로 없는 소리가 들리는 환청, 다른 사람에게는 보이지 않는 무엇이 내담자에게만 보이는 환시, 실제로 존재하지 않는 어떤 물체가 자기의 피부에 접촉하는 것으로 느끼는 환촉, 실제로 냄새가 나지 않는데, 어떤 냄새가 난다고 하는 환후, 실제로 없는 맛을 지각하는 환미 등이 있다. 면담자는 내담자의 환각 경험을 알아보기 위해 "아무도 없는 곳에서 누가 부르는 소리를 들은 적이 있습니까?", "다른 사람이 보지 못하는 사람이나 무엇을 본 적이 있습니까?" 등으로 질문한다. 조현병의 경우에는 환청이 많은 편이다. 착각은 외부 자극이 있는데, 잘못 해석하여 지각하는 것이다. 바람 부는 소리를 사람이 우는 소리로 착각하는 것 등이다.

8) 지남력

지남력은 시간, 장소, 사람을 올바로 알아보는 것이다. 현재 무슨 일이 일어나고 있으며, 여기가 어디이고, 지금 만나는 사람이 누구인가를 정확히 알고 있으면 지남력이 잘 유지되고 있다고 본다. 지남력 장애는 주로 기질적인 문제와 관련된다(박경, 최순영, 2009). 지남력을 알아보기 위해서 면담자는 "오늘이 며칠입니까?", "지금 여기가 어디입니까?", "내가 누구입니까?" 등으로 질문한다.

9) 현실검증력

현실검증력이란 공상으로부터 현실을 구분할 수 있는 능력으로 인간관계, 일하기, 결정하기 등 기능의 모든 측면에서 필수적인 것이다(Cabaniss et al., 2019). 조현병이나 망상장애 환자 등은 현실검증력이 심하게 손상되어 있다. 예를 들어서, 경제적으로 가난한 청년이 자신이 재벌의 아들이라고 믿고 다른 사람에게 자랑하는 것 등이다.

10) 면담의 기록과 녹음

면담의 내용을 기록하고 녹음하는 문제는 면담자와 임상 장면에 따라 다양하다. 면담 도중에도 기록할 수 있고 면담 후에 기억하고 느꼈던 것을 기록할 수 있다. 면담의 내용을 기록하거나 녹음할 경우에는 내담자의 허락을 받고 하는 것이 좋다. 기록한 면담 내용을 정리할 때는 일정한 순서에 따라 체계적으로 기술한다.

11. 면담의 분류

면담은 비구조적 면담, 구조적 면담, 반구조적 면담 등으로 구분할 수 있다(김재환 외, 2014). 면담자는 면담의 목적에 맞추어 면담을 진행하지만 내담자의 지적 능력이나 상태, 상황 등에 맞추어 유연하게 진행한다.

1) 비구조적 면담

비구조적 면담은 특별한 형식과 절차를 미리 정해두지 않고 면담 상황에 따라 융통성을 가지고 실시한다. 비구조적 면담은 내담자가 표현하는 내용에 따라 자연스럽게 따라가는 것으로 경청하고 공감하면서 필요에 따라 질문한다. 또 질문의 내용도 상황에 따라 달라진다. 면담을 잘 진행하기 위해서는 내담자가 충분히 자기 이야기를 할 수 있도록 라포 형성을 잘해야 한다.

비구조적 면담은 내담자가 가진 문제나 내담자 특성, 면담 당시의 상황 등에 맞추어 자연스레 실시한다. 필요한 경우는 어떤 특정한 내용에 보다 집중하여 질문하여 정보를 얻을 수 있다. 하지만 비구조적 면담으로는 수집된 자료를 객관적으로 수량화하기가 어렵다. 또 비구조화된 면담을 통해서 유용한 정보를 얻기 위해서는 면담자의 상당한 전문성과 경험을 필요로 한다. 특히, 면담자는 면담의 주제와 관련된 전문성을 가지고 있어야 한다. 알코올 중독자와 면담할 때는 알코올 중독과 중독자에 대한 폭넓은 이해가 있어야 보다 적절한 면담이 가능하다.

2) 구조적 면담

구조화된 면담은 일정한 질문과 양식이 갖추어져 있어 비교적 신뢰롭고 타당도가 높으며 초보자도 사용하기가 쉬운 장점이 있다. 하지만 구조적 면담은 준비된 질문의 범위를 벗어나는 정보를 얻을 수 없고, 실시 절차상 면담의 상황이나 내담자의 문제와 상태에 따른 융통성을 발휘할 수 없는 단점이 있다. 구조화된 면담은 평정 척도를 사용하여 진행할 수 있다. 이를테면 1점부터 3점, 1점부터 5점 혹은 7점까지의 리커르트 척도를 사용하기도 한다. 구조적 면담은 순서와 질문 내용이 정해져 있고 면담자는 이에 따라 질문한다. 구조적 면담은 목적이나 사용된 형식의 특징에 따라 진단적 정보를 총괄적으로 제공하도록 고안된 것과 증상의 심각도를 알아보기 위한 것 등으로 구분된다. 진단을 위한 구조적 면담에는 한국어판 SCID-5-CV(Structured Clinical Interview for DSM-5 Disorder)와 같이 DSM-5의 진단기준에 따라 정신질환을 진단하기 위한 구조화된 면담 도구(First, Williams, Kang, & Spitzer, 2017)가 사용되며, 우울증의 정도를 평가하기 위한 해밀턴 평정 척도(The Hamilton Rating Scale for Depression: HRSD)처럼 특정한 단일 증상군의 증상 심각도를 평가하기 위한 척도들도 사용된다(김재환 외, 2014).

면담에 익숙하지 않은 사람도 구조적 면담은 진행하기가 쉽다. 또 극단적으로 불안한 사람을 면담한다면 직접적이고 구조화된 면담을 사용하는 것이 좋다(이우경, 이원혜, 2019).

구조적 면담은 면담 절차와 질문이 구체적으로 만들어져 있어 전문가가 아닌 경우에도 단기간의 훈련을 거치면 면담이 가능하다. 구조적 면담은 면담 과정에 내담자의 자발성이 억제되어 있어서 일차적인 검색 목적이나 연구 목적으로 주로 사용된다. 구조적 면담은 비구조적 면담에 비하여 면담 자체의 타당도가 높은 편이나 평가하는 사람에 따라 내담자에 대한 이해 정도가 달라진다.

3) 반구조적 면담

임상현장에서는 반구조적 면담이 주로 사용된다. 반구조적 면담은 구조적 면담과 비구조적 면담의 중간 단계로 주로 비구조적인 면담으로 진행하다가 정보나 확인이 필요한 경우 구조적 면담으로 진행한다. 반구조적 면담은 면담 중에 면담의 상황에 따라 면담의 내용과 절차를 수정할 수 있고, 전반적인 평가 과정에서 취약한 부분을 구조적 면담의 일부를 사용하여 융통성 있게 실시할 수 있다(김재환 외, 2014). 내담자에 대한 진단이나 성격의 특성, 잠재력 등 다양한 측면들을 이해하고 확인하기 위해서는 반구조화된 면담을 주로 사용한다.

12. 면담 진행 과정

면담의 진행은 초기, 중기, 종료기 등으로 나눌 수 있다. 초기에는 라포를 잘 형성해야 한다. 중기에서는 경청과 질문 등으로 필요한 정보를 얻는다. 종료기에는 면담을 마무리하면서 부족한 점에 대해 정보를 보완하고 내담자에게 감사를 표현한다.

1) 초기 과정

초기 과정에서는 내담자가 편안한 마음으로 면담에 임하도록 한다. 내담자를 진실하게 대하면서 존중하고 내담자의 감정을 공감하면 라포가 잘 형성된다.

첫 시간에는 면담자가 자신을 소개하면서 "오늘 날씨가 따스하네요!"와 같이 중립적인 주제로 이야기를 시작한다. 또 "면담을 받기 위하여 기다리시는 데 지루하지 않으셨나요?" 등을 물어보고 대화한다. 처음에는 내담자가 부담을 느끼지 않는 주제로 시작하면서 점차적으로 면담자가 알고 싶은 주제로 진행한다.

면담자는 면담의 목적을 설명하고, 면담에 대한 내담자의 이해를 점검하며 면담에서 얻은 정보를 어떻게 사용할 것이라는 것과 면담에 대해 비밀이 보장됨을 이야기한다. 그러나 내담자가 말하고 싶지 않은 부분은 말하지 않아도 된다고 말한다(이우경, 이원혜, 2019). 면담의 초기에는 면담자가 내담자의 주 호소문제를 공감적으로 탐색하면서 라포를 형성하고 핵심 문제를 확인하며 면담 과정에 대해 구조화하는 것이 필요하다(천성문 외, 2022). 시작 단계에서는 내담자를 잘 관찰하면서 혹시 내담자가 불안하거나 두려워한다면 그런 감정도 잘 표현할 수 있도록 편안한 분위기를 조성한다.

2) 중기 과정

중기 과정은 내담자 이해에 도움이 될 정보를 수집하기 위해 필요한 여러 질문을 하게 된다. 면담자는 내담자의 말을 경청하면서 개방적 질문과 폐쇄적 질문으로 내담자를 이해하려고 노력해야 한다. 또 면담자는 내담자가 말하는 방식, 말하는 내용, 말하지 않는 내용을 잘 듣고 행동을 관찰하면서 내담자가 말하지 않거나 암시된 감정을 예민하게 파악한다 (Garfield, 1996).

중기 과정에서는 내담자가 말한 내용뿐만 아니라 면담 중에 내담자가 보여 주는 몸짓이나 태도, 시선, 감정의 표현 방식 등도 관찰해야 한다. 면담자는 내담자의 생각과 감정, 삶의 태도가 어떤지를 면담 상황에서 확인한다. 또한 내담자가 가진 주요 문제나 증상의 특성, 원인, 발달 정도에 대해서도 살펴본다. 중기 과정에서는 내담자가 가진 문제를 명료화하면서 문제의 발달이나 문제의 발생 계기가 무엇인지 알아본다. 특히, 최근에는 어떤 촉발요인이 있었는지 확인한다. 면담자는 어린 시절부터 지금까지 살아오면서 경험한 것들을 내담자가 잘 표현할 수 있도록 경청과 공감 등의 태도로 내담자를 만난다. 또 명료하게 이해할 필요가 있는 내용은 내담자에게 질문하여 확인한다.

면담자는 유치원 시절에서부터 초등학교, 중·고등학교, 대학교, 직장생활, 결혼생활을 하기까지 내담자 개인의 역사에 대해서 살펴보고 중요한 사건에서 내담자가 어떤 감정을 느꼈는지를 알아본다. 내담자가 힘든 시기가 있었다면 언제이고 그때 기분은 어떠했는지, 어떻게 대처해 왔는지도 물어본다. 내담자를 총체적으로 이해하기 위해서는 내담자 개인뿐만 아니라 내담자와 부모와의 관계, 부모 간의 관계, 배우자와의 관계, 형제관계, 친구 관계, 학교나 직장에서의 다른 사람과의 관계가 어떠했는지에 대해서도 알아본다. 특히, 내담자와 가족 간의 관계가 어떤지, 가정환경은 어떤지를 알아보는 것이 중요하다.

3) 종료 과정

종료 과정에서는 지금까지 내담자를 이해한 것을 정리하고 요약한다. 면담자는 종료 과정에서 더 보완해야 할 내용이나 확인할 내용이 있는지 알아보고 내담자에게 질문한다. 면담자는 면담이 끝나기 전에 "혹시 더 하실 말씀이 있는지요?", "더 궁금한 내용이 있는지요?"라고 질문하여 내담자가 미처 말하지 못했거나 하고 싶은 말이 있으면 더 말할 수 있는 시간을 갖는다. 면담을 마칠 즈음에는 "지금까지 면담하시느라 고생이 많았습니다." 등으로 말하면서 내담자의 협조에 고마움을 표현한다.

4) 전화 면담, 온라인 등 비대면 면담

코로나19 이후에 면담이나 상담에서 비대면 방법이 활성화되는 추세다. 앞으로도 비대면 면담이 많아질 것으로 본다. 비대면 면담의 장점은 내담자와 상담자 간의 거리에 제한이 없으며, 이동으로 인한 에너지와 시간, 비용을 절약할 수 있다는 것이다. 또한 물리적으로 이동이 제한된 내담자들에게도 면담의 기회가 제공될 수 있다는 장점이 있다. 반면 비대면 면담은 내담자의 비언어적 행동에 대한 접근 부족이나 내담자가 자신의 신분을 속일 가능성, 비밀보장에 대한 제한점 등의 문제가 있다(Sommers-Flanagan & Sommers-Flanagan, 2020). 하지만 전화 면담이나 온라인 면담 등의 비대면 면담에서도 눈 맞춤, 얼굴 표정, 목소리, 몸짓, 태도 등 비언어적 단서에 충분히 주의를 기울이면서 천천히 자연스럽게 진행을 한다면 효과적인 면담이 가능하다.

📝 요약

　　면담은 내담자를 올바로 이해하기 위한 수단의 하나로 사용된다. 면담자는 면담이 잘 진행될 수 있도록 몸과 마음을 건강하고 편안하게 유지해야 한다. 또 면담자는 면담을 잘할 수 있도록 철저하게 준비하고 좋은 환경을 갖추어야 한다.

　　면담에서 우리 사회문화와 한국인의 심리적 특성을 고려한 한, 흥, 우리성, 정, 권위와 체면 등을 잘 활용하는 것은 라포 형성에 도움이 된다. 면담자는 불안한 환자, 우울한 환자, 지적 장애자, 중독자, 범죄자, 조현병 등 내담자의 특성에 맞추어 면담을 진행해야 한다. 내담자를 올바로 이해하기 위해서는 가족과의 면담이 필요하다.

　　면담의 기법에는 경청, 공감, 명료화, 질문, 반영, 요약 등이 사용된다. 내담자의 증상을 이해하고 진단분류를 위해서 정신상태의 평가가 사용된다.

　　면담은 구조적 면담, 비구조적 면담, 반구조적 면담으로 나눌 수 있다. 구조적 면담은 일정한 체계에 따라 면담이 진행되는 것으로 신뢰도와 타당도가 높으며 초보자도 사용하기에 편리하다. 비구조적 면담은 내담자의 진술에 따라 자유롭게 면담이 이루어지는 것으로 다양한 정보를 얻을 수 있고 심층적인 내용을 파악할 수 있다. 하지만 타당도나 신뢰도의 문제가 있을 수 있다. 반구조적 면담은 비구조적 면담으로 진행하다가 필요에 따라 구조적 면담 형식을 취하는 것이다.

　　면담의 과정은 초기, 중기, 종료기로 나눌 수 있다. 초기에는 라포 형성이 중요하고, 중기에는 내담자에 대한 정보를 얻기 위해서 필요한 질문을 하게 된다. 질문은 주로 개방적으로 질문하다가 증상을 확인할 필요가 있는 경우에는 폐쇄적 질문을 하는 것이 좋다. 종료기에는 내담자를 이해하기 위해 더 보충할 내용이 있는지를 알아보고 면담에 임한 내담자의 수고에 감사를 표현한다.

　　면담을 잘 진행하기 위해서는 면담자의 마음챙김이 중요하다. 마음챙김하면서 면담하면 공감을 잘 하고 상황에 적절하게 면담을 진행하게 된다. 면담자는 내담자를 진단명이나 증상으로만 보지 않고 귀중한 존재로서 만나면서 총체적으로 이해해야 한다.

🤔 생각해 봅시다

● 면담의 목적은 무엇인가?

● 면담에서 라포 형성이 왜 필요한가?

- 라포 형성을 어떻게 할 것인가?

- 평가 면담에는 어떠한 내용이 포함되어 있는가?

- 면담의 전략에는 어떠한 것들이 있는가?

- 면담은 어떻게 분류될 수 있는가?

- 면담의 초기, 중기, 종료기의 과정에서 면담자는 어떻게 면담해야 하는가?

- 면담에서 마음챙김이 어떤 역할을 하는가?

📝 형성평가

- 면담에서 라포의 중요성에 대해 서술하시오.

- 면담에서 보호자와의 면담이 필요한 경우에는 어떤 것들이 있는지를 기술하시오.

- 면담에서 개방적 질문에 대하여 설명하시오.

- 반구조적 면담이란 무엇인지 서술하시오.

● 면담 과정을 초기, 중기, 종료기로 나누어 설명하시오.

📖 참고문헌

고경봉(2000). 신체화의 평가 및 치료. 정신신체의학, 8(2), 149-164.

김규식, 고기홍, 김계현, 김성희, 김인규, 박상규, 최숙경(2019). 상담학 개론(2판). 서울: 학지사.

김재환, 오상우, 홍창희, 김지혜, 황순택, 문혜신, 정승아, 이장한, 정은경(2014). 임상심리검사의 이해(2판). 서울: 학지사.

민성길(2011). 최신정신의학(5판). 서울: 일조각.

박경, 최순영(2009). 심리검사의 이론과 활용. 서울: 학지사.

박상규(2020). 행복수업. 서울: 학지사.

이무석(2016). 이무석의 마음. 서울: 비전과리더십.

이민규(2005). 끌리는 사람은 1%가 다르다. 서울: 더난출판사.

이우경, 이원혜(2019). 심리평가의 최신 흐름(2판). 서울: 학지사.

이장호, 정남운, 조성호(2005). 상담심리학의 기초. 서울: 학지사.

조두영, 이부영, 김중술, 김용식, 조맹제, 유인균(1997). 첫 면접과 환자심리역동의 이해-전공의 교육경험-. 정신신체의학, 5(1), 12-30.

천성문, 안세지, 최지이, 윤정훈, 배문경(2022). 초심상담자를 위한 상담면접의 실제. 서울: 학지사.

최상진, 윤호균, 한덕웅, 조긍호, 이수원(1999). 동양심리학. 서울: 지식산업사.

Bird, B. (2007). 환자와의 대화(이무석 역). 서울: 이유. (원저는 1973년에 출판)

Cabaniss, D. L., Cherry, S., Douglas, C. J., Graver, R. L., & Schwartz, A. R. (2019). 카바니스의 정신역동적 공식화(박용천, 오대영, 조유빈 공역). 서울: 학지사. (원저는 2013년에 출판)

First, M, B., Williams, J. B., Kang, R, S., & Spitzer, R. L. (2017). SCID-5-CV: DSM-5® 장애에 대한 구조화된 임상적 면담(오미영, 박용천, 오상우 공역). 서울: 학지사. (원저는 2016년에 출판)

Garfield, S. L. (1996). 임상심리학(김중술, 원호택 공역). 서울: 법문사. (원저는 1983년에 출판).

Heriden, L. A., & Hersen, M. (2005). 임상심리학 입문(이영호 역). 서울: 학지사. (원저는 1995년에 출판)

Hora, T. (2020). 메타실존치료(이정기, 윤영진 공역). 서울: 학지사. (원저는 1977년에 출판)

Kramer, G. P., Bernstein, D. A., & Phares, V. (2012). 임상심리학의 이해(황순택, 강대갑, 권지은 공역). 서울: 학지사. (원저는 2009년에 출판)

Sofer, O. J. (2019). 마음챙김과 비폭력대화(김문주 역). 서울: 불광출판사. (원저는 2018년에 출판)

Sommers-Flanagan, J., & Sommers-Flanagan, R. (2020). 임상면담 기초와 적용(조성근, 양재원, 김현수, 임숙희 공역). 서울: 학지사. (원저는 2017년에 출판)

지능평가

제5장

임상심리학자들은 지능이란 무엇이고, 어떻게 측정할 것인지에 대해서 많은 관심을 가지고 있다. 이에 대해 많은 연구들이 수행되었으며, 다양한 정의와 평가 방법이 개발되어 왔다. 그 과정에서 신뢰롭고 타당한 이론과 검사들은 여전히 남아 현재까지 활발하게 연구가 진행되고 있으며, 엄밀한 과학적 연구방법에 근거하여 발전하고 있는 중이다. 여기에서는 먼저 지능 이론과 지능검사의 발달에 대해서 알아보고, 현재 가장 많이 사용하고 있는 웩슬러 지능검사와 기타 다양한 지능검사에 대해서 살펴보겠다.

1. 지능의 개념과 이론

1) 지능의 개념

지능은 키나 몸무게와 같이 물리적으로 측정하기 어려운 심리적 구성개념이다. 구성개념이라는 것은 인간의 몸 안에 존재하여 보고, 듣고, 만질 수 있는 실체가 있는 것이 아니라 사람들의 일상적 행동을 관찰하여 추론할 수 있는 추상적 개념이라고 할 수 있다. 그렇기 때문에 많은 연구 성과들이 누적되어 왔지만 하나로 정의하기 어렵고 다양한 개념과 해석이 존재한다.

지능에 대한 개념은 크게 이론적 측면과 임상적 측면으로 나누어 발전해 왔다. 이론적 측면은 지능을 정의하고 분석하는 방법에 관심을 가지는 반면에 임상적 측면은 지능을 측정하고 검사 도구를 개발하는 것에 초점을 둔다. 임상적 측면은 지능검사의 발달 부분에서 소개할 예정이며, 이 부분에서는 이론적 측면에 대해서 알아보려고 한다.

2) 지능 이론

(1) 2요인 이론

스피어먼(Spearman, 1904, 1927)은 "상관관계로 추출된 일반능력"을 지능이라고 정의하면서 요인분석 방법을 통해 일반(g) 요인(general factor)과 특수(s) 요인(specific factor)으로 이루어진 2요인 이론을 제안하였다. s요인은 후천적으로 학습되는 것으로 언어나 수학과 같은 개별적이고 특정한 문제를 처리하는 능력에 관여한다. 반면에 g요인은 상대적으로 선천적 능력에 해당하며 각각의 문제를 처리하는 데 공통적으로 작용하는 일반화된 능력이다.

스피어먼은 학령기 아동들에게 문학, 영어, 수학 등 다양한 영역을 측정하는 검사를 실시한 후 각 검사들 간 정적 상관이 있음을 발견하고 공통된 지적 능력이 존재한다고 가정하였다. 이 이론은 두 개의 요인으로 구성되어 있지만 특수요인보다 일반요인이 지능의 핵심이라고 강조했기 때문에 사실상 단일요인 이론이라고 간주할 수 있다.

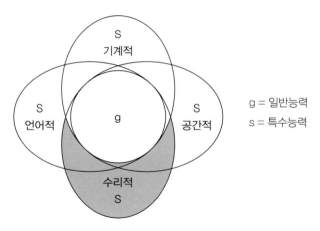

[그림 5-1] 스피어먼의 g요인과 s요인

출처: 박영숙 외(2019). 현대 심리평가의 이해와 활용, p. 187.

(2) 기본정신능력 모형

서스톤(Thurstone, 1938)은 50개 이상의 검사를 학생 240명에게 실시한 자료에 대해 요인분석한 결과에 근거하여 스피어먼의 주장과 다르게 지능은 하나의 일반요인이 아니라 7개의 다중요인으로 구성되어 있다고 제안하였다. 7개 요인들은 기본정신능력(primary mental abilities: PMA)이라고 하며, 언어이해, 언어 유창성, 수, 공간, 기억, 추리, 지각속도로 이루어져 있다. 그리고 이러한 능력들은 서로 밀접하게 관련되어 있는 것이 아니라 상호 독립적으로 존재한다고 주장하였다. 즉, 공간능력이 높다고 해서 추리능력도 높을 것이라고 예측하기 어려운 것이다.

(3) 지능구조 모형

길퍼드(Guilford, 1954)는 "다양한 정보를 처리하는 능력 또는 기능의 체계적 집합"으로 지능을 정의하면서 서스톤이 주장한 7개 요인보다 더 복합적인 지능구조(structure of intellect: SOI) 모형을 제안하였다(Guilford, 1967). 이 모형은 지능이 내용·조작·결과의 세 가지 차원으로 구성되어 있다고 가정한다. 내용은 정보의 종류로서 '시각·청각·상징·의미·행동'으로 구성되고, 조작은 정보를 처리하는 방식으로서 '인지·기억 저장·기억 유지·확산적 사고·수렴적 사고·평가'로 나뉘며, 결과는 내용과 조작이 상호작용하여

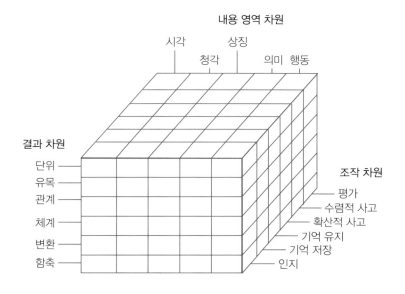

[그림 5-2] **길퍼드의 지능구조(SOI) 모형**

산출된 '단위 · 유목 · 관계 · 체계 · 변환 · 함축'으로 구분되어 있다.

　초기 모형에는 120개 요인이었지만 최종적으로 내용 5개, 조작 6개, 결과 6개로 총 180개 요인으로 늘어났다. 이 모형은 지능을 정보처리적 관점으로 접근했다는 장점이 있지만 많은 요인들이 서로 독립적이지 않고 상관관계가 나타났으며 구조가 복잡하여 실제로 적용하는 데 어려움이 있다는 단점이 있다.

(4) 유동-결정 지능 모형과 CHC 이론

　커텔(Cattell, 1963)은 기존의 단일 대 다중요인의 관점을 절충하여 두 개의 일반요인이 존재한다고 가정하면서 유동적 지능(fluid intelligence: Gf)과 결정적 지능(crystallized intelligence: Gc)으로 구분하였다. 유동적 지능은 상대적으로 선천적이고 타고난 지능이며, 환경이나 문화에 영향을 덜 받고 학습된 적이 없는 새로운 상황이나 문제에 대처하는 능력이다. 결정적 지능은 학습을 통해 후천적으로 습득된 지능이며 교육이나 경험으로 축적되고 배운 지식에 근거하여 문제를 해결하는 능력이다.

　유동적 지능은 생물학적 영향을 받으므로 신체의 발달에 따라 비례하다가 청년기 이후에 점차 감소하지만 결정적 지능은 축적된 학습 경험이 반영되므로 성인기에도 점점 증가하는 특성을 보인다. 혼(Horn, 1968)은 커텔의 모형을 확장하여 커텔-혼(Cattell-Horn)의 Gf-Gc 이론으로 발전시켰는데, 두 가지 지능 이외에 시각처리, 처리속도, 단기기억, 장기기억 등 9~10개의 능력으로 구분하였다.

　캐럴(Carroll, 1997)은 지능과 관련된 461개의 선행연구들을 분석하여 지능의 구조를 계층적으로 파악한 3층 이론(three-stratum theory)을 제안하였다. 이 이론에서는 가장 높은 계

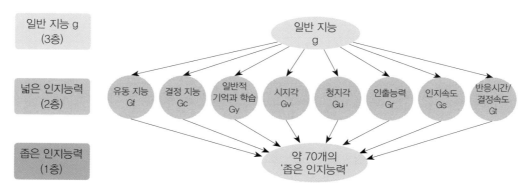

[그림 5-3] 캐럴의 지능의 3층 이론의 모형

출처: 곽금주(2021). K-WISC-Ⅴ 이해와 해석, p. 21.

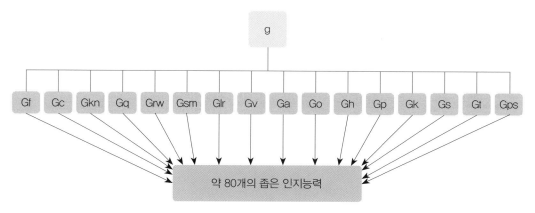

[그림 5-4] CHC 지능 이론의 모형

* 주: Gf: 유동 추론, Gc: 결정 지능, Gkn: 일반 지식, Gq: 양적 지식, Grw: 읽기/쓰기, Gsm: 단기기억, Glr: 장기저장과 인출, Gv: 시각처리, Ga: 청각처리, Go: 후각능력, Gh: 촉각능력, Gp: 정신운동 능력, Gk: 운동감각 능력, Gs: 처리속도, Gt: 결정속도/반응시간, Gps: 정신운동속도.

출처: 곽금주(2021). K-WISC-V 이해와 해석, p. 22.

층인 3층에 스피어먼이 주장한 바와 같이 일반 지능 g가 있는 것으로 가정하였다. 그리고 2층은 Gf와 Gc를 포함하여 시지각, 인출능력, 인지속도 등 8개의 넓은 인지능력으로 구성되며 1층은 추론, 시각기억, 어휘지식 등 70여 개의 좁은 인지능력으로 나뉜다.

Cattell-Horn의 Gf-Gc 이론과 Carroll의 3층 이론은 유사한 점이 많지만 가장 큰 차이는 g요인의 유무인데, 두 이론을 결합한 커텔-혼-캐럴(Cattell-Horn-Carroll: CHC) 이론이 제안되었다(McGrew & Flanagan, 1998). 두 개의 이론이 결합하면서 캐럴이 제안한 g요인이 유지되어 1~3층 가운데 3층은 일반 지능 g가 있고, 2층은 Gf와 Gc를 포함한 16개(초기에는 10개)의 넓은 인지능력, 1층은 80여 개(초기에는 70여 개)의 좁은 인지능력으로 구성된다(Flanagan & Dixon, 2013). CHC 이론은 웩슬러 지능검사와 함께 대다수 지능검사의 이론적 토대를 제공하고 실시와 해석에 영향을 주고 있으며, 이론과 실제의 접점을 높이는 역할을 하고 있다.

(5) 다중지능 이론과 삼위일체 지능 이론

전통적인 지능 이론이 학교 장면에서 필요한 능력을 발견하는 데 중점을 두었다면 최근 이론들은 사회적 환경과 실제 생활에 요구되는 능력에 더 초점을 두는 경향이 있으며, 이는 지능의 개념이 확장되고 있음을 의미한다. 과거에는 학업 성취가 사회적 성공을 예측하였지만 점점 복잡해지고 다원화된 사회에서 성적 위주의 가치관이 다양해지고 있으므로 이러한 요구가 지능이라는 개념에 반영된 것이라고 할 수 있다.

가드너(Gardner, 1983)는 지능을 "하나 이상의 문화적 상황에서 가치 있는 문제를 해결하고 결과를 만들어 내는 능력"이라고 정의하면서 지적 능력은 하나의 일반요인이 아니라 여러 개의 독립적 능력으로 구성된다는 다중지능(multiple intelligences: MI) 이론을 제안하였다. 초기에 7개 지능(언어, 논리-수학, 공간, 신체 운동, 음악, 대인관계, 자기이해)을 제시하였고, 이후에 자연 지능을 추가하여 모두 8개의 기본 기능으로 구성되었다. 다중지능 이론은 각각의 지능이 모든 사람들에게 존재하고, 독립적이지만 서로 상호작용하며 개인마다 능력의 정도는 다르지만 노력하면 일정 수준까지 개발할 수 있다고 가정한다. 가드너는 실험실과 같은 인위적 상황에서 검사 도구를 사용하는 것보다 실제와 가까운 자연스러운 환경에서 지능을 측정하는 것이 가장 타당하고 바람직한 방법이라고 하였다.

스턴버그(Sternberg, 1985)는 지능 이론들이 개인, 행동, 상황 중에서 일부만을 기초로 하였기 때문에 지능을 타당하게 설명하기 어려우며 세 가지 하위 이론(요소, 경험, 맥락)을 함께 고려하는 삼위일체 지능 이론(triarchic theory of intelligence)을 제안하였다. 요소 하위 이론(componential subtheory)은 개인이 가지고 있는 언어 또는 분석 지능을 포함하며 내부 영역에 해당된다. 맥락 하위 이론(contextual subtheory)은 주변 환경이나 상황을 파악하고 적응하는 지능을 포함하고, 기존에 거의 다루어지지 않은 사회적 또는 실제적 능력과 관련되며 외부 영역에 해당된다. 경험 하위 이론(experiential subtheory)은 문제를 해결하고 창의적으로 사고하는 능력을 포함하며 요소와 맥락, 즉 내부와 외부를 연결하고 조합하는 역할을 한다. 스턴버그는 지능검사들이 개인의 내적 요소와 경험에 과도하게 관심을 두었지만 외부 상황을 고려하지 않고 외면했다고 하면서 현실 세계에 필요한 지능을 보완하여 측정하는 것이 중요하다고 하였다.

2. 지능검사의 발달

인간의 지능에 대한 개념이나 이론, 분석방법 등의 발달과 더불어 지능을 측정하는 도구와 검사의 발전도 함께 이루어져 왔다. 다양한 의견이 있지만 프랑스의 비네와 시몽(Binet & Simon, 1905)이 학령기 이전의 아동들이 입학 후 적절하게 학습할 수 있는 능력을 가지고 있는지 선별하고, 만약 지적 능력이 낮으면 특수교육을 시키기 위한 목적으로 1905년에 제작한 비네-시몽 검사(Binet-Simon scale)가 최초로 개발된 체계적 지능검사라는 견해가 일반적이다. 이 검사는 제시되는 순서에 따라 난이도가 높아지는 30문항으로 구성되며 기존에 측정해 왔던 감각 및 지각 능력 이외에 학교 공부에 영향을 미치는 판단력, 추리력 등 언어능력을 측정하는 문항이 많이 포함되어 있다.

이 검사는 1908년에 개정판이 개발되면서 문항을 난이도가 아닌 연령 단계에 따라 재배열하였으며 지능이 연령에 따라 발달한다고 가정하였다. 그리고 각 연령대의 아동들이 평균적으로 해결할 수 있는 문항(특정 연령 집단의 아동들 중 2/3~3/4이 정답을 맞힌 문항)에 근거한 규준을 만들어 새롭게 정신연령(mental age)이라는 개념을 도입하였다. 만약 생활연령이 8세인 아동과 10세인 아동 모두가 9세 아동들이 평균적으로 풀 수 있는 문항까지 해결했다면 두 아동의 정신연령은 동일하게 9세로 간주한다.

미국 스탠퍼드 대학교의 터먼(Terman, 1916)은 미국 문화에 맞게 비네-시몽 검사를 수정하여 번역하여 스탠퍼드-비네 검사(Stanford-Binet Scale)를 제작하였다. 이 검사에서 지능지수(Intelligence Quotient: IQ)의 개념이 처음 사용되었는데, 정신연령 개념을 발전시켜 비율 IQ 개념을 소개했다. 이는 생활연령에 비해 정신연령이 차지하는 비율을 알아본 것으로 다음과 같은 공식을 통해 산출된다.

$$비율 \ 지능지수(IQ) = \frac{정신연령(Mental \ Age: \ MA)}{생활연령(Chronological: \ CA)} \times 100$$

예를 들어, 어떤 아동의 생활연령이 10세인 경우 정신연령이 9세이면 IQ는 90이고, 정신연령이 11세이면 IQ는 110이 된다. 여기서 IQ 100은 자신의 현재 생활연령과 정신연령이 동일하다는 것을 의미한다.

제1차 세계 대전이 발발하게 되어 전쟁에 나갈 많은 군인들을 선발하고 배치하기 위해 지능검사를 필요로 하였고, 이 시기에 집단 지능검사가 개발되었다. 미국에서는 지필검사인 군대용 알파(Army Alpha) 검사를 제작하였으며, 나중에 문맹자들이 이 검사를 실시하는 데 어려움이 있고 군인을 선별하는 데 문제점이 나타나자 비언어검사인 군대용 베타(Army Beta) 검사를 만들어 사용하였다.

웩슬러(Wechsler)는 제1차 세계 대전에서 검사를 실시했던 경험과 통계적 훈련에 기초하여 당시에 표준화된 검사들 중 11개 소검사를 선별하여 1939년에 성인을 대상으로 한 웩슬러 벨뷰 지능검사 I(Wechsler-Bellevue Intelligence Scale Form I: WB-I)(Wechsler, 1939)과 1946년에 아동을 대상으로 한 웩슬러 벨뷰 지능검사 II(Wechsler-Bellevue Intelligence

Scale Form II: WB-II)(Wechsler, 1946)를 제작하였다. 웩슬러는 비네 검사가 언어능력을 측정하는 문항에 편중되어 있기 때문에 비언어적 능력도 함께 측정해야 한다고 주장하면서 언어성 검사와 비언어성(동작성) 검사를 따로 구성하였다. 그리고 연령이 증가함에 따라 정신연령의 최고치인 19.5세는 고정되어 있지만 생활연령은 계속 높아지기 때문에 지능이 오히려 점점 낮아지게 되는 비율 IQ의 문제점을 개선하기 위해 편차 IQ 개념을 도입한 것이 기존의 검사들과 다른 차별점이다. 편차 IQ는 IQ 검사에서 개인의 수행 점수를 그 개인이 속해 있는 연령 집단과 비교한다. 그래서 동일한 IQ 점수는 서로 다른 연령이어도 같은 의미를 갖게 된다. 예를 들어, 20대와 60대의 검사 원점수가 각각 다르더라도 자신이 속한 연령대의 평균에 해당하는 점수라면 IQ는 100으로 산출되는 것이다. 편차 IQ는 개인의 점수를 평균 100, 표준편차 15로 변환하며 산출하는 공식은 다음과 같다.

$$\text{편차 지능지수(IQ)} = 100 + 15 \times \frac{X-M}{SD}$$

(X: 개인의 점수, M: 해당 연령규준의 평균, SD: 해당 연령규준의 표준편차)

이후에 WB-I은 웩슬러 성인 지능검사(Wechsler Adult Intelligence Scale: WAIS) 계열로 개정되어 현재 4판인 WAIS-IV(Wechsler, 2008)가 출시되었으며, WB-II는 웩슬러 아동 지능검사(Wechsler Intelligence Scale for Children: WISC) 계열로 개정되어 5판인 WISC-V(Wechsler, 2014)까지 제작되었다.

국내의 경우 성인용인 WAIS 계열은 1963년 12~64세 대상 KWIS(한국판 웩슬러 지능검사, Korean Wechsler Intelligence Scale)(전용신, 서봉연, 이창우, 1963), 1992년 16~64세 대상 K-WAIS(Korean-Wechsler Adult Intelligence Scale)(염태호, 박영숙, 오경자, 김정규, 이영호, 1992), 2012년 16~69세 대상 K-WAIS-IV(황순택, 김지혜, 박광배, 최진영, 홍상황, 2012)가 제작되었다.

아동용인 WISC 계열은 1974년 5~16세 대상 K-WISC(이창우, 서봉연, 1974), 6~15세 대상 KEDI-WISC(한국교육개발원, 1987), 6~16세 대상 K-WISC-III(곽금주, 박혜원, 김청택, 2001), 6~16세 대상 K-WISC-IV(곽금주, 오상우, 김청택, 2011), 6~16세 대상 K-WISC-V(곽금주, 장승민, 2019)가 제작되었다.

웩슬러는 영유아를 대상으로 하는 지능검사도 제작하였는데 1967년 WPPSI(Wechsler Preschool and Primary Scale of Intelligence)(Wechsler, 1967)를 시작으로 2012년 4판 WPPSI-IV

⟨표 5-1⟩ **웩슬러 지능검사의 개정 과정**

연령 집단	사용 국가	개정 과정				
		1판	2판	3판	4판	5판
성인용	원판(미국)	WAIS(1955)	WAIS-R (1981)	WAIS-III (1997)	WAIS-IV (2008)	
	한국판	KWIS (1963)	K-WAIS (1992)	—	K-WAIS-IV (2012)	
아동용	원판(미국)	WISC (1949)	WISC-R (1974)	WISC-III (1991)	WISC-IV (2003)	WISC-V (2014)
	한국판	K-WISC (1974)	KEDI-WISC (1987)	K-WISC-III (2001)	K-WISC-IV (2011)	K-WISC-V (2019)
영유아용	원판(미국)	WPPSI (1967)	WPPSI-R (1989)	WPPSI-III (2002)	WPPSI-IV (2012)	
	한국판	—	K-WPPSI (1996)		K-WPPSI-IV (2016)	

(Wechsler, 2012)까지 출판되었다. 한국에서는 1996년 3~7세 3개월 대상 K-WPPSI(박혜원, 곽금주, 박광배, 1996)가 처음 출판되었으며, 이후 2016년 2세 6개월~7세 7개월 대상 K-WPPSI-IV(박혜원, 이경옥, 안동현, 2016)가 제작되었다. 웩슬러 지능검사의 원판과 한국판의 개정 과정은 ⟨표 5-1⟩에 제시하였다.

3. 웩슬러 지능검사

지능을 평가하기 위해서 지능검사만 단독으로 실시하는 것은 아니며, 면담, 행동 관찰 및 적응기능에 대해서 살펴보고 종합적으로 판단한다. 지적장애의 진단기준을 보면, 지적기능과 적응기능을 통합하여 평가한다. 하지만 지능평가에 있어서 가장 중요한 기준은 지능검사에서 산출된 지능지수(IQ), 다양한 소검사 및 지표점수들이다. 그러므로 여기에서는 자주 사용되는 웩슬러 지능검사에 대해서 살펴보도록 하겠다.

웩슬러 지능검사는 현재 세계적으로 가장 널리 쓰이고 있으며, 연령 집단에 따라 영유아용, 아동용, 성인용으로 구분된다. 이 검사는 편차 IQ 개념을 사용하여 지능을 측정하며, IQ 점수의 평균은 100점(표준편차 15점)으로 이는 100명 중 50번째에 해당되는 사람의 점수를 의미한다. 한국에서도 임상심리학자들이 현장에서 웩슬러 지능검사를 가장 많이 사용하고 있으며, 원판에 대한 개정을 지속적으로 하고 있기 때문에(〈표 5-1〉 참조) 여러 지능검사들 중에서 가장 자세히 알아보도록 하겠다.

1) 성인용 웩슬러 지능검사(K-WAIS-Ⅳ)

(1) 검사의 개요

가장 최근에 개정된 성인용 웩슬러 지능검사 4판(WAIS-IV)은 2008년에 원판이 미국에서 출간되었고, 한국에서는 2012년에 번안한 '한국판 성인용 웩슬러 지능검사 4판(K-WAIS-IV)'이 사용되고 있다. 이전까지 한국판은 1판 KWIS(전용신, 서용연, 이창우, 1963)와 개정판(2판) K-WAIS(염태호, 박영숙, 오경자, 김정규, 이영호, 1992)가 출간되었으며, 3판(원판은 WAIS-Ⅲ)은 표준화가 이루어지지 않고 현재 4판에 이르렀다.

K-WAIS-IV는 통계청에서 2005년에 모집된 정보를 근거로 인구통계학적 변인(연령, 성별, 학력, 거주지)에 따른 개인들의 비율을 조정하여 총 1,228명이 표본으로 모집되었다. 연령은 16세 0개월부터 69세 11개월까지 9개의 집단(16~17세, 18~19세, 20~24세, 25~29세, 30~34세, 35~44세, 45~54세, 55~64세, 65~69세)으로 분류되어 있으며 학력은 교육연한에 기초하여 5개의 집단(8년 이하, 9~11년, 12년/고등 졸, 13~15년, 16년/대학 졸 이상)으로 나뉜다.

(2) 검사의 구조

K-WAIS-IV는 소검사(subtest) 15개(핵심 소검사 10개, 보충 소검사 5개)로 이루어져 있으며 각각의 소검사 점수를 모아서 한 덩어리로 만든 조합점수(composite scores) 5개로 나뉜다. 조합점수는 전체 지능척도(Full Scale IQ: FSIQ) 1개와 지수척도(index scale) 4개(언어이해, 지각추론, 작업기억, 처리속도)로 구성되며, 5개 조합점수 이외에 일반능력지수(general ability index: GAI)가 선택적 조합점수로 추가되었다.

한편, K-WAIS는 소검사(subtest) 11개(언어성 소검사 6개, 동작성 소검사 5개)로 이루어져 있으며, 각각의 소검사 점수가 모여 언어성 지능(Verbal IQ: VIQ), 동작성 지능(Performance IQ: PIQ), 전체 지능(Full Scale IQ: FSIQ)으로 이루어진 단순한 구조였다. 〈표 5-2〉에 K-WAIS와 K-WAIS-IV의 검사 구조를 비교하여 제시하였다.

한국에서 WAIS-Ⅲ의 표준화가 이루어지지 않아서 두 개의 한국판 구조는 상당한 차이

〈표 5-2〉 **K-WAIS와 K-WAIS-IV의 검사 구조**

K-WAIS			K-WAIS-IV		
하위 요인	소검사		조합점수(지수척도)		소검사
언어성 지능 (VIQ)	기본 지식 숫자외우기 어휘 산수 이해 공통성	전체 지능 지수 (FSIQ)	일반능력지수 (GAI)	언어이해지수 (VCI)	공통성 어휘 상식 (이해)
				지각추론지수 (PRI)	토막짜기 행렬추론 퍼즐 (빠진곳찾기) (무게비교)
동작성 지능 (PIQ)	빠진곳찾기 차례맞추기 토막짜기 모양맞추기 바꿔쓰기		인지효율지수 (CPI)*	작업기억지수 (WMI)	숫자 산수 (순서화)
				처리속도지수 (PSI)	동형찾기 기호쓰기 (지우기)

* 인지효율지수는 원판 WAIS-IV와 달리 K-WAIS-IV의 경우 산출하지 않음.
* ( )는 보충소검사임.

가 있는데, 4판에서 조합점수가 새롭게 추가되었고 핵심 소검사 이외에 상황에 따라 보충 소검사의 실시 여부를 판단하여 결정할 수 있다.

5개 조합점수를 산출하려면 핵심 소검사 10개를 모두 실시해야 한다. 만약, 핵심 소검사를 실시하여 산출된 점수가 검사를 실시하는 과정에서 오류가 발생하는 경우, 수검자에게 신체적 또는 감각적 결함이 있는 경우, 수검자가 동일한 검사를 최근에 실시한 경우, 대부분의 문항에 '잘 모르겠다'고 대답하는 것과 같이 일반적이지 않은 반응 태도를 나타내는 경우 등으로 타당하지 않다면 보충 소검사 점수를 대안적으로 사용할 수 있다. 전체 지능 척도를 산출하려면 최대 2개의 보충 소검사까지 대체할 수 있으며, 4개의 지수척도는 각각 1개의 보충 소검사만 대체할 수 있다.

(3) 지수척도와 소검사

K-WAIS-IV에 포함된 15개 소검사는 각각 실시방법이 다르지만 순수하게 단일한 능력만을 측정하는 것은 아니다. 소검사는 지수척도 중 어느 하나에 포함되므로 동일한 지수

척도에 해당되면 이들이 조합되어 나타나는 능력을 측정하게 된다. 여기서는 4개의 지수 척도와 각 지수척도에 해당되는 소검사들의 특징을 K-WAIS-IV 실시 및 채점요강(황순택 외, 2012)에 기초하여 간략하게 살펴보겠다. 원판인 WAIS-IV의 지수척도와 소검사에 대한 구체적인 정보는 리히텐베르거와 카우프만(Lichtenberger & Kaufman, 2013)을 참고하면 된다. 그리고 각 소검사의 구체적인 실시방법은 〈표 5-3〉에 제시하였다.

〈표 5-3〉 **K-WAIS-IV 소검사의 실시방법**

소검사	실시방법
1. 토막짜기 (Block Design: BD)	제한시간 내에 수행해야 함. 제시된 모형과 그림 또는 그림만 보고 빨간 색과 흰색으로 이루어진 토막을 사용하여 똑같은 모양을 만들어야 함.
2. 공통성 (Similarity: SI)	공통적인 사물이나 개념을 나타내는 2개의 단어가 제시되면 서로 어떠한 유사점이 있는지 설명해야 함.
3. 숫자 (Digit Span: DS)	세 가지 유형의 과제로 구성됨. 숫자 바로 따라하기는 검사자가 읽은 숫 자를 동일한 순서로 기억해야 함. 숫자 거꾸로 따라하기는 검사자가 읽은 숫자를 거꾸로 기억해야 함. 숫자 순서대로 따라하기는 검사자가 읽은 숫 자를 작은 숫자부터 차례대로 기억해야 함.
4. 행렬추론 (Matrix Reasoning: MR)	일부분이 빠져 있는 행렬(매트릭스)을 본 후 빠진 부분을 완성할 수 있는 적절한 반응을 선택해야 함.
5. 어휘 (Vocabulary: VC)	그림 문항의 경우 시각적으로 제시되는 물체의 이름을 말해야 함. 언어적 문항의 경우 자극책자에 인쇄된 글자와 동시에 검사자가 말로 제시하는 단어의 뜻을 설명해야 함.
6. 산수 (Arithmetic: AR)	제한시간 내에 수행해야 함. 일련의 산수 문제를 암산으로 풀어야 함.
7. 동형찾기 (Symbol Search: SS)	제한시간 내에 수행해야 함. 여러 개의 탐색 기호를 본 후 그중에서 표적 기호와 동일한 것이 있는지 찾아야 함.
8. 퍼즐 (Visual Puzzles: VP)	제한시간 내에 수행해야 함. 완성된 퍼즐을 본 후 그 퍼즐을 만들 수 있는 반응 선택지 3개를 골라야 함.
9. 상식 (Information: IN)	폭넓은 영역의 일반 지식에 관한 질문에 대답해야 함.
10. 기호쓰기 (Coding: CD)	제한시간 내에 수행해야 함. 숫자와 짝지어진 기호를 옮겨 그려야 함.
11. 순서화 (Letter-Number Sequencing: LN)	일련의 숫자와 글자(요일)를 읽어 주면 숫자와 글자(요일)를 순서대로 회 상해야 함.

12. 무게비교 (Figure Weights: FW)	제한시간 내에 수행해야 함. 양쪽 무게가 달라 균형이 맞지 않는 저울 그림을 본 후 균형을 만들기 위해 필요한 반응을 찾아야 함.
13. 이해 (Comprehension: CO)	일반적 원리와 사회적 상황에 대한 이해에 근거하여 질문에 대답해야 함.
14. 지우기 (Cancellation: CA)	제한시간 내에 수행해야 함. 조직적으로 배열되어 있는 도형들 속에서 표적 모양을 찾아서 표시해야 함.
15. 빠진곳찾기 (Picture Completion: PC)	제한시간 내에 수행해야 함. 중요한 부분이 빠져 있는 그림을 보고 빠진 부분이 무엇인지 찾아야 함.

① 언어이해지수

언어이해지수는 핵심 소검사 3개(공통성, 어휘, 상식)와 보충 소검사 1개(이해)로 구성되어 있다. 수검자의 언어능력이 반영되며 언어적 이해력 및 표현력, 언어적 정보의 개념화 능력, 단어에 대한 이해력, 언어적 정보와 관련된 실제적 지식의 정도를 측정한다. 언어이해지수는 다른 지수들보다 문화적 또는 교육적 영향을 많이 받으므로 수검자의 이러한 경험에 유의하여 점수를 해석해야 한다.

- 공통성: 공통적인 사물이나 개념을 나타내는 2개의 단어가 제시되면 서로 어떠한 유사점이 있는지 설명해야 한다. 언어적 개념형성이나 추론 과정을 알아보기 위한 검사이며 결정적 지능, 추상적 추론, 언어적 이해, 기억력, 연합 및 범주적 사고, 핵심적 및 지엽적 측면의 변별, 언어적 표현력 등을 측정한다.
- 어휘: 그림 문항의 경우 시각적으로 제시되는 물체의 이름을 말해야 하며, 언어적 문항의 경우 자극책자에 인쇄된 글자와 동시에 검사자가 말로 제시하는 단어의 뜻을 설명해야 한다. 단어 지식과 언어적 개념형성을 알아보기 위한 검사이며, 결정적 지능, 지식, 학습능력, 장기기억, 언어 발달을 측정한다. 이 검사를 수행할 때 청각적 이해와 언어적 표현능력이 영향을 미칠 수 있다.
- 상식: 폭넓은 영역의 일반 지식에 관한 질문에 대답해야 한다. 일반적 및 실제적 지식에 대한 습득·유지·인출 능력을 알아보기 위한 검사이며, 결정적 지능, 장기기억을 측정한다. 이 검사를 수행할 때 언어적 지각·이해·표현 능력이 영향을 미칠 수 있다.
- 이해: 일반적 원리와 사회적 상황에 대한 이해에 근거하여 질문에 대답해야 한다. 언어적 추론과 개념화, 언어적 이해와 표현, 과거 경험을 활용하고 평가하는 능력, 실질

적 지식과 판단력 측정한다. 이 검사를 수행할 때 결정적 지능, 행동의 관습적 기준, 사회적 판단, 장기기억, 일반적 상식이 영향을 미칠 수 있다.

② 지각추론지수

지각추론지수는 핵심 소검사 3개(토막짜기, 행렬추론, 퍼즐)와 보충 소검사 2개(무게비교, 빠진곳찾기)로 이루어져 있다. 수검자의 비언어적 시각 자극에 대한 추론 능력이 반영되며, 비언어적 정보에 대한 주의력 및 반응 능력, 시공간 정보에 대한 분석 및 평가 능력, 시공간에 대한 통합 능력을 측정한다. 지각추론지수는 교육이나 환경의 경험을 통해 습득한 지식이 아닌 시지각 또는 시공간 능력이 발휘되므로 언어이해지수에 비해 문화적·교육적 영향을 상대적으로 덜 받는다.

- 토막짜기: 제한시간 내에 수행해야 하며, 제시된 모형과 그림 또는 그림만 보고 빨간색과 흰색으로 이루어진 토막을 사용하여 똑같은 모양을 만들어야 한다. 추상적 시각 자극의 분석과 통합 능력을 알아보기 위한 검사이며, 비언어적 개념형성과 추론, 광범위한 시각적 지능, 유동적 지능, 시지각 및 조직화 능력, 동시적 처리 과정, 시각-운동 협응 능력, 학습, 시각적 자극 내에서 전경과 배경을 구별해 내는 능력을 측정한다.
- 행렬추론: 일부분이 빠져 있는 행렬(매트릭스)을 본 후 빠진 부분을 완성할 수 있는 적절한 반응을 선택해야 한다. 유동적 지능, 광범위한 시각적 지능, 분류와 공간적 능력, 부분과 전체의 관계를 파악하는 능력, 동시적 처리 및 지각적 조직화 능력을 측정한다.
- 퍼즐: 제한시간 내에 수행해야 하며, 완성된 퍼즐을 본 후 그 퍼즐을 만들 수 있는 반응 선택지 3개를 골라야 한다. 비언어적 추론과 추상적인 시각 자극을 분석하고 통합하는 능력을 알아보기 위한 검사이며, 시지각, 광범위한 시각적 지능, 유동적 지능, 동시적 처리 능력, 공간적 시각화와 조작 능력, 부분들 간의 관계를 예상할 수 있는 능력을 측정한다.
- 무게비교: 제한시간 내에 수행해야 하며, 양쪽 무게가 달라 균형이 맞지 않는 저울 그림을 본 후 균형을 만들기 위해 필요한 반응을 찾아야 한다. 양적 추론, 유추적 추론 능력, 시각적 및 비언어적으로 제시된 정보에 대한 수학적 추론 능력을 측정한다.
- 빠진곳찾기: 제한시간 내에 수행해야 하며, 중요한 부분이 빠져 있는 그림을 보고 빠진 부분이 무엇인지 찾아야 한다. 시각적 예민성 및 주의력, 시각적 재인 및 확인 능력, 부분과 전체 간의 관계를 지각하는 능력, 본질과 비본질을 구별하는 능력을 측정한다.

③ 작업기억지수

지각추론지수는 핵심 소검사 2개(숫자, 산수)와 보충 소검사 1개(순서화)로 구성되어 있다. 수검자의 시각적 영역보다 언어적 및 청각적 영역의 기억력이 반영되며, 주의력 및 주의지속 능력, 집중력, 단기기억, 연속적 처리 능력, 정보를 유지·분배·조작·통제하는 능력을 측정한다. 작업기억지수는 검사를 받으려는 동기에 영향을 받으며 다른 검사들의 수행까지 감소시킬 수 있다.

- 숫자: 세 가지 유형의 과제(숫자 바로/거꾸로/순서대로 따라하기)로 구성되어 있다. 숫자 바로 따라하기는 검사자가 읽은 숫자를 동일한 순서로 기억하고, 숫자 거꾸로 따라하기는 검사자가 읽은 숫자를 거꾸로 기억하며 숫자 순서대로 따라하기는 검사자가 읽은 숫자를 작은 숫자부터 차례대로 기억해야 한다. 주의 및 단기기억 범위, 주의력 및 집중력, 청각적 연속처리 능력을 측정한다. 구체적으로 보면 숫자 바로 따라하기는 암기 학습과 기억, 주의력, 부호화, 청각적 처리 과정을 측정하고, 숫자 거꾸로 따라하기는 작업기억, 정보의 변형과 정신적 조작, 시공간적 심상화를 측정하며 숫자 순서대로 따라하기는 더 높은 수준의 작업기억과 정신적 조작을 측정한다.
- 산수: 제한시간 내에 수행해야 하며, 일련의 산수 문제를 암산으로 풀어야 한다. 계산 능력, 주의력 및 집중력, 연속적 처리 능력, 정신적 조작, 청각적 단기 및 장기 기억, 수리적 추론 능력을 측정한다.
- 순서화: 일련의 숫자와 글자(요일)를 읽어 주면 숫자와 글자(요일)를 순서대로 회상해야 한다. 주의력, 집중력, 기억폭, 단기적 청각 기억력, 순차적 처리 능력, 정신적 조작 능력, 정보처리 능력, 인지적 유연성, 유동적 추론 능력을 측정한다.

④ 처리속도지수

처리속도지수는 핵심 소검사 2개(동형찾기, 기호쓰기)와 보충 소검사 1개(지우기)로 이루어져 있다. 수검자의 시각적 및 비언어적 자극을 처리하는 정신운동속도가 반영되며 시지각 변별 능력, 시각−운동 협응 능력, 전략 계획 및 조직화 능력을 측정한다. 처리속도지수는 작업기억지수처럼 검사 동기에 따라 영향을 받을 수 있으며, 두 개의 지수는 검사 결과의 타당도 여부를 판단하는 데 활용될 수 있다.

- 동형찾기: 제한시간 내에 수행해야 하며 여러 개의 탐색 기호를 본 후 그중에서 표적

기호와 동일한 것이 있는지 찾아야 한다. 시각적 탐지속도, 정보처리속도, 정보의 부호화 능력, 시각적 단기기억, 시각-운동 협응력, 계획 및 학습 능력을 측정한다.

- 기호쓰기: 제한시간 내에 수행해야 하며 숫자와 짝지어진 기호를 옮겨 그려야 한다. 시각적 단기기억, 정신운동속도, 시각적 지각 능력, 시각-운동 협응 능력, 시각적 탐지 능력, 주의지속 능력을 측정한다.
- 지우기: 제한시간 내에 수행해야 하며, 조직적으로 배열되어 있는 도형들 속에서 표적 모양을 찾아서 표시해야 한다. 시지각적 재인 및 변별력, 시각적 선택적 주의력, 시각적 경계 능력, 시지각적 탐지 능력, 시각-운동 협응 능력을 측정한다.

⑤ **일반능력지수**

일반능력지수는 언어이해지수의 소검사 3개와 지각추론지수의 소검사 3개로 구성되어 있으며, 앞선 4개의 지수척도와 함께 선택적 조합점수로 추가되었다. 전체 지능척도에서 작업기억 및 처리속도지수가 제외된 점수가 산출되는 구조이므로 해당되는 두 개의 지수 척도에 덜 영향을 받는다. 특히, 수검자가 신경심리학적 손상이 있을 때 작업기억과 처리속도에 포함된 소검사의 수행이 낮아질 가능성이 높기 때문에 전체 지능척도는 손상 이전에 가지고 있던 일반적 능력을 적절하게 대표하기 어렵다. 그러므로 이러한 지수를 통해 손상 이전의 일반적 능력과 다른 인지기능을 비교하여 개인의 강점과 약점을 알아낼 수 있다.

2) 아동용 웩슬러 지능검사(K-WISC-Ⅳ, K-WISC-Ⅴ)

(1) 검사의 개요

가장 최근에 개정된 아동용 웩슬러 지능검사 5판(WISC-V)은 2014년에 원판이 미국에서 출간되었고, 한국에서는 2019년에 번안한 '한국판 아동용 웩슬러 지능검사 5판(K-WISC-V)'이 사용되고 있다. 이전까지 한국판은 1판 K-WISC(이창우, 서봉연, 1974), 개정판(2판) KEDI-WISC(한국교육개발원, 1987), K-WISC-Ⅲ(곽금주, 박혜원, 김청택, 2001), K-WISC-Ⅳ(곽금주, 오상우, 김청택, 2011)가 출간되었다. 현재 임상 장면에서는 기존의 K-WISC-Ⅳ를 많이 사용하고 있으며, K-WISC-V는 사용이 점점 증가하고 있다.

(2) 검사의 구조

① K-WISC-IV

K-WISC-IV는 15개의 소검사(주요 소검사 10개, 보충 소검사 5개)와 5개의 합산점수(전체 지능 1개 + 지표점수 4개), 4개의 지표점수(언어이해, 지각추론, 작업기억, 처리속도)로 구성되어 있다. 소검사들은 주요 소검사와 보충 소검사로 구별되며(〈표 5-4〉 참조) 10개의 주요 소검사를 모두 실시해야 합산점수 5개를 산출할 수 있다. 구체적으로 보면 언어이해지표 3개(공통성, 어휘, 이해), 지각추론지표 3개(토막짜기, 공통그림찾기, 행렬추론), 작업기억지표 2개(숫자, 순차연결), 처리속도지표 2개(기호쓰기, 동형찾기), 전체 IQ 지표 10개가 포함된다. 〈표 5-4〉에는 K-WISC-IV에 포함된 소검사와 전반적 구조가 제시되었으며, 이후에 다루

〈표 5-4〉 **K-WISC-IV와 K-WISC-V의 검사 구조**

K-WISC-IV			K-WISC-V	
합산점수 (지표점수)	소검사(주요/보충)		합산점수 (기본지표점수)	소검사(기본/추가)
언어이해지표 (VCI)	공통성 어휘 이해 (상식) (단어추리)	전체 지능 (FSIQ)	언어이해지표 (VCI)	공통성 + 어휘 + (상식) (이해)
지각추론지표 (PRI)	토막짜기 공통그림찾기 행렬추리 (빠진곳찾기)		시공간지표 (VSI)	토막짜기 + 퍼즐
			유동추론 (FRI)	행렬추리 + 무게비교 + (공통그림찾기) (산수)
작업기억지표 (WMI)	숫자 순차연결 (산수)		작업기억지표 (WMI)	숫자 + 그림기억 (순차연결)
처리속도지표 (PSI)	기호쓰기 동형찾기 (선택)		처리속도지표 (PSI)	기호쓰기 + 동형찾기 (선택)

* K-WISC-IV에서 ( )는 보충 소검사임.
* K-WISC-V에서 ( )는 추가 소검사이며 +는 전체 IQ 산출을 위한 소검사임.

게 될 K-WISC-V의 구조도 함께 제시하여 서로 비교할 수 있게 하였다.

한편, 토막짜기, 숫자, 선택 소검사 3개는 7개의 처리점수를 제공하는데, 이 점수는 아동이 소검사를 실시할 때 기여하는 인지적 능력에 대해 더 자세한 정보를 제공한다. 처리점수에 대한 구체적인 설명은『K-WISC-IV 전문가 지침서』(곽금주 외, 2011),『임상심리검사의 이해』(2판)(김재환 외, 2014),『현대 심리평가의 이해와 활용』(박영숙 외, 2019) 등을 참고하면 된다.

K-WISC-IV의 구조는 작업기억과 처리속도에 대한 관심과 중요성이 높아진 것과 함께 인지능력의 평가에 있어서 최근 이론과 실제가 반영된 것이다. 대표적으로 반영된 것이 합산점수(지표점수)이며, 다음에서 간략히 살펴보겠다.

- 언어이해지표: 언어이해지표(VCI)는 언어적 추론과 이해, 언어적 개념형성, 획득된 지식 등을 측정한다. 이 지표는 기존의 언어성 지능보다 더 좁은 범위의 영역과 관련되며 숫자 등 작업기억에 포함된 소검사가 포함되지 않으므로 언어능력을 추론하는 데 있어서 덜 오염되어 있는 순수한 측정치라고 할 수 있다.
- 지각추론지표: 지각추론지표(PRI)는 공간적 처리, 유동적 추론, 시각-운동 통합 등을 측정한다. 기존의 동작성 지능과 유사한 측면이 있으나 처리속도에 덜 오염되어 있으며 비언어적 추론 능력이 잘 반영되는 측정치다.
- 작업기억지표: 작업기억지표(WMI)는 의식적으로 정보를 수집, 조작, 결과를 산출하는 능력과 관련되어 있으며, 주의력, 집중력, 청각적 기억, 단기기억, 부호화 전략 등을 측정한다.
- 처리속도지표: 처리속도지표(PSI)는 새로운 정보를 이해하는 과제 수행과 관련되어 있으며, 일상의 정보를 빠르고 오류 없이 처리하는 능력을 포함하여 시지각 변별, 시각-운동 협응, 정신적 조작속도 등을 측정한다.
- 전체지능: 전체 지능(FSIQ)은 아동의 전반적인 지적 능력 수준을 추론하고 또래 집단과 비교하여 어떠한 수준인지 추정할 수 있으며, 아동의 행동이나 학업 성취를 예측하는 경우에도 활용될 수 있다.

K-WISC-IV의 소검사에 대한 구체적인 실시방법은 매뉴얼에 기초하여 〈표 5-5〉에 제시하였으며, K-WISC-V에서 새롭게 포함된 소검사를 비교할 수 있도록 함께 제시하였다.

〈표 5-5〉 K-WISC-IV와 K-WISC-V의 소검사에 대한 설명

소검사	기호	K-WISC-IV	K-WISC-V	설명
토막짜기	BD	O	O	제한시간 내에 흰색과 빨간색으로 이루어진 토막을 사용하여 제시된 모형이나 그림과 똑같은 모양을 만든다.
공통성	SI	O	O	공통적인 사물이나 개념을 나타내는 두 개의 단어를 듣고 두 단어가 어떻게 유사한지 말한다.
숫자	DS	O	O	숫자 바로 따라하기는 검사자가 큰 소리로 읽어 준 것과 같은 순서로 따라한다. 숫자 거꾸로 따라하기는 반대 방향으로 따라한다.
공통그림찾기	PC	O	O	두 줄 또는 세 줄로 이루어진 그림들을 제시하면 공통된 특성으로 묶일 수 있는 그림을 하나씩 고른다.
기호쓰기	CD	O	O	간단한 기하학적 모양이나 숫자와 대응하는 기호를 그린다.
어휘	VC	O	O	그림 문항에서, 소책자에 있는 그림들의 이름을 말한다. 말하기 문항에서는 검사자가 크게 읽어 주는 단어의 정의를 말한다.
순차연결	LN	O	O	연속되는 숫자와 글자를 읽어 주고, 숫자가 많아지는 순서와 한글의 가나다 순서대로 암기하도록 한다.
행렬추리	MR	O	O	불완전한 행렬을 보고, 5개의 반응 선택지에서 제시된 행렬의 빠진 부분을 찾아낸다.
이해	CO	O	O	일반적인 원칙과 사회적 상황에 대한 이해에 기초하여 질문에 대답한다.
동형찾기	SS	O	O	반응 부분을 훑어보고 반응 부분의 모양 중 표적 모양과 일치하는 것이 있는지 제한시간 내에 표시한다.
빠진곳찾기	PCm	O	X	그림을 보고 제한시간 내에 빠져 있는 중요한 부분을 가리키거나 말한다.
선택	CA	O	O	무선적으로 배열된 그림과 일렬로 배열된 그림을 훑어보고 제한시간 안에 표적 그림들에 표시한다.
상식	IN	O	O	일반적 지식에 관한 광범위한 주제를 다루는 질문에 대답한다.
산수	AR	O	O	구두로 주어지는 일련의 산수 문제를 제한시간 내에 암산으로 푼다.

단어추리	WR	O	X	일련의 단서에서 공통된 개념을 찾아내어 단어로 말한다.
무게비교	FW	X	O	제한시간 내에 양쪽 무게가 달라 균형이 맞지 않는 저울 그림을 보고 균형을 유지할 수 있는 보기를 찾는다.
퍼즐	VP	X	O	제한시간 내에 완성된 퍼즐을 보고 퍼즐을 구성할 수 있는 3개의 조각을 선택한다.
그림기억	PS	X	O	제한시간 내에 1개 이상의 그림이 있는 자극 페이지를 본 후 반응 페이지에 있는 보기에서 해당 그림을(가능한 한 순서대로) 찾는다.

* K-WISC-IV와 K-WISC-V에 공통된 소검사는 K-WISC-IV 기준에 따라 설명함.

② K-WISC-V

K-WISC-V는 16개의 소검사로 구성되어 있으며, K-WISC-IV에서 주요 소검사와 보충 소검사로 나뉘어 있는 것과 다르게 기본 소검사 10개와 추가 소검사 6개로 구분되어 있다. 그리고 지적 능력의 종합적 평가를 위해서는 기본 소검사를 모두 실시하고, 지능에 대한 정보를 더 풍부하게 제공하고 임상적 판단에 추가적 정보가 필요한 경우에는 추가 소검사를 함께 실시하는 것이 도움이 된다. 그리고 K-WISC-V는 11개의 합산점수(전체 지능 1개 + 기본지표점수 5개 + 추가지표점수 5개)로 구성되어 있다. 10개 기본 소검사는 전체 IQ, 각각 5개의 기본지표점수와 추가지표점수를 산출하기 위해 특정한 조합으로 구성되며 전체 IQ를 산출하기 위해서는 기본 소검사 가운데 7개를 실시하면 된다(〈표 5-4〉 참조). 추가 소검사는 전체 IQ 소검사 중 하나가 누락되었거나 유효하지 않을 때 대체하여 실시할 수 있다.

기본지표점수 5개는 언어이해지표(공통성, 어휘), 시공간지표(토막짜기, 퍼즐), 유동추론지표(행렬추리, 무게비교), 작업기억지표(숫자, 그림기억), 처리속도지표(기호쓰기, 동형찾기)로 구성되어 있다. 추가지표점수는 양적 추론지표(무게비교, 산수), 청각 작업기억지표(숫자, 순차연결), 비언어지표(토막짜기, 퍼즐, 행렬추리, 무게비교, 그림기억, 기호쓰기), 일반능력지표(공통성, 어휘, 토막짜기, 행렬추리, 무게비교), 인지효율지표(숫자, 그림기억, 기호쓰기, 동형찾기)가 포함되어 있다. K-WISC-V의 검사체계는 [그림 5-5]에 제시하였고, 11개 합산점수에 따른 해당 소검사를 소개하였다.

K-WISC-V에서 개정된 내용 중에서 K-WISC-IV의 지각추론지표가 없어지고 시공간지표와 유동추론지표로 변경된 점이 주목할 만하다. 이를 통해 시각적 추론과 유동적 추

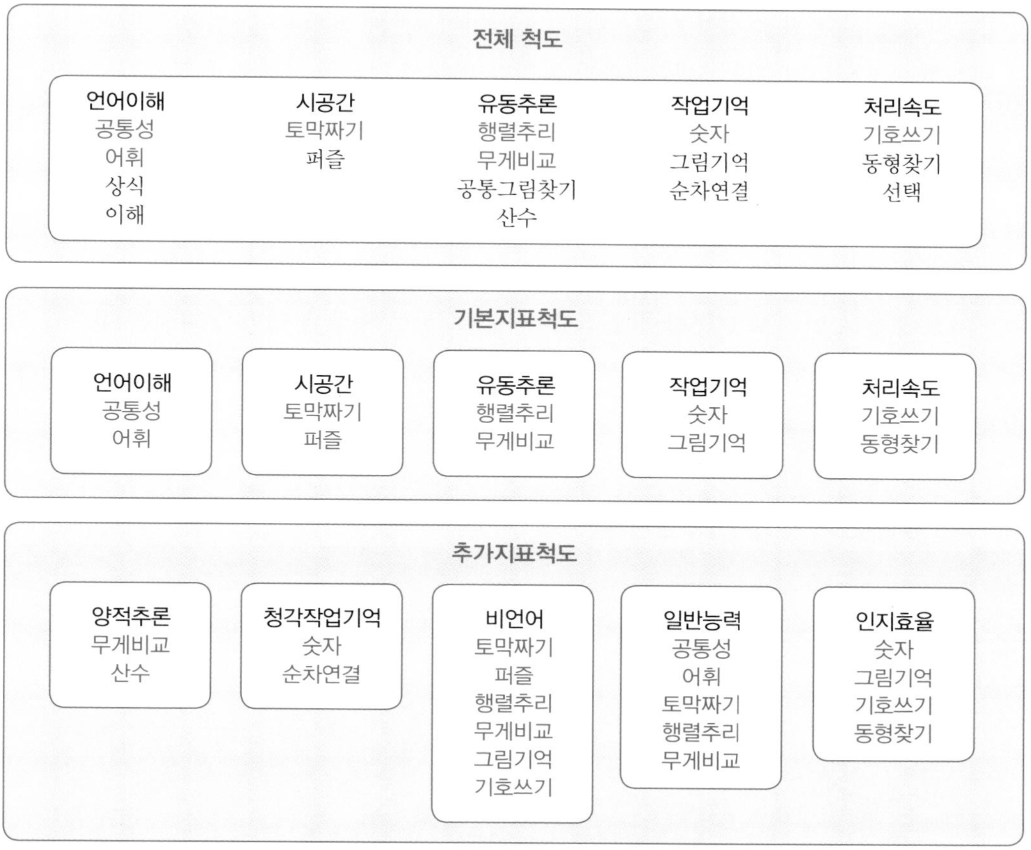

전체 척도				
언어이해 공통성 어휘 상식 이해	**시공간** 토막짜기 퍼즐	**유동추론** 행렬추리 무게비교 공통그림찾기 산수	**작업기억** 숫자 그림기억 순차연결	**처리속도** 기호쓰기 동형찾기 선택

기본지표척도				
언어이해 공통성 어휘	**시공간** 토막짜기 퍼즐	**유동추론** 행렬추리 무게비교	**작업기억** 숫자 그림기억	**처리속도** 기호쓰기 동형찾기

추가지표척도				
양적추론 무게비교 산수	**청각작업기억** 숫자 순차연결	**비언어** 토막짜기 퍼즐 행렬추리 무게비교 그림기억 기호쓰기	**일반능력** 공통성 어휘 토막짜기 행렬추리 무게비교	**인지효율** 숫자 그림기억 기호쓰기 동형찾기

[그림 5-5] K-WISC-V 검사체계

출처: 곽금주, 장승민(2019). 한국 웩슬러 아동지능검사 5판(K-WISC-V): 실시와 채점 지침서, p. 19.

리 능력을 더 구분하여 정확히 측정할 수 있으며, 이와 관련하여 아동의 수행에 대해 부모나 교사에게 더 풍부한 정보를 제공할 수 있다. 기본지표점수 중 3개는 K-WISC-IV에서 다루었기 때문에 새롭게 변경된 두 개의 지표의 특징에 대해 알아보겠다. 추가지표점수에 대한 구체적인 내용은 『K-WISC-V의 이해와 실제』(김도연, 김현미, 박윤아, 옥정, 2021), 『K-WISC-V 이해와 해석』(곽금주, 2021) 등을 참고하면 된다.

• 시공간지표: 시공간지표(VSI)는 시각 정보를 분석하고 시공간 관계를 이해하는 시공간 추론 능력, 정신적 회전 능력, 시각적 작업기억을 측정한다.
• 유동추론지표: 유동추론지표(FRI)는 사전 지식이나 문화적 기대, 결정기능으로 해결하기 어려운 새로운 문제를 풀 수 있는 능력을 측정한다.

　　마지막으로, 실제로 소검사를 실시하는 데 있어서 4판과 비교하여 5판이 어떠한 방식으로 변화했는지 알아보겠다. 5판은 4판과 동일한 13개 소검사를 그대로 유지하면서 새롭게 추가된 3개 소검사를 함께 사용한다. 추가된 3개는 무게비교, 퍼즐, 그림기억 소검사이며, 양적 추론 능력, 유동추론 능력, 시각적 작업기억 등 기존과 다른 인지능력을 측정하기 위한 목적이다. 한편, 4판에 있던 단어추리, 빠진곳찾기 소검사 2개가 제외되었는데, 언어이해지표에 속해 있는 단어추리 소검사는 어휘 소검사와 상관이 높은 문제가 있었으며, 지각추론지표에 속해 있는 빠진곳찾기 소검사는 시간제한이 수행에 영향을 미치는 정도가 컸기 때문이다. 각 소검사의 실시 또는 채점방법이 달라지거나 문항 자체가 변경된 경우도 있으며 구체적인 변경 사항에 대해서는 〈표 5-6〉에 제시하였다.

〈표 5-6〉 K-WISC-V 소검사의 주요 변화

K-WISC-IV 소검사	변경 사항	K-WISC-V 소검사
토막짜기	실시, 채점방법 변경	토막짜기
공통성	문항 변경	공통성
행렬추리	문항 변경	행렬추리
숫자	순서대로 따라하기 과제 추가	숫자
기호쓰기	문항 변경	기호쓰기
어휘	문항 변경	어휘
동형찾기	실시방법 변경	동형찾기
상식	문항 변경	상식
공통그림찾기	문항 변경	공통그림찾기
순차연결	문항, 실시, 채점방법 변경	순차연결
선택	문항 변경	선택
이해	문항 변경	이해
산수	문항 및 실시방법 변경	산수
단어추리	삭제	
빠진곳찾기	삭제	
	새롭게 추가	무게비교
	새롭게 추가	퍼즐
	새롭게 추가	그림기억

출처: 곽금주(2021). K-WISC-V 이해와 해석, p. 97.

3) 유아용 웩슬러 지능검사(K-WPPSI-IV)

가장 최근에 개정된 웩슬러 유아지능검사 4판 WPPSI-IV(Wechsler, 2012)은 2012년에 원판이 미국에서 출간되었고, 한국에서는 2016년에 번안한 '한국 웩슬러 유아지능검사 4판(K-WPPSI-IV)'(박혜원 외, 2016)이 사용되고 있다. 이전까지 한국판은 K-WPPSI(박혜원, 곽금주, 박광배, 1996)가 출간되었다. K-WPPSI는 총 12개의 소검사로 이루어져 있으며, 전체 IQ, 언어성 IQ, 동작성 IQ를 제공한다.

K-WPPSI-IV는 지표나 소검사 등 검사체계가 크게 변화했으며, 이는 지능, 인지 발달, 신경 발달, 인지 뇌과학 등 최근 연구를 반영한 결과다. 실시하는 연령대는 2세 6개월부터 만 7세 7개월이며, 세부적으로 다시 두 개의 연령군으로 나뉘는데, 2세 6개월~3세 11개월

2:6~3:11세

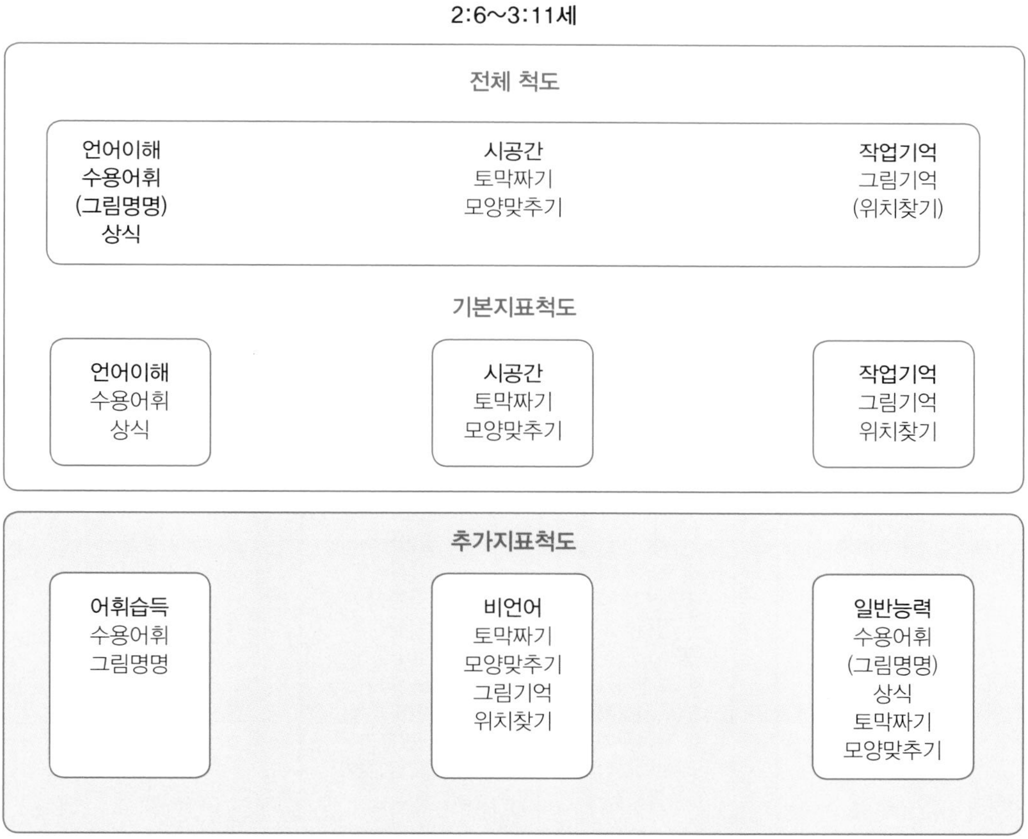

[그림 5-6] K-WPPSI-IV 2세 6개월~3세 11개월용 검사체계

* ( )는 보충소검사임.
출처: 박혜원 외(2016). K-WPPSI-IV 실시 지침서, p. 14.

과 4세~7세 7개월로 구분된다. 2세 6개월~3세 11개월용 검사는 기본지표척도 3개, 추가
지표척도 3개, 소검사 7개다. 기본지표척도는 언어이해(수용어휘, 상식), 시공간(토막짜기,
모양맞추기), 작업기억(그림기억, 위치찾기) 지표로 구성되며, 각각 2개의 핵심 소검사로 이
루어져 있다. 추가지표척도는 어휘습득(수용어휘, 그림명명), 비언어(토막짜기, 모양맞추기,
그림기억, 위치찾기), 일반능력(수용어휘, 상식, 토막짜기, 모양맞추기)지표로 이루어져 있다.
전체 IQ는 5개 핵심 소검사(수용어휘, 상식, 토막짜기, 모양맞추기, 그림기억)에 기초하여 산
출한다. 이 연령대에 따른 검사체계는 [그림 5-6]에 제시하였다.

　4~7세 7개월용 검사는 기본지표척도 5개, 추가지표척도 4개, 소검사 15개다. 전체 IQ

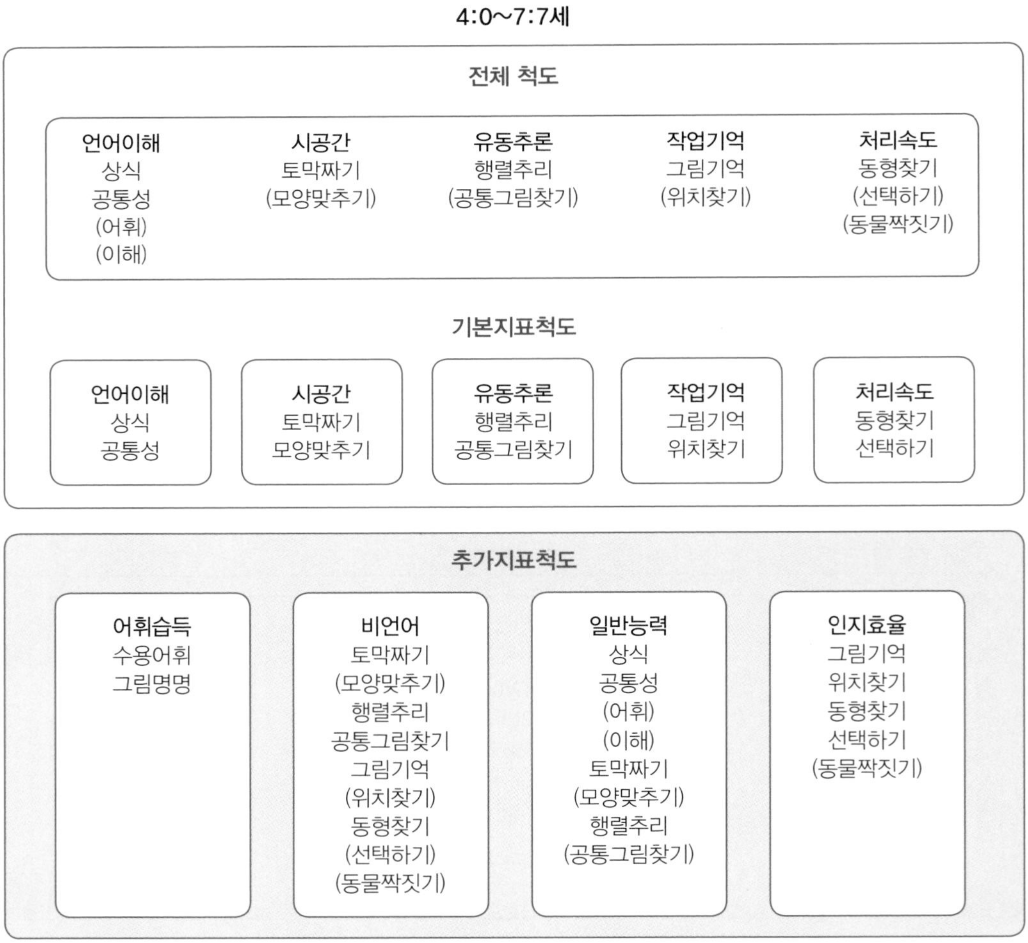

4:0~7:7세

[그림 5-7] K-WPPSI-IV 4~7세 7개월용 검사체계

* ( )는 보충소검사임.
출처: 박혜원 외(2016). K-WPPSI-IV 실시 지침서, p. 16.

는 6개 핵심 소검사(상식, 공통성, 토막짜기, 행렬추리, 그림기억, 동형찾기)를 바탕으로 산출한다. 기본지표척도는 언어이해(상식, 공통성), 시공간(토막짜기, 모양맞추기), 유동추론(행렬추리, 공통그림찾기), 작업기억(그림기억, 위치찾기), 처리속도(동형찾기, 선택)지표로 각각 2개의 핵심 소검사로 구성된다. 추가지표척도는 어휘습득(수용어휘, 그림명명), 비언어(토막짜기, 행렬추리, 공통그림찾기, 그림기억, 동형찾기), 일반능력(상식, 공통성, 토막짜기, 행렬추리), 인지효율(그림기억, 위치찾기, 동형찾기, 선택)지표로 구성된다. 이 연령대에 따른 검사체계는 [그림 5-7]에 제시하였다.

K-WPPSI-IV는 이전 판과 다르게 일반능력지표와 인지효율지표를 포함시켜 검사도구의 임상적 유용성을 높이려고 하였다. 그리고 검사를 실시하는 도구에 있어서 유아용이므로 정확한 인지능력을 측정하기 위해 K-WISC-V보다 문항이나 소책자에 있는 그림이 더 크게 제작되었다.

4) 지능검사의 해석

지능검사 결과를 해석하는 경우 물론 다양한 수치를 통한 객관적 분석도 중요하지만 면담이나 행동 관찰을 통해 얻은 수검자의 질적 정보를 함께 통합하여 분석하면 인지적 측면 이외에 정서나 성격 등의 심리적 특성에 대해 더욱 풍부한 해석이 이루어질 수 있다. 여기서는 성인용 지능검사인 K-WAIS-IV를 기준으로 해석하는 방법을 간략히 제시하였으며, 더 구체적인 해석 절차는 『K-WAIS-IV 기술 및 해석요강』(황순택 외, 2012), 『현대 심리평가의 이해와 활용』(박영숙 외, 2019) 등을 참고하면 된다.

(1) 양적 분석

양적 분석은 검사를 실시한 후에 산출된 수치를 분석하며, K-WAIS-IV에서는 소검사의 환산점수를 포함하여 전체 지능, 지수척도 4개(언어이해, 지각추론, 작업기억, 처리속도)와 일반능력지수가 산출된다. 환산점수는 평균 10, 표준편차 3이며, 조합점수는 평균 100, 표준편차 15를 기준으로 한다. 어떠한 검사를 사용하든 오차가 있기 때문에 결과를 해석할 때 IQ 점수 자체가 아니라 IQ 점수의 의미를 파악하는 것이 중요하다. 일반적으로 수검자의 IQ 점수가 속해 있는 범위를 기술하고 백분위와 표준오차범위를 추가로 기술한다. 예를 들어, 〈표 5-7〉의 분류에 나와 있는 것처럼 수검자의 전체 IQ 점수가 110일 때 점수 자체에 초점을 두기보다 '평균 상' 수준의 범위라고 해석하는 것이 중요하다. 그리고 추가로 백분위와 표준오차범위를 기술하는 것이 필요한데, 95% 신뢰구간에서 오차범위는 측정된 IQ ± 1.96 × SEM에 해당한다. SEM은 측정표준오차(Standard Error of Measurement: SEM)를 의미하며, 개인의 관찰된 검사 점수에서 추정된 오차의 양을 나타내고, 전체 IQ에 대해 각 연령 집단에 따른 SEM 통계치가 구분되어 있으며 전체 평균은 2.88이다. IQ 110의 경우 백분위는 75%ile이고 100명 가운데 상위 25%에 해당되며, 오차범위를 고려할 때 전체 IQ는 104~116 범위에 있다는 것을 95% 확신할 수 있다고 해석하는 것이 바람직하다.

〈표 5-7〉 **지능(조합점수)의 분류**

조합점수 범위	기술적 분류	백분율	
		이론적 정규분포	실제 표본
130 이상	최우수(very superior)	2.5	2.3
120~129	우수(superior)	7.2	6.8
110~119	평균 상(high average)	16.6	17.1
90~109	평균(average)	49.5	50.2
80~89	평균 하(low average)	15.6	15.0
70~79	경계선(borderline)	6.5	6.1
69 이하	매우 낮은(extremely low)	2.1	2.5

출처: 황순택 외(2012). 한국판 성인용 웩슬러 지능검사 4판(K-WAIS-IV): 기술 및 해석요강, p. 76.

전체 IQ뿐만 아니라 지수척도에 대해서도 각각 해당 점수의 분류, 백분위, 오차범위를 제시하여 설명한다. 그리고 지수 수준에서의 차이값을 비교하여 평가하는 과정으로 넘어간다. 전체 IQ가 같더라도 각 지수들 간의 점수가 다르기 때문에 유의하게 차이가 나는 지수점수가 있는지 파악하여 해석한다.

다음은 수검자의 강점과 약점을 판단하는 과정이 필요하다. 이때 전체 IQ 점수를 산출할 때 사용한 10개 소검사 평균을 쓸 것인지 아니면 언어이해 소검사와 지각추론 소검사 각각의 평균을 쓸 것인지 결정한다. 지수점수들 간 차이가 유의하지 않으면 10개 소검사 평균을 사용하여 비교한다. 만약 유의한 차이가 있으면 각 영역의 평균이 해당 소검사들을 비교하는 기준이 된다. 예를 들어, 지각추론 소검사들의 평균을 기준으로 지각추론 소검사들의 점수를 각각 비교하는 것이다.

(2) 질적 분석

질적 분석은 검사를 실시하는 동안 수검자가 나타내는 반응의 내용, 언어나 행동의 표현 방식 등을 분석하는 것이다. 이러한 정보에 기초하여 양적 분석으로 알기 어려운 정서 상태나 성격, 정신병리적 문제나 증상 등을 파악하고 양적 분석과 통합하여 최종적으로 수검자에 대한 평가를 마무리한다.

질적 분석을 할 때 고려해야 할 반응들은 다음과 같다.

- 반응 시간: 질문에 대해 반응하는 시간이 너무 길거나 질문이 끝나기도 전에 빠르고 충동적으로 대답하는 경우
- 반응 방식: 특정한 질문이나 내용에 대한 대답을 거부하거나 과도하게 구체적이고 세부적인 것에 집착하여 설명하는 경우
- 반응의 일관성: 지능검사의 문항은 난이도 순서로 배열되어 있는데, 쉬운 문항에서 실패하고 오히려 어려운 문항에서 성공하는 경우
- 내용의 기괴성: 반응한 내용이 일반적으로 사용하는 단어가 아니거나 검사자의 요구나 지시와 다르게 엉뚱하게 벗어난 대답을 하는 경우
- 검사 태도: 지나치게 위축되고 불안해하거나 반대로 거만한 태도를 보이는 경우 또는 많이 생각하지 않고 쉽게 포기하는 경우

4. 기타 지능검사

현재 지능검사 가운데 웩슬러 지능검사가 가장 널리 사용되고 있지만 완벽한 검사는 아니며, 언어나 문화적 영향이 완전히 제거되지 않는 문제점이 있다. 예를 들어, 우리나라에 정착한 외국인이 웩슬러 지능검사를 받는다고 하면 한국어를 모르고 한국 문화에 익숙하지 않기 때문에 언어이해지표를 포함하여 문화와 관련된 소검사 문항은 맞추기 어려워서 실제보다 지능이 더 과소평가될 가능성이 있다. 웩슬러 지능검사 이외에도 다른 유형의 지능검사나 언어적 또는 문화적 배경에 덜 영향 받는 검사들이 있다. 여기에는 최근의 신경심리학적 연구 결과를 반영한 카우프만 지능검사, 라이터 비언어성 지능검사, 지적장애 진단에 있어서 지능과 함께 중요한 판단기준인 사회 적응력을 측정하는 사회성숙도검사, 바인랜드 적응행동척도를 소개하려고 한다.

1) 카우프만 지능검사

카우프만 지능검사(Kaufman Assessment Battery for Children: K-ABC)(Kaufman & Kaufman, 1983)는 웩슬러 방식의 지능검사가 지능 이론을 바탕으로 제작되었다기보다 임상적 경험과 현실적 필요에 의해 만들어졌다는 제한점이 제기되면서 신경심리 이론을 기반으로 1983년에 처음 제작되었다. 이 검사는 문화적 배경에 영향을 덜 받고 임상적 진단이 가능한 대안적 지능검사를 목적으로 하여 만들어졌으며, 2004년에 2판 KABC-II(Kaufman & Kaufman, 2004)가 개정되어 출시하였다. 1판은 2세 6개월~12세 6개월 아동이 대상이며, 2판은 연령대를 확장하여 3~18세 아동과 청소년을 대상으로 실시한다.

KABC-II는 18개의 소검사와 5개의 하위 척도(순차처리, 동시처리, 학습력, 계획력, 지식)로 구성되어 있으며, 연령에 따라 사용하는 하위 검사와 산출되는 척도가 다르다. 이 검사는 이론적으로 CHC 이론과 루리아(Luria)의 신경심리 이론을 활용하였다. 전체 점수는 검사 의뢰 목적과 수검자의 특성에 따라 다르게 산출되며, 검사 전에 루리아 또는 CHC 이론 중 하나를 미리 결정하여 실시한다. 루리아 이론의 관점에서는 습득된 지식보다 정보처리 능력에 초점을 맞추며, CHC 이론의 관점에서는 루리아 이론에 없는 결정성 능력을 파악할 수 있는 지식 척도가 포함되어 있다. 국내에서는 아동과 청소년을 대상으로 1판은 K-ABC(문수백, 변창진, 1997), 2판은 KABC-II(문수백, 2014)로 표준화되어 출시되었다.

2) 라이터 비언어성 지능검사

라이터 비언어성 지능검사(Leiter International Performance Scale)(Leiter, 1940)는 언어적 능력에 주로 중점을 두었던 기존의 검사들과 다르게 비언어적 인지기능을 측정하는 것이 필요하다고 제안하면서 1940년에 처음 개발되었고, 1997년에 개정판 Leiter-R(Leiter International Performance Scale-Revised)(Roid & Miller, 1997)이 출시되었다.

Leiter-R은 일반적인 지능검사로 평가하기 어려운 2~7세 아동을 대상으로 지능, 주의력, 기억력 등을 측정하며 문화적 배경이 다르거나 언어적 의사소통의 문제가 있는 아동의 비언어성 인지기능을 평가할 수 있다. 소검사 10개로 구성되어 있으며, 시각화 및 추론(Visualization and Reasoning: VR) 영역과 주의력 및 기억력(Attention and Memory: AM) 영역으로 나누어져 있다. 3판은 2013년에 Leiter-3(Leiter International Performance Scale-Third Edition)(Roid, Miller, Pomplun, & Koch, 2013)이 출판되었으며, 연령대를 3~75세로 확장하여 비언어성 지능을 측정한다. 국내에서는 2010년에 Leiter-R을 표준화하여 한국 라이터 비언어성 지능검사−개정판(Korean Leiter International Performance Scale-Revised: K-Leiter-R)(신민섭, 조수철, 2010)을 출시하였다.

3) 사회성숙도검사와 바인랜드 적응행동척도 2판

지적 능력을 평가하거나 지적장애 진단을 내릴 때 단순히 지능검사를 통해 산출된 수치나 결과에만 근거하는 것은 적절하지 않으며 반드시 일상생활에 적응하는 능력이 어느 정도인지를 함께 평가하는 것이 중요하다. 이는 지적장애만이 아니라 다른 심리장애를 진단할 때도 증상과 더불어 적응기능의 문제를 함께 고려해야 한다. 적응기능을 평가하는 데 국내에서 가장 널리 사용되는 검사는 미국의 바인랜드 사회성숙척도(Vineland Social Maturity Scale)(Doll, 1965)에 기초하여 1995년에 한국판으로 표준화시킨 사회성숙도검사(Social Maturity Scale: SMS)(김승국, 김옥기, 1995)다.

이 검사는 0~30세를 대상으로 표준화를 실시하였고 117개의 문항으로 구성되어 있으며, 6개 영역(자조, 이동, 작업, 의사소통, 자기관리, 사회화)의 발달 정도를 평가한다. 검사를 실시할 때 수검자가 자신에 대한 정보를 스스로 제공할 수 있는 능력이 있더라도 직접 질문하지 않으며 수검자를 잘 알고 있는 부모나 보호자, 형제 또는 자매, 친척, 후견인 등과 면담을 통해 정보를 제공받는다. 각 문항에 대해서 수검자가 평소에 수행을 완전하게 할 수 있는 경우부터 불완전하거나 불가능한 경우까지 5단계(+, +F, +NO, ±, −) 중 해당하는 단계를 파악하여 0점, 0.5점, 1점으로 채점한다. 총점을 계산하여 사회연령(Social Age: SA)을 구하고 생활연령(CA)으로 나눈 후 100을 곱하여 사회지수(Social Quotient: SQ)를 산출한다[SQ = (SA/CA) × 100]. 동일한 수준의 지적장애가 있다고 하더라도 적응능력은 각각 다르게 나타나는 경우가 있으며, 적응능력이 높을수록 일상생활에서 기능하는 수준이 상대적으로 높기 때문에 이에 대한 평가는 매우 중요하며, 이후 재활이나 교육 목표를 설정하기 위한 목적으로 활용될 수 있다.

한국판 바인랜드 적응행동척도 2판(K-Vineland-II)(황순택, 김지혜, 홍상황, 2015)은 사회성숙도검사(김승국, 김옥기, 1995)의 개정판으로 0~90세를 대상으로 사회적 능력의 발달 정도를 평가하는 검사다. 이 검사는 주 영역 4개(의사소통, 생활기술, 사회성, 운동기술)와 하위 영역 11개로 구성되어 있으며, 검사자가 수검자의 보호자와 면담을 통해 실시하는 면담형과 보호자가 수검자에 대해 직접 평가하는 보호자 평정형으로 나뉜다. 사회 적응 능력의 발달 수준이 어느 정도인지 평가를 하면서 적응 수준을 예측하고 인지적 성숙도를 간접적으로 측정할 수 있다. 언어를 이해하거나 표현의 문제가 있어서 일반적인 지능검사를 실시하기 어려운 경우 현재의 기능 수준을 어느 정도 추정할 수 있다.

✏️ 요약

지능은 키나 몸무게와 같이 물리적으로 측정하기 어려운 심리적 구성개념이다. 구성개념이라는 것은 인간의 몸 안에 존재하여 보고, 듣고, 만질 수 있는 실체가 있는 것이 아니라 사람들의 일상적 행동을 관찰하여 추론할 수 있는 추상적 개념이라고 할 수 있다.

지능에 대한 개념은 크게 이론적 측면과 임상적 측면으로 나누어 발전해 왔다. 이론적 측면은 지능을 정의하고 분석하는 방법에 관심을 가지는 반면에 임상적 측면은 지능을 측정하고 검사도구를 개발하는 것에 초점을 둔다.

지능 이론은 스피어먼의 단일요인 이론으로 시작하여 서스톤의 다중요인 이론을 거쳐 두 이론을 절충한 CHC 이론으로 발전하였으며, 가드너와 스턴버그의 지능 이론은 학교 장면에서 필요한 능력만이 아닌 사회적 환경과 실제 생활에 요구되는 능력에 더 초점을 둔다.

1905년에 제작한 비네-시몽 검사(Binet-Simon scale)가 최초로 개발된 체계적 지능검사이며, 1908년에 개정판이 개발되면서 정신연령(mental age)이라는 개념이 도입되었다. 1916년에 터먼이 개발한 스탠퍼드-비네 검사(Stanford-Binet Scale)는 정신연령 개념을 발전시켜 비율 IQ 개념을 소개했다. 웩슬러 지능검사는 비율 IQ의 문제점을 개선하기 위해 편차 IQ 개념을 도입하였으며 IQ 검사에서 개인의 수행점수를 그 개인이 속해 있는 연령 집단과 비교한다.

웩슬러 지능검사는 현재 세계적으로 가장 널리 쓰이고 있으며, 연령 집단에 따라 영유아용, 아동용, 성인용으로 구분된다. 이 검사는 편차 IQ 개념을 사용하여 지능을 측정하며 IQ 점수의 평균 100점, 표준편차 15점을 기준으로 한다.

지능검사 결과를 해석하는 경우 다양한 수치를 통한 양적 정보와 면담이나 행동 관찰을 통해 얻은 수검자의 질적 정보를 함께 통합하여 분석하면 인지적 측면 이외에 정서나 성격 등의 심리적 특성에 대해 더욱 풍부한 해석이 이루어질 수 있다.

웩슬러 지능검사는 언어나 문화적 영향이 완전히 제거되지 못하기 때문에 언어적 또는 문화적 배경에 덜 영향 받는 검사들이 개발되어 왔으며, 대표적으로 카우프만 지능검사, 라이터 비언어성 지능검사, 사회성숙도검사와 바인랜드 적응행동척도 2판 등이 있다.

🤔 생각해 봅시다

● 지능 이론 중 CHC 이론은 어떠한 이론들이 통합된 것인가?

- 비율 지능과 편차 지능을 산출하는 공식은 무엇인가?

- K-WAIS-Ⅳ의 언어이해, 지각추론, 작업기억, 처리속도지수는 어떠한 능력을 측정하는가?

- 아동용 웩슬러 지능검사 4판(K-WISC-Ⅳ)과 5판(K-WISC-Ⅴ)의 구조는 어떠한 차이가 있는가?

- 지능검사를 해석할 때 양적 분석과 질적 분석은 무엇을 의미하는가?

- 전체 IQ의 평균과 표준편차는 각각 얼마이며 그 의미는 무엇인가?

- 질적 분석 시 고려해야 할 사항은 무엇인가?

형성평가

- 지능 이론이 어떠한 과정을 거쳐서 발달했는지 과정을 기술하시오.

- 지능검사에서 사용하는 비율 IQ와 편차 IQ의 특징을 비교하여 기술하시오.

- 웩슬러 지능검사의 장점과 단점에 대해서 기술하시오.

참고문헌

곽금주(2021). K-WISC-V 이해와 해석. 서울: 학지사.

곽금주, 박혜원, 김청택(2001). 한국 웩슬러 아동지능검사 3판(K-WISC-III) 지침서. 서울: 도서출판 특수교육.

곽금주, 오상우, 김청택(2011). 한국 웩슬러 아동지능검사 4판(K-WISC-IV) 전문가 지침서. 서울: 학지사.

곽금주, 장승민(2019). 한국 웩슬러 아동지능검사 5판(K-WISC-V). 서울: 인싸이트.

김도연, 김현미, 박윤아, 옥정(2021). K-WISC-V 이해와 실제. 서울: 시그마프레스.

김영환, 문수백, 홍상황(2005). 심리검사의 이론과 실제. 서울: 학지사.

김재환, 오상우, 홍창희, 김지혜, 황순택, 문혜신, 정승아, 이장한, 정은경(2014). 임상심리검사의 이해(2판). 서울: 학지사.

문수백(2014). 한국 카우프만 아동 지능검사 2(KABC-II) 전문가 지침서. 서울: 학지사.

문수백, 변창진(1997). K-ABC 채점 · 실시요강. 서울: 학지사.

박영숙, 박기환, 오현숙, 하은혜, 최윤경, 이순묵, 김은주(2019). 현대 심리평가의 이해와 활용. 서울: 학지사.

박혜원, 곽금주, 박광배(1996). 한국 웩슬러 유아지능검사(K-WPPSI) 지침서. 서울: 도서출판 특수교육.

박혜원, 이경옥, 안동현(2016). 한국 웩슬러 유아지능검사 4판(K-WPPSI-IV) 실시 지침서. 서울: 인싸이트.

신민섭, 조수철(2010). 한국 라이터 비언어성 지능검사: 전문가 지침서. 서울: 학지사 심리검사연구소.

염태호, 박영숙, 오경자, 김정규, 이영호(1992). K-WAIS 실시요강. 서울: 한국가이던스.

이창우, 서봉연(1974). K-WISC 실시요강. 서울: 배영사.

전용신, 서봉연, 이창우(1963). KWIS 실시요강. 서울: 배영사.

한국교육개발원(1987). KEDI-WISC 검사요강. 서울: 도서출판 특수교육.

황순택, 김지혜, 박광배, 최진영, 홍상황(2012). 한국판 성인용 웩슬러 지능검사 4판(K-WAIS-IV). 대구: 한국심리주식회사.

황순택, 김지혜, 홍상황(2015). 바인랜드 적응행동척도 2판 검사요강. 서울: 한국심리주식회사.

Binet, A., & Simon, T. (1905). Méthodes nouvelles pour le diagnostic du niveau intéllectuel des anormaux. *L'Année Psychologique, 11*, 191-244.

Carroll, J. B. (1997). The three-stratum theory of cognitive abilities. In D. P. Flanagan, J. L., Genshaft, & P. L. Harrison (Eds.), *Contemporary intellectual assessment: Theories, tests, and issues* (pp. 122-130). New York: Guilford Press.

Cattell, R. B. (1963). Theory of fluid and crystallized intelligence: A critical experiment. *Journal of Educational Psychology, 54*, 1-22.

Doll, E. A. (1965). *Vineland social Maturity scale: Condensed manual of directions*. Circle Pines, MN: American Guidance Service.

Flanagan, D. P., & Dixon, S. G. (2013). The Cattell-Horn-Carroll theory of cognitive abilities. In C. R. Reynolds, K. J. Vannest, & E. Fletcher-Janzen (Eds.), *Encyclopedia of special education* (pp. 368-382). Hoboken, NJ: John Wiley & Sons.

Gardner, H. (1983). *Frames of mind: the theory of multiple intelligences*. New York: Basic Books.

Guilford, J. P. (1954). *Psychometric methods* (2nd ed.). New York: McGraw-Hill.

Guilford, J. P. (1967). *The nature of human intelligence*. New York: McGraw-Hill.

Horn, J. L. (1968). Organization of abilities and the development of intelligence. *Psychological Review, 75*, 242-259.

Kaufman, A. S., & Kaufman, N. L. (1983). *K-ABC: Kaufman assessment battery for children: Interpretive manual*. Circle Pines, MN: American Guidance Service.

Kaufman, A. S., & Kaufman, N. L. (2004). *Kaufman assessment battery for children* (2nd ed.). Bloomington, MN: Pearson, Inc.

Leiter, R. G. (1940). *The Leiter International Performance Scale*. Santa Barbara, CA: Santa Barbara State College Press.

Lichtenberger, E. O., & Kaufman, A. S. (2013). *Essentials of WAIS-IV Assessment* (2nd ed.). Hoboken, NJ: John Wiley & Sons, Inc.

Mcgrew, K. S., & Flanagan, D. P. (1998). *The intelligence test desk reference (ITDR): Gf-Gc cross-battery assessment*. Boston, MA: Allyn & Bacon.

Roid, G., & Miller, L. (1997). Leiter international performance scale-revised: Examiner's manual. In G. H. Roid & L. J. Miller (Eds.), *Leiter international performance scale-revised*. Wood Dale, IL: Stoelting.

Roid, G., Miller, L., Pomplun, M., & Koch, C. (2013). *Leiter international performance scale-Third edition (Leiter-3)*. Wood Dale: Stoelting Co.

Spearman, C. (1904). 'General intelligence', objectively determined and measured.

American Journal of Psychology, 15, 201-293.

Spearman, C. (1927). *The Abilities of Man*. New York: MacMillan.

Sternberg, R. J. (1985). General intellectual ability. In R. J. Sternberg (Ed.), *Human Abilities: An information-processing approach* (pp. 5-29). New York: Freeman.

Terman, L. M. (1916). *The measurement of intelligence*. Boston: Houghton-Mifflin.

Thurstone, L. L. (1938). Primary mental abilities. *Psychometric Monographs, No. 1*. Chicago: University of Chicago Press.

Wechsler, D. (1939). *The measurement of adult intelligence*. Baltimore: Williams & Wilkins.

Wechsler, D. (1946). *Wechsler-Bellevue intelligence Scale, Form II*. New York: The Psychological Corporation.

Wechsler, D. (1967). *Manual for the Wechsler Preschool and Primary Scale of Intelligence*. San Antonio, TX: Psychological Corporation.

Wechsler, D. (2008). *Wechsler Adult Intelligence Scale-Fourth Edition (WAIS-IV)*. San Antonio, TX: Pearson.

Wechsler, D. (2012). *Technical and interpretative manual: WPPSI-IV*. New York: Pearson Inc.

Wechsler, D. (2014). *Wechsler Intelligence Scale for Children* (5th ed.). Bloomington, MN: NCS Pearson.

성격평가

제6장

성격을 측정하고 평가하기 위해 심리학자들은 다양한 방법을 발전시켜 왔다. 성격은 단일한 측면으로 구성되어 있지 않고, 동기, 태도, 정서, 가치를 포함하여 최근에는 인지적 측면까지 범위가 넓기 때문에 검사를 통해 평가하는 것이 점점 복잡해지고 있다. 지금까지 발전된 방법은 크게 객관적 성격검사와 투사적 성격검사로 나눌 수 있다. 이 장에서는 성격을 평가하는 두 가지 유형 각각에 대해 임상 장면에서 자주 사용하는 검사가 무엇이며, 해당 검사를 어떻게 실시하고 해석하는지 구체적으로 알아보도록 하겠다.

1. 객관적 성격검사

객관적 성격검사는 일반적으로 지필검사 방식이며, 모호하지 않은 비교적 명확한 질문이나 문항에 대해 정해진 선택지에 반응하게 된다. 수검자는 '그렇다/아니다' 또는 여러 개의 선택지 중 하나에 반응하며, 실시, 채점, 해석이 표준화 및 수량화되어 있어서 객관성을 갖추고 있다. 여기서는 임상 장면에서 많이 사용하고 정신병리적 측면을 평가할 수 있는 검사들을 중심으로 살펴보도록 하겠다.

1) MMPI(MMPI-2, MMPI-A)

(1) MMPI의 개관

성격검사 가운데 우리나라를 포함하여 세계에서 가장 널리 쓰이고 있는 다면적 인성검사(Minnesota Multiphasic Personality Inventory: MMPI)는 성격 특성과 심리적 문제를 측정하고 평가하는 질문지형 검사다. 이 검사는 투사적 검사에 비해 실시와 채점이 간편하며 수량화된 점수가 제공되므로 객관적 규준에 근거하여 결과를 해석할 수 있다. 미네소타 대학교 의과대학의 임상심리학자 해서웨이(Hathaway)와 정신과 의사 매킨리(McKinley)는 환자들의 심리적 부적응과 성격 문제를 객관적으로 측정하기 위해 MMPI 원판(1판)(Hathaway & McKinley, 1942)을 개발하였고, 검사의 판권이 있는 Psychological Corporation을 통해 1943년에 출판이 시작되었다(Hathaway & McKinley, 1943)(자세한 개정 과정은 〈표 6-1〉 참조).

〈표 6-1〉 다면적 인성검사(MMPI)의 개발 과정

개발 순서	명칭	문항 수	사용 집단	출판 국가(개발 연도)	사용 연령
1판 (원판)	MMPI	566	성인용	미국(1943)	18세 이상
				한국(1963, 1989)	19세 이상
	MMPI-A	478	청소년용	미국(1992)	14~18세
				한국(2005)	13~18세
2판 (개정판)	MMPI-2	567	성인용	미국(1989)	18세 이상
				한국(2005)	19세 이상
재구성판	MMPI-2-RF	338	성인용	미국(2008)	18세 이상
				한국(2011)	19세 이상
	MMPI-A-RF	241	청소년용	미국(2016)	14~18세
				한국(2018)	13~18세

① 검사 목적 및 제작된 척도

검사를 개발한 초기 목적은 일반적 성격 특성을 알아보려는 것이 아니라 심리적 어려움이 있는 사람들을 진단할 수 있는 도구를 만드는 것이었다. 이를 위해 기존에 사용하던 검사, 교과서, 보고서 등에서 성격과 관련된 문항들 가운데 504개를 고른 후 정신과 환자 집단과 정신과 진단을 받은 적이 없는 집단에게 제시하였다.

정신과 환자 집단은 당시에 사용하던 8개의 진단(건강염려증/hypochondriasis, 우울증/depression, 히스테리/hysteria, 반사회성/psychopathic deviate, 편집증/paranoia, 강박증/psychasthenia, 정신분열증/schizophrenia, 경조증/hypomania)을 받은 사람들이었으며, 각 진단별 집단과 비진단 집단에서 나타난 반응의 차이에 근거하여 진단명과 동일한 임상 척도 8개가 만들어졌다. 이후에 진단명은 아니지만 남성성-여성성(Masculinity-Femininity: MF) 척도와 내향성(Social Introversion: SI) 척도가 추가되어 총 10개의 임상 척도가 완성되었다.

이에 더하여 자기보고식 검사의 단점인 반응의 왜곡(예: 거짓 또는 과장·과소 반응)이나 불성실한 검사 태도(예: 비일관적 또는 무작위 반응 등)를 알아보기 위하여 무응답(Cannot Say, ?) 척도, 부인(Lie, L) 척도, 비전형(Infrequency, F) 척도, 교정(Correction, K) 척도 4개를 개발하여 타당도 척도라고 명명하였다.

② 척도 개발 방법

기존의 척도 개발은 일반적으로 논리적 접근법(logical keying approach)을 많이 사용했는데, 이 접근법은 측정하려는 구성개념(예: 우울)의 이론에 근거하여 문항이 속성을 잘 반영하는지를 개발자가 판단하여 결정한다. 하지만 개발자의 주관적 판단에 따라 문항이 선정되거나 채점되며 수검자가 문항의 의도를 파악하여 반응을 왜곡할 수 있기 때문에 우울증이 있는 집단과 그렇지 않은 집단을 실질적으로 구분하지 못할 수 있다.

이러한 문제를 보완하기 위해서 MMPI 개발은 경험적 접근법(empirical keying approach)을 사용하였다. 이 접근법은 이론이나 개념에 기초하여 문항을 만드는 것이 아니라 실제로 우울증 유무에 따른 집단에 문항을 제시한 후 통계적으로 유의한 차이가 있는 것을 선정하여 척도를 구성한다. 예를 들어, '나는 흐리거나 비가 내리는 날씨를 더 좋아한다'는 문항은 우울이라는 구성개념이나 이론과 관련하여 논리적 기반이 부족하지만, 우울한 집단이 그렇지 않은 집단보다 문항의 평균 점수가 유의하게 더 높다는 경험적 자료가 있으면 척도에 포함시키는 것이다.

이와 같은 절차를 밟아 550개 문항이 선정되었고, 반응의 일관성을 알아보기 위해 동일한 문항 16개를 포함시켜서 최종적으로 566문항으로 구성되었다. 경험적 접근법은 완벽한 방법이 아니며 각 문항들이 해당 척도에 포함되는 이유나 임상 집단과 비임상 집단을 구분하는 이유를 명확하게 설명하지 못하지만 MMPI가 개발된 이후에 여러 연구와 축적된 자료를 바탕으로 임상 장면을 포함하여 군대, 교정기관, 기업, 학교 등 다양한 분야에서 사용되어 왔다.

한편, 검사에 대한 타당도 연구가 진행되면서 MMPI를 제작한 목적인 진단 기능의 정확성이 비판을 받았다. 예를 들어, 강박증 진단을 받은 환자는 해당 임상 척도의 점수가 높았지만 진단 받지 않은 건강염려증이나 우울증 척도에서도 점수가 높았으며, 아무런 진단을 받지 않은 사람들도 임상 척도에서 높은 점수가 나타났다.

이러한 현상은 임상 척도가 환자가 받은 진단이나 경험한 증상을 타당하게 측정하지 못한다는 것을 알려 주었다. 하지만 추가적 연구가 진행되면서 검사의 본래 목적과 다르게 임상 척도에 기초하여 사람들의 성격 특성과 행동을 파악하여 기술하고 예측할 수 있도록 활용 가능하다는 것이 검증되었다. 그러므로 최근에 임상가들은 특정한 임상 척도에서 점수가 높게 나타난다 해도 척도명 그대로 진단명을 일치시키지 않는다. 그리고 척도명이 진단명으로 오해받을 여지가 있기 때문에 원래 임상 척도 명칭을 사용하기보다는 척도에 1번부터 0번까지 10개의 번호를 붙여 사용한다(〈표 6-3〉 참조).

우리나라에서는 1963년에 처음으로 한국판 MMPI(정범모, 이정균, 진위교, 1963)를 표준화하였고, 임상 · 상담 장면에서 치료와 예방을 위해 활용되어 왔다. 하지만 시대의 변화와 함께 문항의 타당성이 떨어지고 규준의 대표성 측면에서 새로운 표준화가 필요하여 1989년에 한국임상심리학회에서 재표준화(김영환 외, 1989)하였다. 재표준화된 MMPI는 미국의 원판에 기반하여 각 문항들의 측정 의도를 충분히 반영하고 한국 문화에 적절하게 번역하여 출판되었다.

(2) MMPI-2와 MMPI-A의 개관

① MMPI-2

MMPI 원판을 제작했던 시대에서 점차 시간이 흘러감에 따라 미국 문화가 변하면서 오래된 문학작품이나 과거에 사용했던 관용적 표현들, 사생활을 침해할 수 있는 성이나 종교와 관련된 문항들에 대한 문제가 제기되었고, 세대가 변하면서 문항에 반응하는 방식도 달라졌으며 이전에 만들어진 규준을 새롭게 표준화 할 필요성이 대두되어 1989년에 567문항으로 구성된 MMPI-2(Butcher et al., 1989)가 출판되었다.

기존의 타당도 및 임상 척도를 동일하게 사용하고 결과를 해석하는 방식을 유지하여 원판과 연속성을 지닌 검사로 제작하였다. 임상 척도는 10개 그대로 유지했으나 검사 태도를 더 정교하게 평가하기 위해 타당도 척도를 6개[VRIN, TRIN, F(B), F(P), FBS, S] 추가하여 총 10개로 늘렸으며, 원판에 없었던 재구성 임상 척도와 성격병리 5요인 척도를 개발하였고, 기존에 비하여 내용 척도와 보충 척도의 문항을 더 추가하여 평가 영역을 확대하였다. 한편, 최근 성격 및 정신병리 이론에 근거하여 338문항으로 이루어진 MMPI-2 재구성판 (Restructured Form of the MMPI-2: MMPI-2-RF)(Ben-Porath & Tellegen, 2008)이 2008년에 출판되었다. 재구성판은 임상 척도가 제외되고 3층 위계적 해석구조(상위 차원 척도, 재구성 임상 척도, 특정문제 척도)를 중심으로 성격을 평가한다.

한국판 MMPI-2(김중술 외, 2005a)는 19세 이상의 성인 1,352명(여자 701명, 남자 651명)을 대상으로 규준을 제작하였으며 2005년에 출판되었다. 성별, 연령, 교육수준, 지역, 거주지를 단위로 하여 인구 비례에 따라 전국에서 다단 유층추출 방식을 사용하여 표집하였다. 연령 범위는 19~78세(평균 39.42세, 표준편차 13.58), 교육수준 범위는 6~23년(평균 11.76년, 표준편차 3.15)이며, 지역은 4개 권역(권역 1: 서울 · 인천 · 강원 · 경기, 권역 2: 대전 · 충남 · 충북, 권역 3: 광주 · 전남 · 전북 · 제주, 권역 4: 부산 · 대구 · 경남 · 경북), 거주지는 3단위(대도시, 중소도시, 농어촌)로 구분하였다. 이후에 척도의 타당화 자료와 임상 집단 자료를 추가하여 분석한 『MMPI-2 매뉴얼 개정판』(한경희, 김중술, 임지영, 이정흠, 민병배, 문경주, 2011)이 출간되었다. 한국판 MMPI-2 재구성판(MMPI-2-RF)(한경희, 문경주, 이주영, 김지혜, 2011)은 2011년에 출판되었으며, 원판과 동일하게 상위 차원 척도, 재구성 임상 척도, 특정문제 척도를 중심으로 성격을 평가하고 기존의 임상 척도 10개는 제외되었다.

② MMPI-A

성인의 성격을 평가하기 위한 목적으로 개발된 MMPI는 청소년을 대상으로도 다양한 장면과 영역들에 대해 연구되고 활용되어 왔다. 그러나 애초에 청소년의 성격평가를 위한 것이 아니었기 때문에 검사를 그대로 적용하기에 어려움이 있었다. 특히, 문항 내용 중 청소년에게 적절하지 않는 것이 많고, 청소년 표집을 통해 척도를 개발한 적이 거의 없었으며 문항에 대한 반응에 있어서 특정 척도가 청소년 집단에 발달적으로 적절하지 않아서 증상이 극단적이고 과장되게 나타나는 경향이 있고, 청소년에게 적용할 규준이 없어서 어쩔 수 없이 성인 규준을 사용한 점 때문이었다. 이러한 문제점들을 개선하기 위해 원판 MMPI 문항을 기초로 하되 또래 집단의 부정적 영향, 정체성 형성, 학교 및 교사와의 문제 등 청소년들에게 고유한 문항들이 제작되어 478문항으로 구성된 MMPI-A(Butcher et al., 1992)가 1992년에 출판되었다.

MMPI-A는 MMPI-2와 같이 타당도 및 임상 척도가 포함된 구조가 유지되면서 검사 태도의 정확한 평가를 위해 타당도 척도는 8개로 늘어났으며 성격병리 5요인 척도, 내용 척도, 보충 척도가 포함되었다. 이 가운데 청소년을 위해 개발된 척도들은 내용 척도와 보충 척도에 들어 있다. 다만, MMPI-2와 다르게 재구성 임상 척도는 포함되지 않았다. 241문항으로 이루어진 MMPI-A 재구성판(Restructured Form of the MMPI-A: MMPI-A-RF)(Archer et al., 2016)은 2016년에 출판되었으며, MMPI-2 재구성판과 동일한 척도로 구성되었다.

『한국판 MMPI-A』(김중술 외, 2005b)는 중 1부터 고 3까지 청소년 1,534명(남자 775명, 여자 759명)을 대상으로 규준을 제작하였으며 2005년에 출판되었다. 성별, 학년, 지역, 거주지에 따라 표집하였다. 평균 연령은 15.24세(표준편차 1.73)이며 지역과 거주지는 MMPI-2와 동일하게 구분하여 표집하였다. 그리고 중·고등학생에 대한 추가 자료를 분석하여 『MMPI-A 매뉴얼 개정판』(한경희, 임지영, 김중술, 민병배, 이정흠, 문경주, 2011)이 출간되었다. 『한국판 MMPI-A 재구성판』(MMPI-A-RF)(한경희 외, 2018)은 2018년에 출판되었으며 원판과 동일한 구조로 이루어졌다.

(3) 검사의 실시

검사를 실시하기 위해서 검사를 받는 수검자와 검사를 실시하는 검사자 모두 일정한 조건을 갖추어야 타당한 결과와 해석이 나올 수 있다. 먼저 수검자는 글을 읽고 이해할 수 있는 독해력이 초등학교 6학년 이상이어야 한다. 만약 독해력이 6학년 미만인 경우에는 문항들의 의미를 제대로 파악하지 못하여 무응답을 하거나 무작위 반응, 비일관된 반응 등이 나타날 수 있다. 다음으로 검사에 영향을 미칠 수 있는 심리적 또는 신체적 문제가 있는지 확인해야 한다. 의식이 명료하지 않거나 우울증이나 조증과 같은 정서적 불안정, 현실검증력 저하와 같은 심리적 문제와 더불어 시력 저하, 술·마약·약물 처방 등으로 인한 신경학적 손상, 의학적 문제 등으로 인한 신체적 문제가 있는지 미리 확인한다. 만약 검사 도중에 이러한 양상이 나타나게 되면 일단 중지하고 안정된 이후에 실시하는 것이 바람직하다.

검사자는 정신병리와 심리검사에 대해 대학원 수준의 배경지식이 필요하다. 심리장애에 대한 증상, 진단기준이나 진단체계, 원인론, 감별진단 등에 대한 지식이 부족하면 검사 점수와 수검자의 개인력을 통합하지 못하고 결과를 기계적으로 해석하게 된다. 또한 검사 규준이나 표준 점수, 측정 오차, 검사의 한계와 정확성 등 검사 이론에 대한 이해가 부족하면 수검자의 문제를 평가하거나 구분할 때 나타날 수 있는 오류 가능성이나 불확실성에 대해 인식하지 못하고 검사 결과를 맹신할 수 있다. 그리고 검사 결과를 해석할 때 의뢰 사유에 명확히 초점을 맞추고 이해하기 쉬워야 한다. 그렇지 않고 단순히 결과만을 나열하거나 의뢰한 영역에서 벗어난 해석을 하게 되면 의뢰자가 수검자를 충분히 이해하기 어렵게 만들며 결국 수검자에게 도움을 주지 못하게 된다.

검사를 실시하는 환경은 주위에서 방해를 받지 않고 자신이 응답한 내용에 대한 비밀이 보장되는 장소가 권유된다. 집단으로 실시하는 경우에도 답안지에 표시한 내용이 다른 사람들에게 보이지 않아야 한다. 원칙적으로 검사는 집이나 외부에서 실시하면 안 되고 검사자가 수검자를 확인하고 관리할 수 있는 장소가 좋으며, 이를 통해 검사 소요시간이나 검사 행동 등을 면밀히 파악할 수 있다. 만약 수검자가 문항의 의미에 대해 질문하는 경우 자세하게 설명하는 것보다 간략하게 대답하면 되고, 일반적으로 "본인이 이해하는 대로 답하시면 됩니다"라고 말하면 충분하다.

(4) 검사의 구성

MMPI-2는 다양한 척도로 구성되어 있다. 가장 중심이 되는 타당도 척도와 임상 척도가 있으며 이외에 임상 소척도, 재구성 임상 척도, 성격병리 5요인 척도, 내용 척도, 보충 척도 등으로 이루어져 있다. 검사 결과는 원점수가 아니라 T점수(평균 50점, 표준편차 10점)에 근거하여 해석한다.

① 타당도 척도

MMPI-2는 수검자의 검사 태도가 결과에 미치는 영향을 더 정확하게 파악하기 위해 기존의 MMPI에서 사용한 타당도 척도 4개(무응답, L, F, K) 이외에 6개 척도[VRIN, TRIN, F(B), F(P), FBS, S]를 추가하여 보강하였다.

수검자의 반응 유형에 따라 무반응, 비일관성, 비전형성, 방어성에 대해서 알아볼 수 있다. 무반응은 무응답 척도(Cannot Say, ?), 비일관성은 VRIN(무선반응 비일관성, Variable Response Inconsistency)과 TRIN(고정반응 비일관성, True Response Inconsistency) 척도가 포함되어 있다. 비전형성은 F(비전형, Infrequency), F(B)(비전형-후반부, Back F), F(P)(비전형-정신병리, Infrequency-Psychopathology), FBS(증상타당도, Faking-Bad Scale)로 구성되며 방어성은 L(부인, Lie), K(교정, Correction), S(과장된 자기 제시, Superlative Self-Presentation) 척도로 이루어져 있다. 각 척도가 측정하는 문항과 프로파일이 무효일 가능성이 있는 점수 범위는 〈표 6-2〉에 제시하였다.

검사 결과를 해석할 때는 반드시 임상 척도보다 타당도 척도에 문제가 있는지 먼저 살펴보아야 한다. 만약 타당도 척도가 무효 프로파일에 해당한다면 임상 척도를 포함하여

〈표 6-2〉 MMPI-2의 타당도 척도

반응 유형	기호	측정 문항	무효 가능성
무반응	?	응답하지 않은 문항	30개 이상
비일관성	VRIN	유사하거나 반대 내용의 문항 쌍	T80 이상
	TRIN	반대 내용의 문항 쌍	T80 이상
비전형성 (과대 보고)	F	비전형적 반응의 전반부 문항	T100/T90/T80 이상 (입원/외래/비임상)
	F(B)	비전형적 반응의 후반부 문항	T110/T90 이상 (임상/비임상)
	F(P)	비전형적 정신병리 과대 문항	T100 이상
	FBS	부정왜곡 탐지 문항(타당도 낮아서 해석 안 함)	−
방어성 (과소 보고)	L	바람직하게 보이려는 덜 세련된 문항	T80 이상
	K	세련되게 방어하며 각 척도를 교정하는 문항	T65/T75 이상 (임상/비임상)
	S	과장되게 자신을 드러내는 문항	T70/T75 이상 (임상/비임상)

재구성 임상 척도나 내용 및 보충 척도 등을 해석하는 것은 무의미하기 때문이다. 그리고 1개의 타당도 척도만을 사용하여 해석하면 오류가 발생할 수 있으므로 다른 타당도 척도와 통합하여 해석하는 것이 필요하다. 예를 들어, F(B)는 단독으로 점수를 해석하는 것이 아니라 F의 T점수와 비교하여 30점 이상 더 높을 때 검사 후반부의 검사 태도가 의미 있게 변화했다고 할 수 있다. 그리고 F나 F(P)와 같은 비전형성 척도가 상승했을 때 수검자는 무작위 또는 부정왜곡(예: 꾀병) 반응일 수 있는데, 비일관성 척도인 VRIN과 TRIN의 점수를 통합하여 고려해야 한다. 비일관성 척도가 함께 상승하면 무작위 반응의 가능성이 있지만 정상 범위라면 일관되게 과장해서 보고하는 것이므로 부정왜곡 가능성이 있다고 해석하는 것이 정확성을 더 높이게 된다.

② 임상 척도

MMPI-2의 임상 척도는 원판과 동일하게 10개로 이루어져 있으며, 문항도 기본적으로 크게 달라지지 않았다. 타당도 척도를 분석하여 프로파일이 타당하다면 임상 척도는 다른 모든 척도들에 앞서 수검자의 성격이나 증상을 해석할 때 가장 핵심이 된다. 일반적으로 1, 2, 3번 척도를 신경증 세 척도(neurotic triad)라고 하며, 6, 7, 8, 9번 척도를 정신증 네 척도(psychotic tetrad)라고 일컫는다. 구체적인 척도명과 측정 내용은 〈표 6-3〉에 제시하였다.

절대적 기준은 아니지만 엄격하게는 T70(+2 표준편차) 이상일 때, 일반적으로는 T65(+1.5 표준편차) 이상일 때 높은 점수로 간주한다. 문헌마다 일관되지는 않아도 보통 T35 또는 T40 이하를 낮은 점수로 간주하는데, 높은 점수일 때 나타나는 증상이 없거나 반대의 특징을 보인다고 해석하는 경우도 있다. 하지만 낮은 점수의 의미에 대한 경험적 자료가 비일관적이므로 해석에 유의해야 하며 보수적으로 접근해야 한다(Graham, 2006).

모척도(Parent scale)인 임상 척도가 상승한 의미를 더 구체적으로 이해하기 위해서 하위 척도인 임상 소척도(Harris & Lingoes, 1955, 1968)를 만들었다. 각 임상 척도 안에 있는 문항들을 내용에 따라 분류하고 비슷한 내용의 문항들끼리 묶어서 제작하는 방법을 사용하였다. 원판에서는 10개 척도 중 6개 척도(2, 3, 4, 6, 8, 9번)가 소척도를 포함하고 있으며, MMPI-2에서 0번 척도의 소척도가 추가되었다.

수검자 A와 B가 2번 척도에서 모두 T68점이었다고 가정해 보자. 동일한 점수이지만 각각 다른 문항에 응답하여 나타난 결과일 가능성이 있기 때문에 2번 척도에 포함된 5개 소척도(D1: 주관적 우울감, D2: 정신운동 지체, D3: 신체적 기능장애, D4: 둔감성, D5: 깊은 근심)의 점수를 확인했더니 A는 D1이 T73점으로 가장 높았고, 반면에 B는 D2가 T71점으로 가장 높았다. 즉, 2번 척도의 상승은 A의 경우 우울한 기분, B의 경우 활력 감소가 주된 영향을 미쳤음을 이해할 수 있었다. 소척도는 단독으로 해석하지 않고, 모척도가 T65점 이상이면

〈표 6-3〉 MMPI-2의 임상 척도

번호(기호)	척도명	측정 내용
1(Hs)	건강염려증(Hypochondriasis)	신체 기능에 대한 염려, 신체화
2(D)	우울증(Depression)	무망감, 비관주의
3(Hy)	히스테리(Hysteria)	과도한 관심 욕구, 신체 증상 호소, 책임 회피
4(Pd)	반사회성(Psychopathic Deviate)	사회적 관습의 무시, 피상적 정서
5(Mf)	남성성-여성성(Masculinity-Femininity)	전통적 남성/여성의 성 역할
6(Pa)	편집증(Paranoia)	의심, 불신, 망상
7(Pt)	강박증(Psychasthenia)	불안, 걱정, 강박사고/강박행동
8(Sc)	조현병(Schizophrenia)	기이한 사고/행동/감각 경험(환각)
9(Ma)	경조증(Hypomania)	사고 비약, 고양된 정서, 과잉행동
0(Si)	내향성(Social Introversion)	수줍음, 사회적 부적절감

서 소척도 역시 T65점 이상일 때 해석하는 것을 권장한다.

③ 기타 척도들

MMPI-2는 핵심적인 타당도 척도와 임상 척도 이외에 재구성 임상 척도(Restructured Clinical scales: RC), 성격병리 5요인 척도(Personality Psychopathology Five: PSY-5), 내용 척도(Conten Scales), 보충 척도(Supplementary Scales) 등으로 구성된다. 각 척도들에 대한 해석 방법은『임상심리검사의 이해』(2판)(김재환 외, 2014),『현대 심리평가의 이해와 활용』(박영숙 외, 2019),『MMPI-2: Assessing personality and psychopathology』(4th ed.) (Graham, 2006),『Psychological Assessment with the MMPI-2/MMPI-2-RF』(3rd ed.) (Friedman et al., 2015)에 자세히 소개되어 있다.

(5) 검사의 해석

검사 결과를 해석할 때 수검자에 대한 배경 정보를 수집하지 않은 상태에서 척도의 점수에만 기초하는 무정보 해석(blind interpretation)은 피해야 한다. 이러한 해석은 여러 가설 중 하나로만 사용해야 하며 면담, 행동 관찰, 기타 정보들을 함께 통합할 때 수검자의 문제와 특징을 더 정확하게 평가할 수 있다. 또한, 해석 지침서에 포함되어 있는 증상이나 특징이 모두 수검자에게 해당되는 것처럼 단정하여 해석하면 안 된다. 지침서에 있는 내용들은 해당 척도와 관련된 특징들을 모아서 나열한 것이므로 다양한 정보(배경 정보 또는 다른 검사 결과 등)에 근거해서 수검자에게 가장 적절한 내용을 선별하여 해석해야 한다.

위에서 언급된 부분을 유의하며 임상가들은 임상 장면에서 다음과 같은 해석 단계를 많이 사용한다.

① 수검자의 검사 태도를 검토한다.
② 각 척도(타당도와 임상 척도)에 대한 점수를 검토한다.
③ 척도들 간 연관성(예: 2코드)에 대해 검토한다.
④ 낮은 임상 척도에 대해 검토한다.
⑤ 재구성 임상 척도, 임상 소척도, 내용 척도, 보충 척도, 성격병리 5요인 척도, 결정적 문항을 검토한다.
⑥ 전체 프로파일의 형태에 대해 검토한다.

이와 같은 단계를 거친 후 다음의 해석 전략(Graham, 2006)을 통해 큰 틀에서 질문과 응답을 하면서 결과 해석을 마무리한다.

① 수검자의 검사 태도는 결과 해석에 어떠한 영향을 미치는가?
② 수검자의 전반적 적응 수준은 어떠한가?
③ 수검자가 어떠한 행동(예: 증상, 태도, 방어)을 나타낼 것으로 추론 또는 예측할 수 있는가?
④ 결과에 근거하여 가장 적절한 진단은 무엇인가?
⑤ 수검자에게 적절한 치료를 위한 시사점은 무엇인가?

2) PAI

성격평가질문지(Personality Assessment Inventory: PAI)(Morey, 1991)는 진단체계의 변화와 심리검사에 관한 이론의 발전과 임상적 문제의 중요성 등을 고려하여 수검자의 성격과 정신병리를 평가하기 위해 18세 이상 성인을 대상으로 제작된 검사이며 1991년에 출판되었다. 검사를 개발할 때 MMPI와 다르게 논리적 또는 합리적 접근을 강조하는 구성타당화(construct validation framework)에 초점을 두었다. 구성타당화는 문항의 개발과 선정 과정에서 측정하려는 구성개념(예: 불안)에 대한 명확한 이론에 기초하는 것을 강조한다. 이러한 관점에서 PAI는 이론적 합리성과 경험적 적합성을 고려하여 문항을 선정하고 제작하였다.

이 검사는 총 344문항으로 타당성 척도 4개, 임상 척도 11개, 치료 고려 척도 5개, 대인관계 척도 2개로 이루어져 있다. 이 중 임상 척도 9개와 치료 고려 척도 1개는 해석을 더 명확하게 하고, 복합적 구성개념을 포괄적으로 다루기 위해 3~4개의 하위 척도를 포함한다. PAI의 척도명과 측정 내용에 대한 설명은 〈표 6-4〉에 제시하였다.

〈표 6-4〉 PAI의 척도와 측정 내용

척도 구성	척도명(기호)	측정 내용
타당성 척도	비일관성(ICN)	정적 또는 부적 상관이 높은 문항 쌍. 수검자의 일관된 반응 태도
	저빈도(INF)	대부분의 사람들이 극단적으로 인정하거나 인정하지 않는 문항. 부주의 또는 무작위 반응 태도
	부정적 인상(NIM)	지나치게 나쁘게 보이려고 하거나 꾀병을 나타내려는 태도
	긍정적 인상(PIM)	사소한 결점도 부인하고 지나치게 좋게 보이려는 태도
임상 척도	신체적 호소(SOM)	건강 관련 문제에 대한 집착, 신체화 장애, 전환 증상 등 신체적 불편감
	불안(ANX)	불안을 경험할 때 공통적으로 나타나는 현상과 객관적 징후
	불안관련장애(ARD)	불안장애 관련 3개 증후군(강박장애, 공포증, 외상후 스트레스장애)의 증상과 행동
	우울(DEP)	우울할 때 나타나는 증상과 현상 등 임상적 특징
	조증(MAN)	경조증과 조증의 인지, 정서, 행동 관련 임상적 특징
	망상(PAR)	의심, 경계, 원한 등 망상과 편집성 성격장애 관련 임상적 특징
	조현병(SCZ)	조현병 관련 사고, 정서, 대인관계 등 임상적 특징
	경계선적 특징(BOR)	정서 및 대인관계 불안정, 충동조절 문제, 정체성 혼란 등 경계성 성격장애 관련 임상적 특징
	반사회적 특징(ANT)	권위적 인물과 갈등, 자기중심성, 공감 부족과 정서적 피상성 등 반사회성 성격장애 관련 임상적 특징
	알코올 문제(ALC)	문제적 음주와 알코올 의존 관련 행동과 특징
	약물 문제(DRG)	약물 사용에 따른 문제와 약물 의존/남용 관련 행동과 결과
치료 고려 척도	공격성(AGG)	언어적 및 신체적 공격 행동, 분노, 적대감, 공격성 관련 특징과 태도
	자살관념(SUI)	무력감과 자살에 대한 모호한 생각부터 구체적 계획까지 자살 관련 사고
	스트레스(STR)	가족, 건강, 경제, 직장 등 일상생활에서 경험하는 스트레스
	비지지(NON)	가족이나 친구들과 상호작용할 때 지각된 사회적 지지의 부족함
	치료 거부(RXR)	치료 참여에 대한 의지를 포함하여 심리·정서적 변화에 대한 관심과 동기 예측
대인관계 척도	지배성(DOM)	대인관계에서 개인의 통제와 독립성 유지하는 정도를 평가하며 지배-복종 차원으로 나타나는 특징
	온정성(WRM)	대인관계에서 지지적·공감적 정도 평가하며 온정-냉담 차원으로 나타나는 특징

다른 성격검사들과 다르게 PAI는 다양한 특징을 가지고 있다. 첫째, DSM에서 사용하는 진단체계를 따르고 있어서 척도명이 DSM의 진단명과 동일한 경우가 많기 때문에 DSM의 진단분류에 가까운 정보를 제공한다. 둘째, 임상 집단의 성격과 정신병리의 특징과 함께 비임상 집단의 성격평가에도 유용하게 사용할 수 있다. 셋째, 검사 태도를 확인할 수 있는 타당성 척도가 있으며, 이외에도 대인관계 척도와 치료 척도를 포함하고 있어서 정신병리 문제 이외에 수검자들의 다양한 측면들을 파악하고 평가할 수 있다. 넷째, 주축이 되는 임상 척도의 대부분이 하위 척도를 가지고 있어서 모척도의 점수가 상승한 이유를 구체적으로 탐색할 수 있다. 예를 들어, 우울 척도의 경우 '인지적', '정서적', '생리적' 하위 척도로 구성되어 어떠한 우울 증상이 두드러지게 나타나는지 해석할 수 있다. 다섯째, 응답 방식에 있어서 MMPI는 '그렇다' 또는 '아니다'의 두 가지 답변 중 하나를 선택하지만 PAI는 4점 척도('전혀 그렇지 않다', '약간 그렇다', '중간이다', '매우 그렇다')로 구성되어 문제의 정도나 수준을 더 정확하게 측정할 수 있다. 마지막으로, 결정문항 기록지가 있어서 수량화된 점수가 아닌 문항 내용과 관련하여 정확한 임상적 평가를 할 수 있고, 해당 문항을 수검자에게 직접 질문하여 추가적 정보를 수집할 수 있다.

PAI 원판은 18세 이상의 성인을 대상으로 실시하지만 한국판은 18세 미만인 고등학생도 실시할 수 있게 제작되었다. 수검자는 문항을 제대로 이해하고 응답하기 위해 최소한 4년 정도의 교육수준이 필요하다. 그리고 자기보고식 검사를 실시하기 위해 심리적 및 신체적으로 안정되어 있어야 한다. PAI는 실시와 채점이 비교적 간편하므로 자기보고식 검사에 대한 훈련을 받았다면 큰 어려움 없이 진행할 수 있다. 하지만 결과를 해석하는 경우 자격을 갖춘 전문가가 필요하며 정신병리와 심리검사에 대한 지식과 경험이 필수적이다.

PAI는 개인 또는 집단으로 실시할 수 있고 어떠한 유형으로 실시하든 비밀보장이 매우 중요하다. 수검자가 어떤 문항을 제대로 이해하지 못하면 단어를 간략하게 설명해 줄 수 있으며 응답을 주저하고 있으면 자신과 가장 가깝다고 생각되는 곳을 선택하면 된다고 대답해 준다.

한국판 PAI(김영환 외, 2001)는 18세 이상의 성인 이외에 18세 미만의 고등학생도 실시할 수 있도록 고등학생, 대학생, 일반 성인, 임상표본을 대상으로 규준을 제작하였으며 2001년에 출판되었다. 『교육통계연보』에 근거하여 고등학생과 대학생을, 인구조사 자료에 근거하여 성인을, 그리고 다양한 임상 장면에서 성인 환자에 대해 유층표집 또는 대표적 표집을 사용하였다. 표본 수는 고등학생 1,150명(여성 630명, 남성 520명), 대학생 1,472명(여성 890명, 남성 582명), 일반 성인 2,212명(여성 1,264명, 남성 948명), 임상표본 836명(조현병

36.49%, 알코올관련장애 20.02% 등)이다. 국내에서는 정신과 환자나 비임상 집단에 대한 심리평가 이외에 청소년 비행의 재범 여부를 예측하거나 범죄피해 평가 등 범죄심리 장면에서 활발히 사용되고 있다.

PAI의 척도 점수는 MMPI와 동일하게 평균 50점, 표준편차 10점인 T점수를 사용하며 70점(+2 표준편차) 이상은 평균적 반응에서 상당히 벗어난 비전형적 반응이라고 해석한다. 기본적 해석 전략은 먼저 수검자의 반응 태도를 검토하여 타당성 문제 여부를 판단한 후 결정 문항, 하위 척도, 전체 척도, 형태적 해석의 네 가지 과정을 거쳐서 해석한다. 해석 순서는 4단계로 나뉘는데 ① 프로파일의 왜곡 가능성 평가, ② 적절한 준거 집단 결정, ③ 개별 척도에 대한 해석, ④ 척도들의 특정 조합의 영향을 고려한 프로파일 구조에 대한 해석으로 이어진다.

3) TCI

기질 및 성격검사(The Temperament and Character Inventory: TCI)(Cloninger, 1994)는 기존 성격검사들의 특징과 기능 측면에서 구별되는 검사로서 기질(temperament)과 성격(character)은 인성(personality)을 구성하는 두 가지 구조라는 심리생물학적 인성 모형(Cloninger, 1986, 1987)에 기초하여 1994년에 개발되었다. 클로닝거(Cloninger)는 특성 이론(Eysenck, 1967)이나 성격 5요인 모형(Big Five Model)(Costa & McCrae, 1985)과 같이 요인 분석에 기반한 성격검사가 성격이나 정신장애의 발생 과정을 설명하고 예측하기 어렵다고 판단하고, 행동 활성화/억제체계(Behavioral Activating/Inhibition System: BAS/BIS)(Gray, 1981, 1982; Carver & White, 1994) 이론과 행동유지 체계(Behavioral Maintenance System: BMS)(Sjöbring, 1973) 이론을 통합하여 심리생물학적 인성 모형을 제안하였다.

기질은 다양한 환경 자극(예: 위험, 보상, 처벌 등)으로 인해 자동적으로 발생하는 정서 반응에 관여하는 적응체계이며, 태어날 때부터 가지고 있는 유전적 측면의 안정적 속성으로 인성 발달에 있어서 기본 뼈대에 해당된다. 한편, 성격은 경험에 대한 해석에 기초하여 통찰과 학습을 통해 만들어지며 기질과 환경이 상호작용하면서 형성되고 계속해서 발달한다. 성격은 선천적 기질의 영향을 받지만 기질의 영향을 받는 자동적 정서 반응을 조절할 수 있으며 성격의 성숙 정도에 따라 기질적 특성은 잘 조절되어 표현될 수 있다(Gillespie, Cloninger, Heath, & Martin, 2003). 이렇듯 인성은 서로 상호작용하는 기질과 성격이 적절하게 통합된 결과이며 자신에 대한 일관된 정체성이다.

TCI는 다른 성격검사들이 기질과 성격을 구별하지 못하는 문제를 극복하고, 선천적 기질의 영향과 후천적 성격의 영향을 구분하여 평가하며 성격장애를 진단 및 예측하면서 발생과정을 설명하기 위한 목적으로 기질 척도 4개(자극추구/Novelty seeking, 위험회피/harm avoidance, 사회적 민감성/reward dependence, 인내력/persistence)와 성격 척도 3개(자율성/self-directedness, 연대감/cooperativeness, 자기초월/self-transcendence)로 이루어져 있다. 각 척도와 측정 내용에 대한 설명은 〈표 6–5〉에 제시하였다. 기질 및 성격 척도들은 각각 하위 척도를 포함하고 있으며, 상대적 비교를 통해 모척도 점수의 상승 또는 저하 이유를 파악할 수 있다.

〈표 6–5〉 TCI의 척도명과 측정 내용

척도 유형	척도명	측정 내용
기질 척도	자극추구(NS)	새로운 자극이나 보상 단서 앞에서 행동을 활성화되거나 단조로움을 적극적으로 회피하려는 유전적 성향
	위험회피(HA)	처벌이나 위험 단서 앞에서 수동적 회피 성향으로 행동을 억제하거나 이전 행동을 중단하려는 유전적 성향
	사회적 민감성(RD)	사회적 보상 단서(칭찬)에 민감하게 반응하며 이전의 보상 감소와 연합된 행동을 유지하려는 유전적 성향
	인내력(P)	지속적 강화가 없어도 보상받은 행동을 일정 시간 동안 유지하려는 유전적 성향
성격 척도	자율성(SD)	자신이 선택한 목표와 가치를 성취하기 위해 자신의 행동을 상황에 맞게 통제, 조절, 적응하려는 능력
	연대감(C)	자신을 사회의 일부로 이해하는 능력(타인에 대한 수용능력, 타인과 동일시 능력)에 대한 개인차
	자기초월(ST)	자신을 우주의 일부로 이해하는 능력(우주 만물과 자연을 수용, 동일시하며 일체감을 느끼는 능력)에 대한 개인차

TCI는 연령에 따라 유아용(JTCI 3-6, 취학 전 유아·아동), 아동용(JTCI 7-11, 초등학생), 청소년용(JTCI 12-18, 중·고등학생), 성인용(TCI-RS, 대학생·성인)으로 나뉜다. 연령별로 기질 및 성격 척도의 명칭과 개수, 개념 등 구조가 같으며 실시와 채점방법도 모두 동일하다. 보고 방식에 있어서 청소년용과 성인용은 자기보고식으로 실시하는 반면, 유아용과 아동용은 부모나 양육자가 대신 보고한다. 한국판은 청소년용(오현숙, 민병배, 2004)이 2004년에 먼저 출판되었고, 이어서 2007년에 유아용·아동용·성인용(민병배, 오현숙, 이주영, 2007)

이 함께 출판되었다.

TCI의 척도 점수는 T점수(평균 50점, 표준편차 10점)를 사용한다. 기질 척도의 경우 4개 척도 가운데 3개(자극추구, 위험회피, 사회적 민감성) 척도에 대해서 각각 T40/45점 미만(백분위 30 미만) 또는 T55/60점 이상(백분위 70 이상)이면 까다로운(개성이 강한) 기질이고, T45점 이상이면서 T55점 미만(백분위 30 이상, 70 미만)이면 순한 기질에 해당한다. 세 가지 기질에 대해서 각각 '높음(T > 55/60)', '중간(45 < T < 55)', '낮음(T < 40/45)' 세 수준으로 구분하여 27개(3 × 3 × 3)의 기질 중 어느 유형에 속하는지 확인하며 개인 특유의 기질적 특성을 이해할 수 있다.

성격 척도의 경우 3개 척도에 대해서 각각 T40/45점 미만이면 성격의 성숙도가 낮으며 T45/50점 이상이면 성숙한 성격에 해당한다. 기질 척도와 같이 세 가지 성격에 대해서 동일한 기준을 적용하여 세 수준(높음, 중간, 낮음)으로 구분하며 27개의 하위 성격 중 해당되는 유형을 찾아 확인한다.

결과를 해석하는 순서는 어떤 목적에 따라 검사를 실시하느냐에 따라 달라질 수 있다. 일반적인 해석 순서는 다음과 같다. 첫째, 개별 척도를 해석한다. 둘째, 기질 유형을 해석한다. 셋째, 성격 척도와 기질 유형을 연계하여 해석한다. 넷째, 성격 유형을 해석한다(민병배 외, 2007). 검사를 실시하는 목적이 성격장애를 평가하거나 예방 차원에서 성격 발달을 예측하는 것, 결과를 치료적 처방으로 사용하는 것이면 다음과 같은 순서로 해석할 수 있다. 첫째, 성격의 특성과 성숙도를 해석한다. 둘째, 기질 차원의 장점과 취약점을 파악한다. 셋째, 기질과 성격의 상호작용과 자아탄력성을 평가한다. 넷째, 성격장애와 심리장애를 진단한다(박영숙 외, 2019).

이상적인 TCI 활용법은 유아 · 아동 · 청소년의 경우, 인성의 구조와 특징을 이해하는 것과 함께 인성의 성숙도를 평가하고 바람직한 인성 발달을 위해 예방적 개입을 하는 것이다. 성인의 경우, 인성의 성숙도를 평가하고, 현재 인성 발달에 영향을 미친 가장 중요한 요인을 파악하며 인성의 특성 중에서 수용할 부분과 개선할 부분의 구별하고, 앞으로 인성 발달을 예측하여 심각한 심리장애로 발전되지 않도록 하는 것이다.

2. 투사적 성격검사

투사적 성격검사는 비구조화된 모호한 자극이 제시되고 수검자에게 정해진 선택지가 주어지지 않는다. 그러므로 특정한 반응을 유발하거나 강요하지 않는 상황에서 반응을 관찰할 수 있고 수검자의 심리적 특성이 반영되어 개인의 독특한 행동양식을 평가할 수 있다. 여기서는 임상 장면에서 많이 사용하는 로르샤흐 검사, 주제통각검사, 집-나무-사람 검사, 문장완성검사에 대해서 살펴보도록 하겠다.

1) 로르샤흐 검사

(1) 검사의 개관

로르샤흐(Rorschach) 검사는 투사적 성격검사 가운데 가장 많이 사용되고 있는 검사로서 10장의 잉크반점이 있는 카드를 제시하여 수검자의 독특한 반응을 이끌어 낸다. 데칼코마니와 같이 대칭구조인 10장의 카드 중 무채색이 5장, 무채색과 빨간색이 혼합된 2장, 다양한 유채색이 혼합된 3장으로 구성되어 있다([그림 6-1]은 로르샤흐 검사에서 사용하는 자극 카드와 비슷한 모양의 잉크반점이다.). 1921년 스위스의 정신과 의사인 헤르만 로르샤흐(Herman Rorschach)가 검사를 처음 소개하였으며, 성격을 분석하는 유용한 도구로 받아들여져 이후 많은 학자들이 관련 연구를 진행하였다. 원래 조현병 환자의 왜곡된 지각적 특징을 탐지 및 진단하는 것을 목적으로 개발되었는데, 당시에는 무의식적 역동이 투사되는 검사의 역할이나 기능을 한다는 가정은 하지 않았으며 로르샤흐 스스로도 "이 검사가 무의식을 탐색하는 도구라고 오해하면 안 된다."고 하였다.

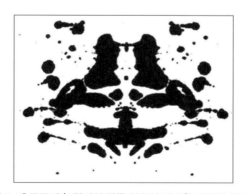

[그림 6-1] 로르샤흐 검사의 자극 카드와 비슷한 모양의 잉크반점

검사에 대한 실시, 채점 및 해석 방법은 다양하며 각각의 방법들이 검사를 발전시키는 역할을 했지만 동일한 검사 자극 이외에는 일관되거나 통일되지 않은 서로 다른 방식의 검

사가 존재하는 문제가 드러나게 되었다. 대표적으로 헤르츠(Hertz, 1936), 벡(Beck, 1937), 클로퍼(Klopfer & Kelly, 1942), 표트로프스키(Piotrowski, 1950), 라파포트와 섀퍼(Rapaport, Gill, & Schafer, 1946; Schafer, 1954) 등이 검사를 체계화시키고 이론적 기초를 다졌지만 실시부터 해석까지 방식이 서로 달랐기 때문에 연구 결과를 하나의 기준으로 정리하기 어렵고 일반화하는 데 한계가 있었다. 특히, 1950년대와 1960년대에 이르러 측정의 신뢰도와 타당도와 더불어 진단의 정확성에 대해 충분히 검증되지 않아서 검사에 대한 비판이 많아졌다.

이에 엑스너(Exner, 1974, 1986, 1993, 2003)는 이러한 문제점들을 해결하기 위해 로르샤흐 종합체계(Rorschach comprehensive system)를 만들었고, 이전에 사용하던 접근법들에서 경험적으로 지지된 채점, 해석 방식을 선별하고 통합하여 채점의 신뢰도와 해석의 타당성을 높였다. 엑스너의 방식은 연구를 포함하여 대학 교육과 임상 장면에서 가장 널리 쓰이고 있으며, 여기서 다루는 내용은 로르샤흐 종합체계에 기초한 것이다.

(2) 검사의 실시

검사를 실시할 때 자극 카드와 기록지를 미리 준비하고, 시작하기 전에 검사에 대한 설명을 너무 자세하게 하면 정서적으로 불안정해지거나 방어적 태도가 나타날 수 있음을 고려해야 한다. 실시 절차는 일반적으로 반응(자유연상) 단계와 질문 단계로 구성된다. 반응 단계는 카드를 1번부터 10번까지 한 장씩 제시하면서 무엇처럼 보이는지 수검자가 대답한다. 검사자는 수검자가 반응하는 동안 되도록 침묵하면서 영향을 미칠 수 있는 질문이나 답변을 피해야 하며 반응 내용을 모두 있는 그대로 기록한다. 만약, 수검자가 자극 카드를 제시받은 대로 보지 않고 방향을 돌려서 반응한다면 이러한 행동 또한 따로 기록해야 한다.

반응 단계가 끝나면 두 번째로 질문 단계를 실시하는데, 자극 카드를 다시 순서대로 제시하고 이전 반응 단계에서 수검자가 대답한 내용(예: "나비처럼 보여요")을 똑같이 반복해서 읽은 후(예: "아까 나비처럼 보인다고 했습니다") 어디서 그렇게 보았는지(반응 위치), 무엇 때문에 그렇게 보였는지(결정요인) 질문하여 수검자의 반응을 다시 기록한다. 질문 단계는 반응 단계의 내용을 정확히 채점하기 위한 목적에서 부족한 부분을 확인하는 과정이다.

엑스너 종합체계에서 주요 채점 범주는 반응 위치(전체, 부분, 공백 등), 결정요인(형태, 운동, 색깔 등), 반응 내용(인간, 동물, 자연 등)이다. 세 개의 범주 중 반응 내용은 반응 단계에서 대답한 내용을 통해 대부분 쉽게 확인할 수 있지만 반응 위치와 결정요인은 빨리 파악하지 못한 상태에서 다음 카드로 진행되는 경우가 많다. 그래서 질문 단계는 반응 위치와 결정인을 더 구체적으로 파악하는 것이 주된 목적이라고 할 수 있다. 질문 단계에서 유의할 부분은 검사자가 반응을 유도하는 질문(예: "이 색깔 때문에 가방처럼 보였습니까?")을 하게 되면 채점할 때 필요 이상의 정보가 들어가므로 결과가 왜곡될 수 있다는 점이다. 그러므로 수검자를 유도하여 반응을 이끌어 내지 않고 자발적 반응을 통해 얻은 결과가 가장 신뢰롭다고 할 수 있다.

(3) 검사의 채점

반응 단계와 질문 단계에서 얻은 수검자의 반응을 기호로 바꾸는 과정이 채점이다. 채점의 정확성은 아무리 강조해도 지나치지 않는데, 통계 수치를 분석할 때 원자료 자체에 오류가 있는 경우와 비슷하다. 즉, 정확한 채점이 이루어지지 않으면 임상가의 해석은 사상누각에 불과하므로 채점은 체계적 훈련이 필요하다. 다음은 검사의 구체적인 채점 범주에 대해 알아보겠다.

채점 범주는 크게 여덟 가지(반응 영역, 발달질, 결정인, 형태질, 반응 내용, 평범 반응, 조직화 활동, 특수점수)로 구성된다. 이 가운데 반응 영역, 발달질 및 형태질에 대한 기호, 정의, 기준은 〈표 6-6〉에, 그리고 결정인에 대한 범주, 기호, 기준은 〈표 6-7〉에 제시하였다.

'반응 영역'은 수검자가 잉크반점의 어느 부분에서 반응을 했는지 알아보며 수검자가 환경에 대해 어떠한 방식으로 접근하는지 평가할 수 있다. '발달질'은 반응 영역이 어떤 발달 수준을 나타내며 반응에서 의미 있는 조직화나 통합이 어느 정도 사용되었는지 채점한다. 이는 수검자가 정보를 의미 있는 방식으로 분석 및 통합할 수 있는 능력과 관심을 의미한다.

'결정인'은 수검자가 반응을 결정할 때 영향을 미친 잉크반점의 특징이 무엇인지 채점한다. 크게 7개(형태, 운동, 유채색, 무채색, 음영, 형태차원, 대칭성) 또는 세부적으로 9개 범주와 24개의 기호로 이루어져 있으며, 채점할 때 가장 어렵고 복잡한 과정에 해당한다. 앞에서 언급했듯이 수검자가 자발적으로 보고한 반응이 아닌 경우 채점 기호에 포함시키지 않아야 한다. '형태질'은 수검자가 지각하여 반응한 형태가 실제 잉크반점의 형태와 얼마나 일치하는지 채점한다. 이는 수검자가 객관적 대상과 접촉하는 방식이 적절할지 알아볼 수 있으며 현실검증력을 평가할 수 있다.

'반응 내용'은 수검자가 반응한 내용이 어떠한 범주에 포함되는지 채점하며 반응에 대한 질적 평가와 함께 자신과 타인을 지각하는 방식에 대한 정보를 제공한다. '평범 반응'은 수검자의 반응이 일반적으로 흔하게 나타나는 반응인지 채점하며 빈도가 매우 높게 나타나

는 13개 반응에 포함되는지 평가한다. '조직화 활동'은 수검자가 지각한 자극을 얼마나 조
직화하여 반응했는지 채점하며 자극 간 관계를 복합적으로 형성할 때 조직화 정도와 효율
성이 더 활발하게 나타난다. '특수점수'는 언어 반응을 포함하여 특이한 반응이 특징적으
로 나타나는지 채점하며 이를 통해 이전에 질적으로만 해석하던 기이한 반응들을 양적으
로 평가할 수 있다.

〈표 6-6〉 반응 영역, 발달질 및 형태질에 대한 기호, 정의 및 기준

범주	기호	정의	기준
반응 영역	W	전체 반응 (Whole Response)	잉크반점의 전체를 사용함
	D	흔한 부분 반응 (Common Detail Response)	흔히 반응하는 잉크반점의 부분을 사용함
	Dd	드문 부분 반응 (Unusual Detail Response)	드물게 반응하는 잉크반점의 부분을 사용함
	S	공백 반응 (Space Response)	비어 있는 흰 공간을 사용함
발달질	+	통합 반응 (Synthesized Response)	두 개 이상의 대상(하나 이상이 구체적 형태 있음)이 분리되어 있으면서 관련성 있음(예: 숲을 걷는 여자)
	o	보통 반응 (Ordinary Response)	하나의 대상이 자연스러운 또는 구체적 형태가 있음(예: 박쥐)
	v/+	(모호) 통합 반응 (Synthesized Response)	두 개 이상의 대상(구체적 형태 없음)이 분리되어 있으면서 관련성 있음(예: 함께 뭉쳐지는 구름)
	v	모호 반응 (Vague Response)	대상의 구체적 형태가 없음(예: 노을)
형태질	+	보통-정교화 (Ordinary-Elaborated)	형태를 매우 정확하게 사용하고 반응의 질적 수준이 높음
	o	보통 (Ordinary)	형태의 특징을 명확하게 사용하고 반응 빈도가 일반적임
	u	드문 (Unusual)	기본적 윤곽이 사용된 형태지만 반응 빈도가 낮음
	−	왜곡된 (Minus)	형태가 왜곡되고 인위적이며 비현실적임

〈표 6-7〉 **결정인에 대한 범주, 기호 및 기준**

범주	기호	기준
형태	F	형태 특징에 근거한 반응
운동	M, FM, m	인간, 동물, 무생물의 운동에 대한 반응
유채색	C, CF, FC, Cn	색채에 근거한 반응
무채색	C', C'F, FC'	무채색에 근거한 반응
음영-재질	T, TF, FT	음영으로 인한 재질에 대한 반응
음영-차원	V, VF, FV	음영으로 인한 깊이, 차원에 대한 반응
음영-확산	Y, YF, FY	밝고 어두운 특징에 대한 반응
형태 차원	FD	크기와 모양에 따른 깊이, 차원에 대한 반응
쌍·반사 반응	(2), rF, Fr	반점의 대칭(쌍) 또는 대상이 반사하여 비치는 반응

수검자의 반응을 기호로 채점한 이후에 기호의 빈도, 백분율, 비율, 특수점수 등을 계산하여 체계적으로 요약한 것을 구조적 요약이라고 하며 상단부와 하단부로 나누어진다. 상단부에는 각 변인들의 빈도를 기록하고, 하단부에는 빈도에 근거하여 7개 자료 영역(핵심, 정서, 대인관계, 관념, 중재, 처리, 자기지각)에 대한 비율, 백분율, 산출 점수와 6개 특수지표(지각-사고, 우울, 대응 손상, 자살, 과민성, 강박) 점수를 기록한다.

(4) 검사의 해석

수검자가 잉크반점을 지각하여 반응하는 방식은 자신을 둘러싼 환경이나 세계를 이해하는 방식과 유사하다는 가정하에 해석을 한다. 채점 범주 가운데 '반응 영역'의 경우, 주로 잉크반점의 전체를 지각하여 반응한다면 통합하고 조직화하는 특징이 있고, 잉크반점의 부분만을 사용한다면 세부적인 것에 집착하는 강박적 성향이 있다고 해석할 수 있다. '결정인'의 경우, 형태를 과도하게 사용하게 되면 관습적이거나 통제가 많다는 것을 의미하고, 색채에 대한 반응은 정서의 표현이나 억제와 관련된다. '형태질'의 경우, 잉크반점에 대해 왜곡된 반응이 많으면 상황을 비전형적으로 이해하고 잘못된 판단을 하는 경향이 있다고 간주할 수 있다.

엑스너의 종합체계는 검사의 실시와 채점과 더불어 해석에도 매우 유용한 체계이며, 일차적으로 구조적 요약을 중심으로 양적으로 해석하여 수검자에 대한 가설을 설정한다. 이때 규준의 평균에서 벗어난 정도에 기초한 편차(이탈) 원리를 적용하며, 이러한 방식은 검사 자료를 해석할 때 표준적 접근이며 해석적 가치가 충분하다고 할 수 있다. 그러나 단일

변인의 이탈에만 근거하여 해석을 하게 되면 결론이 단순해지고 변인들 간 상호 관계가 고려되지 않기 때문에 오류의 가능성이 높아지므로 자료를 전반적으로 검토하는 것이 필요하다. 그리고 검사 자료를 적절하게 해석하려면 양적 자료 이외에 수검자에 대한 배경 정보를 충분히 파악해야 한다. MMPI를 해석할 때와 마찬가지로 수검자에 대한 성별, 연령, 교육 수준, 사회경제적 상황 등에 대한 정보를 파악하는 것이 필요하다. 또한 구조적 변인으로만 해석하는 것은 수검자의 개인차와 독특성에 대한 정보가 손실될 수 있으므로 반응에 나타난 주제나 내용을 통한 질적 분석 또는 내용 분석도 중요한 의미가 있다. 질적 분석을 통해 기호화되지 못한 반응들을 해석할 수 있으며 내면의 역동적 의미를 찾아낼 수 있다.

여기에서 다룰 수 있는 범위를 넘어서지만 엑스너는 7개 군집에 상황 관련 스트레스를 추가하여 각 군집에 해당하는 변인과 탐색 순서를 제시하였다. 그리고 12개 핵심 변인을 우선순위에 따라 목록을 만들어 해당되는 핵심 변인에 따라 적용해야 하는 계열들을 제안하여 효율적으로 탐색하는 해석적 전략을 개발하였다. 이에 대한 구체적 내용은 『로르샤하 종합체계』(윤화영, 2011)를 참고하면 된다.

한편, 로르샤흐 검사에 대해 많은 연구자들이 문제점을 지적해 왔다. 대표적 문제는 신뢰도와 타당도가 낮은 것이며 이외에도 특정한 장애의 유무를 적절하게 구별하지 못하는 것, 규준 집단의 적절성 등이다. 하지만 이 검사의 신뢰도가 높게 나타났고 타당도의 경우에도 MMPI와 크게 다르지 않다는 연구가 있으며(Meyer, 2004), 일부 변인들과 지표가 타당하다는 결과도 나타났다(Mihura et al., 2013). 하지만 아직까지 명확한 결론은 내려지지 않았으며 임상 현장에서 유용성에 대한 논쟁은 계속되고 있다.

2) 주제통각검사

주제통각검사(Thematic Apperception Test: TAT)는 투사적 성격검사 가운데 로르샤흐 검사 다음으로 자주 사용되고 있는 검사로서 1935년(Morgan & Murray, 1935)에 처음 소개되었고, 31개 도판이 확정되어 1943년(Murray, 1943)에 출판되었다. 검사 자극에 있어서 TAT는 로르샤흐 검사에 비해서 덜 모호한 상황이 제시되는데, 한 명의 인물 또는 가족관계나 남녀관계가 포함된 사회적 상황에 대해 수검자가 반응한 내용을 분석하여 욕구, 추동, 갈등, 정서, 대인관계 및 성격의 역동을 파악할 수 있다. 아동용 주제통각검사(Children's Apperception Test: CAT)(Bellak & Bellak, 1949)는 3~10세 아동에게 실시하기 위해 1949년에 제작한 검사다. 검사 자극은 사람이 아니라 동물이 주인공으로 등장하는데, 아동들은 사람보다 동물에 잘 동일시되고 인간 자극보다 문화적 영향을 덜 받는다는 이점이 있다.

이 검사는 로르샤흐 검사와 달리 사고의 형식적 측면이 아니라 내용적 측면을 이해할 수 있다는 점에서 의미가 있다. 물론, 로르샤흐 검사도 수검자가 반응한 내용을 분석할 수 있지만 사고 과정이나 지각 과정의 방식을 평가하는 데 있어서 더 유용하다. 반면, TAT는 욕구의 내용과 위계, 원초아-자아-초자아 간의 구체적인 역동을 더 잘 이해할 수 있게 해 준다.

TAT는 모호한 그림 자극에 대해 상상을 통해 이야기를 구성하는 과정에서 수검자는 과거 경험과 현재 욕구나 감정에 기초하여 해석하며, 이때 자신의 충동, 갈등, 방어기제를 표출한다고 가정한다. 이러한 가정에는 통각(apperception), 외현화(externalization), 심리적 결정론(psychic determinism)과 같은 개념이 도입되었다(Bellak, 1959).

개인은 외부의 대상을 있는 그대로 지각(perception)하지 않고 내부의 선행경험과 결합하여 이해, 추측, 상상을 통해 심리적 의미를 부여하게 되는데 이러한 과정을 '통각'이라고 한다. 통각 과정은 전의식 수준에 있는 내적 욕구가 의식화되는 '외현화' 과정을 통해 이루어지며 수검자의 반응은 우연이 아니라 모두 심리적 기제가 작동하여 나타나므로 역동적 의미를 지닌다는 '심리적 결정론'을 전제한다. 그리고 검사명에 있는 '주제(theme)'는 개인이 공상하는 내용을 의미하며, 이는 내적 욕구와 외부의 압력, 즉 개인과 환경이 통합되어 나타나는 역동적 구조다(Murray, 1943). 만약 수검자가 반응하는 내용이 일관된 주제로 표현되면 주관적 욕구와 객관적 압력의 관계를 파악할 수 있고 역동적 심리구조의 분석이 가능하게 된다.

검사에서 사용하는 자극은 흑백 그림 카드 30장과 백지 카드 1장을 포함하여 총 31장으로 구성되어 있다. 카드 뒷면에는 일련번호와 함께 검사 대상을 의미하는 기호인 M(Male, 성인 남자), F(Female, 성인 여자), B(Boy, 소년), G(Girl, 소녀)로 구분되어 연령과 성별에 따라 제시하는 카드를 다르게 선정하여 실시할 수 있다. 일련번호만 있는 11장의 카드(1, 2, 4, 5, 10, 11, 14, 15, 16, 19, 20번)는 모든 수검자에게 공통으로 실시할 수 있고, 복합 기호인 MF는 성인 남녀, GF는 소녀 · 성인 여자, BM은 소년 · 성인 남자에게 제시한다.

검사 실시는 20장의 카드를 2회에 걸쳐 진행하며, 1회당 10장의 카드에 대해 약 30분에서 60분 정도의 시간이 걸린다. 임상 현장에서는 수검자의 증상과 상황에 따라 10장 내외의 카드를 선정하여 1회로 단축하여 실시하기도 한다. 검사의 지시문은 1회와 2회가 서로 다르며 수검자의 지적 능력과 연령에 따라서도 다르게 제시할 수 있다. 1회 지시문의 내용을 간추리면 "그림을 보면서 이야기를 만들어 보세요. 그림의 장면이 있기까지 어떤 일이 있었는지, 현재 무슨 일이 일어나고 있으며 사람들은 무엇을 느끼고 생각하는지, 그리고 그 일의 결과가 어떻게 될지 이야기해 주세요. 생각이 떠오르는 대로 자유롭게 이야기를 하면 됩니다."라고 알려 준다. 백지 카드(16번)를 실시하는 경우에는 다른 카드와 다르게 "백지에서 어떤 그림을 상상해 보고 자세하게 이야기를 해 주세요."라고 말한다.

결과를 해석할 때 검사자는 수검자의 성별과 나이 이외에 부모와 형제·자매의 나이, 직업, 생존/결혼 여부 등에 대한 기본적 정보를 파악해야 하며 이러한 정보와 검사에서 나온 반응을 통합하여 해석하는 것이 바람직하다. 검사가 제작된 이래로 현재까지 다양한 채점 및 해석 방법이 발전되어 왔으며 욕구-압력 분석법(Murray, 1943), 지각법(Rapaport, 1943), 표준화법(Sargent, 1945), 대인관계법(Arnold, 1949), 직관적 해석법(Bellak, 1993) 등이 있다. 이 가운데 많이 사용하는 방법은 주인공 중심의 해석법인 욕구-압력 분석법과 정신분석에 기초한 직관적 해석법이며 각각의 분석 내용은 〈표 6-8〉에 제시하였다.

욕구-압력 분석법은 개인의 욕구와 환경의 압력 간 상호작용으로 나타나는 결과를 분석하여 수검자의 심리적 역동을 평가한다. 이 방법의 분석 내용을 보면 ① 주인공이 누구인지, ② 외부 환경에서 받는 요구와 압력이 무엇인지, ③ 주인공의 주된 욕구는 무엇인지,

〈표 6-8〉 **욕구-압력 분석법과 직관적 해석법의 분석 내용**

해석 방법	분석 내용
욕구-압력 분석법	1. 주인공 2. 환경 자극의 요구와 압력 3. 주인공의 욕구 4. 대상에 대한 주인공의 감정 5. 주인공의 내적 심리 상태 6. 주인공의 행동 표현 방식 7. 이야기의 결말
직관적 해석법	1. 주요 주제 2. 주인공 3. 주인공의 욕구와 충동 4. 환경에 대한 개념 5. 대상 인물(부모, 친구, 형제·자매)과의 관계 6. 주요 갈등 7. 불안의 본질 8. 갈등과 두려움에 대한 방어 9. 초자아의 적절성 10. 자아 통합

④ 주인공이 관심을 갖는 대상에 대한 감정은 무엇이며 그 감정이 긍정적 또는 부정적인지, ⑤ 욕구와 환경의 압력으로 경험하는 주인공의 심리적 상태가 무엇인지, ⑥ 환경적 압력에 자극받을 때 표현되는 행동 방식이 무엇인지, ⑦ 욕구와 압력의 관계로 나타나는 상황의 결말이 무엇인지를 종합하여 평가한다.

직관적 해석법은 정신분석을 기반으로 하여 반응한 내용의 기저에 있는 무의식적 내용을 자유연상을 통해 해석한다. 이 방법은 수검자의 반응 내용을 10개의 다양한 영역으로 분석할 수 있으며 체계적으로 수량화하여 채점할 수 있다. 하지만 이러한 방법을 사용하여 해석할 때 상대적으로 시간과 노력이 많이 걸리므로 임상 현장에서는 채점 과정을 거치지 않고 수검자의 반응에서 반복되거나 독특한 내용에 초점을 두고 해석하기도 한다.

3) 집-나무-사람 검사

그림은 언어에 비해 의식적 차원에서 자각하기 어려운 무의식을 외적으로 나타낼 수 있는 중요한 표현 수단이다. 언어를 통한 검사는 사람들의 생각과 감정을 표현할 수 있지만 왜곡될 가능성이 많고 표현의 한계가 존재한다. 반면, 그림을 통한 검사는 언어를 사용할 때보다 검사에 대한 방어가 덜 작동되며 억제된 심리적 측면들이 비언어적으로 더 자유롭게 투사되어 나타날 수 있다. 집-나무-사람(House-Tree-Person: HTP) 검사는 투사적 그림검사(projective drawing test) 중에서 가장 많이 사용되는 검사로서 어렸을 때부터 자주 경험했던 대상들을 그리기 때문에 친숙하고 거부감이 적으며 쉽게 실시할 수 있다는 장점이 있다.

HTP는 처음에 지능검사를 보조하는 수단으로 활용하려고 제작되었고(Buck, 1948, 1966), 이후에 지능 이외에 성격을 파악할 수 있는 검사로 발전하였다. 이후에 해머(Hammer, 1958)는 임상적 평가와 치료 전후 효과를 분석하여 HTP의 유용성을 검토한 연구들을 통합하여 정리하였으며, 발달적 및 투사적 측면이 모두 포함된 평가 도구로 발전시켰다.

이 검사의 주제로 집, 나무, 사람이 선정된 이유는 아동들에게 자유롭게 그림을 그리라고 했을 때 사람이 가장 빈도가 높았고 그다음이 집, 나무 순서였기 때문이다. 사람을 가장 많이 그렸지만 보통 집이나 나무를 그릴 때 상대적으로 위협감을 덜 느끼며 집과 나무 그림 모두 자기상이 투사된다. 그리고 사람 그림은 의식적 수준에서 자기상이 반영되지만 나무 그림은 더 무의식적 수준에서 반영되는 것으로 알려져 있다.

검사를 실시하기 위해 종이(A4 4장)와 연필, 지우개, 초시계를 준비하면 된다. 지시문은 매우 간단하여 해당 주제를 그리고 싶은 대로 그려 보라고 알려 주면 되고, 집-나무-사람 순서대로 그리게 한다. 집은 그릴 때는 종이를 가로로 제시하고 나무와 사람을 그리는 경우에는 세로로 제시한다. 사람 그림은 성별이 다른 두 명을 각각 다른 종이에 그리게 되는데, 수검자가 처음에 여성을 그렸다면 이후에 첫 번째 그림과 성별이 다른 남성을 그리게 하면 된다.

수검자가 그림을 그리는 동안 반복해서 그림을 그렸다가 지우는 행동, 혼잣말로 중얼거리기, 그리는 도중에 주저하는 모습 등이 나타나는지 관찰하여 이후에 검사 결과와 통합시켜 해석한다. 그림을 모두 그린 후 해당 그림과 관련된 내용을 사후질문(Post Drawing Inquiry: PDI) 과정을 통해 추가적 정보를 얻고 해석에 활용한다. 예를 들어, 집 그림은 '누구의 집인가? 누가 살고 있는가?', 나무 그림은 '이 나무의 건강은 어떠한가? 이 나무의 소원은 무엇인가?', 사람 그림은 '이 사람은 누구인가? 이 사람은 어떤 생각을 하고 있는가?'를 질문한다(신민섭 외, 2003; 하은혜, 2021). 만약 두 사람이 형태적으로 비슷한 그림을 그렸다고 하더라도 사후질문에 대답하는 내용에 따라서 그림이 전혀 다르게 해석될 수 있다.

그림을 해석하는 방법은 구조적 해석과 내용적 해석으로 구분되며 두 가지 방식에 대한 구체적 내용은 〈표 6-9〉에 제시하였다. 구조적 해석은 그림을 어떠한 방식으로 그렸는지 분석하는 방법이다. 그림의 구조적 요소들은 다양한데 그림의 위치, 크기, 필압, 대칭성, 왜곡 및 생략 등이 있다. 크기를 해석하는 예를 들면, 그림의 크기는 수검자의 자기에 대한 개념이나 평가와 관련되며 일반적으로 종이 크기의 2/3 정도가 적당하다. 과도하게 크거나 종이를 꽉 채우게 그리면 자아팽창, 충동 조절, 과잉행동, 공격성, 내면의 열등감에 대한 과잉보상 욕구 등을 반영한다. 반대로 작은 그림은 자신감 저하, 수줍음, 위축, 부적절감, 열등감, 과도한 억제나 통제를 의미한다.

내용적 해석은 수검자가 그림을 그린 내용, 즉 그림의 형태를 구성하는 여러 가지 내용

〈표 6-9〉 H-T-P의 해석 방식과 구성 요소

해석 방식	구성 요소
구조적 해석	검사 태도, 소요 시간, 그리는 순서, 크기, 위치, 필압, 선(획)의 형태, 왜곡 및 생략, 대칭 강조, 투명함, 움직임, 세부 묘사, 지우기
내용적 해석	• 집: 벽, 문, 창문, 지붕, 굴뚝, 시점, 기타(울타리, 부수적 사물 등) • 나무: 뿌리, 기둥(옹이), 가지, 기타(새, 둥지, 열매, 꽃, 동물 등) • 사람: 머리, 얼굴, 눈, 코, 입, 귀, 목, 팔다리, 손발, 기타(단추, 목걸이 등)

들에 대해서 분석하는 방법이다. 그림의 내용 중 어떠한 부분이 강조, 왜곡 또는 생략되었는지 고려하여 해석한다.

집 그림은 가족이 모여서 지내는 공간으로 가족, 가정생활, 가족관계, 가족구성원에 대한 내적 표상, 감정, 욕구, 소망, 태도를 반영하며 가족들 간의 상호작용과 역동을 파악할 수 있다. 집을 구성하는 요소는 벽, 문, 창문, 지붕 등이 있으며 이 가운데 문을 해석하는 예를 들면, 문은 집과 외부 세계를 연결하는 통로를 의미하며 지나치게 크게 그렸다면 타인과 친밀한 관계를 맺는 것에 관심이 많으면서 인정이나 수용에 대해 예민할 수 있다. 반면에 너무 작게 그렸다면 타인과 관계를 맺으려는 욕구도 있지만 두려움이나 불편감을 느끼고, 경계를 침범 받지 않으려는 것을 의미할 수 있다.

나무와 사람 그림은 자기개념이나 신체상과 같은 핵심적 성격 특성을 나타내며, 나무 그림은 사람 그림에 비해서 더 깊고 무의식적 측면의 감정이 표현되고 방어가 덜 일어난다. 뿌리, 기둥, 가지 등은 나무를 구성하는 요소들이며 뿌리는 내적으로 느끼는 자신에 대한 안정감을 나타내고, 기둥은 성격구조의 견고함을 의미하며 가지는 외부 환경에서 만족을 추구하는 자원과 상황에 대처하는 능력을 반영한다. 사람 그림은 나무 그림보다 더 의식적 수준에서 투사가 이루어지며, 자신 이외에 이상적으로 바라는 자기나 부모와 같이 의미 있고 중요한 인물을 그리기도 한다. 사람 그림은 머리, 얼굴, 눈, 코, 입, 귀, 팔다리, 손발 등 집이나 나무보다 더 다양한 구성 요소에 대해 분석한다.

그림을 해석할 때 유의해야 할 점은 구조적 또는 내용적 측면이든 수검자가 그린 하나의 자료만에 근거하여 해석하는 것은 피해야 한다. 예컨대, 그림의 크기가 매우 작은 경우 '우울이나 고립감을 느낄 수 있다'는 가설을 세울 수 있다. 하지만 이를 지지하는 자료가 없는 상황에서 '우울하고 대인관계에서 고립되어 있다'고 해석하면 안 된다. 수검자는 습관이나 학습 또는 일시적 이유에서 그러한 그림을 그렸을 가능성이 있으므로 면담이나 행동관찰에서 얻은 정보나 다른 검사에서 얻은 결과를 함께 고려하여 이를 지지하는 임상 자료가 있는지 확인해야 한다.

4) 문장완성검사

문장완성검사(Sentence Completion Test: SCT)는 투사적 검사 가운데 실시와 해석이 가장 간편하면서도 많은 정보를 파악할 수 있는 검사로서 미완성 문장을 제시하여 이를 완성하게 하는 자기보고식 검사다. 로르샤흐 검사와 주제통각검사가 상대적으로 모호한 자극을 제시하여 수검자의 반응을 이끌어 내는 특징이 있다면 이 검사는 비교적 명료한 언어적 형태의 자극을 제시하여 투사를 유도한다. 이를 통해 수검자의 동기, 갈등, 태도, 가치관, 자기개념 등을 평가할 수 있다.

SCT는 골턴(Galton)의 자유연상검사, 커텔(Cattell)과 브라이언트(Bryant)의 단어연상검사를 거쳐서 융(Jung)과 라파포트(Rapaport) 등의 연구를 통해 기반이 마련되었고, 페인(Payne, 1928)이 현재와 같은 방식의 성격검사로 처음 사용하였으며 본격적으로 제2차 세계 대전에서 군인들을 선별하기 위한 목적으로 사용되면서 심리검사 구성 요소에 포함되었다.

검사 종류에 따라 다르지만 일반적으로 약 20~30분 정도 걸리며 개인 또는 집단으로 실시할 수 있다. 그리고 제시된 문장을 읽은 후 머릿속에 처음 떠오른 생각을 가능하면 빨리 문장으로 완성하라는 지시문을 제시한다. 필수적 절차는 아니지만 검사자는 수검자의 반응을 확인한 후 궁금하거나 모호한 내용에 대해 질문을 할 수 있으며 이를 통해 반응 내용 자체로 알기 어려운 정보를 탐색하거나 숨은 의도를 파악할 수 있다.

지금까지 다양한 종류의 검사들이 제작되었으며 주로 SSCT(Sacks Sentence Completion Test)(Sacks & Levy, 1950) 또는 RISB(Rotter Incomplete Sentences Blank)(Rotter, 1951; Rotter, Lah, & Rafferty, 1992)를 많이 사용하며 여기서는 SSCT를 중점으로 살펴보려고 한다.

SSTC는 사람들의 적응에 중요한 네 가지 영역(자기개념, 성, 가족, 대인관계)을 포함하는 60문항으로 구성되어 있으며, 한국에서는 중복되는 내용을 제외하고 선별된 50개 문항을 임상 장면에서 많이 사용한다. 자기개념 영역은 목표, 능력, 두려움, 죄의식, 과거와 미래에 대한 태도(예: 내가 믿고 있는 내 능력은 _____), 성 영역은 남성, 여성, 연인관계, 결혼, 성생활에 대한 태도(예: 내 생각에 대부분의 남자들은 _____), 가족 영역은 부모를 포함한 가족구성원들에 대한 태도(예: 내가 바라기에 아버지는 _____), 대인관계 영역은 친구, 지인, 동료, 권위자에 대한 태도(예: 내 생각에 참다운 친구는 _____)에 대해서 측정한다. 해석 과정에서 어떠한 영역에서 손상된 태도가 나타나는지 탐색하고 태도들 간의 관련성을 찾아내서 역동적 측면의 정보를 해석한다.

예를 들어, 가족 영역에서 아버지에 대해 부정적으로 생각하면서 동시에 성 영역에서 남성을 바람직하지 않게 바라보며 대인관계 영역에서 권위자에 대해 반항적 태도를 가지고 있다면 수검자와 아버지의 갈등을 포함하여 발달 과정에서 아버지에게 받은 영향을 고려하여 가설을 설정하고 해석해야 한다. 완성된 문장의 내용 이외에 문장의 길이, 반복되는 내용, 어휘력, 어감, 표현 방식 등을 통해 지적 능력이나 사고, 정서, 방어기제 등을 평가할 수 있다. 한편, 각 영역의 손상 정도를 3점 척도(0점: 손상 없음, 1점: 정서적 갈등이 있으나 치료가 불필요한 경미한 손상, 2점: 정서적 갈등이 많으며 치료가 필요한 심한 손상)로 측정하는 방법도 있지만 임상 현장에서 채점을 통한 수량화는 하지 않는 편이다.

✎ 요약

객관적 성격검사는 모호하지 않은 비교적 명확한 질문이나 문항에 대해 정해진 선택지에 반응하며 실시, 채점, 해석이 표준화 및 수량화되어 있어서 객관성을 갖추고 있다. 투사적 성격검사는 특정한 반응을 유발하거나 강요하지 않는 상황에서 반응을 관찰할 수 있고, 수검자의 심리적 특성이 반영되어 개인의 독특한 행동 양식을 평가할 수 있다.

MMPI 개발 시 경험적 접근법을 사용하였으며, 이 접근법은 이론이나 개념에 기초하여 문항을 만드는 것이 아니라 실제로 우울증 유무에 따른 집단에 문항을 제시한 후 통계적으로 유의한 차이가 있는 것을 선정하여 척도를 구성한다.

PAI는 DSM에서 사용하는 진단체계를 따르고 있어서 척도명이 DSM의 진단명과 동일한 경우가 많기 때문에 DSM의 진단분류에 가까운 정보를 제공하며, 임상 집단의 성격과 정신병리의 특징과 함께 비임상 집단의 성격평가에도 유용하게 사용할 수 있다.

TCI는 다른 성격검사들이 기질과 성격을 구별하지 못하는 문제를 극복하고, 선천적 기질의 영향과 후천적 성격의 영향을 구분하여 평가하며 성격장애를 진단 및 예측하면서 발생 과정을 설명하기 위한 목적으로 개발되었다.

로르샤흐 검사는 투사적 성격검사 가운데 가장 많이 사용되고 있는 검사로서 10장의 잉크반점이 있는 카드를 제시하여 수검자의 독특한 반응을 이끌어 낸다. 엑스너는 종합체계를 만들었고, 이전에 사용하던 접근법들에서 경험적으로 지지된 채점, 해석 방식을 선별하고 통합하여 채점의 신뢰도와 해석의 타당성을 높였다.

TAT는 한 명의 인물 또는 가족관계나 남녀관계가 포함된 사회적 상황에 대해 수검자가 반응한 내용을 분석하여 욕구, 추동, 갈등, 정서, 대인관계 및 성격의 역동을 파악할 수 있다.

HTP 검사는 투사적 그림검사 중에서 가장 많이 사용되는 검사이며, 어렸을 때부터 자주 경험했던 대상들을 그리기 때문에 친숙하고 거부감이 적으며 쉽게 실시할 수 있다는 장점이 있다.

SCT는 투사적 검사 가운데 실시와 해석이 가장 간편하면서도 많은 정보를 파악할 수 있는 검사로서 비교적 명료한 언어적 형태의 자극을 제시하여 투사를 유도하며 이를 통해 수검자의 동기, 갈등, 태도, 가치관, 자기개념 등을 평가할 수 있다.

⟨?⟩ 생각해 봅시다

- MMPI-2를 실시하기 위한 수검자의 조건은 무엇인가?

- MMPI-2에서 비전형성을 알아보는 타당도 척도들은 무엇인가?

- TCI의 기질 척도와 성격 척도는 어떻게 구성되어 있는가?

- 로르샤흐 검사에서 종합체계는 어떠한 목적으로 개발되었는가?

- TAT의 욕구-압력 분석법에서 분석하는 내용은 무엇인가?

- HTP 검사에서 구조적 해석과 내용적 해석은 어떠한 차이가 있는가?

- 문장완성검사 유형 중 SSCT에서 다루는 네 가지 영역은 무엇인가?

📝 형성평가

- 객관적 성격검사와 투사적 성격검사의 장단점을 비교하여 기술하시오.

- MMPI-2/MMPI-A와 PAI의 제작 방식은 어떠한 차이가 있는지 기술하시오.

- 로르샤흐, 주제통각검사, 문장완성검사의 실시방법의 차이를 비교하여 기술하시오.

참고문헌

김영환, 김재환, 김중술, 노명래, 신동균, 염태호, 오상우(1989). 다면적 인성검사 실시 요강(개
정판). 서울: 한국가이던스.

김영환, 김지혜, 오상우, 임영란, 홍상황(2001). PAI 표준화연구: 신뢰도와 타당도. 한국심리학
회지: 임상, 20, 311-329.

김재환, 오상우, 홍창희, 김지혜, 황순택, 문혜신, 정승아, 이장한, 정은경(2014). 임상심리검사
의 이해(2판). 서울: 학지사.

김중술, 한경희, 임지영, 이정흠, 민병배, 문경주(2005a). 다면적 인성검사 II 매뉴얼. 서울: (주)
마음사랑.

김중술, 한경희, 임지영, 이정흠, 민병배, 문경주(2005b). 다면적 인성검사-청소년용 매뉴얼. 서
울: (주)마음사랑.

민병배, 오현숙, 이주영(2007). 기질 및 성격검사 매뉴얼(TCI-Family Manual). 서울: 마음사랑.

박영숙, 박기환, 오현숙, 하은혜, 최윤경, 이순묵, 김은주(2019). 현대 심리평가의 이해와 활용.
서울: 학지사.

신민섭, 김수경, 김용희, 김주현, 김향숙, 김진영, 류명은, 박혜근, 서승연, 이순희, 이혜란, 전
선영, 한수정(2003). 그림을 통한 아동의 진단과 이해: HTP와 KFD를 중심으로(증보판). 서울:
학지사.

오현숙, 민병배(2004). 기질 및 성격검사 매뉴얼-청소년용. 서울: 마음사랑.

윤화영 역(2011). 로르샤하 종합체계. 서울: 학지사.

정범모, 이정균, 진위교(1963). MMPI 다면적 인성검사 검사법 요강. 서울: 코리안테스팅센터.

하은혜(2021). 아동·청소년심리평가. 서울: 학지사.

한경희, 김중술, 임지영, 이정흠, 민병배, 문경주(2011). 다면적 인성검사 II 매뉴얼 개정판. 서울:
(주)마음사랑.

한경희, 문경주, 이주영, 김지혜(2011). 다면적 인성검사 II 재개정판 매뉴얼. 서울: (주)마음사랑.

한경희, 임지영, 김중술, 민병배, 이정흠, 문경주(2011). 다면적 인성검사-청소년용 매뉴얼 개정
판. 서울: (주)마음사랑.

한경희, 임지영, 문경주, 육근영, 김지혜(2018). 다면적 인성검사-청소년용 재개정판 매뉴얼. 서
울: (주)마음사랑.

Archer, R. P., Handel, R. W., Ben-Porath, Y. S., & Tellegen, A. (2016). *Minnesota
Multiphasic Personality Inventory-Adolescent-Restructured Form (MMPI-A-RF):*

Manual for Administration, Scoring, Interpretation, and Technical Manual. Minneapolis: University of Minnesota Press.

Arnold, M. B. (1949). A demonstration analysis of the TAT in a clinical setting. *Journal of Abnormal and Social Psychology, 44*, 97-111.

Beck, S. J. (1937). Introduction to the Rorschach method: a manual of personality study. *American Orthopsychiatric Association Monographs, 1*.

Bellak, L. (1959). The Thematic Apperception Test in Clinical Use. In L. E. Abt & L. Bellak (Eds.), *Projective psychology: Clinical approaches to the total personality*. New York: Grove Press.

Bellak, L. (1993). *The TAT and CAT in clinical use* (5th ed.). Boston: Allyn & Bacon.

Bellak, L., & Bellak, S. S. (1949). *Children's Apperception Test*. New York: C.P.S. Co.

Ben-Porath, Y. S., & Tellegen, A. (2008). *MMPI-2-RF (Minnesota Multiphasic Personality Inventory-2 Restructured Form) manual for administration, scoring, and interpretation*. Minneapolis: University of Minnesota Press.

Buck, J. N. (1948). *The House-Tree-Person technique*. Los Angeles: Western Psychological Services.

Buck, J. N. (1966). *The House-Tree-Person technique: Revised manual*. Los Angeles: Western Psychological Services.

Butcher, J. N., Graham, J. R., Tellegen, A., & Kaemmer, B. (1989). *Manual for the restandardized Minnesota Multiphasic Personality Inventory: MMPI-2*. Minneapolis: University of Minnesota Press.

Butcher, J. N., Williams, C. L., Graham, J. R., Archer, R., Tellegen, A., Ben-Porath, Y. S., & Kaemmer, B. (1992). *MMPI-A(Minnesota Multiphasic Personality Inventory-Adolescent): Manual for administration, scoring, and interpretation*. Minneapolis: University of Minnesota Press.

Carver, C. S., & White, T. L. (1994). Behavioral inhibition, behavioral activation, and affective responses to impending reward and punishment: The BIS/BAS scales. *Journal of Personality and Social Psychology, 67*, 319-333.

Cloninger, C. R. (1986). A unified biosocial theory of personality and its role in the development of anxiety state. *Psychiatric Development, 3*, 167-226.

Cloninger, C. R. (1987). A systematic method of clinical description and classification of personality variants. *Archives of General Psychiarty, 44*, 573-588.

Cloninger, C. R., Przybeck, T. R., Svrakic, D. M., & Wetzel, R. D. (1994). *The temperament and character inventory (TCI): A guide to its development and use.* St-Louis, MO: Washington University Center for Psychobiology and Personality.

Costa, P. T., & McCrae, R. R. (1985). *The NEO personality inventory manual.* Odessa, FL: Psychological Assessment Resources.

Exner, J. E. (1974). *The Rorschach: A comprehensive system. Vol. 1.* New York Wiley.

Exner, J. E. (1986). *The Rorschach: A comprehensive system. Vol. 1: Basic foundations* (2nd ed.). New York Wiley.

Exner, J. E. (1993). *The Rorschach: A comprehensive system. Vol. 1: Basic foundations* (3rd ed.). New York Wiley.

Exner, J. E. (2003). *The Rorschach: A comprehensive system. Vol. 1: Basic foundations and principles of interpretation* (4th ed.). New York Wiley.

Eysenck, H. J. (1967). *The biological basis of personality.* Springfield, IL: Thomas.

Friedman, A. F., Bolinskey, P. K., Levak, R., & Nichols, D. S. (2015). *Psychological assessment with the MMPI-2/MMPI-2-RF* (3rd ed.). New York: Routledge/Taylor & Francis.

Gillespie, N. A., Cloninger, C. R., Heath, A. C., & Martin, N. G. (2003). The genetic and environmental relationship between Cloninger's dimension of temperament and character. *Personality and Individual Differences, 35,* 1931-1946.

Graham, J. R. (2006). *MMPI-2. Assessing personality and psychopathology* (4th ed.). New York Oxford University Press.

Gray, J. A. (1981). A critique of Eysenck's theory of personality. In H. J. Eysenck (Ed.), *A model for personality.* Berlin: Springer-Verlag.

Gray, J. A. (1982). *The Neuropsychology of Anxiety: An Enquiry into the Functions of the Septo-hippocampal System.* NY: Oxford University Press.

Hammer, E. F. (1958). *The Clinical Application of Projective Drawings.* Springfield, IL: Charles C. Thomas.

Harris, R. E., & Lingoes, J. C. (1955). *Subscales for the MMPI: An aid to profile interpretation.* Unpublished manuscript, Department of Psychiatry, University of California at San Francisco.

Harris, R., & Lingoes, J. (1968). *Subscales for the Minnesota Multiphasic Personality Inventory.* Unpublished manuscript, Langley Porter Neuropsychiatric Clinic, San

Francisco.

Hathaway, S. R., & McKinley J. C. (1942). *Manual for the Minnesota Multiphasic Personality Inventory*. Minneapolis: University of Minnesota Press.

Hathaway, S. R., & McKinley J. C. (1943). *The Minnesota Multiphasic Personality Inventory*. New York: Psychological Corporation.

Hertz, M. R. (1936). *Frequency tables to be used in scoring the Rorschach Ink-blot Test*. Cleveland, OH: Western Reserve University, Brush Foundation.

Klopfer, B., & Kelly, D. (1942). *The Rorschach technique*. Yonkers-on-Hudson, NY: World Books.

Meyer, G. J. (2004). The reliability and validity of the Rorschach and Thematic Apperception Test (TAT) compared to other psychological and medical procedures: An analysis of systematically gathered evidence. In M. J. Hilsenroth & D. L. Segal (Eds.), *Comprehensive handbook of psychological assessment: Personality assessment* (Vol. 2, pp. 315-342). Hoboken, NJ: Wiley. Meyer.

Mihura, J. L., Meyer, G. J., Dumitrascu, N., & Bombel, G. (2013). The validity of individual Rorschach variables: Systematic reviews and meta-analyses of the Comprehensive System. *Psychological Bulletin, 139,* 548-605.

Morey, L. C. (1991). *Personality Assessment Inventory manual*. Odessa, FL: Psychological Assessment Resources.

Morgan, C. D., & Murray, H. A. (1935). A method for investigating fantasies: The Thematic Apperception Test. *Archives of Neurology and Psychiatry, 34,* 289-306.

Murray, H. A. (1943). *Thematic apperception test manual*. Cambridge, MA: Harvard University Press.

Payne, A. F. (1928). *Sentence completions*. New York: New York Guidance Clinic.

Piotrowski, Z. A. (1950). A Rorschach compendium. In J. A. Brussel, K. S. Hitch, & Z. A. Piotrowski (Eds.), *A Rorschach training manual*. Utica, NY; State Hospitals Press.

Rapaport, D. (1943). The clinical application of the Thematic Apperception Test. *Bulletin of the Menninger Clinic, 7,* 106-113.

Rapaport, D., Gill, M., & Schafer, R. (1946). *Diagnostic psychological testing. Vols, 1 & 2*. Chicago: Year Book Publishers.

Rotter, J. B. (1951). Word association and sentence completion methods. In H., Anderson, G. Anderson (Eds.), *An introduction to projective techniques* (pp. 279-311).

Englewood Cliffs, NJ: Prentice-Hall.

Rotter, J. B., Lah, M. I., & Rafferty, J. E. (1992). *Rotter Incomplete Sentences Blank Manual* (2nd ed.). San Antonio, TX: Psychological Corporation.

Sacks, J. M., & Levy, S. (1950). The Sentence Completion Test. In L. E. Abt & L. Bellak (Eds.), *Projective psychology: Clinical approaches to the total personality* (pp. 357-402). New York: Knopf.

Sargent, H. (1945). Projective methods: Their origins, theory, and application in personality research. *Psychological Bulletin, 42*, 257-293.

Schafer, R. (1954). *Psychoanalytic interpretation in Rorschach testing.* New York: Grune & Stratton.

Sjöbring, H. (1973). Personality structure and development: A model and its application. *Acta Psychiatrica Scandinavica. Suppl*, 244.

신경심리평가

임상신경심리학은 뇌와 행동 사이를 이해하는 임상심리학의 전문 분야 중 하나로 뇌장애 진단, 인지능력 및 행동기능의 평가, 효과적인 치료 설계와 관련되며, 최근 빠르게 성장하고 있다(미국 임상신경심리학회 https://scn40.org/). 임상신경심리학의 주요 목표는 심리과정을 뇌의 구조와 체계를 통해 이해하는 것이다. 따라서 신경심리평가는 뇌 기능 평가에 일차적 목적이 있으며, 뇌 기능 평가를 통해 인간의 행동을 이해하고자 한다.

인간의 뇌를 평가하는 방법은 다양하다. 대표적으로 뇌의 밀도를 재구성해 해부학적 구조에 대한 사진을 제공하는 CT와 MRI, 뇌의 전기적 활동을 시각적으로 보여 주는 EEG, 신경체계를 자극해 반응강도, 효율성, 민첩성, 적절성 등을 평가하는 신경학적 검사, 인간의 행동을 측정하여 뇌 기능을 평가하는 신경심리검사 등이 있다. 이 장에서는 뇌 기능의 손상이 인간의 행동에 어떤 영향을 미치는지와 뇌를 평가하는 방법 중 신경심리평가가 어떤 목적과 절차로 이루어지고, 신경심리평가의 평가 영역과 각 영역별 신경심리검사의 종류 등에 대해 알아보고자 한다.

1. 뇌 기능 손상과 인간 행동

뇌 기능은 우리의 일상생활 및 행동과 밀접한 관련이 있다. 일상생활에서 주어지는 과제나 목표를 달성하기 위해서는 뇌 기능 또는 인지기능이 중요한 작용을 한다(Casaletto & Heaton, 2017). 다만, 이러한 인지기능을 발휘하는 데는 다양한 요소가 영향을 미칠 수 있다. 예컨대, 동기나 보상, 활용 기술 등이 인지능력을 발휘하는 데 영향을 미칠 수 있다.

또한 특정 직업별로 더 중요하게 요구되는 기능이 있을 수 있다. 예컨대, 시각디자인과 같은 직업에서는 언어적인 능력보다 시공간 및 지각 능력이 더 중요하게 필요할 수 있고, 글을 쓰는 작가의 경우에는 그 무엇보다 언어적 이해력과 표현력, 언어적 개념형성 능력이 중요할 것이다.

최근에는 메타인지(metacognition)와 같이 인지 처리나 과정에 대한 인식과 조절을 의미하는 상위인지 개념이 강조되기도 한다. 메타인지가 잘되는 사람은 자기 생각의 내용과 흐름을 인식하고, 자신이 아는 것과 모르는 것을 자각하며, 스스로 문제점을 인식하고 문제를 해결하기 위해 노력하며, 조절하고 통제하는 것이 가능하다.

1) 뇌의 구조와 기능

뇌는 복잡한 조직으로 구성되어 있다. 각 조직이 섬세하게 연결되어 있어 이 장에서 뇌의 구조와 기능을 모두 살펴보기란 한계가 있다. 따라서 이 장에서는 뇌의 대표적인 구조와 기능에 대해서 살펴보겠다.

대뇌피질(Cerebral cortex)[1]을 평면의 외측 면에 따라 좌우로 나눌 수 있는데, 좌반구는 말하기, 쓰기 등과 같은 언어기능, 논리적 사고, 수리적 계산 능력 등과 관련되고, 우반구는 시공간 기능, 비언어적 사고, 창의적 사고 등과 관련된다. 초창기 웩슬러 지능검사에서는 지능을 언어성 지능(Verbal IQ)과 동작성 지능(Performance IQ)으로 나누었는데 이러한 구분에는 대뇌피질의 평면적 구조에 따른 기능이 반영되었다고 볼 수 있다.

대뇌피질을 열과 구에 따라 종단적으로 나누면 전두엽(frontal lobe), 측두엽(temporal lobe), 두정엽(parietal lobe), 후두엽(occipital lobe)으로 구분할 수 있다. 전두엽은 뇌의 큰 구조 중 하나로 가장 나중에 발달하며, 고차원적 인지기능과 관련된다. 전두엽은 정서조절 능력 및 인지통제와 관련된다. 또 자신의 행동을 구조화하고 변화시키며 목표지향적인 행동을 계획하고 실행하는 기능과 관련된다. 이런 기능을 집행기능(executive functions)이라 하며, 집행기능에는 다가올 일에 대한 예상이나 예측 능력, 중요한 목표를 선택하고 목

---

1) 대뇌피질(cerebral cortex)은 대뇌 표면의 회백질로 이루어진 세포층으로 발생 순서에 따라 신피질과 변연피질로 구분된다. 신피질은 고등동물에서 발달한다. 대뇌피질은 기능에 따라 감각, 운동, 연합 영역으로 나뉘고 구조에 따라 좌우반구나 전두엽, 두정엽, 측두엽, 후두엽 등으로 나뉜다.

표에 따라 계획하는 능력, 모니터링하고 피드백을 활용하는 능력 등이 포함된다(Stuss & Benson, 1987). 전두엽 중 특히 전전두 영역은 신경계 활동을 형성, 통합, 실행, 검토, 판단, 수정한다. 좌반구 전두엽에는 브로카 영역이 있다. 이 영역이 손상되면 상대방의 언어 표현을 이해할 수 있으나 자신의 생각을 적절한 단어와 문장으로 말하는 데 어려움이 있다. 이러한 증상을 브로카 실어증(Broca's aphasia) 또는 표현성 실어증이라고 한다.

측두엽은 청각기능 및 언어적 표현, 특히 수용언어 등과 관련된다. 즉, 측두엽은 청각정보에 따른 언어적 지각과 관련되며, 말소리를 이해하거나 해석하고 구별하는 능력과도 관련이 있다. 예컨대, 측두엽이 손상되면 말하기나 타인의 말을 이해하는 것이 어렵다. 이러한 의사소통장애를 베르니케 실어증(Wernicke's aphasis) 또는 수용성 실어증이라고 하며, 좌반구 측두엽 근처 베르니케 영역이 손상되었을 때 발생한다. 좌반구 측두엽에 손상이 있는 경우 단어 회상이 어렵고 사물을 명명하는 것이 어려울 수 있는 반면, 우반구 측두엽에 손상이 있는 경우에는 공간 지남력이 상실되고 비언어적 소리를 변별하고 재인하는 데 어려움이 있을 수 있다.

두정엽은 전두엽과 후두엽 사이에 위치해 있으며, 촉각기능과 관련되어 온도, 가려움, 통증 등을 느끼는 것에 영향을 준다. 또 시각정보처리와 관련되어 일차원, 이차원, 삼차원의 대상이나 형태를 구성하고 그리는 능력에 영향을 미친다(Strub & Black, 1985). 특히, 좌측 두정엽은 활동을 계획하고 순서화하는 것과 관련되고, 우측 두정엽은 공간을 지각하고 구조를 이해하는 능력 및 시공간적 상상능력과 관련된다. 또한 후측 두정엽은 감각기능과 관련되며, 주의집중을 빠르게 전환하는 능력과도 관련된다.

후두엽은 시각기능과 관련된다. 시각기능에는 시각적 정보를 인식하고, 해석하며, 통합 및 변별하는 기능이 포함된다. 시각적으로 입력된 정보를 정상적으로 인식하고 자극을 통합 및 변별할 수 있다는 것은 일상생활에 매우 중요하다. 예컨대, 아는 사람의 얼굴을 정확하게 인식하고 다른 사람과 구별할 수 있는 것 또한 시각 인식 및 변별기능과 관련된다. 후두엽이 손상되면 시각실인증과 시각 왜곡이 나타날 수 있다. 시각실인증에는 하나의 사물에서 본 시각적 정보를 하나로 통합할 수 없는 통각성 시각실인증, 친숙한 얼굴이나 사물을 지각할 수 있지만 재인할 수 없는 시각대상실인증, 하나 이상의 대상이나 위치를 동시에 지각할 수 없는 동시성실인증, 색채를 지각할 수는 있으나 색의 차이를 구별하지 못하는 색채실인증, 사람의 얼굴을 인식하고 재인하는 것이 어려운 안면실인증 등이 있다.

2) 뇌 손상이 행동에 미치는 영향

뇌와 행동은 매우 복잡하게 관련되어 있어 기본적으로 각 기능을 담당하는 영역이 있을 수 있지만 대체로 뇌 구조가 복합적으로 기능에 영향을 미친다. 특히, 복잡한 행동들은 단순한 뇌 구조에 영향을 받기보다는 보다 복잡한 뇌의 체계와 관련된다(Luria, 1973).

뇌 손상이 행동에 미치는 영향은 손상된 부위, 위치, 심각도, 손상이 지속된 기간 등에 따라 달라질 수 있다(신경심리연구회, 1998). 또 내담자/환자의 연령, 성별, 학력, 직업력 등 심리사회적 배경이나 신체적 건강 상태, 병력, 생리적 차이 등에 따라 영향을 받을 수 있다. 따라서 뇌 손상이 행동에 미치는 영향을 평가할 때는 이러한 복합적 요인들을 충분히 고려해야 한다.

3) DSM-5 주요 신경인지장애

전 세계적으로 가장 많이 사용되는 정신질환 진단기준 중 하나인 『정신질환 진단 및 통계 매뉴얼-5판』(Diagnostic and Statistical Manual of Mental Disorders, Fifth Edition: DSM-5)[2] 은 신경인지장애(Neurocognitive Disorders: NCDs)를 인지기능 손상이 주 임상 특징인 장애로 명명하고 있다. 이러한 인지기능 손상은 선천적이 아니라 후천적으로 발생한다. 신경인지장애에는 섬망과 주요 및 경도 신경인지장애의 다양한 아형이 포함된다.

(1) 섬망

섬망(Delirium)은 주의를 기울이고, 집중하며, 유지하고, 전환하는 능력의 감소가 특징인 주의의 장애와 환경에 대한 지남력의 감소가 특징인 의식의 장애가 특징이다(APA, 2013). 섬망은 그 원인이 되는 특정 물질에 따라 물질 중독 섬망, 물질 금단 섬망, 다른 의학적 상태로 인한 섬망, 다중 병인으로 인한 섬망 등으로 분류할 수 있다. 경과에 따라 급성(몇 시간이나 며칠 지속)과 지속성(몇 주나 몇 개월 지속)으로 나뉘며, 정신운동 활동 수준에 따라 과활동성(활동 수준 과잉, 기분 가변성, 초조 등 동반), 저활동성(활동 수준 저조, 혼미에 가깝게 축 늘어지거나 무기력을 동반), 혼합성(주의 및 의식 장애, 단 활동 수준 보통)으로 분류할 수 있다.

---

2) DSM-5는 미국정신의학회(APA)에서 발행한 정신장애 분류 및 진단기준·절차, 국내에서도 정신장애를 진단하고 분류할 때 많이 사용한다.

〈표 7-1〉 DSM-5 섬망 진단기준

A. 주의의 장애와 의식의 장애

B. 장애는 단기간에 걸쳐 발생하고, 기저 상태의 주의와 의식으로부터 변화를 보이며, 하루 경과 중 심각도가 변동하는 경향이 있다.

C. 부가적 인지장애

D. 진단기준 A와 C는 이미 존재하거나, 확진되었거나, 진행 중인 다른 신경인지장애로 더 잘 설명되지 않고, 혼수와 같이 각성 수준이 심하게 저하된 상황에서는 일어나지 않는다.

E. 병력, 신체 검진 또는 검사 소견에서 장애가 다른 의학적 상태, 물질 중독이나 금단, 독소 노출로 인한 직접적·생리적 결과이거나, 또는 다중 병인 때문이라는 증거가 있다.

(2) 신경인지장애

DSM-IV-TR(APA, 2000)에서 치매(dementia)로 명명되었던 신경인지장애(Neurocognitive Disorders: NCDs)는 하나 이상의 인지 영역에서 후천적으로 발생하는 인지 저하가 현저한 것이 특징이다. 인지 결손이 일상생활의 독립성을 방해하는지, 그렇지 않은지에 따라 주요 신경인지장애와 경도 신경인지장애로 구분할 수 있으나, 이는 임의적인 구별이며 두 신경인지장애는 하나의 연속선상에 있다.

〈표 7-2〉 DSM-5 주요 신경인지장애 진단기준

A. 하나 또는 그 이상의 인지 영역(복합적 주의, 집행기능, 학습과 기억, 언어, 지각-운동, 사회 인지)에서 인지 저하가 이전의 수행 수준에 비해 현저하다는 증거는 다음에 근거한다(두 가지 모두).
  1. 환자, 환자를 잘 아는 정보 제공자 또는 임상의가 현저한 인지기능 저하를 걱정
  2. 인지 수행의 현저한 손상이 가급적이면 표준화된 신경심리검사에 의해, 또는 그것이 없다면 다른 정량적 임상 평가에 의해 입증

B. 인지 결손은 일상 활동에서 독립성을 방해한다(즉, 최소한 계산서 지불이나 치료약물 관리와 같은 일상생활의 복잡한 도구적 활동에서 도움을 필요로 함).

C. 인지 결손은 오직 섬망이 있는 상황에서만 발생하는 것이 아니다.

D. 인지 결손은 다른 정신질환으로 더 잘 설명되지 않는다.

주요 신경인지장애는 증상의 심각도를 경도, 중등도, 고도로 나눌 수 있다. 경도의 경우 집안일이나 돈 관리 등과 같은 일상생활의 도구적 활동이 어렵고, 중등도의 경우 음식 섭취나 옷 입기 등과 같은 일상생활의 기본적 활동이 어렵다. 심도의 경우 일상생활에서 스스로 독립적인 활동을 기대하기 어려우며, 타인에게 완전히 의존적인 상태를 말한다. 또한 행동장애를 동반하는 경우와 동반하지 않는 경우가 있다. 행동장애에는 정신병적 증상

들, 기분장애, 초조, 무감동 등이 포함된다.

〈표 7-3〉 DSM-5 경도 신경인지장애 진단기준

A. 하나 또는 그 이상의 인지 영역(복합적 주의, 집행기능, 학습과 기억, 언어, 지각-운동, 사회 인지)에서 인지 저하가 이전의 수행 수준에 비해 현저하다는 증거는 다음에 근거한다(두 가지 모두). 　1. 환자, 환자를 잘 아는 정보 제공자 또는 임상의가 현저한 인지기능 저하를 걱정 　2. 인지 수행의 현저한 손상이 가급적이면 표준화된 신경심리검사에 의해, 또는 그것이 없다면 다른 정량적 임상 평가에 의해 입증 B. 인지 결손은 일상 활동에서 독립적 능력을 방해하지 않는다(예: 계산서 지불이나 치료약물 관리와 같은 일상생활의 복잡한 도구적 활동은 보존되지만 더 많은 노력, 보상 전략 및 조정이 필요할 수 있다.). C. 인지 결손은 오직 섬망이 있는 상황에서만 발생하는 것이 아니다. D. 인지 결손은 다른 정신질환으로 더 잘 설명되지 않는다.

　신경인지장애는 인지 저하의 기저 병인[3]에 따라 분류할 수 있다. 병인에는 알츠하이머병, 전두측두엽변성, 루이소체병, 혈관 질환, 외상성 뇌 손상, 물질/치료약물 사용, HIV 감염, 프라이온병, 파킨슨병, 헌팅턴병, 다른 의학적 상태, 다중 병인 등이 있다.

　병인에 따라 신경인지장애는 다른 양상을 나타낸다(APA, 2013). 예컨대, 알츠하어이머병으로 인한 신경인지장애(Neurocognitive Disorder due to Alzheimer's Disease)는 인지기능 손상이 서서히, 그리고 점진적으로 진행되는 것이 특징이다. 대체로 가족력을 가지고 있으며, 기억과 학습에서의 손상이 전형적으로 나타난다.

　전두측두엽 신경인지장애(Frontotemporal Neurocognitive Disorder)는 행동과 성격의 변화, 집행기능의 저하가 점진적으로 나타나는 것이 특징이다. 행동과 성격의 변화에는 행동 탈억제, 무감동 또는 무기력, 동정 또는 공감의 상실, 반복적 · 상동적 · 강박적 행동, 과탐식과 식이변화가 포함된다. 또 언어를 생산하거나 이해하는 데 있어서는 뚜렷한 저하를 보이나, 학습과 기억기능은 상대적으로 보존된다.

　루이소체 신경인지장애(Neurocognitive Disorder with Lewy Bodies)는 점진적 인지 손상과 반복되는 상세한 환시, 인지 저하 이후 발생하는 파킨슨증이 특징이다. 대체로 파킨슨증이 나타나기 1년 전부터 주요 인지 결손이 나타난다. 또한 이 장애의 절반 이상이 신경이완제에 민감도가 심각하고, REM 수면 및 행동장애의 기준을 충족한다.

---

3) 병인은 병을 유발하는 요인 또는 원인을 말한다.

혈관성 신경인지장애(Vascular Neurocognitive Disorder)는 다발경색증이 있는 사람에게서 나타날 수 있고 급격한 인지 저하가 특징이다. 특히, 이 장애로 진단받은 사람들은 복합적 주의와 집행기능의 저하가 확연히 나타난다. 이 장애로 진단하기 위해서는 뇌 영상에서 뇌혈관 질환으로 뇌 손상이 있다는 확실한 증거가 나타나야 하며 뇌혈관 질환 이후 관련 증상이 나타나야 한다.

외상성 뇌 손상으로 인한 신경인지장애(Neurocognitive Disorder due to Traumatic Brain Injury)는 의식 상실, 외상 후 기억 상실, 지남력[4] 장애와 혼돈, 신경학적 징후 중 한 개 이상의 증상이 있는 것이 주요 특징이다. 이 장애로 진단하기 위해서는 외상성 뇌 손상이 선행되어야 한다. 외상성 뇌 손상이란 두부 충격, 두개골 내 뇌를 급격히 움직이거나 전위시키는 기전의 증거가 있다. 대체로 외상성 뇌 손상 직후 신경인지장애가 발생한다.

2. 신경심리평가

신경심리평가는 면담, 관찰, 신경심리검사 결과를 종합하여 전문가적 해석과 진단을 내리는 것을 의미한다.

① 면담

모든 심리평가에서 면담은 평가의 목적과 방향을 설정하고, 환자에 대한 많은 정보를 도출해 내며, 가설을 수립하는 매우 중요한 과정이다. 면담을 통해 의뢰 사유, 평가 목적, 환자의 주요 증상, 증상의 시작 시기와 경과, 주관적 불편감의 정도, 교육수준, 연령, 다른 의학적 상태, 기타 영향을 줄 만한 요인 등을 종합적으로 파악해야 한다. 또한 풍부하고 다양한 정보를 얻기 위해 보호자의 보고를 통해 관찰되는 행동상의 변화나 증상의 심각도, 병력과 현재의 의학적 상태, 과거력, 가족력 등에 대한 정보 등을 파악할 필요가 있다. 면담은 환자에 대한 정보를 수집 및 취합하여 가설을 세울 수 있게 한다는 점에서 무엇보다 중요하다.

---

4) 지남력(orientation)은 시간, 장소, 사람 등을 현 상황을 인식하는 기능으로 의식, 사고력, 판단력, 기억력, 주의력을 요한다.

② 관찰

관찰은 환자의 행동을 이해하고 심리검사 결과를 해석하기 위해 매우 기본적인 자료로 활용할 수 있다. 관찰은 간접관찰과 직접관찰로 구분할 수 있다. 간접관찰은 환자와 가까운 사람, 즉 가족이나 친구와 같이 환자의 일상생활에 밀접하게 접촉해 있는 다른 사람이 환자를 관찰한 정보를 진술하게 하거나 환자가 쓴 글이나 일기 등을 확인하는 것을 포함한다. 직접관찰은 심리평가 시 임상가가 환자의 행동을 직접적으로 관찰하는 것을 의미한다. 환자가 임상가를 처음 만났을 때 보여 준 행동과 태도, 걸음걸이, 옷차림, 말하기, 눈 마주치기, 낯선 상황에서의 반응, 처음 만나는 사람을 대하는 자세, 어려운 과제를 직면했을 때의 태도 등 다양한 모습을 관찰할 수 있다.

③ 신경심리검사

어떤 영역을 평가하는 신경심리검사를 사용할 것인지, 어떤 검사를 선택할 것인지는 환자의 주요 문제, 임상가의 임상적 판단 등에 의해 결정할 수 있다. 대체로 기본적인 신경심리학적 능력 전반을 평가하는 배터리 방법을 사용하거나 개별 환자의 특징에 따라 가설검증 방법을 적용할 수 있다(Trull & Prinstein, 2014).

배터리 방법은 여러 신경심리검사의 총집으로 다양한 신경심리학적 영역을 평가할 수 있다는 장점이 있는 반면, 환자에 따라 융통성 있게 이루어지기 어렵고 소요시간이 길며 환자의 피로를 유발한다는 단점이 있다. 가설검증 방법은 환자에 따라 신경심리검사가 다르게 구성되며, 환자의 주요 문제 또는 가설을 검증하기 최적화된 방법을 적용할 수 있다는 장점이 있다. 반면, 임상가의 판단이 큰 영향을 미치기 때문에 숙련된 임상가만이 적용할 필요가 있고, 임상가가 적합한 검사를 선택하지 못하면 평가의 결과가 정확하게 나오기 어렵다는 단점이 있다.

임상가는 환자의 문제뿐만 아니라 각 검사의 평가 영역과 목표, 적용 가능한 연령, 산출 가능한 점수, 검사의 신뢰도 및 타당도, 소요시간, 비용 등을 고려하여 최종적으로 어떤 검사를 선택할 것인지 결정해야 한다.

1) 신경심리평가의 목적

신경심리평가에서는 신경인지 영역 등을 평가하여 신경인지장애를 진단하고, 치료계획을 수립하며, 치료의 결과를 평가하고, 손상된 기능의 재활을 하는 데 활용할 정보를 제공한다(신경심리연구회, 1998). 진단을 위한 신경심리평가는 환자가 보이는 증상이 정신과적인 증상인지 또는 신경과적인 증상인지를 감별하고, 뇌 손상 유무와 영역, 심각도, 손상 영역에 따른 기능 및 행동 변화 등을 판단하는 것과 관련된다. 또한 신경심리평가는 뇌 기능이나 뇌 기능과 관련된 행동, 뇌 손상과 관련된 증상이나 정신장애 등에 대한 연구를 통해 새로운 검사 도구를 개발하거나 효과적인 치료법 등을 연구할 수 있다.

신경심리평가는 경도 신경인지장애 평가에서 매우 중요하다. 특히, 경도 신경인지장애는 정상적인 노화에서 일어날 수 있는 결손과 구분될 필요가 있는데, 신경심리평가가 이러한 감별에 도움을 줄 수 있다.

2) 신경심리평가의 평가 영역과 신경심리검사

신경심리평가의 주요 목적은 신경인지적 결함, 즉 신경인지장애를 평가하고 확인하는 것이다. 신경인지장애는 인지기능 손상이 주 특징이어서 과거의 신경심리평가는 이러한 인지기능을 측정하는 데 주로 초점 맞춰졌다. 최근에는 집행기능의 중요성에 대한 관심이 높아짐에 따라 이를 평가하는 신경심리검사들이 개발되고 있다. 대표적인 신경인지기능에는 언어, 지각-운동, 주의, 기억, 학습, 집행기능, 사회인지가 있다(APA, 2013).

(1) 언어
언어 기능에는 표현언어와 수용언어가 포함된다. 표현언어는 말하기, 쓰기, 몸짓 등으로 의사소통하는 것을 의미한다. 수용언어는 타인의 말을 듣고 이해하는 기능으로 언어적 정보를 선택하고 분류하며 통합하여 적절히 해석하는 것을 의미한다.

표현언어나 수용언어에 손상이 있는 경우 대화 시 필요하거나 적절한 단어를 말하기 어렵고, 특정 대상의 이름을 명명하기보다는 '거기', '그것', '저기' 등과 같은 일반적인 대명사를 많이 사용한다. 또 문장 구성 시 특정 조사나 관사 등을 생략하거나 부정확하게 사용할 수 있으며 단어를 적절하게 사용하기 어렵다. 하나의 어나 구를 반복하는 상동언어, 타인의 언어를 반복해서 모방하는 반향언어, 의식하지 못하고 말하는 자동적 언어가 나타날 수 있다. 심한 경우 가족이나 가까운 친구의 이름조차 명명하지 못할 수 있다.

표현언어 기능은 자발적인 발화능력[5]과 그림을 보여 주고 대상을 명명하거나 묘사하

---

5) 발화능력은 소리를 내어 말을 하는 언어능력을 말한다.

는 것 등을 통해 평가한다. 표현언어를 평가하는 대표적인 신경심리검사로는 특정 대상 및 물건을 그림으로 제시하고 그림의 이름을 명명하게 하는 보스턴 이름대기 검사(Boston Naming Test: BNT), '동물'이나 'ㄱ'과 같이 의미 또는 음소 등 특정 조건이나 범주를 제시하고 제한시간 동안 해당 조건에 부합하는 단어를 최대한 많이 말하도록 하는 단어 유창성 검사(Word Fluency Test: WFT) 또는 통제 단어 연상검사(Controlled Oral Word Association Test: COWAT), 따라말하기검사, 자발적 말하기를 통해 유창성이나 문법과 구문의 정확한 사용, 내용의 전달이 가능한지 등을 평가하는 한국판-웨스턴 실어증 검사(Korean-Western Aphasia Battery: K-WAB) 등이 있다.

수용언어 기능은 단어나 문장의 뜻을 이해하고 뜻에 적합한 대상이나 그림을 지칭하게 하는 설명 듣고 이름대기검사(Naming to Description Test), 일정한 질문을 한 후 '예' 또는 '아니요'로 답하게 하는 예-아니요 검사, 언어적 명령에 적합하게 행동하는 글명령 검사가 포함된 K-WAB 등으로 평가할 수 있다.

(2) 지각-운동

지각은 연속적이고 상호적인 감각의 처리 과정이다. 지각은 시공간적 자극을 인식하고 식별하며 재인하고 조직화하며 통합하는 것을 포함한다. 지각-운동은 지각을 목적 있는 운동과 통합하는 기능을 말한다. 이 기능에 손상이 있는 경우 방향이나 길을 찾는 데 어려움이 있을 수 있고, 특히 새로운 장소에서 길을 헤맬 수 있다. 일상생활에서 주차나 물건을 정리하는 일이 어렵고, 디자인을 구성하거나 조립하는 등의 시공간적 기능을 요하는 작업을 수행할 때 어려움이 있을 수 있다. 심한 경우 익숙한 길을 찾는 데도 어려움이 있고, 빛이 어두워지는 때에 더욱 혼란을 경험할 수 있다.

지각-운동 기능을 평가할 때는 형태를 모사하거나 구별하는 과제, 비슷한 형태를 찾아 짝을 짓는 과제, 그림을 보고 블록이나 토막을 배열하는 과제, 몸동작을 흉내 내거나 명령에 따라 행동하는 과제 등을 활용할 수 있다. 지각-운동 기능을 평가하는 대표적인 신경심리검사는 여러 개의 도형을 보고 모사하고 회상하게 하는 벤더-게슈탈트 검사(Bender-Gestalt Test: BGT), BGT와 유사하게 도형을 보고 모사하고 회상하며 재인하게 하는 검사이나 BGT와 달리 다양한 도형들이 통합적이고 복합적으로 구성되어 하나의 도형으로 제시되는 레이 복합도형 검사(Rey Complex Figure Test: RCFT), 자유로운 시각-운동 협응을 측정하기 위한 낙서과제, 검사자가 시범을 보여 준 도형을 따라 그리는 모방과제, 제시된 도형을 보고 유사하게 그리는 모사과제와 같이 시지각 정보를 행동으로 옮기는 시각-운동 통합검사와 지시에 따라 신체 부위를 손으로 짚는 시지각 보충검사, 지시에 따른 행동을 하는 운동협응 보충검사로 구성된 시각-운동 통합 검사(Visual Motor Integration: VMI), 웩슬러 지능검사 중 제시된 그림을 보고 그림과 유사하게 토막을 배열하는 토막짜기 소검사 등이 있다.

(3) 주의

주의는 하나의 일이나 상황에 관심이나 마음을 집중하는 상태를 의미한다. 주의는 일정 시간 동안 지속적으로 주의를 유지하는 지속적 주의, 여러 자극 중 특정 자극에 주의를 유지하는 선택적 주의, 두 가지 자극에 동시에 주의를 기울이는 분할 주의 등이 있다. 주의 기능이 손상되면, 일상적인 일을 하는 데 훨씬 더 많은 시간이 소요되고, 실수를 많이 한다. 두 가지 이상의 일을 동시에 하는 것이 어렵고, 다양한 자극이 있는 경우 쉽게 산만해질 수 있다. 심한 경우 방금 보고 들은 것도 기억하지 못할 수 있고, 모든 생각을 하는 데 매우 오랜 시간이 소요될 수 있다.

주의는 일정 시간 동안 신호가 들릴 때마다 버튼을 누르거나 숫자와 글자를 동시에 들으면서 글자만을 세도록 하거나 숫자와 기호를 짝짓게 하는 등으로 평가할 수 있다. 주의를 측정하는 대표적인 신경심리검사는 웩슬러 지능검사 중 숫자와 짝지어진 간단한 기호를 제한 시간 내에 보고 쓰는 기호쓰기, 지속적 주의 및 분할 주의를 측정하는 검사 중 하나로 제시된 숫자와 글자를 순서대로 하나의 선으로 연결하는 선로검사(Trail Making Test: TMT), 선택적 주의 및 분할 주의를 측정하는 검사 중 하나로 제시된 글자를 읽거나 색깔과 글자의 내용이 상충될 때 글자 색깔 말하기 등으로 구성된 스트룹 검사(Stroop Test) 등이 있다.

(4) 학습과 기억

기억은 학습과 개념적으로 밀접하게 관련되어 있다. 새로운 정보를 습득하는 과정이 학습이라면, 기억은 학습된 정보가 지속되는 것을 의미한다(최진영 외, 2012). 기억을 저장하는 시간으로 구분한다면, 단기기억과 장기기억으로 나눌 수 있다. 단기기억이 입력된 정보를 수초에서 수분 간 일시적으로 저장하는 것을 말한다면, 장기기억은 더 오랜 시간 동안 안정적으로 정보를 저장하는 것을 의미한다. 장기기억은 절차기억과 서술기억으로 나뉠 수 있다. 절차기억은 의식하지 않아도 경험적으로 체득된 정보가 행동에 영향을 주는 것을 의미한다. 자동차 운전이나 자전거 타기, 일상적으로 반복되는 행동 등이 포함된다. 서술기억은 학습과 같은 의식적 활동을 통해 특정 정보를 저장하고 인출하는 것을 의미한다.

또한 기억은 부호화, 기억공고화, 인출 과정으로 이루어진다. 부호화는 특정 정보가 내적 기억으로 전환되는 과정을 의미하고, 기억공고화는 즉각기억을 장기기억으로 지속 저장되게 하는 과정을 의미하며, 인출은 저장된 정보를 의식적으로 불러오는 과정을 의미한다. 기억의 인출 방식은 회상과 재인으로 나눌 수 있는데, 회상은 다시 자유회상, 단서회상으로 나눌 수 있다. 자유회상은 아무런 단서 없이 이전에 저장된 정보를 인출하는 것을 말하고, 단서회상은 인출할 정보를 떠올릴 만한 단서를 제공하고 이전에 저장된 정보를 인출하는 것을 말하며, 재인은 여러 단서 중 이전에 저장된 정보를 찾아내는 것을 말한다.

학습과 기억기능이 손상되면, 최근에 있었던 일들조차 떠올리기 어렵고, 약속이나 중요한 정보를 회상하는 데 어려움이 있을 수 있다. 간혹 같은 사람에게 같은 말을 반복하거나 약을 먹었는지, 돈을 지불했는지, 화장실을 이용한 후 변기 물을 내렸는지 등과 같이 특정 행동을 자신이 했는지 안 했는지도 기억하지 못할 수 있다.

학습과 기억은 숫자를 듣고 그대로 말하거나 단어나 숫자 목록을 반복하여 평가할 수 있다. 또한 새로운 단어나 짧은 이야기, 도형의 모양이나 위치 등과 같은 새로운 정보를 부호화하고 자유롭게 회상하며 단서가 주어졌을 때 특정 정보를 회상하거나 여러 단서 목록을 주고 특정 정보가 있었는지를 평가한다.

학습과 기억을 평가하는 대표적인 신경심리검사는 웩슬러 지능검사 중 숫자를 듣고 그대로 말하거나 거꾸로 말하는 등의 숫자 소검사가 있다. 또 짧은 이야기를 듣고 이야기의 내용을 회상 및 재인하게 하는 논리기억 소검사, 연합된 단어 쌍에 대한 언어 기억을 측정하는 단어연합 소검사, 시각 자극에 대한 공간 기억을 측정하는 디자인 소검사, 몇 개의 그림을 10초씩 보여 주고 기억하여 그림을 다시 그리게 하는 시각재생 소검사, 색깔 원이 있는 격자를 순차적으로 보여 준 뒤 특정 규칙에 따라 원의 위치를 더하거나 빼도록 하는 공간합산 소검사, 추상적 기호들을 잠시 보여 준 뒤 제시한 것과 똑같은 순서로 고르도록 하는 기호폭 소검사로 구성된 웩슬러 기억검사(Wechsler Memory Scale: WMS), 여러 개의 단어들을 제시하고 이를 기억했다가 말하게 하는 단어목록검사나 캘리포니아 언어학습검사(California Verbal Learning Test: CVLT), 특정 도형을 보고 기억하여 그리게 하는 BGT와 RCFT 등이 있다.

(5) 집행기능

집행기능은 목표를 수립하고 목표를 달성하기 위해 행동을 계획하며 효과적으로 의사결정하고 행동하는 것을 포함한다. 또한 계획의 수정이 필요함을 인식하는 모니터링과 적절하게 대안을 제시하는 문제해결 및 정신적 유연성, 내외부적인 방해를 통제하는 간섭통제 또는 억제 등도 포함된다. 집행기능의 손상이 있는 경우 계획을 수립하고 완수하기 어렵고, 한번에 여러 일을 처리할 때 일을 조직하고 계획하며 우선순위를 결정하기가 어려워 혼란을 겪을 수 있다. 따라서 복잡한 계획을 세우기 어렵고 활동을 계획하거나 효과적으로 결정하기 위해서는 타인의 도움이 필요하다.

집행기능은 연속된 그림의 배열 해석하기, 미로의 출구 찾기, 문제해결을 위한 규칙을 추론하기, 우선적인 정보를 선택하고 그 외 정보를 무시하기, 두 가지 정보를 동시에 처리하기, 두 개의 개념이나 규칙에서 전환하기, 여러 대안 중 가장 합리적인 대안을 선택하는 과제를 통해 결정 과정을 평가할 수 있다.

집행기능을 측정하는 대표적인 심리검사 중 하나는 Kims 전두엽-관리기능 신경심리검사다. 이 검사는 집행기능을 위한 신경심리검사 배터리로 사고의 유연성, 사고의 전환, 주의통제, 언어적 기억과 학습, 시지각적 계획 등을 측정하는 스트룹 검사, 단어유창성, 도안유창성, 청각 언어학습검사(Auditory Verbal Learning Test: AVLT), RCFT 소검사로 구성되어 있다. 단어유창성과 도안유창성은 사고의 유연성을 측정하며, 주어진 시간 내에 전략적으로 접근하는 방식이 필요하다. 단어유창성은 제한된 시간 내에 주어진 단서로 최대한 많은 단어를 말하는 것이며, 도안유창성 소검사는 제시된 5개의 점을 연결하여 제한된 시간 내에 최대한 다양한 형태의 도형을 많이 만드는 것이 특징이다. 사고의 전환이나 자기 조절 능력 등을 측정하기 위한 신경심리검사로는 TMT, 루프를 특정 개수만큼 그리게 하는 루리아 루프(Luria Loops), 연속적인 네모와 세모 그리기(Alternating Square and Triangle), 연속 손동작 과제(First-Edge-Palm), 검사자가 보내는 신호의 반대되는 반응을 보이도록 하는 Contrasting program 등이 있다.

(6) 사회인지

사회인지는 대인관계나 사회생활 적응에 필요한 기능이다. 타인과 관계를 형성하기 위해서는 타인의 표정이나 행동, 감정 등을 이해하고 사회적 분위기를 추론하여 행동을 결정할 필요가 있다. 사회인지에는 자기지각, 타인지각, 행동의 원인 추론, 감정의 인식, 마음 이론[6] 등을 포함한다. 사회인지가 손상되면 사회적 신호나 타인의 표정, 분위기 등을 인식

---

6) 마음 이론(Theory of Mind)은 의도, 믿음, 욕구 등이 반영된 마음이 행동에 영향을 미치며, 마음에 대한 이해를 통해 행동을 예측할 수 있다는 이론이다. 마음 이론의 발달에는 사회인지 능력이 관여하며, 정보처리나 언어능력의 발달 등이 마음이론 발달에 영향을 미칠 수 있다.

하고 공감하는 능력이 저하되고, 억제력이 감소한다. 또한 사회적 기준에 둔감한 모습을 보이고, 사회적 상황에 적절하지 않게 행동하거나 타인을 고려하지 않고 행동할 수 있으며, 타인의 제지에도 부적절한 행동을 절제하지 못할 수 있다.

사회인지는 다양한 감정의 얼굴 표정을 인식 및 구별, 타인의 정서 상태에 대한 이해도, 사회적 분위기에 따른 판단, 사회적 규범이나 기준에 대한 이해도 등을 평가할 수 있다. 대표적인 검사로는 얼굴 표정 구별 과제, 웩슬러 지능검사의 이해 소검사 등이 있다.

(7) 선별검사[7]

국내에서 많이 사용되는 선별검사는 간이정신상태검사, 임상치매척도 등이 있다.

① 간이정신상태검사

간이정신상태검사(Mental State Examination: MMSE)는 1975년 출판된 이후 대표적인 인지장애 선별검사로 시간과 공간 지남력, 기억의 등록과 회상, 주의집중, 언어 기능, 시공간 기능을 평가한다. 실시방법이 간편하고 소요시간이 짧은 편이어서 다양한 영역에서 활용되고 있으나, 문항의 난이도가 낮고 연령, 교육수준, 문화, 언어 등에 많은 영향을 받는다는 단점이 있다.

② 임상치매척도

임상치매척도(Clinical Dementia Rating Scale: CDR)는 치매의 중등도를 평가하기 위해 1988년 개발되었다. 이 척도는 전반적인 인지 및 사회기능을 측정하며, 면담을 통해 기억, 주의, 관리기능, 구성, 개념화 영역을 평가한다. 적절한 치료계획 수립을 위해서 중등도 평가는 매우 중요하며, 정확한 평가를 위해서는 환자 및 보호자와 충분한 면담을 하는 것이 필요하다.

(8) 신경심리검사 배터리

국내에서 많이 사용되는 신경심리검사 배터리는 서울신경심리검사, CERAD-K 등이 있다.

---

7) 선별검사(screening test)는 특정 증상의 유무, 특정 능력이 정해진 기준에 부합하는지 가려내기 위해 사용한다.

① 서울신경심리검사

서울신경심리검사(Seoul Neuropsychological Screening Battery: SNSB)는 만 45세부터 90세까지의 연령을 대상으로 전반적인 인지기능을 평가하는 배터리다. 2003년 초판이 나온 이후 2012년 2판이 나왔다. SNSB에는 언어기능, 시공간 기능, 기억, 주의, 집행기능을 평가하는 신경심리검사를 비롯하여 MMSE, CDR 등으로 구성되어 있다.

② CERAD-K

CERAD-K(Consortium to Establish a Registry for Alzheimer's Disease)는 알츠하이머 신경인지장애를 진단하기 위한 종합평가도구(배터리)로 임상평가집과 신경심리평가집으로 구성되어 있다. 신경심리평가집에는 언어유창성 검사, BNT, MMSE, CVLT, 구성행동검사, TMT, 스트룹 검사가 포함되어 있다.

3) 신경심리평가 시 고려 사항

신경심리평가는 훈련된 전문가에 의해 표준화된 절차와 방법으로 시행되어야 한다. 신경심리평가 결과는 검사자의 전문성, 내담자/환자의 동기 또는 보상이나 이차적 이득의 유무, 뇌 손상의 경과와 부위 등에 따라 영향을 받을 수 있기 때문에 숙련된 전문가에 의해 이루어지는 것이 무엇보다 중요하다.

숙련된 전문가라는 것은 한 사람을 전체적인 삶의 맥락에서 이해할 수 있고, 표준화된 절차에 따라 심리검사를 실시, 채점, 해석할 수 있는 사람이다. 심리검사를 해석하기 위한 주요 가설과 가설을 수립하기 위한 정신병리, 성격이론, 신경심리학 등에 대한 충분한 지식을 갖추어야 한다. 또한 개인이 보이는 문제에 대한 전문적 지식이 있어야 하고, 객관적인 문제의 양상과 심각도 측정과 관련된 전문지식과 훈련도 필요하다. 내담자/환자의 문제를 확인하기에 적합한 심리검사를 선택할 수 있도록 통계나 측정학에 대한 지식도 갖추어야 하며, 각 심리검사에 대해 충분히 이해하고 훈련받아야 한다.

또한 신경심리평가는 산업재해, 교통사고 등의 후유증을 평가하는 데도 사용하는데, 이러한 후유증의 심각도가 보험금과도 관련되기 때문에 임상가는 환자가 보일 수 있는 부정왜곡(faking bad)에 대해 고민해야 한다. 부정왜곡은 여러 특징을 고려하여 판단할 수 있는데, 먼저 평가의 목적이 무엇인가를 생각해야 한다. 평가의 목적에서 단순한 증상의 평가가 아니라 증상의 평가를 통해 이차적 이득을 추구하는 것이라면 환자가 증상을 부정적으로 과장할 가능성을 고민할 필요가 있다. 두 번째는 평가 시 보이는 환자의 반응이다. 예컨대, 지능검사나 일부 신경심리검사는 문항의 순서가 난이도 순으로 구성되어 있다. 즉, 통상적으로 먼저 제시된 문항이 쉬운 문항이고 나중에 제시되는 문항일수록 어려울 수 있다. 그러나 부정왜곡을 시도하는 사람들은 쉬운 문항에서 맞고 어려운 문항에서 틀리는 등 일관성이 없을 수 있다. 쉬운 문항에서 틀리고 되레 어려운 문항에서 맞을 수 있으며, 임상증상을 가지고 있는 환자군의 평균 수준에 미치지 못하는 검사 결과를 받을 수도 있다. 이러한 여러 가지 환자의 모습과 특징을 고려하여 검사의 결과를 해석해야 한다.

📝 요약

임상신경심리학은 뇌와 행동 사이를 이해하는 임상심리학의 전문 분야 중 하나다. 뇌 기능은 우리의 일상생활 및 행동과 밀접한 관련이 있다. 임상신경심리학은 뇌 기능을 평가하는 방법과 뇌 기능의 손상이 우리의 행동 및 일상생활에 미치는 영향 등을 연구하고, 평가 방법을 개발한다.

뇌는 복잡한 조직으로 구성되어 있으며, 대표적으로 대뇌피질을 평면의 외측 면에 따라 좌반구, 우반구로 나눌 수 있다. 좌반구는 언어기능 등과 관련되고, 우반구는 시공간 기능 등과 관련된다. 또 대뇌피질을 열과 구에 따라 종단적으로 나누면 전두엽, 측두엽, 두정엽, 후두엽으로 구분할 수 있다.

인지기능 손상이 주 특징인 신경인지장애에는 섬망, 신경인지장애 등이 있다. 섬망은 주의장애와 의식장애가 특징으로 그 원인이 되는 특정 물질에 따라 물질 중독 섬망, 다른 의학적 상태로 인한 섬망, 다중 병인으로 인한 섬망 등으로 분류할 수 있다. 신경인지장애는 과거 치매로 명명되었던 장애가 포함된다. 인지 결손이 일상생활의 독립성을 방해하는지, 아닌지에 따라 주요 신경인지장애와 경도 신경인지장애로 구분할 수 있다. 또한 인지 저하의 기저 병인에 따라 알츠하이머병, 전두측두엽변성, 루이소체병, 혈관 질환, 외상성 뇌 손상, 물질/치료약물 사용, HIV 감염, 프라이온병, 파킨슨병, 헌팅턴병, 다른 의학적 상태, 다중 병인으로 인한 신경인지장애로 나눌 수 있다.

이러한 뇌 기능을 평가하고 신경인지장애를 진단 및 감별하는 심리평가를 신경심리평가라 한다. 신경심리평가는 면담, 관찰, 신경심리검사 결과를 종합할 수 있다. 신경심리검사는 언어, 지각-운동, 주의, 기억, 학습, 집행기능, 사회인지 등을 측정한다.

🧠 생각해 봅시다

● 임상신경심리학이란 무엇인가?

● 뇌의 구조 및 구조별 기능은 무엇인가?

- 임상신경심리학에서 다루는 정신장애에는 어떤 것이 있는가?

- 신경인지기능이란 무엇인가?

- 신경인지기능의 손상이 가져오는 영향은 무엇인가?

- 신경심리평가의 평가영역과 각 영역별 평가방법에는 무엇이 있는가?

형성평가

- (   )와 같이 인지 처리나 과정에 대한 인식과 조절을 의미하는 상위 인지 개념이 강조되기도 한다.

- (   )은 대뇌 표면의 회백질로 이루어진 세포층으로 발생 순서에 따라 신피질과 변연피질로 구분된다. (   )을 평면의 외측 면에 따라 좌우로 나눌 수 있는데, (   )는 말하기, 쓰기 등과 같은 언어 기능, 논리적 사고, 수리적 계산 능력 등과 관련되고, (   )는 시공간 기능, 비언어적 사고, 창의적 사고 등과 관련된다.

- (   )은 주의를 기울이고, 집중하며, 유지하고, 전환하는 능력의 감소가 특징인 주의의 장애와 환경에 대한 지남력의 감소가 특징인 의식의 장애가 특징이다.

- (   )는 일정 시간 동안 지속적으로 주의를 유지하는 (   ), 여러 자극 중 특정 자극에 주의를 유지하는 (   ), 두 가지 자극에 동시에 주의를 기울이는 (   ) 등이 있다.

- (   )은 연속된 그림의 배열 해석하기, 미로의 출구 찾기, 문제해결을 위한 규칙을 추론하기, 우선적인 정보를 선택하고 그 외 정보를 무시하기, 두 가지 정보를 동시에 처리하

기. 두 개의 개념이나 규칙에서 전환하기. 여러 대안 중 가장 합리적인 대안을 선택하는 과제를 통해 결정 과정을 평가할 수 있다.

📖 참고문헌

신경심리연구회(1998). 신경심리평가. 서울: 고려의학.

최진영, 김지혜, 박광배, 황순택, 홍상황(2012). 한국판 웩슬러 기억검사 4판(K-WMS-IV) 기술 및 해석요강. 대구: 한국심리주식회사.

American Psychiatric Association. (2000). *Diagnostic and Statistical Manual of Mental Disorders*, Fourth Edition, Text Revision. Washington, DC: American Psychiatric Publishing.

American Psychiatric Association. (2013). *Diagnostic and Statistical Manual of Mental Disorders* (5th ed.). VA: American Psychiatric Publishing.

Casaletto, K. B., & Heaton, R. K. (2017). Neuropsychological assessment: Past and future. *Journal of the International Neuropsychological Society, 23*, 778-790.

Luria, A. R. (1973). *The working brain: An introduction to neuropsychology.* NY: Basic Books.

Strub, R. L., & Black, F. W. (1985). *Mental status examination in neurology.* Philadelphia: F. A. Davis.

Stuss, D. T., & Benson, D. F. (1987). *The frontal lobes and control of cognition and memory.* NY: Associates.

Trull, T. J., & Prinstein, M. J. (2014). 임상심리학(8판)(권정혜, 강연옥, 이훈진, 김은정, 정경미, 최기홍 공역). 서울: Cengage Learning. (원저는 2012년에 출판)

정신역동치료

제8장

   인간은 어린 시절 부모와의 경험에서 형성된 마음의 색깔로 세상과 타인을 만나면서 살아간다.

   정신역동치료는 내담자가 자신의 행동에 영향을 미치는 무의식을 자각하고 무의식의 지배를 벗어나도록 돕는다. 이 장에서는 정신역동치료의 개념과 정신역동치료의 실제에 대해 알아본다.

1. 정신역동치료의 개념

1) 프로이트와 무의식

   정신역동치료는 프로이트(Freud)의 정신분석이론에 기반한 것이다. 정신분석이론은 심리적 결정론(psychic determinism)과 무의식(unconscious)이 있다는 두 가지 기본 가정이 있다. 심리적 결정론은 꿈, 실수, 갈등 등은 우연히 일어나지 않고 그 전에 일어난 어떤 사건과 관계된다고 본다. 무의식은 우리가 의식할 수 없으나 엄연히 존재하는 것으로 개인의 갈등과 부적응에 영향을 미치고 있다.

아동 학대 문제로 상담을 받는 어떤 부인이 상담 과정에서 "어린 시절에 부모에게 당한 대로 내가 똑같이 딸을 학대했다는 것을 이제야 알게 되었다."며 큰 소리로 통곡하며 눈물을 흘렸다.

[그림 8-1] 프로이트가 환자 치료에 사용했던 소파(Psychoanalytic Couch)

이 부인은 자기가 의식하지 못하였지만 가해자인 어머니와 자신을 동일시하여 자녀를 학대했던 것이다. 개인이 자기의 무의식을 자각하지 못하지만 무의식은 자기 행동에 영향을 미친다. 무의식은 없는 것이 아니라 보이지 않을 뿐 우리의 대뇌에 저장되어 있으면서 일상에서 영향을 미치고 있다.

정신역동치료를 통해 내담자의 마음이 밝아지면 이전에는 알지 못했던 무의식적 내용들이 하나씩 보이게 된다. 어떤 대학생이 정신역동치료를 받으면서 '자신이 다른 사람으로부터 인정받고 싶었던 욕구가 많았다.'는 사실을 자각하게 되었다. 그 학생은 자기 문제를 자각한 후에 가정이나 학교에서 다른 사람으로부터 부적절하게 인정받으려고 애쓰던 행동을 줄일 수 있었고, 지금 자기가 해야 할 일에 집중하게 되었다. 개인의 진정한 변화는 생각만의 변화에 그치는 것이 아니라 무의식이 의식화되는 것, 몸에서의 변화가 일어나는 것, 일상에서 달라진 행동을 하는 것과 같은 총체적 변화가 따르는 것이다.

무의식은 꾸는 꿈이나 개인의 실수 등에서도 잘 드러난다. 꿈에서는 억압된 개인의 공격적 욕구나 성적 욕망 등이 표현된다. 또 무의식은 개인의 질병이나 사고, 죽음에까지 영향을 미친다. 대개의 불운이라는 것은 상실이나 자기 상해를 하려는 무의식적 의도에서 일어나기도 한다. 이러한 사례들의 동기에 있어서 처벌, 희생 또는 이전의 어떤 행위나 원망에 대해 배상을 하려는 무의식적 욕구가 큰 역할을 한다(Brenner, 1985). 무의식의 영향을 받아 자기가 스스로를 학대하면 본인뿐만 아니라 가족이나 주변 사람도 피해를 입는다. 따라서 개인이 보다 건강하고 행복하기 위해서는 자기의 무의식을 통찰하여 무의식의 노예가 되지 않고 참나가 주인공이 되어 무의식을 잘 다스릴 수 있어야 한다.

프로이트는 인간을 이성적으로만 살아가는 존재로 보지 않고 무의식적인 감정의 힘에 영향을 받는 존재로 보고 있다. 인간은 자신이 의식하기가 어렵지만 초기 아동기 때 경험과 관련된 핵심 감정에 의해 움직인다. 이러한 관점에서 프로이트는 현재의 자기 갈등이나 정신과적 증상은 과거에 개인이 해결하지 못한 결핍된 감정과 관련된다고 보았다. 질병의 결핍 모델(deficit model)에 의하면 내담자는 발달상의 어떤 이유로든 간에 약해지거나 결핍된 정신구조로 고통을 받고 불안을 느끼면서 심리적 항상성을 유지하기 위해 주변 사람들로부터 일상적이 아닌 반응들을 요구한다고 본다(Gabbard, 2016). 개인이 하는 생각이나 기대는 이성적이기보다는 무의식적 욕구와 관련되어 일어날 수 있다. 사람은 자기가 사랑받고 싶은 대상에게 적개심이 일어날 수 있는데, 그 대상으로부터 사랑받지 못할까 봐 두렵기에 적개심을 표현하지 못하고 억압하면서 불안이나 우울 등의 증상을 나타낸다. 결국 치료나 자기 성찰을 통해 다른 사람에게 사랑받으려는 마음을 알고 조절해야 건강해진다(이동식, 2008). 다른 사람들에게 사랑받고 싶어 하는 자기 마음을 알아차리고 받아들이면 지금 이 상황에서는 그런 마음이 적절하지 않다는 것을 자각하면서 편안한 마음으로 지금 자신이 해야 할 일에 집중하게 된다.

2) 정신분석치료와 정신역동치료

정신역동치료는 정신분석치료에서 발달되었는데, 무의식을 다룬다는 점에서 공통점이 있다. 정신분석치료의 목적은 내담자가 자기의 무의식을 자각하여 무의식적 욕구에 지배당하지 않고 지금 이 상황에 맞게 잘 적응하도록 돕는 것이다. 정신분석적 치료 환경은 내담자에게는 자유연상[1]을 요구하고 치료자에게는 중립성을 요구하는데, 이러한 두 가지가 만나면서 내담자는 자기 자신을 이해하게 된다. 전통적인 정신분석치료는 시간당 45분 혹은 50분간으로 일주일에 4회 혹은 5회 정도로 3년 이상 지속한다(유재학, 하지현, 2009).

정신역동치료는 무의식을 다루고 있으나 대인관계를 보다 강조하고 있으며 치료 시간이 줄어든 것 등이 특징이다. 정신역동치료는 영유아기의 애착과 분리가 암묵기억으로 형성되어 개인의 인간관계 및 증상에 영향을 미치기에 어린 시절의 경험에 관심이 많다(오현영, 박용천, 2012). 본인이 비록 의식하지 못하더라도 어린 시절의 부적절한 애착관계는 대

---

[1] 자유연상: 정신분석적 상담기법의 하나로 내담자가 자유롭게 자기의 생각과 감정을 표현하도록 하는 것이다. 이를 통해 내담자의 증상이 무의식적으로 어떤 의미가 있는지 알 수 있다.

뇌에 기억되어 무의식적으로 대인관계에서 반복되어 나타난다. 개인이 어린 시절에 부모 등 중요한 사람과의 관계에서 공감과 존중을 받지 못하고 자라면 자존감이 낮아지고 상황에 맞지 않는 부적절한 행동을 할 수 있다. 부모와의 관계에서 해결되지 않은 감정이 무의식적으로 배우자와의 관계나 일상의 대인관계에서도 반복되기도 한다. 예를 들어, 부모에게 인정받고자 하는 욕망이 좌절된 사람은 배우자와 타인에게 인정받고자 불필요한 행동을 반복할 수 있다.

어린 시절에 형성된 핵심 감정은 한 개인의 삶에 많은 영향을 미친다. 외로움이 핵심 감정인 사람은 결혼 후에도 가족과의 관계에서나 직장에서도 외로움을 반복해서 느끼면서 부적절한 대인관계를 보인다. 정신역동치료자는 내담자가 보이는 핵심 문제와 반복되는 패턴들이 과거의 발달력과 어떻게 연결되어 있는지를 정신역동적인 공식화를 통해서 이해해야 한다(Cabaniss et al., 2019).

3) 의식, 무의식, 전의식

정신역동치료는 내담자가 쉽게 의식하지는 못하지만 치료 과정을 통해 지금 자신의 삶의 패턴에 영향을 미치는 내면의 무의식적 내용을 자각하도록 돕는다.

인간의 마음과 뇌는 서로 영향을 미친다. 무의식의 과정은 뇌 영상을 통한 연구에서 밝혀지고 있는데, 불안장애가 없는 사람들은 무서운 얼굴 자극에 노출되었을 때 정상 수준의 불안을 보였으며 이때 편도(amygdala)가 활성화되었다. 연구 참가자들에게 의식하지 못할 정도로 빠르게 얼굴 자극을 보여 준 후에 참가자들에게 불안과 관련되는 편도가 활성화되는 것이 나타났다. 이는 불안이 무의식적 과정으로 일어난다는 것을 의미하며 뇌 영상으로도 확인된다(오현영, 박용천, 2012). 정신 현상은 뇌에서 일어나지만 반대로 마음이 뇌에 영향을 주기도 한다. 명상을 지속하면 대뇌에 변화가 일어난다. 보이지도 않는 마음이지만 뇌를 좌지우지하기도 한다(이무석, 2016).

프로이트는 인간의 심리를 의식과 무의식, 전의식으로 구분하고 이를 빙산에 비교하였다. 의식은 수면 위에서 보이는 부분으로 지금 자신의 이름을 알 수 있듯이 쉽게 자각할 수 있는 것이다. 무의식은 수면 아래에 있어 잘 보이지 않는 부분이다. 자기에게 있으나 억압되어 있어 잘 드러나지 않다가 꿈이나 실수를 통해서 드러난다. 무의식은 성적·공격적 충동, 수치스러운 욕구 등의 내용이 많으며, 어린 시절에 경험한 내용이지만 억압된 것이다. 전의식은 빙산 가까이 다가가면 볼 수 있는 빙산의 어떤 부분과 같이 어제 만난 친구와

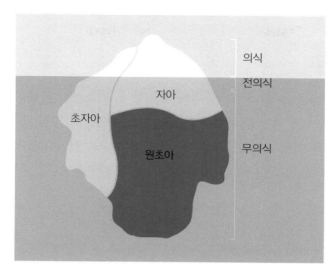

[그림 8-2] 의식과 무의식, 전의식

나눈 대화가 금방은 떠오르지 않지만 약간의 노력으로 알 수 있는 내용을 말한다.

무의식은 눈에 보이지 않지만 우리의 삶을 지배한다(이무석, 2016). 개인이 자신의 무의식적 내용을 인정하고 자각할 수 있으면 무의식의 영향으로부터 벗어날 수 있다. 억압된 공격성을 가진 사람이 친구가 보이는 공격성에 대해 지나치게 비난하다가 자기에게도 그런 공격성이 있음을 알아차리면 친구의 행동에 대해 덜 예민하게 반응한다. 개인이 자신의 공격적 욕구나 성적 욕구를 알아차리고 받아들이면 이러한 욕구와 관련된 갈등이 줄어들고 불필요한 곳에 시간과 에너지를 사용하지 않는다.

내담자는 치료자로부터 자유연상, 꿈의 분석, 실수의 분석, 치료 과정에서 일어나는 전이와 저항의 분석 등을 통해서 자신의 무의식을 이해한다. 꿈에서 나타나는 여러 행동은 개인이 인정하기 어려운 성적 충동이나 공격적 욕구 등이 자신에게 억압되어 있음을 알게 해 주는 소중한 신호다. 내담자는 치료자의 해석으로 자기 내면의 충동, 적개심, 사랑받고 싶은 욕구 등을 자각함으로써 더 이상 그런 충동이나 욕구의 지배를 받지 않고 현실에 맞는 적절한 행동을 하게 된다.

4) 성격의 구조

프로이트는 원초아(id), 자아(ego), 초자아(super ego) 등의 심리적 구조를 가정하여 성격을 설명하고 있다.

(1) 원초아

성적 욕망이나 공격적 충동 등의 원초아는 인간이 자신의 유기체를 보존하고 종족을 번식하려는 생물학적 본능이다. 원초아는 현실을 고려하지 않고 즉각적으로 욕구를 만족시키려는 쾌락 원리(pleasure principle)에 따라 작동한다. 원초아는 인간이 자신의 생물학적 욕구를 만족시킴으로써 쾌감을 얻고자 하는 충동으로 일차적 정신 과정이다. 어릴 때는 일차적 정신 과정이 지배적이지만 나이가 듦에 따라 쾌락을 얻거나 불쾌한 감정을 피하는 것을 지연하는 능력이 증가한다(Brenner, 1985).

(2) 자아

자아는 유기체가 현실에 적응하고 자신의 DNA를 잘 보전하기 위해 발달된 것이다. 자아는 감각이나 지각, 운동, 기억, 판단 등의 기능과 관련된다. 자아는 현실을 인지하고 현실에 맞게 원초아의 욕구를 적절하게 조절하고 지연하는 현실 원리(reality principle)에 따라 행동한다. 자아는 이성을 활용하여 합리적으로 사고하고 현실에 잘 적응하는 기능을 한다. 자아는 자신의 욕구와 도덕성, 양심을 적절하게 충족시키면서 현실과 조화를 가진다. 정신이 건강한 사람은 자아가 강하며 현실 원리와 쾌락 원리 사이의 긴장을 잘 통합할 수 있는 사람이다(채준호, 2001).

(3) 초자아

초자아는 양심과 도덕, 자기 이상과 같은 것으로 대개 부모의 가치관을 내면화하거나 학교에서의 교육, 종교 생활 등의 사회화를 통해 이루어지며 주로 무의식적인 구조다. 초자아는 도덕 원리(morality principle)에 의해 작동한다.

정신역동이론에서 정신이 건강하다는 것은 자아가 원초아와 초자아의 욕구를 현실에 맞게 적절하게 조절하여 현실에 잘 적응하는 것이다. 하지만 정신이 건강하지 않은 사람은 자아의 기능이 약해져서 원초아의 욕구대로 충동적으로 행동하거나 지나치게 도덕적인 행동으로 현실에 잘 적응하지 못하고 있다. 정신역동치료는 인간의 이성이나 합리성과 관련되는 자아의 기능을 강화하여 현실에서 원초아와 초자아가 조화롭게 유지되도록 한다.

5) 심리성적 발달 단계

프로이트는 성격의 토대가 주로 6세 이전의 어린 시절에 이루어진다고 주장하였으며,

발달 단계에 따라 성적 쾌감의 위치가 달라진다고 보았다. 발달은 성적 흥분을 느끼는 신체 부위에 따라 구강기, 항문기, 남근기, 잠복기, 생식기 등으로 진행된다. 각각의 발달 단계에서 욕구가 결핍되거나 과잉 충족되면 다음 단계로 원만하게 진행되지 못하고 성인이 되어서도 그 발달 단계에 고착된 성격 특성을 보인다.

(1) 구강기

구강기는 출생부터 약 1년 반까지의 시기에 해당된다. 이 시기에 유아가 느끼는 주요한 쾌락의 근원은 입이다. 유아는 엄마의 젖이나 혹은 다른 대상을 물거나 빨거나 깨물거나 하여 쾌감을 가진다. 구강기에 고착된 성격은 언어적 공격, 흡연, 음주, 손톱 물어뜯기, 과도한 음식 섭취로 나타난다.

(2) 항문기

항문기는 생후 1년 반부터 3세까지다. 이 단계에서는 성적 쾌감이 입에서 항문으로 옮겨 간다. 아동은 자기의 배설물을 배설하거나 참는 것으로 쾌감을 느낀다. 항문기 고착은 완고함, 인색함, 청결과 질서에 집착함, 완벽주의적 성향 등으로 나타난다.

(3) 남근기

남근기는 만 3세부터 6세까지로 쾌락을 느끼는 부위가 성기가 된다. 아동은 성기에 관심을 가지고 자기 자극을 통해서 쾌감을 느낀다. 이 단계에서는 아동이 자신의 동성 부모에게 적개심을 가지며, 이성 부모에게 성적 느낌을 갖는다. 남성의 경우 오이디푸스 콤플렉스(Oedipus complex), 여성의 경우 엘렉트라 콤플렉스(Electra complex)가 나타난다. 이 단계에서의 고착은 남성의 경우는 무모함, 여성의 경우 문란이나 성적 유혹 등으로 나타난다.

(4) 잠복기

잠복기는 만 6세에서 사춘기 이전까지로 성적 욕구가 억압되어 있으며 동성에 관심을 가지고 동성과 잘 지내려 한다. 친구 교제, 학교생활, 취미 활동 등에 관심을 가지는데, 이 시기에 적절한 발달이 이루어지지 않을 경우 열등감이 형성되고 소극적이며 회피적 성격을 가진다(권석만, 2015).

(5) 생식기

생식기는 사춘기부터 성인기까지다. 억압되었던 성적 욕망이 다시 일어나고 이성에 대해 성적 관심을 보인다. 건전한 이성관계로부터 성적인 충족을 하며 결혼에 이르게 된다.

6) 융의 분석심리학, 아들러 심리학, 자아심리학, 대상관계이론

프로이트의 제자인 융과 아들러 등은 프로이트가 제시한 정신분석이론의 일부에 대해 이의를 제기하면서 자신만의 독특한 이론을 개발하였다.

융(Jung)은 프로이트가 말한 무의식의 존재를 인정하였으나 인간은 개인적인 무의식 이외에 집단무의식을 가지고 있다고 보았다. 집단무의식은 그 문화를 가진 모든 사람이 공통적으로 가지는 무의식이다. 융은 집단무의식에서 원형이 일어난다고 보았는데, 원형은 보편적 이미지를 가지고 있으며 꿈이나 신화에서 잘 드러나고 있다. 융은 꿈의 분석을 통해 무의식은 인간이 미래를 살아가는 방향에 도움이 되는 단서를 제공하고 있다고 보았다. 또 성격이나 행동은 과거뿐만 아니라 미래에 대한 기대에 의해서도 영향을 받는다고 주장하였다. 융은 원형의 하나로 그림자를 강조하였다. 그림자는 자신에게 있지만 자신이 의식하지 못하는 반대되는 자기 모습이다. 인간이 다른 사람을 제대로 돕고 자기를 실현하기 위해서는 자기 그림자를 잘 알아차리고 수용해야 한다. 융이 말한 자기(self)는 의식과 무의식을 포함한 성격 전체의 중심으로 성격을 통합한다. 융의 분석심리학에서는 리비도를 성에 제한하지 않고 삶의 에너지로 본다. 융은 인간에 대하여 자기를 실현하는 동기를 가지는 영적 존재라고 보았다.

아들러(Adler) 심리학에서는 인간은 과거에 매여 사는 존재가 아니라 사회적인 존재, 미래지향적인 존재로 본다. 또 모든 인간은 열등감을 가지고 있는데, 각자는 자기의 열등감을 극복함으로써 자기를 실현할 수 있다. 개인이 가진 열등감은 자기의 삶을 창조적으로 이끌어 가며 자신을 성장시키는 주요한 동기가 된다. 아들러는 건강한 사람은 사회 공동체에 관심을 가지고 사회 활동에 참여하는 특성을 보인다고 강조하였다.

프로이트 이후 자아심리학은 자아 기능의 강화에 초점을 두었다. 대표적인 인물로는 안나 프로이트(Anna Freud), 하인츠 하르트만(Heinz Hartman), 에릭 에릭슨(Erik Erikson) 등이다. 자아심리치료의 목표는 개인이 자기의 정체성을 알고 받아들이며, 자아를 잘 통합하도록 돕는 것이다. 자아심리학 또한 장기간의 집중치료를 하고 자유연상이나 전이분석 방법을 사용하지만 치료에서는 좀 더 유연한 태도를 취하며 방어기제를 자각하고 조절하도록 한다(권석만, 2015).

대상관계이론(Object relations theory)에서는 어머니를 비롯하여 어릴 때 관계를 맺는 중요한 애정 대상과의 경험이 이후 성격 형성에 영향을 미친다고 본다. 어릴 때 어머니 등 중요한 사람과의 관계 경험이 자기와의 관계가 되고 이것이 성인기에서 타인과의 관계에 영향을 미친다.

코헛(Kohut)의 자기심리학에서는 자기(self)를 강조한다. 어린 시절 부모 등으로부터 적절한 공감을 받으면 건강한 자기를 형성할 수 있으나 적절한 사랑과 공감을 받지 못하고 자라면 다양한 심리적 문제가 나타날 수 있다. 치료자가 내담자를 존중하고 공감하는 등 건강한 부모의 역할을 대신함으로써 내담자가 스스로를 이해하고 사랑하게 된다.

7) 도(道) 정신치료

이동식(2008)은 한국적 문화에 맞는 도(道) 정신치료를 강조했다. 치료자는 정신역동치료로 자기 문제를 해결한 다음에도 꾸준하게 수행하여 자기를 성장시켜야 한다. 혜암 스님께서는 "공부하다 죽어라"고 말하면서 인간은 살아 있는 한 꾸준하게 자기를 성찰해야 함을 강조하였다. 치료자가 자기를 깊이 성찰하고 이해하는 만큼 내담자를 잘 이해하여 더 효과적으로 도울 수 있다.

도(道) 정신치료는 한 개인의 삶에서 반복되는 핵심 감정을 자각하게 한다. 한 내담자가 자신은 타인으로부터 인정받고 싶은 욕구가 많다는 것을 알아차리면, 부적절하게 다른 사람한테 인정받지 않아도 된다는 것을 자각하게 된다. 예를 들어, 자신이 아버지에게 인정받고 싶어 했는데, 아버지와 해결하지 않고 다른 사람과의 관계에서 그것을 해결하려고 했다는 자기의 마음을 알아차리면 불필요한 행동을 하지 않는다(이동식, 2008).

8) 정신역동치료와 마음챙김

정신역동치료나 도(道) 정신치료 등을 통해 개인은 자기 무의식을 알아차리고 무의식의 지배로부터 벗어나게 된다. 정신역동치료 중이거나 치료를 마친 뒤에 마음챙김하면 자기를 더 정확하게 이해할 수 있어 자기 성장에 도움이 된다. 꾸준하게 마음챙김하면 내면에서 자기를 움직이는 무의식을 더 명료하게 볼 수 있고 조절하게 된다. 자기를 주시함으로써 억압되어 있는 자기감정을 알아차리면서 불필요한 행동을 하지 않는다.

정신역동치료 과정을 통해 내담자가 자기의 무의식을 자각하면서 이성적인 사고를 사용하여 현실에 잘 적응하게 된다. 꾸준하게 마음챙김하면 자기의 무의식을 명료하게 보고 편안하게 현실에 적응하게 된다.

9) 정신역동치료와 영성

영성은 모든 인간이 가지는 것으로 억압된 무의식적 내용을 보는 데 도움을 준다. 석명 한주훈 선생께서는 "영적 빛이 무의식에 쏘아서 무의식이 보인다. 못 보였던 것이 보이게 되어 변화가 나타난다. 기도와 명상, 성찰이 무의식을 보는 데 도움이 된다."고 말하였다. 마음챙김이나 기도, 명상 등의 영적 수행은 자기와 실상을 있는 그대로 보게 하면서 타인에 대한 사랑을 실천하게 한다. 한편 정신역동치료는 개인이 영적으로 잘 살아가는 데 방해가 되는 심리적 문제를 제거하는 데 도움을 준다(이만홍, 황지연, 2007). 치료를 통해 자기를 잘 이해하고 자기 문제가 줄어들어야 보다 성숙한 영성 살이를 하게 된다.

10) 방어기제의 이해

개인은 자신의 불안과 불쾌한 감정을 줄이기 위하여 무의식적으로 방어기제를 사용한다. 정신분석에서 방어이론은 프로이트의 딸인 안나(Anna)에게서 보다 정립되고 발전되었다. 모든 사람은 정도의 차이가 있으나 불안을 가지고 살아간다. 불안은 위험하거나 위협이 되는 고통스러운 정서적 경험을 말하는 데 개인은 불안을 방어하고자 나름대로 방어기제를 사용한다. 이러한 방어기제는 무의식적으로 작동되며 현실의 부정 혹은 왜곡과 관련된다는 공통점이 있다(노안영, 강영신, 2018). 대부분의 사람은 한 개 이상의 방어기제를 사용하는데, 방어는 억압적 범주와 퇴행적 범주 등으로 구분할 수 있다. 억압적 방어에는 주지화, 합리화, 최소화, 전치, 반동 형성 등이 있다. 부인과 투사 등은 퇴행적 방어기제다 (Selva, 2009).

환자의 증상은 특정한 방어기제와 관련된다. 망상증 환자는 투사의 방어기제를 주로 사용하고 알코올 중독자나 도박 중독자 등 중독자는 부정의 방어기제를 많이 사용하고 있다. 성숙한 성격을 가진 사람은 승화, 이타주의, 유머 등의 방어기제를 주로 사용한다. 내담자가 주로 어떤 방어기제를 사용하는지를 알아보는 것은 내담자의 증상과 심리적 특성을 이해하는 데 도움이 된다.

(1) 억압

억압(Repression)은 대부분의 사람이 주로 사용되는 기본적인 방어기제다. 억압은 자신에게 용납되지 않는 욕구나 자존심을 상하게 하는 생각에서 오는 불안을 피하기 위해서 의식화하지 않고 눌러두는 것이다. 심리적으로 일어나는 기억상실은 전형적인 억압의 예로 볼 수 있다. 불안을 야기하는 내용을 억압하면 이것이 꿈이나 병적 증상으로 나타날 수 있다. 꿈에서는 자아의 검열기능이 약화되어 자신이 받아들이기 불편한 성적 내용이나 공격적 내용 등이 나타난다. 억압은 원치 않는 충동이나 그 충동의 파생물인 기억, 정서, 욕망, 소망 충족의 공상들을 의식으로부터 제외하는 자아의 활동으로 구성된다(Brenner, 1985).

(2) 합리화

합리화(Rationalization)는 자기 보호와 체면 유지를 위해 흔하게 사용하는 방어기제다(이무석, 2016). 개인은 자신이 가지고 있지만 사회적으로 용납될 수 없는 충동이나 행동 그리고 실패와 같이 자존심을 상하는 상황에서 사회적으로 그럴듯한 이유와 핑계를 대어 정당화시킴으로써 불안을 회피한다. 시험을 잘못 친 학생이 "교수가 시험문제를 잘못 내었다."라고 합리화한다.

(3) 부정

부정(Denial)은 현실적으로 존재하는 불안하거나 위협적인 사실을 받아들이지 않고 거부하거나 인식하지 않는 것이다. 알코올 중독자가 자신은 중독자가 아니고 얼마든지 술을 조절할 수 있다고 말하는 것을 예로 들 수 있다. 개인은 이와 같이 현실을 부정함으로써 불안이 줄어든다.

(4) 투사

투사(Projection)는 실제로는 자기 내부에 있지만 용납할 수 없는 충동이나 감정이기에 다른 사람이 가지고 있다고 돌리는 것이다. 개인은 투사를 함으로써 자존심을 유지하려고 한다. 어떤 사람이 다른 사람에게 적개심을 가지고 있지만 스스로는 인정하기 어렵기에 그 사람이 오히려 자신에게 적개심을 가지고 있다고 믿는 것이다. 투사는 특정한 상황에서 자신이 싫어하는 사람을 대상으로 일어나는 경우가 많다. 실패를 남의 탓으로 돌리는 것도 투사라고 할 수 있으며, 투사된 내용은 투사하는 사람의 무의식에서 불안을 주는 충동이나 욕구들이다. 이것이 사고의 형태로 투사되면 망상이 되고 지각의 형태로 투사되면 환각이 된다(이무석, 2016).

(5) 퇴행

퇴행(Regression)은 위협적인 현실에 직면하면 덜 불안하였던 이전의 발달 단계로 도피함으로써 불안과 책임감으로부터 회피하는 것이다. '아우 타기'와 같이 대소변을 잘 가리던 아동이 동생이 태어나면서 대소변을 가리지 못하는 것을 퇴행으로 본다. 또 성인이 심한 스트레스를 받으면 초기의 미숙한 행동을 보이는 것도 일종의 퇴행이다.

(6) 동일시

동일시(Identification)는 타인이나 어떤 집단의 특성을 취하여 자신의 것으로 만들어 불안을 줄이는 것이다. 아이가 아버지의 구두를 신으면서 마치 자신이 아버지처럼 힘을 가진 것으로 느끼는 경우를 예로 들 수 있다.

(7) 반동형성

반동형성(Reaction formation)은 자신에게 있지만 받아들이기 어려운 충동적 생각을 억압하고 그와 정반대되는 것을 표현하거나 암시하는 것이다. "미운 아이에게 떡 하나 더 준다."는 말과 같이 진정한 자신의 마음과 반대되는 행동을 함으로써 불안을 줄이려 한다.

(8) 보상

자신의 외모, 지능 등의 부족한 부분을 보충하려는 무의식적인 시도가 보상(Compensations)이다. "작은 고추가 맵다."는 속담에서처럼, 자기 결함을 보상하려는 심리를 말한다.

(9) 승화

자기 내면에 있는 성적 및 공격적인 욕구를 사회적으로 수용될 수 있는 행동이나 방법으로 변화시키는 것이 승화(Sublimation)다. 공격적 욕구를 운동으로, 성적 욕구를 예술 활동으로 표현하는 경우다. 예를 들어, 어떤 수도자가 자신의 공격적 욕구를 검도 운동으로써 승화시키는 것 등이다.

11) 정신역동치료와 평가

투사적 검사로 개인의 정신역동을 평가할 수 있다. 로르샤흐, TAT 등의 투사적 검사는 정신역동이론을 기반으로 발전되었다. 정신역동적 평가를 위해서는 심리검사 이외에 발달력, 가족력, 문화적 · 종교적 배경, 정신상태검사 등을 사용한다. 과거의 발달력에는 그 개인의 천성과 양육 환경, 다른 사람과의 관계, 정신적 외상 경험 등에 대한 평가가 포함된다(Cabaniss et al., 2019).

정신역동치료에서 특히 평가해야 하는 부분은 내담자가 자기 자신을 볼 수 있는 역량을 갖추고 있는지, 강한 부분과 약한 부분은 무엇인지, 사용되는 방어기제의 종류와 적응 정도는 어떤지, 아동기의 가족관계, 전이와 역전이 관계, 상담자와의 관계, 자기의 인내력, 자존감, 자기경계, 애착 양상 등이다(Gabbard, 2016).

2. 정신역동치료의 실제

내담자가 성장한다는 것은 자기를 성찰하여 마음에서 강력하게 작동하는 유년기의 병적인 영향을 찾아내고 치유하는 것이다(이무석, 2016). 치료 과정에서는 어린 시절의 경험과 관련되어 무의식적으로 나타나는 전이와 저항을 분석한다. 치료자는 경청과 공감을 하면서 내담자의 역동을 이해하고 적절한 시기에 해석한다. 치료를 통해 내담자는 자기 내면에 있는 무의식을 통찰하여 무의식의 지배로부터 벗어나서 자기의 에너지를 자기와 타인을 사랑하고 현실에서 자기가 해야 할 역할을 하는 데 사용하게 된다.

1) 치료기법

(1) 경청

치료자는 내담자가 하는 말에 집중하여 경청(Listening)해야 한다. 경청할 때 치료자는 내담자의 말뿐 아니라 행동에 대해서도 잘 관찰하고 반응해야 한다.

(2) 공감

정신역동치료에서도 공감(Empathy)이 중요하다. 치료자는 내담자에게 자비심을 가지고 내담자의 감정을 잘 이해하고 이해한 바를 내담자와 상황에 맞게 적절하게 표현해야 한다. 마음챙김은 공감을 잘 하는 데 도움이 된다. 마음챙김을 하면 개인의 마음이 편안하고 맑아진다. 면담자의 마음이 맑은 거울처럼 되어야 내담자의 마음을 잘 비출 수가 있다. 이동식(2008)은 "치료자의 따뜻한 마음, 공감이 동토에 얼어붙은 내담자의 내면을 녹여 준다."라고 하였다.

(3) 명료화

치료자는 내담자가 자기 자신을 잘 이해하고 자기를 잘 볼 수 있도록 명료화(Clarification)한다. 치료자는 내담자에게 "좀 더 자세하게 말해 달라.", "구체적으로 이야기해 달라."고 하면서 내담자를 격려하고 명료화한다. 내담자가 말한 것을 치료자가 바꾸어서 내담자에게 되돌려 주어 내담자가 자신을 잘 이해하도록 돕는 것도 명료화다(Dewald, 2010). 내담자를 치유할 힘을 갖는 것은 문제를 명료하게 이해하는 것으로(Hora, 2020), 내담자가 자기를 올바르게 이해하면 변화가 일어난다.

(4) 직면

직면(Confrontation)은 내담자가 의식할 수 있고 관찰될 수 있는 일들을 지적해 주는 것이다. 또 내담자가 제시한 어느 하나의 자료가 다른 자료와 어떤 점에서 유사한가, 어떤 점에서 다른가 하는 것을 내담자가 생각하게 하는 것이다(Dewald, 2010). 직면을 함으로써 내담자가 전에는 잘 인식하지 못하였던 자기 문제를 자각하게 된다.

(5) 자유연상

자유연상(Free association)은 내담자가 생각이 흐르는 대로 마음속에 떠오르는 모든 것들을 자연스럽게 치료자에게 표현하는 것이다. 치료자는 내담자가 말한 것을 통해 내담자의 무의식을 이해하면서 적절한 때에 내담자에게 해석해 준다. 내담자에게 자유연상을 시키면 편도(amygdala)가 활성화되어 치료 과정에서 능동적 · 주도적 역할을 할 수 있어 자신의 외상과 관련된 감정적 · 인지적 연상을 치료할 수 있다(오현영, 박용천, 2012).

(6) 꿈 분석

치료자는 내담자가 꿈꾼 내용이나 꿈의 주제 등을 분석함으로써 내담자에게 억압된 욕망과 무의식적 갈등을 발견한다. 꿈의 내용은 성적이나 공격적 내용, 갈등 등이 상징화되어 나타나기도 한다. 치료자는 내담자에게 자기 꿈에 대해 자유연상을 하도록 격려함으로써 내담자가 자기의 무의식을 이해할 수 있도록 돕는다. 꿈이 주로 상징화되어 나타나기에 치료자는 내담자의 자유연상으로부터 의미를 찾을 수 있어야 한다.

(7) 전이

정신분석치료에서 치료자는 내담자를 중립적 태도로 대한다. 하지만 치료 과정에서 내담자는 무의식적 욕구와 관련되는 전이감정을 가질 수 있다. 전이(Transference)는 내담자가 과거 부모 등 자신에게 중요한 사람에게 느꼈던 감정을 치료자에게 느끼는 것이다. 전이는 항상 자기 가슴에 있는 사랑받고 싶은 욕구, 적개심과 같은 감정을 누구에게나 느끼는 것으로 치료자에게도 나타나는 것이다(이동식, 2008). 전이 해석은 현재 눈앞에 존재하는 사람에게 느끼고 표현하는 충동을 다루기에 정서적으로 즉시성을 가지고 있어 효과가 있다(Bauer, 2007).

전이는 긍정적 전이와 부정적 전이로 구분할 수 있다. 긍정적 전이는 치료 장면에서 내담자가 치료자로부터 애정을 얻고자 하거나 치료자를 이상화하는 것 등으로 나타난다. 내담자가 치료받으러 왔으면서도 무의식적으로는 치료자에게 사랑과 애정을 구하고자 한다. 부정적인 전이는 치료자를 경쟁의 대상으로 삼거나 치료자를 비난하거나 공격하는 것 등이다(Colby, 1987). 내담자는 긍정적 전이와 부정적 전이를 함께 보이기도 한다. 이러한 전이는 내담자의 중요한 감정이므로 치료자는 내담자가 보여 주는 전이를 잘 이해해야 한다. 치료자는 내담자의 증상과 문제가 전이를 통해 드러날 때 감정의 동요가 없이, 역전이의 영향을 받지 않고 오직 환자의 증상에만 초점을 맞추고 존중과 공감적 이해를 보인다. 이런 치료자의 태도와 해석으로 내담자는 전이 감정 속의 핵심 감정을 스스로 깨닫고 이를 극복할 수 있다(천성문, 2016). 하지만 내담자가 치료자에게 반응하는 모든 감정 반응을 전이로 보아서는 안 된다.

(8) 저항

내담자는 의식적으로는 치료받으러 왔으면서도 무의식적으로는 치료 장면에서 자신을 드러내는 것에 저항한다. 내담자의 무의식 속에 있는 것은 흔히 불안하고 고통스러운 내용이므로 내담자는 치료 장면에서 이를 직면하지 않고 피하려고 한다. 흔히 치료 시간에 잡담을 하거나 치료 시간에 늦게 나타나거나 치료 시간을 잊어버리거나 혹은 병이 나거나 하여 치료자를 만나지 않는 등으로 저항을 보인다. 치료자는 환자에게 나타나는 저항을 잘 파악하여 적절한 시기에 저항(Resistance)의 의미를 해석해 준다.

(9) 역전이

전이는 내담자가 치료 장면에서 치료자에게 느끼는 감정이다. 이에 반해 역전이 (Countertransference)는 치료자가 치료 장면에서 과거의 중요한 사람에게 느꼈던 감정을 내담자에게 느끼는 것이다. 치료자는 스스로 치료를 받거나 수행을 하여 자신의 역전이 감정을 자각하고 조절해야 한다. 역전이는 치료자가 싫어하는 내담자들에게는 부정적인 형태로, 또 매력적이라고 생각하는 내담자들에게는 긍정적인 형태로 드러난다. 예를 들어, 어떤 내담자에 대해서는 치료 시간이 지루하게 느껴지고 주의집중이 잘 안 되며, 어떤 내담자에게는 돌보아 주고 싶은 마음이나 존경하는 마음을 느낀다(Kottler, 2006).

투사적 동일시를 통해 치료자에게 유발된 내담자에 대한 감정을 치료에 활용할 수 있다. 치료자가 내담자에게 중립적으로 대하였음에도 불구하고 치료자가 내담자와의 만남에서 분노감이 일어나고 있음을 알게 되었다면 치료자는 평소 내담자가 일상에서 다른 사람에게 분노감을 유발하는 사람일 수도 있음을 예상하여 이를 내담자를 이해하고 치료하는 데 참고할 수 있다.

치료자는 가능한 한 스스로 분석을 받고 끊임없이 자기를 성찰하여 치료자로서 자신이 맑고 밝은 거울의 역할을 할 수 있어야 한다. 치료자의 욕구나 해결되지 않은 개인적인 갈등이 치료관계를 혼동시키고 치료자로서 객관성을 유지하기 어렵게 한다면 내담자를 변화시킬 가능성이 방해받는다(Corey, 2017). 치료자가 자기를 올바로 보지 않으면 다른 사람을 치료한다고 하는 것이 전부 자기 노이로제 욕구를 충족하는 것이 된다. 자기가 바로 되어 있으면 말해도 남을 돕는 것이고 가만히 있어도 남을 돕게 된다(이동식, 2008). 치료자의 자기 투사가 적어지는 만큼 내담자를 잘 이해하면서 올바른 도움을 준다. 치료자는 마음챙김을 통하여 자신의 감정을 잘 보고 조절해야 한다.

(10) 훈습

훈습(Working through)은 내담자가 치료 장면에서 자신에 대해서 배우고 익힌 것을 일상에서 연습하는 것이다. 훈습은 내담자가 일상에서 반복적인 학습을 통해 자신이 통찰한 것을 충분히 자기 것으로 만드는 과정이다. 우선 내담자가 치료자와의 관계가 좋아지면 현실적으로 다른 사람과의 관계도 좋아진다(이동식, 2008). 치료자는 전이와 저항, 그리고 내담자가 일상에서 하는 행동 분석을 통하여 내담자의 무의식적인 욕구와 갈등이 지금까지 자신을 어떻게 지배해 왔는지를 통찰하게 한 다음에 일상에서 자신의 나이와 역할에 적절한 행동을 할 수 있도록 격려한다.

의존심이 강한 어떤 내담자가 친구와 만나면서 자기가 해야 할 중요한 결정을 친구가 대신 내려주기를 원하는 것을 자각한다면 더 이상 불필요하게 친구에게 의존하지 않게 된다. 내담자가 자기 이해와 통찰을 한 상태로 일상에서 다른 사람에게 의존하려는 자기의 의존심을 알아차리면 부적절한 행동을 조절할 수 있다.

내담자가 지적으로는 자기의 문제를 인식하더라도 가슴에서 감정의 변화, 진정한 변화가 없으면 지금껏 살아오던 방식으로 행동할 가능성이 있다. 치료자는 내담자에게 마음챙김을 가르쳐서 일상에서 자기의 생각과 감정, 행동을 알아차릴 수 있도록 돕는다.

(11) 해석

치료자는 내담자의 꿈, 자유연상, 전이와 저항 등을 분석함으로써 내담자의 무의식을 이해한다. 해석(Interpretation)은 내담자에게 정신역동적 요소가 있으나 내담자가 피하는 것을 내담자에게 직면시키려는 것이며(Colby, 1987), 치료자가 내담자의 어떤 감정이나 행동에 대해서 나름대로 추리한 것을 내담자에게 알려 주는 것이다. 해석을 통하여 내담자가 자신의 문제를 잘 이해하면서 현실에 맞지 않는 부적절한 행동을 줄이게 된다.

해석은 내담자의 의식 표면에서부터 시작하여 덜 의식하고 있는 부분으로 옮겨 간다. 해석할 때는 어느 하나의 갈등에 대한 방어나 저항에 대해 먼저 해석을 하고서 이 방어나 저항이 감소되었을 때 그다음을 해석한다. 해석은 그 해석의 자료가 내담자에게 중요하고 관련성이 있어야 한다. 치료자의 사려와 분별과 지혜를 가지고 내담자가 받아들일 수 있는 적절한 시기에 적절한 양으로 해야 한다(Dewald, 2010). 만약 내담자가 자기성찰적이지 않다면 치료자는 내담자에 대한 이해를 개인적으로 활용하면 된다(Cabaniss et al., 2019).

해석에는 명료화하는 해석, 비교하는 해석 등이 있다. 명료화하는 해석은 내담자가 자기 자신을 좀 더 잘 이해하도록 도움을 주는 해석이다. 내담자는 자기를 좋아하는 이성을 피하고 있다면, 치료자는 치료 장면에서 "당신은 그 사람에게 성적으로 자극받을까 봐 두려워하는 것 같습니다."고 말해 줄 수 있다. 다음으로 비교하는 해석은 사건과 사건, 사고와 사고, 감정과 감정, 행동과 행동 등을 비교한다. "이전에 당신이 아버지가 한 그런 행동에 대해서 아버지를 비난하였는데, 오늘은 자기가 아버지와 똑같은 행동을 하고서 나에게 자랑하고 있습니다." 라고 비교해 줌으로써 내담자가 자기를 올바로 이해할 수 있다. 이러한 해석을 통해서 내담자는 자기가 의식하지 못했던 자신의 모습을 보게 된다(Colby, 1987).

2) 정신역동치료 과정

정신역동치료는 내담자가 자기의 무의식을 이해하여 이제부터 무의식적인 욕구나 갈등을 벗어나 현실에 잘 적응하도록 돕는 것이다. 내담자는 치료를 통하여 어린 시절의 부모 등 대인관계에서 비롯된 자신의 증상과 갈등에 대한 무의식적 의미를 자각하고 부적절한 방어기제를 점차 사용하지 않게 된다. 치료자는 지금 내담자에게 영향을 미치는 무의식적 내용을 탐색하고 이해하면서 이해한 바를 내담자와 상황에 맞게 적절하게 해석한다. 해석을 통해 내담자는 더 이상 불필요한 곳에 자신의 에너지를 사용하지 않으면서 지금 자기가 할 수 있는 일, 해야 할 일에 집중하게 된다.

치료 과정은 초기, 중기, 종료기로 구분할 수 있다. 초기는 내담자가 전이 현상이 자신에게 존재함을 절실히 깨닫게 되는 시기까지이며, 중기 단계는 전이와 저항의 해석이 반복되는 훈습(working through)의 시기다. 종결 단계는 치료가 끝나는 시기로 내담자가 치료자와의 분리를 두려워할 수 있다(유재학, 하지현, 2009).

(1) 초기

초기에 치료자는 잘 경청하면서 내담자의 정신역동을 이해하려고 노력한다. 주로 질문하면서 해석은 보류한다. 치료자는 초기에 수집된 정보를 근거로 임상적·역동적 진단을 내리고 치료에 대해 안내하고 치료의 방법과 과정에 숙달시킨다(Colby, 1987). 치료자는 초기 면담을 근거로 내담자가 정신역동치료에 적합한지 알아본다. 또 내담자가 정신역동치료를 받으려는 준비가 되어 있는지, 받을 수 있는 여건은 되는지 등을 평가한다.

치료자는 될 수 있는 대로 자유롭게 이야기하는 것이 중요하며, 우선 말부터 먼저 하고 생각은 다음에 하도록 내담자에게 알려 준다. 초기에는 내담자가 힘들어하는 주요 문제가 무엇인지, 내담자의 주된 역동이나 핵심 감정은 무엇인지를 평가한다. 내담자의 초기 기억과 자주 꾸는 꿈 등에 대해 알아봄으로써 핵심 감정을 이해한다. 초기에는 깊이 있는 주제를 다루기보다는 내담자의 현재 문제나 대인관계를 다루는 것이 좋다(Dewald, 2010). 초기 기간은 내담자와 상황에 맞게 조절할 수 있다. 초기 과정에서는 내담자를 편안하게 하면서 경청과 공감을 통하여 내담자의 핵심 감정을 이해하고 이러한 이해를 기반으로 치료목표와 전략을 세운다.

(2) 중기

중기는 내담자가 내놓은 자료를 해석하기 시작하여 치료를 종결하기 전까지로 본다 (Colby, 1987). 중기에는 내담자의 현재 생활에서 미치는 갈등과 과거의 억압된 경험 등을 다룬다. 치료자는 내담자의 자유연상, 꿈, 전이와 저항 등을 분석하여 내담자의 심리적 역동을 이해한 다음에 내담자가 이해하고 받아들일 수 있는 적절한 시기에 적절한 양으로 내담자가 자존심을 상하지 않을 정도로 해석한다. 중기에는 내담자가 치료 시간 이외에 일상에서 일어나는 자기의 갈등을 알아차리고 잘 다스릴 수 있도록 하는 훈습을 사용한다.

> 아버지에 대한 적개심이 많았던 어떤 내담자는 치료공동체에서 자기보다 나이가 많은 남자들과 사소한 일로도 자주 싸우는 등 갈등을 보였다. 치료자의 해석을 통하여 이 내담자는 자신이 지금 경험하는 갈등이 어렸을 때 아버지와의 부정적 경험과 관련되었음을 자각하고, 사람들과 만날 때 일어나는 자신의 감정을 알아차리고 조절하기 시작하였다. 치료자는 내담자가 일상의 대인관계에서 반복해서 일어나는 자기의 감정을 잘 주시하도록 격려하였다.

치료자는 내담자에게 일어나는 변화에 대해 평가하고 검증해 가면서 필요한 경우 새로운 방법을 사용한다.

(3) 종료기

내담자의 증상이 사라지고, 일상에서 일어나는 자기의 갈등에 대해 통찰하고 조절하면서 직장과 가정에서 다른 사람과의 관계가 편해지면 치료를 종결한다. 치료의 종결 여부는 심각한 갈등의 해결과 자아기능의 향상, 성격구조의 중요한 긍정적 변화, 병리적 방어기제를 덜 사용하는 것, 증상이 호전되는 것 등의 기준에 따라 결정된다(권석만, 2014).

종료기에 치료자는 내담자가 대인관계에서 어떤 급격한 변화가 있는지 주의해서 살펴보아야 하고, 내담자에게 그것을 적극적으로 해석해 준다. 또 치료를 마친다는 것에 대한 상실과 이별의 감정을 잘 다스릴 수 있도록 돕는다(Dewald, 2010).

치료를 통하여 내담자가 자기를 움직이는 무의식을 자각하고 수용함으로써 일상에서 좀 더 편안하게 적응하게 된다. 하지만 치료를 받은 후에도 명상과 같은 동양적 수행을 지속하면 자신이 더욱 성장하게 된다(이동식, 2008). 내담자는 치료가 끝난 후에도 일상에서 갈등이나 어려움이 일어날 때는 자기의 역동을 자각할 수 있는 좋은 계기로 생각하면서 자기를 성장시켜 나가야 한다. 정신역동치료 후에 꾸준하게 마음챙김하면 내면에 있는 거룩

한 자기 본성을 만나면서 자기와 타인을 귀중하게 생각하고 지금 해야 할 자기 역할을 잘하게 된다.

3) 치료자의 태도

치료자는 내담자를 올바로 이해하고 존중하면서 공감하여 현실에서 자기 역할을 잘 할수 있도록 돕는다. 치료 과정에서 치료자는 마음챙김하면서 내담자와 상황에 맞게 적절하게 반응해야 한다. 또 치료자는 내담자와 적절한 치료적 거리(therapeutic distance)를 유지해야 한다. 치료자는 자신과 내담자 사이의 치료적 거리에 대한 감각을 놓치지 않고 항상염두에 두면서 치료를 진행해야 한다(이만홍, 황지연, 2007). 치료자가 총체적 상황을 주시하면서 적절한 치료적 거리를 유지해야 치료적 작업이 잘 일어날 수 있다.

치료자는 내담자를 자신과 똑같이 귀중한 존재로 대하면서 내담자가 자기를 이해하여현실에 잘 적응하도록 도와야 한다. 하지만 치료자는 치료적 방편으로서 중립적인 태도로, 맑은 거울과 같이 내담자를 비추어 주어야 한다. 치료자는 자신의 역전이로 내담자에게 피해가 가지 않도록 자기를 성찰해야 한다. 자기 문제를 해결하기 위해서 정신역동치료를 받거나 마음챙김수행 등을 하는 것이 도움이 된다. 마음챙김을 하면 자기에게 일어나는 역전이 감정을 알아차리고 조절할 수 있다. 치료자는 자신을 성찰하여 자신의 심리적 문제와 욕망을 알아차리고, 내담자를 증상 너머에 있는 귀중한 존재로 보면서, 치우치지 않는 중립적 자세를 유지하고, 내담자에게 잘 공감해야 한다(이문희, 이은진, 2018).

치료자가 맑은 거울과 같이 무위자연적 태도로 내담자를 대하는 만큼 내담자에게 보다효과적인 개입이 가능하다. 치료자가 자기의 욕심이나 집착, 기대 등을 알아차리고 줄여나가는 무위자연적 태도는 내담자가 무의식의 지배로부터 벗어나 벗어나 자신의 잠재력과 자발성을 발휘하여 자기답게 잘 살아가도록 돕는다.

📝 요약

역사적으로 가장 오래된 치료 이론인 정신분석치료는 심리적 결정론과 무의식을 가정하고 있다. 정신분석치료의 목적은 내담자가 무의식의 힘에서 벗어나 지금 여기에 잘 적응하도록 돕는 것이다. 프로이트는 인간의 심리를 원초아(id), 자아(ego), 초자아(super ego) 등으로 구분하여 설명한다. 건강한 사람은 자아가 원초아나 초자아의 욕구를 현실에 맞추어 조화롭게 조정한다. 개인은 자기의 불안을 피하기 위해서 무의식적으로 다양한 방어기제를 사용하는데, 이는 개인이 보이는 증상과 관련된다. 정신분석치료에서 발달된 정신역동치료 또한 내담자가 무의식의 지배로부터 벗어나 자기를 있는 그대로 사랑하고 자기의 역할을 잘하도록 돕는 것을 치료의 목표로 한다.

치료 과정에서는 전이와 저항 등을 주로 다룬다. 전이는 과거에 부모 등 중요한 사람에게 느꼈던 감정을 치료 과정에서 치료자에게 느끼는 것이다. 저항은 내담자가 자신의 문제를 드러내는 것이 불안하기에 무의식적으로 방어하는 것이다.

정신역동치료 과정은 초기, 중기, 종료기 등으로 구분할 수 있다. 초기에는 내담자에게 정신역동치료 과정에 대해 알려 주면서 내담자의 역동을 파악하고 치료계획을 세운다. 중기에는 전이, 저항 등을 해석한다. 종료기에는 치료 목적을 완료하든지, 혹은 내담자나 치료자의 사정으로 치료가 끝나게 되어 마치는 기간이다. 종료기에는 분리와 이별의 감정을 잘 다루어야 한다.

개인은 정신역동치료를 통하여 자신을 더 잘 이해하고 자기 역할을 잘하면서 자기를 사랑하고 주변 사람을 배려하게 된다. 치료자의 자기분석이나 마음챙김은 내담자를 잘 공감하게 하며 치료의 효과를 높이는 데 기여한다.

(?) 생각해 봅시다

● 정신역동이론의 특성은 무엇인가?

● 영성과 마음챙김은 정신역동치료에 어떤 영향을 미치는가?

● 방어기제란 무엇이며 종류에는 어떠한 것이 있는가?

● 정신역동치료 과정은 어떠한가?

● 정신역동치료자가 되기 위해서 필요한 수련 과정은 무엇인가?

● 바람직한 치료자의 태도는 무엇인가?

형성평가

● 방어기제에서 억압이란 무엇인지 기술하시오.

● 정신분석치료에서 전이란 무엇인지 기술하시오.

● 정신분석치료에서 역전이란 무엇인지 기술하시오.

● 정신분석치료에서 훈습은 무엇인지 기술하시오.

참고문헌

권석만(2014). 현대 심리치료와 상담 이론. 서울: 학지사.
권석만(2015). 현대 성격심리학: 이론적 이해와 실천적 활용. 서울: 학지사.
노안영, 강신영(2018). 성격심리학(2판). 서울: 학지사.

오현영, 박용천(2012). 정신치료와 신경생물학적 연구결과의 관계. 생물정신의학 19(1), 1-8.

유재학, 하지현(2009). 정신분석치료환경: 자유연상과 분석적 중립성. 신경정신의학. 48(3), 13-142.

이동식(2008). 도정신치료. 서울: 한강수.

이만홍, 황지연(2007). 역동심리치료와 영적 탐구. 서울: 학지사.

이무석(2016). 이무석의 마음. 서울: 비전과리더십.

이문희, 이은진(2018). 성숙한 치료자의 특성에 관한 고찰: 노자 도덕경의 성인의 특성과 정신역동치료의 치료자 태도를 중심으로. 인간연구, 35, 69-112.

천성문(2016). 한국적 상담 사례 연구: 상담 대가의 사례를 중심으로. 상담학연구: 사례 및 실제. 1(1), 19-37.

채준호(2001). 마음과 영혼의 동반자. 서울: 바오로딸.

Bauer, G. P. (2007). 지금-여기에서의 전이 분석(정남운 역). 서울: 학지사. (원저는 1993년에 출판)

Brenner, C. (1985). 정신분석 입문(조대경 역). 서울: 법문사. (원저는 1972년에 출판)

Cabaniss, D. L., Cherry, S., Douglas, C. J., Graver, R. L., & Schwartz, A. R. (2019). 카바니스의 정신역동적 공식화(박용천, 오대영, 조유빈 공역). 서울: 학지사. (원저는 2013년에 출판)

Colby, K. M. (1987). 정신치료입문(홍성화, 안향림 공역). 서울: 성원사. (원저는 1951년에 출판)

Corey, G. (2017). 상담 및 심리치료의 통합적 접근(현명호, 유제민 공역). 서울: 사회평론. (원저는 2013년에 출판)

Dewald, P. A. (2010). 정신치료의 이론과 실제(김기석 역). 서울: 고려대학교 출판부. (원저는 1974년에 출판)

Gabbard, G. O. (2016). 역동정신의학(이정태, 채영래 공역). 서울: 하나의학사. (원저는 2014년에 출판)

Hora, T. (2020). 메타실존치료(이정기, 윤영진 공역). 서울: 학지사. (원저는 1977년에 출판)

Kottler, J. A. (2006). 치료자의 자기분석과 성장을 위한 워크북(백용매 역). 서울: 학지사. (원저는 1999년에 출판)

Robinson, M. N. (2018). 불감증의 심리학(홍성화, 홍경기 공역). 서울: 하나의학사. (원저는 1954년에 출판)

Selva, P. C. D. (2009). 집중적 단기정신역동치료(김영란, 김준형, 백지연, 원희랑, 주혜명 공역). 서울: 학지사. (원저는 2004년에 출판)

행동 평가와
초창기 인지행동치료
제9장

이 장에서는 인지행동주의 관점에서 심리평가와 심리치료를 공부한다. 우선 행동 평가의 목적과 더불어 행동주의 기능분석이 무엇인지 이해한다. 내담자가 호소하는 여러 가지 행동문제에 행동주의 기능분석을 수행하여 행동문제에 관여하는 요인을 탐구해 본다. 또한 행동을 조작적으로 정의하고 측정하는 행동 관찰의 유형, 행동 측정 단위, 행동 표집 전략, 그리고 행동 관찰의 타당도, 신뢰도, 임상적 유용성을 평가하는 기준을 알아본다. 이어서 인지행동치료의 정의와 역사를 살펴보고, 초창기 주요 인지행동치료로 합리적 정서행동치료, 인지치료, 그리고 스트레스 면역 훈련의 원리와 치료 개념 및 전략을 이해한다.

1. 행동 평가

행동 평가는 임상심리학자가 관심을 두는 행동을 표집하고 양적 측정을 중요시하는 실증주의 연구 전통에 기반을 둔다. 행동 평가는 특히 인지행동치료를 수행하기 전에 실시하는데, 개인의 심리문제에 가장 적합한 개입방법이 무엇인지 의사결정하기 위해, 개입 도중 경과를 점검하기 위해, 그리고 개입을 종결할 무렵 변화 크기를 평가하기 위해 수행한다. 즉, 평가는 최적의 치료 개입을 수행하기 위한 노력이라고 볼 수 있다.

행동 평가는 개인이 집단 규준에 비추어 어디에 위치하는지를 파악하는 방법을 통한 법칙정립적(nomothetic) 접근을 활용할 뿐만 아니라, 개인이 살아온 역사는 물론 가장 중요하게는 현재 맥락이 개별 개인의 인지, 정서, 행동에 미치는 영향을 구체적으로 분석하는 개별(idiosyncratic) 접근 모두를 수행한다. 치료자는 행동 관찰, 구조화 및 비구조화된 면담, 타당한 질문지 활용, 정신생리적 지표 측정 등 다양한 방법을 통해 다각도로 평가를 한다. 이를 바탕으로 치료자는 개인에 맞는 심리학적 진단을 내린다.

　인지행동치료에서 심리학 진단을 중요시하는 이유는 대체로 진단 범주에 따라 실증 근거를 갖춘 심리치료(empirically supported psychotherapy)를 제안하기 때문이다. 예를 들어, 인지행동치료가 효능이 좋다는 강한 실증 근거를 갖춘 진단으로 우울장애, 불안장애, 섭식장애, 외상후 스트레스장애, 강박장애 등이 있으며, 수용전념치료는 만성통증, 변증법행동치료는 경계성 성격장애, 그리고 행동 활성화 개입은 우울장애에 강한 근거를 갖춘 것으로 알려져 있다(Chambless & Hollon, 1998; Tolin et al., 2015). 치료자는 개입방법을 선택할 때 특정 진단에 효능이 검증된 인지행동치료를 우선으로 고려해야 할 것이다.

　이어서 구체적인 치료 과정에서는 특정 행동문제가 수행하는 기능과 여기에 관여하는 요인을 밝히는 행동주의 기능분석을 수행한다. 행동주의 기능분석에 대해 알아보자.

1) 행동주의 기능분석

　개별 개인 평가 접근(idiosyncratic approach)에서 행동주의 기능분석은 중요한 부분을 차지한다. 행동주의 기능분석은 자극(stimulus)과 결과(consequence)라는 환경 맥락에서, 특정 행동이 어떤 기능(function)을 수행하는가에 관한 분석이다. 행동주의 기능분석(behavioral functional analysis)은 왓슨(Watson)과 스키너(Skinner)의 이론을 바탕으로 A−B−C 모형으로 기술할 수 있다. [그림 9−1]처럼 A는 선행사건(antecedents)이고, B는 행동(behavior)이며, C는 행동에 수반된 결과(consequences)를 일컫는다.

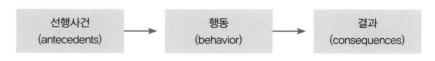

[그림 9-1] 행동주의 기능분석에서 ABC 모형

　행동주의 기능분석을 통해 ① 행동과 행동을 둘러싼 환경과의 인과관계를 파악하고, ② 어떠한 환경과 맥락에서 행동이 어떤 기능을 수행하는지 탐구하며, ③ 기능을 수행하기 위해 행동이 발생하고 유지되는 현상을 설명할 수 있다. 이를 바탕으로 인지행동치료자는 자극의 조건(A)과 행동에 뒤따르는 결과(C)를 조정하는 방식으로 행동(B)을 변화시키고,

행동(B)의 기능을 대체할 다른 대안 행동을 훈련시켜 행동문제를 완화한다.

A, B, C의 관계는 인지 및 행동주의 원리를 통해 설명할 수 있다. 고전적 조건형성 원리에 따라, 과거 경험에서 특정 자극과 자극의 연합에 의해 조건형성된 행동(B)은 이후에 과거와 유사한 자극이 선행사건(A)이 될 때 다시 나타난다. 또한 결과(C)는 조작적 조건형성 원리에 따라 행동을 유지하거나 중단시킬 수 있다. 행동 뒤에 보상이 따른다면 정적 강화, 처벌이 제거된다면 부적 강화가 되고, 이에 행동은 유지된다. 반대로, 행동 뒤에 처벌이 따른다면 정적 처벌, 보상을 제거한다면 부적 처벌이 되고, 이에 행동은 줄어든다.

한편, 프레데릭 칸퍼(Frederick Kanfer)(Kanfer & Saslow, 1965; Kanfer, Reinecker, Schmelzer, 2012)는 SORCK 모형을 제안하여 자극과 행동 사이에 연결고리 역할을 수행하는 유기체 변인을 보완하였다. [그림 9-2]를 보면, S는 구체적 상황(specific situations)을 가리키며 행동 반응의 선행사건을 뜻한다. 특정 시공간 환경 맥락과, 행동과 관련된 원인 변인이 여기에 해당한다. R은 행동 반응(responses)을 가리키며 여기에는 외현 행동, 자동 사고, 생리 반응이 포함된다. 정서 반응은 이 모든 반응의 총체와 마찬가지다. 이어서 C는 결과(consequences)로 보상이나 처벌로 정의된다.

S-R-C에 덧붙여 O는 유기체 변인(organism variable)으로 상황과 행동 반응 사이의 연결고리다. O는 과거 학습, 생리적 조건, 그리고 학습과 생리적 조건의 상호작용으로서 신체 상태 및 기질, 성격 특질, 지능, 인지처리 경향성, 개인의 신념과 기대 등을 포괄한다. 예를 들어, 과거 경험을 통해 구축한 신념체계(O)는 현재 유사한 선행사건(S)에서 특정 인지를 촉발하여 특정 행동(R)으로 이어지게 할 수 있다. 이때 과거 경험은 현재 행동에서 간접 원인이 되고, 현재 선행사건은 행동의 근접 원인으로 볼 수 있다. 현재 선행사건은 과거 경험이 있었기 때문에 지금 즉각적으로 행동을 활성화한다.

O는 행동(R)에 영향을 주지만 반대로 행동 이후 나타난 결과(C)에 영향을 받아 형성되기도 한다. O는 상황(S)에 따라 특정 행동을 이끌어 내지만, O에 따라 상황을 어떻게 지각하는지가 달라질 수 있으므로 O는 상황에 영향을 미친다고도 할 수 있다. 즉, S, O, R, C는 서로 영향을 주고받으며 행동 발생을 결정한다.

마지막으로, K는 수반성(contingencies) 특징을 일컬으며 수반하는 결과(C)의 발생 시간(즉각 및 지연), 결과 발생 계획(고정 및 간헐), 변별 및 일반화와 같은 조작적 조건형성의 특징을 가리킨다. 예를 들어, 행동 뒤에 따르는 즉각적 보상은 행동의 학습을 촉진하고, 행동 뒤에 간헐적으로 따르는 보상은 행동을 유지시킨다.

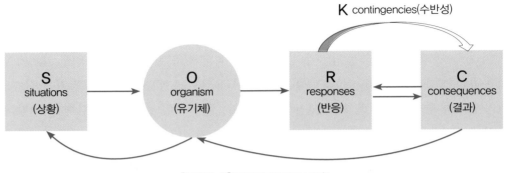

[그림 9-2] 칸퍼의 SORCK 모형

2) 행동 관찰

행동주의 기능분석을 위해서는 행동을 잘 측정해야 한다. 이를 위한 행동 관찰(behavioral observation)이란 특정 맥락에서 나타나는 행동에 관하여 외부 관찰자가 신뢰롭고 타당한 방법으로 체계적으로 자료를 수집하는 행위를 뜻한다(Haynes & O'Brien, 2000). 행동 관찰은 행동을 정의하고 수량화하여 맥락과 행동의 기능적 관계를 밝히는 데 목적이 있다. 우리는 강의실에서 대학생이 스마트폰을 만지작거리는 행동을 하는 빈도를 관찰하면서 수업에 집중하지 못하는 행동을 관찰할 수 있다. 임상가는 약물 남용 문제를 겪는 환자와 함께, 환자가 지난 한 주 동안 어떤 촉발 사건 이후, 얼마나 더 많은 용량을 얼마나 자주 복용했는지, 그리고 복용한 결과는 어떠했는지를 관찰할 수 있다. 또한 실험 상황에서 특정 자극이나 과제를 제시했을 때 연구 참여자가 보이는 인지 및 언어, 정서 및 생리 반응, 외현 행동을 포괄하는 다양한 행동 측정치를 관찰할 수도 있다.

우리가 행동 관찰을 할 때는 관찰하고자 하는 행동을 조작적으로 정의하고, 정의한 행동을 측정할 수 있는 단위 기준을 정하여 수량화하도록 한다. 즉, 잘 정의해야 하고 수치로 측정할 수 있어야 한다. 예를 들어, 어린이집에서 공격 행동을 하는 아동의 행동문제를 관찰하고자 할 때, 우리는 공격 행동을 '친구를 때리기'로 조작적 정의를 내릴 수 있다. 또한 때리는 행동의 단위는 하루 어린이집 일과 시간 동안 친구를 때리는 횟수를 모두 측정하는 방식으로 정할 수 있다.

이렇게 측정을 통해 수량으로 나타낸 행동 측정치와 행동의 전후 인과 맥락을 수집하면 이는 행동주의 분석의 기본 자료가 된다. 친구를 때리는 행동은 어린이집 교사가 친구를 안아 주거나 친구에게 관심을 보이는 자극(S) 이후 발생할 수 있다. 이는 사회적·관계적 자극에 해당한다. 혹은, 손 씻기 시간이나 비가 오는 이른 오전, 양육자가 도착하는 늦은 오후와 같은 환경 자극(S) 이후 발생할 수 있다. 혹은, 친구를 때릴 때마다 어린이집 교사가 달래 주는 결과(C)가 뒤따랐을 수 있다. 이렇듯 행동주의 분석을 통해 우리는 진단을 내리고, 행동주의 치료의 매개변인이나 치료 전략을 추론할 수 있으며, 치료 전후 결과를 비교할 수 있다. 만약 그 아동이 친구를 때리지 않고 친구를 안아 주는 행동을 할 때마다 어린이집 교사가 보상을 주는 처치를 했을 때, 과연 친구 때리기 행동 횟수에 변화가 있는지 비교하는 방식이다.

이렇듯 행동 관찰은 행동주의 평가와 행동주의 치료의 가장 기본 자료가 된다. 행동 관찰 유형과 방법, 그리고 행동 관찰의 신뢰도와 타당도에 대해 살펴보도록 하자.

(1) 행동 관찰 유형

행동 관찰 유형은 관찰자의 위치에 따라 참여관찰과 비참여관찰, 자기관찰로 구분할 수 있다. 또한 관찰 장면에 따른 구분으로 자연관찰, 유사관찰이 있다.

① 관찰자 위치에 따른 구분

- 참여관찰(participant observation): 우리가 관찰하고자 하는 사람의 일상, 즉 가족, 직장, 학교 혹은 임상 장면에 속해 있는 인물이 관찰자가 될 때 참여관찰이라고 한다. 관찰자는 환경 속에 참여하는 사람인 동시에 관찰자이기도 하다. 환경 속 자연스러운 인물이므로 일상에서 벌어지는 행동을 포착할 수 있다. 다시 말해, 행동 관찰 자료의 생태학적 타당도[1]를 확보할 수 있다. 또한 비용이 상대적으로 적게 드는 장점이 있다.
- 비참여관찰(nonparticipant observation): 연구자나 전문가와 같이 훈련받은 외부 평가자가 환경에 투입되어 주어진 목표 행동을 관찰한다. 따라서 참여관찰에 비하여 비용이 더 높게 들 수 있으나, 전문 역량에 따라 환경의 다양한 인과관계 변인을 포착하고 보다 신뢰롭고 타당하게 측정할 수 있다. 그러나 외부 관찰자의 존재는 관찰 대상에게 영향을 미칠 수 있으므로, 행동 발현 양상에 영향을 줄 수 있다.
- 자기관찰(self observation): 본인 스스로 자기 행동을 관찰하고 기록하는 경우가 해당한다. 비참여관찰의 단점을 보완할 수 있는 방법이기도 하다. 자기관찰은 임상 장면

---

1) 생태학적 타당도(ecological validity): 관찰, 분석, 혹은 처치 결과를 자연스러운 일상 환경에 얼마나 일반화할 수 있는지에 관한 타당도를 말한다.

에서 가장 많이 쓰이는데, 일종의 자연관찰 자료이고 심리학자 대신에 스스로 행동을 관찰하는 방법이라 볼 수 있다. 음주 행동문제가 있는 사람은 일주일 동안 매일 음주 행동의 횟수, 음주량, 음주 종류를 기록할 수 있다. 또한 음주 행동을 촉발한 사건과 음주 이후 경험에 대해서도 역시 스스로 관찰하고 기록할 수 있다. [그림 9-3]은 인지행동치료에서 흔히 사용하는 자기관찰 기록지 예시다. 이렇듯 특정 기록지를 활용하여 자기관찰 자료를 수집할 수 있다.

자기관찰 자료는 경험 표집 기법(experience sampling method)으로도 수집할 수 있다(Tennen, Affleck, & Armeli, 2005). 특정 순간의 정서 및 행동 자료를 표집할 수 있는 유용한 방법으로, 연구자가 원하는 시점에 신호를 보내면 자기관찰 당사자는 해당 순간에 스스로 관찰하고 그 결과를 기기나 매체를 통해 연구자에게 전달한다.

이름: XXX   시작 날짜: XX년 X월 X일
기록 횟수: 매일 (✓), 2~3일에 한 번(   ), 4~6일에 한 번, 한번에 기록(   )

요일	충동				하루 중 최고 점수			조절하고 싶은 행동											
	자살	자해	술/약물	(target 행동) 폭식	정서적 고통감	신체적 고통감	기쁨/ 긍정적 감정	술		처방약		약국 구입 약		불법 약물		자해		(target 행동) 폭식		기술**
	0~5점*	0~5점*	0~5점*	0~5점*	0~5점*	0~5점*	0~5점*	내용	o/x	내용	o/x	내용	o/x	내용	o/x	내용	o/x	내용	o/x	0~7
월	0	3	4	4	4	5	0	맥주	500		O		X		X		X		X	1
화	1	4	5	5	4	5	0	맥주	1000		O		X		X		O		O	3
수	2	4	3	2	3	3	2		X		O		O		X		X		X	5

[그림 9-3] 자기관찰 기록지 예시: 변증법행동치료 일지카드

② 관찰 장면에 따른 구분

• 자연관찰(naturalistic observation): 교실이나 가정과 같은 자연상태 맥락 안에서 우리는 사람의 행동과 상호작용을 관찰할 수 있다. 이렇듯, 실험이나 조작을 가하지 않은 자연 상태에서 일어나는 표적 행동과 변인을 관찰하는 방법이다. 자연관찰은 생태학적 타당도를 확보할 수 있지만, 표적 행동이 나타나기까지 오랜 시간이 걸릴 수 있으므로 관찰에 소모되는 비용이 높을 수 있다.

• 유사관찰(analogue observation): 연구자는 자연상태에서 일어날 법한 상황을 임상이나 실험 장면에서 의도적으로 설계하여 이에 대한 개인 혹은 집단의 반응을 관찰할 수 있다. 유사관찰을 통해서도 자연상태 관찰에서 관찰하는 것처럼 타당한 측정이 가능하다는 가정하에, 현재 혹은 훗날 자연상태에서 발생할 행동을 예측하는 데 유사관찰의 목

적이 있다. 예를 들어, 자연관찰에서는 놀이터에서 노는 아동을 관찰하면서 친사회적 행동이 발생하는지 여부를 관찰하지만, 유사관찰에서는 역할 연기를 의도적으로 시킨 상황에서 아동의 친사회적 행동을 측정한다.

유사관찰을 통해 특정 환경 맥락에서 행동의 기능에 관한 가설을 검증할 수 있다. 유사관찰은 행동이 발생하는 조건을 처치할 수 있으므로 자연관찰에 비하여 비용이 적게 들 수 있다. 그러나 자연관찰과 유사관찰 간 일치도에 관해서는 논란이 있다. 즉, 유사관찰의 생태학적 타당도는 자연관찰에 비하여 낮을 수 있다. 그러나 자연상 태에서 참여관찰자가 포착하지 못하는 행동의 인과관계는 유사관찰을 통해 얻을 수 있다. 예를 들어, 친사회적 행동의 촉발 사건과 친사회적 행동의 결과가 행동의 발생과 유지에 미치는 영향에 관해서는 유사관찰을 통해 더 타당하게 관찰할 수 있다. 이러한 측면에서 유사관찰은 증분타당도[2]를 지닌다.

(2) 행동 측정 단위

행동을 측정할 때 단위는 네 가지가 있다. 행동이 특정 시간 동안 나타나는 횟수인 빈도(frequency), 행동의 강도(intensity), 촉발된 행동이 얼마나 나타나는지에 관한 지속시간(duration), 그리고 기대되는 행동이 나타날 때까지 걸리는 시간인 지연시간(latency)이 있다. 빈도의 예시는 '수업시간 동안 손을 들고 질문하는 횟수'가 있다. 강도의 예시는 '실험 자극을 제시했을 때 근육 긴장도'가 있다. 지속시간 예시로, '불안 강도가 100점에서부터 50점으로 가라앉을 때까지 걸리는 시간'이 있다. 마지막으로 지연시간 예시로, '실험 자극이 제시된 뒤 버튼을 누르기까지 걸리는 시간' 혹은, '책상 앞에 착석한 후 보고서의 첫 글자를 타이핑할 때까지 걸리는 시간' 등이 있다.

(3) 행동 표집 전략

헤인즈와 오브라이언(Haynes & O'Brien, 2000)은 행동 표집 전략으로 다음 다섯 가지를 제안한다.

• 사건 표집(event sampling): 관찰 구간 동안 특정 행동, 즉 사건이 발생하는 빈도를 기록

---

2) 증분타당도(incremental validity): 현 관찰 및 측정 방식이 기존의 관찰 및 측정 방식에 비했을 때 타당한 정보를 더 하여 획득할 수 있을 때 타당도가 '증분'한다.

한다. 아동의 공격성을 때리기, 발로 차기, 소리 지르기로 정의했다면, 어린이집에서 지내는 시간 동안 각 행동이 나타날 때마다 표시한다. 행동의 총 횟수를 어린이집에서 지내는 전체 시간으로 나눈다면, 시간별 공격 행동 비율을 산출할 수 있다. 폭식 행동을 관찰하고자 한다면, 일주일 동안 폭식 행동이 발생한 날짜 수를 기록할 수 있다.

• 지속시간 표집(duration sampling): 특정 행동을 얼마나 오래 지속하였는가가 진단과 평가에 중요하다. 강박행동 같은 경우가 지속시간을 바탕으로 증상 수준을 평가할 수 있는 증상의 한 예다(Haynes & O'Brien, 2000). 예를 들어, 손 씻기 행동이 몇 시부터 몇 시까지 지속되었는지를 기록지에 표시한다.

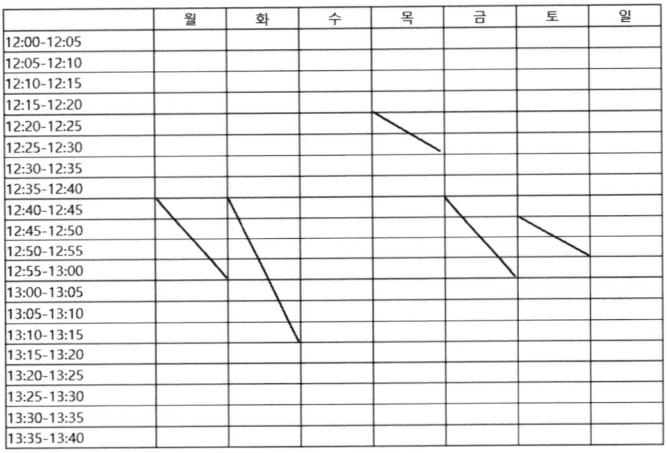

[그림 9-4] 지속시간 표집 기록지 예시

* 손 씻기 행동을 지속한 시간을 표시함.

• 구간 표집(interval sampling): 연구자가 특정 시간(몇 초에서 수 시간까지)을 구간으로 정하여 그 구간 동안 표적 행동이 나타났는지 유무를 수집한다. 특히, 시작과 끝이 모호한 행동이나 빈도가 높은 행동인 경우 유용하다. 예를 들어, 다리를 떨거나 손톱을 물어뜯는 행동을 관찰할 수 있다. 평정자는 한 시간을 구간으로 정하여, 한 시간마다 다리 떠는(혹은 손톱을 물어뜯는) 행동이 있었을 때 '있음(유)'이라고 표기하는 방법으로 행동을 관찰하고 기록한다.

	월	화	수	목	금	토	일
8:00-8:30							
8:30-9:00							
9:00-9:30					유		
9:30-10:00					유		
10:00-10:30					유		
10:30-11:00				유			
11:00-11:30		유					
11:30-12:00		유					
12:00-12:30							
12:30-13:00	유						
13:00-13:30							
13:30-14:00							
14:00-14:30	유						
14:30-15:00				유			
15:00-15:30							
15:30-16:00							

[그림 9-5] 구간 표집 기록지 예시

* 손톱을 물어뜯는 행동이 나타날 때 '있음(유)'라고 표기함.

- 실시간 표집(real-time sampling): 실시간으로 표적 행동이 일어날 때 시간을 측정하고, 행동이 끝날 때 시간을 측정한다. 소리 지르는 행동이 있는 아동의 경우, 소리를 지르기 시작할 때 시간을 기록하고, 소리 지르기를 멈출 때 시간을 기록한다. 이렇게 하는 경우 사건 표집, 지속시간 표집, 구간 표집 모든 것이 가능하다. 만약 행동 빈도가 높거나 시작과 끝이 분명하지 않은 행동이라면 실시간 표집을 수행하기 어려울 것이다. 이는 평정자가 버튼을 누르는 방식으로 행동을 기록할 수 있는 전산화된 도구가 있을 때 가능하다.

- 순간 표집(momentary-time sampling): 연구자가 정한 특정 순간에 표적 행동이 일어났는지를 평가한다. 예를 들어, 매번 한 시간마다 30초 구간 이내에 다리를 떠는 행동이 나타났는지 아닌지를 평가한다.

	월	화	수	목	금	토	일
8:00	V	V	V	V			
9:00	V			V			
10:00	V						
11:00							
12:00							
13:00			V				
14:00			V				
15:00			V				
16:00							
17:00							
18:00							V
19:00							V
20:00							V

[그림 9-6] 순간 표집 기록지 예시: 정시마다 30초 이내 다리 떠는 행동이 나타났을 때 표시

(4) 행동 관찰의 타당도, 신뢰도, 임상적 유용성

① 행동 관찰의 타당도

행동 관찰을 통해 습득한 정보의 타당성은 다음 기준을 바탕으로 판단할 수 있다(Haynes, 2001 참고).

- 구성타당도(construct validity): 행동 관찰이 측정하고자 하는 구성개념을 얼마나 잘 반영했는가에 관한 타당도 근거 전반을 포괄.
- 내용타당도(content validity): 행동 관찰이 측정하고자 하는 구성개념을 얼마나 잘 대표하는가.
- 수렴타당도(convergent validity): 행동 관찰 측정치가 이론상 유사한 구성개념을 측정하는 다른 도구의 측정치와 얼마나 일치하는가.
- 변별타당도(discriminant validity): 행동 관찰 측정치가 관련이 없는 다른 구성개념을 측정한 측정치와 얼마나 관련이 없는가.
- 생태학적 타당도(ecological validity): 행동 관찰 측정치가 자연상태에서 얼마나 일반화 가능한가.
- 증분타당도(incremental validity): 다른 측정 도구로 측정했을 때 비하여 행동 관찰 측정치가 얼마나 더 타당한가.

② 행동 관찰의 신뢰도

행동 관찰을 통해 습득한 정보를 얼마나 신뢰할 수 있는가는 다음 기준으로 판단할 수 있다.

- 관찰자간 일치도(inter-observer agreement): 서로 다른 관찰자가 측정한 행동 관찰 결과가 얼마나 서로 유사한가.
- 시간적 안정성(temporal stability): 처치가 없는 상황에서 같은 행동을 시간 간격을 두고 측정했을 때 두 측정치가 얼마나 일치하는가.

③ 행동 관찰의 임상적 유용성

행동 관찰은 행동주의 치료와 같은 임상 장면에서 수행한다. 행동 관찰이 임상 장면에서 유용하게 쓰일 수 있는가는 다음을 통해 판단할 수 있다.

- 비용효과(cost-effectiveness): 행동 관찰을 통해 습득할 수 있는 정보량과 임상적 판단에 기여한 정도가 관찰에 소요되는 시간, 비용 측면에 비교했을 때 효과적인가.

3) 자기보고형 척도와 평정 도구의 활용

인지와 행동을 측정하기 위해 자기보고형 혹은 임상가 평정용 도구를 사용할 수 있다. 〈표 9-1〉에 한국어 번안 및 타당화 연구를 마친 유용하게 쓰이는 도구를 나열하였다. 각 도구의 저작권을 살펴보고, 저작권을 지켜 활용하도록 한다.

〈표 9-1〉 자기보고형 척도 및 평정 도구(성인용)

측정 대상	도구명	도구 특징
우울	벡 우울 척도(Beck Depression Inventory: BDI)	21문항, 다측면의 우울 증상 측정
	역학연구 우울 척도(Center for Epidemiologic Studies Depression Scale: CES-D)	20문항, 우울 증상 선별용 척도
	환자건강 질문지-9(Patient Health Questionnaire-9: PHQ-9)	9문항, 주요우울장애 삽화 측정
불안	벡 불안 척도(Beck Anxiety Inventory: BAI)	21문항, 불안 증상 수준 측정
	상태특질불안검사(State-Trait Anxiety Inventory: STAI)	각 20문항, 현재 상태의 불안과 전반적인 특질 불안을 측정
	리보위츠 사회불안 척도(Liebowitz Social Anxiety Scale: LSAS)	임상가 평정 방법으로 사회 상황의 불안 및 회피 수준 평정
증상 전반 및 스트레스	간편 증상 척도-18(Brief Symptom Inventory: BSI-18)	18문항, 우울, 불안, 신체화 등 스트레스 증상 측정
	간이 증상 체크리스트(Symptom Checklist-90-Revision: SCL-90-R)	90문항, 신체화, 강박증, 대인 민감성, 우울, 불안, 적대감, 공포, 불안, 편집증, 정신증 측정
	일반건강 질문지(General Health Questionnaire: GHQ)	12문항, 우울 및 불안과 사회적 역기능의 2요인 측정
신체 증상	환자건강 질문지-15(Patient Health Questionnaire-15: PHQ-15)	15문항, 신체 경험으로 나타나는 증상 측정
삶의 질	정신적 웰빙 척도(Mental Health Continuum Short Form: MHCS)	14문항, 정서적 웰빙, 사회적 웰빙, 심리적 웰빙 하위 요인 측정
	세계보건기구 삶의 질 간편형 척도(WHO-Quality of Life-BREF: WHO-QoL-BREF)	26문항, 신체, 심리, 사회, 환경 차원에서 삶의 질 측정

2. 인지행동치료

1) 인지행동치료의 정의와 역사

인지행동치료는 ① 인지가 행동에 영향을 주고, ② 인지 활동은 관찰과 변화가 가능하며, ③ 인지 변화는 행동 변화에 영향을 미칠 수 있다는 세 가지 기본 전제에 서 있다(Dozois, Dobson, & Rnic, 2019). 초창기 인지행동치료를 탄생시킨 인물 중 하나인 마이클 마호니(Michael Mahoney)에 따르면 인지행동치료는 세 가지 주요 요소로 구성할 수 있다. ① 인지 재구성(cognitive restructuring), ② 대처 기술(coping skill) 학습, ③ 문제해결(problem solving) 능력 증진이 이에 해당한다(Mahoney & Arnkoff, 1978). 즉, 이러한 요소를 포함하는 치료를 인지행동치료라고 부를 수 있다.

인지행동치료 역사는 사실상 행동주의 치료에서부터 시작한다. 행동주의 치료는 고전적 조건형성이나 조작적 조건형성과 같은 행동주의 학습 원리에 근간한 개입으로 행동 변화를 목표로 하였다. 동물 실험에서 시작한 행동주의 원리는 점차 사람에게도 공포가 학습되거나 소거될 수 있음을 보여 주기 시작했다. 대표적으로 1920년 왓슨(Watson)과 레이너(Rayner)의 '꼬마 앨버트' 실험, 1924년 존스(Jones)의 '피터의 토끼 공포 완화'와 같은 실험이 있었다.

치료 분야에서 행동주의 원리가 본격적으로 적용된 시기는 1950년대에 이르러서였는데, 대표적으로 조셉 월피(Joseph Wolpe)가 공포증과 불안장애 완화에 적용한 체계적 둔감화(systematic desensitization)와 버러스 스키너(Burrhus Skinner)가 조작적 조건형성 원리를 적용한 행동 조정(behavior modification)이 있었다.

이와 같이 월피가 본격화한 노출 치료(exposure therapy)[3]나 스키너가 본격화한 수반성 관리(contingency management)[4]와 같은 치료 절차는 인지 평가나 조정을 치료 절차에 포함

---

[3] 노출 치료: 부정적 행동 반응(B, behavior)과 연합된 조건 자극(S, stimulus)에 의도적·체계적으로 노출하되, 기존 조건 자극에 새로운 자극(예: 이완, 안정)을 연합하고, 자극과 연합된 부정적 행동 반응(B)을 하지 않도록 돕는 치료다. 존스의 '피터의 토끼 공포 완화' 실험을 예로 들자면, 두려움과 연합된 조건 자극인 토끼(S)를 피터가 무서워하여 토끼를 볼 때마다 도망치는 행동(B)을 했다면, 노출 치료에서는 토끼 자극에 노출하되, 토끼와 새로이 긍정적 자극(예: 맛있는 쿠키)을 연합하는 학습을 하고, 도망치는 행동을 하지 않은 채 토끼와 관련된 무서움이 점차 소거되는 경험을 반복하는 방법이다.
[4] 수반성 관리: 행동 뒤 이어지는, 즉 행동에 수반하는 결과(C, consequence)를 바꾸거나 조작하여 행동의 유지 및 중단에 관여한다. 조작적 조건형성 원리에 근거를 둔다.

Joseph Wolpe(1915~1997)

체계적 둔감화는 불안장애에 효과적인 개입으로 상호 억제(reciprocal inhibition)의 원리를 사용한다. 이완과 불안은 같이 할 수 없어서 서로를 억제한다. 다시 말해, 체계적 둔감화의 효과는 불안을 유발하는 상황에서 이완을 연결하는 역조건화(counter-conditioning)와, 불안 유발 상황에 반복적으로 노출되면서 불안 반응이 낮아지는 습관화(habituation)로 설명할 수 있다.

체계적 둔감화 진행 순서로 심리평가와 더불어 치료 원리에 관한 심리교육을 실시한 뒤, 환자는 제이콥슨(Jacobson, 1938)의 점진적 이완 훈련(progressive relaxation)을 연습하고 불안 위계 목록을 작성한다.

점진적 이완 훈련은 신체 각 부위에 긴장과 이완을 의도적으로 반복하여 긴장 상태와 이완 상태의 감각을 구분하는 법을 배우면서 점차 이완 상태를 유도한다. 이어서 불안 위계 목록을 작성하는데, 불안 수준에 따른 불안 유발 상황의 순위를 정한다. 가장 덜 불안한 상황에서 가장 심하게 불안한 상황에 대한 순서 목록을 작성한다.

이어서 불안 위계 목록의 가장 낮은 순서대로 둔감법을 수행한다. 환자는 이완 상태에서 가장 덜 불안한 상황의 심상을 떠올린다. 치료자는 환자의 불안 수준이 상승할 때 다시 이완 상태를 유도할 수 있도록 돕는다. 이러한 과정을 반복하면서 환자는 점차 가장 심각한 불안한 상황까지 심상 연습을 실시한다. 이와 같은 체계적 둔감화 치료는 이후 현대적 노출 치료의 중요한 틀이 되었다.

스키너의 행동 조정

Burrhus Frederic Skinner(1904~1990)

스키너는 1953년 『과학과 인간 행동(Science and Human Behavior)』이라는 저서를 발표하면서 아동과 성인의 행동을 치료하는 장면에 조작적 조건형성 학습 원리를 도입하였다.

스키너는 강화와 처벌을 통해 행동을 조성할 수 있다고 보았다. 특정 행동에 이어서 긍정적 자극을 제공하거나(정적 강화), 부정적 자극을 제거하는(부적 강화) 방식의 강화(reinforcement)는 행동을 유지한다. 한편, 행동에 이어 부정적 자극을 제공하거나(정적 처벌), 긍정적 자극을 제거하는(부적 처벌) 처벌(punishment)은 행동을 소거한다.

스키너에 따르면 환경이 개인에게 어떠한 조작을 가하느냐에 따라 개인 행동의 발생과 완화를 계획할 수 있다. 이는 오늘날 행동주의 치료에서 행동의 결과를 조정하는 수반성 관리(contingency management) 치료 절차로 수행한다.

하지 않을 수 있어 이들은 주로 '행동주의 치료'라고 부른다. 그러나 이러한 행동주의 개입을 포함하는 치료는 대체로 인지 역시 중요한 치료 관련 변인으로 다루기 때문에 인지행동치료 일부라고 할 수 있다.

한편, 1960년대 '인지혁명' 시기에 도래한 심리학은 응용 인지심리학의 관점을 발전시켜 나가고 있었다. 대표적으로 리처드 라자루스(Richard Lazarus)는 스트레스의 인지 평가 이론(cognitive appraisal theory)을 제시하면서, 인간이 지닌 가치와 전념, 신념을 기반에 둔 인지 평가가 정서를 발생시키고 만들어 내며 정서에 영향을 주는 과정에 주목해야 한다고 촉구하였다.[5] 같은 시대 앨버트 밴듀라(Albert Bandura) 역시 사회학습이론(social learning theory)을 통해 인지 매개 가설을 정립하였다. 밴듀라는 사람은 관찰과 모방이라는 사회 인지 과정을 통해 행동을 학습한다고 보았다. 이러한 행동 발생 과정에는 주의, 기억, 그리고 동기와 같은 인지 과정이 관여한다. 밴듀라의 사회학습이론은 이후 사회인지이론(social cognitive theory)으로 발전하여 환경, 성격, 그리고 행동의 상호관계를 설명하였다.[6]

이후 자세히 살펴보건대, 1960년대 앨버트 엘리스(Albert Ellis)와 에런 벡(Aaron Beck)이 심리장애를 설명할 때 인지 매개 가설(cognitive mediation hypothesis)을 등장시킨 후, 1970년대 등장한 정보처리 모형[7]에 힘입어 심리치료 학계는 행동주의 치료가 설명할 수 없는 영역에 주목하게 되었다.

1970년대 이러한 행동주의 치료와 응용 인지심리학의 결합으로, 앞서 언급한 초창기 마호니(Mahoney)의 인지행동 조정(cognitive behavior modification)과 같이, 개인은 자기 행동을 관찰할 수 있고, 인지 조절을 포함한 자기 조절을 바탕으로 행동 변화를 꾀할 수 있다는 개입 모형이 등장했다. 이것이 인지행동치료 초창기 모습이라 할 수 있다. 특히, 인지행동치료는 과학적 방법론과 실증 자료를 중요시하였고, 치료 모형을 개발하고 개입 효능을 검증하는 연구에 기초를 두어야 한다고 강조하면서, 현대 심리치료로서 빠르게 성장하였다.

인지행동치료 초기 전성기를 이끈 학자로는 앨버트 엘리스, 에런 벡, 그리고 도널드 마이켄바움(Donald Meichenbaum)이 있다. 오늘날 인지행동치료의 근간이라 할 수 있는 인지행동치료 창시자인 이들의 인지행동치료를 살펴보자.

---

5) 라자루스는 정서 경험은 생각, 행동 충동, 그리고 신체 경험 요소의 혼합으로 이루어져 있다고 하였고, 정서 발생에서 순간의 환경 자극에 대한 해석이라 할 수 있는 인지 평가가 필수로 선행한다고 하였다. 놀람 반응에 인지 평가가 개입하지 않는다는 반박에 라자루스는 놀람 반응은 정서가 아니고, 신경학적 반사 반응이라고 하였으며, 만약에 위험하고 위험하지 않고를 구분하는 지각 자체를 인지 평가라고 한다면 광범위하게 모든 정서 반응에는 인지 평가가 선행한다고 볼 수 있다 하였다(Lazarus, 1982).

6) 밴듀라는 사회인지이론에서 개인은 단지 환경 자극에 수동적으로 반응하는 존재가 아니라, 환경을 주도적으로 탐색하고 조작하며, 환경에 영향을 미치는 존재라고 보았다(Bandura, 1999).

7) 마치 컴퓨터가 정보를 조작하여 저장하고 인출하고 생성하듯이, 인간 기억을 설명할 때 마찬가지로 이를 체계 안에서 정보를 발전시키고 전달하는 과정으로 보는 관점이다. 대표적으로 앳킨슨과 시프린은 인간 기억체계를 설명하면서 부호화(encoding), 저장(storage), 인출(retrieval)의 3단계 처리 모형을 제안하였다(Atkinson & Shiffrin, 1968).

2) 주요 인지행동치료

Albert Ellis
(1913~2007)

(1) 합리적 정서행동치료

미국 임상심리학자인 앨버트 엘리스는 1950년대부터 합리적 정서행동치료(Rational Emotive Behavior Therapy: REBT)를 개발하기 시작했다. 그는 초기 정신분석과 인간중심치료를 바탕으로 임상 활동을 하였으나, 그 효과에 의문이 들면서부터 REBT를 고안하기 시작했다. 엘리스는 1960년대와 1970년대에 이성과 정서의 종합 접근을 설명하는 대표적인 REBT 문헌을 발표하면서 심리치료의 발전과 보급에 힘썼다.

① REBT에서 역기능적 신념

엘리스는 개인의 성격 발달과 문제에 생물학적 요인과 사회적 요인이 영향을 미친다고 보았다. 유전을 포함한 생물학적 요인, 그리고 가족, 또래, 학교 등 사회 조직에서 대인관계 경험은 심리적 취약성을 결정할 수 있다. 이 심리적 취약성은 대표적으로 역기능적 신념(dysfunctional belief)으로 나타날 수 있다. 엘리스에 따르면 역기능적 신념은 다양한 삶의 영역에서 나타날 수 있다. 성공과 성취에 관한 신념(예: "항상 1등을 해야만 인정받을 수 있다."), 사랑과 승인에 관한 신념("모든 사람이 나를 사랑해야만 한다."), 공평에 관한 신념("나는 항상 동등한 대우를 받아야 한다."), 그리고 안전에 관한 신념("완벽하게 안전해야 안정을 얻을 수 있다.") 등, 역기능적 신념이 삶을 빈번하게 지배할 때 심리적 취약성이 클 수 있다.

엘리스에 따르면 비합리적 신념은 '반드시(must)'를 포함하는 특징이 있다. "나는 반드시 합격해야 한다", "나는 반드시 모두에게 사랑받아야 한다", "반드시 내 뜻대로 일이 돌아가야 한다"와 같다. 엘리스는 사람은 자기 자신, 타인, 그리고 세상을 향해 비합리적 신념을 가질 수 있다고 보았다.

② REBT 치료 원리

REBT 치료 원리는 성격의 A-B-C 이론에 기반을 둔다. 개인은 삶에서 자신의 신념을 건드리는 사건을 겪을 수 있다. 이 활성화 사건(activating event; A)에 대해 개인은 특정한 신념체계(belief system; B)에 따라 반응한다. 신념은 합리적일 수 있고, 비합리적일 수 있다. 활성화 사건이 신념체계를 지지할 때, 신념체계는 원활하게 작동한다. 그러나 활성화 사건이 신념체계를 위반할 때 비합리적 신념이 촉발될 수 있고, 그 결과로 정서적 고통이나 행동문제가 발생한다. 엘리스는 이를 정서 및 행동 결과(consequences; C)라고 하였다.

예를 들어, 첫 번째로 도전한 입사 면접에서 낙방한 K씨는 처음에는 "나는 여전히 실력이 부족해."와 같은 생각을 하고 실망감을 느낄 수 있다. 이러한 실망감은 자연스러운 반응이라고 볼 수 있다. 이어서 K씨는 다음 면접을 더 잘 보기 위해 예행연습을 하고 다시 면접에 도전할 수 있다. 합리적 신념을 지닌 경우 활성화 사건에 적응적으로 대처할 수 있다.

그러나 만약 "절대로 실력이 없으면 안 돼." 혹은 "합격하지 못한다면 내 인생은 실패작이다."와 같은 비합리적 신념이 활성화된다면, 절망감이나 패배감과 같은 정서 결과를 겪게 될 수 있다. 또한 더 이상 도전하지 않는 행동이 나타날 수 있다. K씨는 낙방한 사실뿐만 아니라 스스로를 '실패작'이라고 비난한 촉발 자극으로 인해 심리적 어려움을 겪는다.

따라서 치료 목표는 보다 합리적으로 생각하고, 더 적응적인 정서를 경험하고, 더 효과적으로 행동하여 행복한 삶을 사는 데 있다. [그림 9-7]과 같이 엘리스는 A-B-C-D-E 치료 접근을 제시하였다. A는 앞서 설명한 활성화 사건이고, B는 신념이며, C는 결과다. REBT에서는 심리적 어려움의 배경에 있는 A-B-C를 파악한 뒤에, 비합리적 신념을 논박하는 과정(disputing; D)을 이어 간다. D를 통해 내담자는 비합리적 신념을 탐지하고, 구분

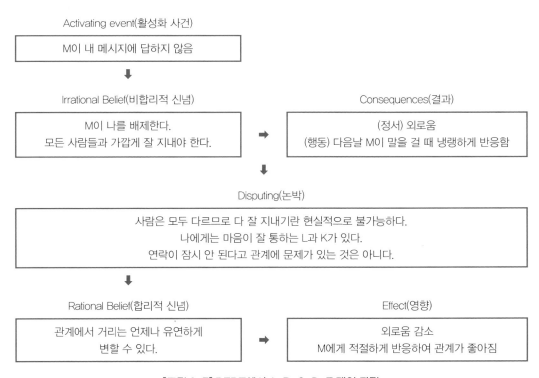

[그림 9-7] REBT에서 A-B-C-D-E 개입 과정

하고, 반박한다.

예를 들어, 최선을 다한 시험에서 C 성적을 받은 뒤 실망감에 빠진 M씨는 우선 "A+를 받아야 잘한 것이다."라는 자기 신념을 탐지한다. 그다음, 신념에서 합리성과 비합리성을 구분한다. "반드시 최고의 점수만 인정받을 수 있다."에서 '반드시'처럼, 과도하거나, 경직되거나, 비현실적인 측면에서 비합리성을 찾는다. 다음 반박의 과정에서 치료자와 M씨는 "항상 최고의 점수를 받아야만 성공이라고 느끼는 이유가 무엇인가요?", "만약 최고의 점수를 받지 못한다면 어떤 일이 벌어지나요?"와 같은 질문에 함께 답을 찾아가는 소크라테스식 문답법을 통해 비합리적 신념에 논박을 시도한다. 비합리적 신념을 보다 합리적인 신념으로 바꾸어 가는 과정을 통해 내담자는 심리적 어려움을 줄일 수 있다. 즉, 논박을 통해 합리적이고 적응적인 신념을 찾으면서 내담자는 정서나 행동에 변화를 보일 수 있다. 이것이 효과(effect, E)에 해당한다.

(2) 인지치료

Aaron Beck
(1921~2021)

미국의 정신의학자인 벡이 창시한 인지치료(Cognitive Therapy: CT)는 왜곡된 신념과 관련된 인지적 오류를 수정하고 이를 적응에 도움이 되는 생각으로 바꾸는 핵심 작업과 더불어 정서와 행동 변화를 이끈다. 벡은 1960년대와 1970년대에 걸쳐 우울장애에서 인지의 중요성을 설명하는 문헌을 발표하였다. 이 중 1979년 동료들과 함께 출판한 『우울장애의 인지치료(Cognitive Therapy of Depression)』는 국내에도 번역 출판되었다.

① 인지치료에서 신념체계

벡은 생물학적 · 환경적 · 사회적 요인이 결합하여 심리장애가 발생할 수 있다고 보았다. 특히, 초기 아동기 경험이나 발달 과정에서 개인은 신념체계(belief system)를 생성하는데, 여기에 자신과 세상에 대한 관점이 담겨 있다. 어린 시절에 어떤 경험을 했는가를 통해 우리는 "나는 가치 있는 사람이야", "나는 능력이 있는 사람이야", 혹은 "나는 사랑받을 수 없는 사람이야", "나는 무능한 사람이야"와 같은 신념을 형성한다.

이러한 신념은 개인의 인지 도식(cognitive schema)을 구성한다. 인지 도식이란 세상을 어떻게 바라보고 해석하는지에 관한 개인 고유의 인지적 틀이다. 특정 인지 도식은 상황에 따라 기능적으로 혹은 역기능적으로 작용할 수 있다. "나는 능력 있는 사람이야"라는 인지 도식을 지닌 사람은 능력을 발휘할 수 있는 환경에서 훌륭하게 적응할 수 있다. 그러나 만약 휴식하고 즐겨야 하는 환경이라면 '능력'에 관한 인지 도식은 휴식을 방해할 수 있고, 능력이 더 이상 중요하지 않게 된 환경에서라면 적응에 어려움을 야기할 수도 있다.

마찬가지로, 똑같은 상황이라 하더라도, 개인이 어떠한 도식을 지니고 있느냐에 따라 개인마다 그 상황을 어떻게 인지하는지는 다르다. 대인관계에서 서로 호기심을 가지고 다가서던 관계가 흐지부지 끝나는 상황에서 어떤 사람은 툴툴 털고 다른 사람을 찾는 반면, 어떤 사람은 자책을 하고 마음의 문을 걸어 잠근다. '그는 나와 맞지 않았어.'라고 생각하고 털어버리는 사람과 '나는 부족하고 사랑받을 수 없어.'라고 자책하는 사람은 아마도 인지 도식이 다를 것이다. 어떠한 신념과 인지 도식을 지녔는가에 따라 특정 순간에 누군가는 '그의 행동이 무례하구나.'라고 생각하는 반면, 누군가는 '내가 잘못했구나.'라고 생각한다.

〈표 9-2〉 인지적 오류의 예

- 흑백 논리(all-or-nothing): 완전한 실패 아니면 성공, 좋은 것 아니면 나쁜 것과 같이 양극단을 구분지어 판단하기. 예를 들어, "A+를 받지 못했으니 이번 학기는 실패나 다름없어."라고 생각하는 경우.
- 과잉일반화(over-generalization): 일부 경험에 근거하여 일반적인 결론을 내리고 무관한 상황에도 그 결론을 적용하는 오류. 예를 들어, 발표 중에 어쩌다 실수를 하고서 "앞으로도 나는 계속 실수할 거야."라고 생각하고 발표를 시도하지 않는 경우.
- 의미확대와 의미축소(magnification and minimization): 부정적인 의미는 확대하고 긍정적인 의미는 축소하여 받아들임. 예를 들어, 친구가 내게 쓴소리를 했을 때에는 크게 받아들이고, 친구가 한 칭찬은 간과하여 우울감이 들거나 친구와 멀어지는 경우. 이중 잣대 역시 포함되는데, 친구가 A 성적을 받을 때에는 친구가 능력이 있다고 생각하고, 내가 A 성적을 받을 때에는 운이 좋았다고 생각하는 경우.
- 선택적 추상화(selective abstraction): 부정적 생각을 뒷받침하는 근거에 선택적으로 주의하여 결론 내리기. 예를 들어, 성취와 좌절의 경험이 여럿 있지만 스스로 "나는 항상 실패해 왔어."라고 단정하는 경우.
- 개인화(personalization): 자신과 무관한 사건을 마치 관련 있는 사건처럼 해석하는 경우. 예를 들어, 엄격하고 무뚝뚝한 성격의 교수가 나의 질문을 빠뜨리고 답해 주지 않을 때 "교수님이 나를 싫어해."라고 생각하고 수업에 참여하지 않음.
- 독심술(mind reading): 충분한 근거 없이 다른 사람의 생각을 추측하고 단정 지음. 연인의 무표정한 얼굴을 보고 "나를 더 이상 좋아하지 않아."라고 생각하고 우울해지거나 관계를 끊는 경우.
- 잘못된 명명(mislabeling): 자신의 특성이나 행위를 기술할 때 부정적 평가 혹은 판단을 결합한 명칭을 사용하기. 예를 들어, 대인관계에서 실수를 하여 죄책감을 느낄 때 "내 인생은 실패작이야.", "나는 쓸모없는 사람이야."와 같이 생각하고 실수를 복구하지 않는 경우.
- 파국화(catastrophizing): 어떤 사건을 극단적으로 과장하여 부정적으로 생각하여 불안과 회피를 유발함. 예를 들어, 시험 준비를 하다가 불안해졌을 때, "시험을 완전히 망치고 교수님에게 비난을 받아서 앞으로 아예 학교에 나올 수 없고 졸업을 못할 거야"라고 예상하는 식.

② 인지치료에서 자동적 사고

이렇듯 인지 도식은 특정 순간에 빠르게 활성화하는 특정 생각을 통해 개인의 정서와 행동에 영향을 미친다. 벡은 인지치료의 주요 전략으로 이 빠르게 활성화되는 특정 생각인 자동적 사고(automatic thoughts)를 포착한다. 자동적 사고란 특정 촉발 사건에 의해 인지 도식에서 자동으로 일어나는 생각으로 '뜨거운(hot)' 혹은 감정이 담긴 생각이다. 이는 왜곡된 신념에 기반한 견고한 인지 도식에 갇혀 있으므로 비합리적이거나, 부정확하거나, 비효율적일 수 있다. 인지치료는 이렇게 자동적 사고를 구성하는 인지적 오류(cognitive error) 혹은 인지적 왜곡(cognitive distortion)을 내담자와 함께 찾고 이를 합리적이고 효율적인 사고로 대체하는 과정을 중요하게 여긴다. 인지적 오류의 예시는 〈표 9-2〉에 제시하였다.

③ 인지치료의 원리

인지치료에서 목표는 자동적 사고를 포착하여 그 안에 인지적 오류를 수정하여 보다 효율적인 정보처리를 돕는 데 있다. 이 과정에는 튼튼한 내담자-치료자 관계가 필요하다. 치료자는 내담자와 내담자의 변화를 위한 협력적 동맹관계를 형성한다. 내담자는 자신의 생각, 감정에 관한 원자료를 자각하고 보고해 주어야 하고, 치료자는 이를 바탕으로 내담자를 인도해 나간다. 내담자는 치료자가 생각을 조종하거나 이해하지 못한다는 느낌을 내려놓고 능동적으로 치료 과정에 참여할 수 있어야 하는데, 이를 위해 치료자는 따뜻함, 정확한 공감, 진실성을 바탕으로 신뢰로운 관계를 발전시켜야 할 것이다(Beck et al., 1997).

인지치료에서도 역시 소크라테스식 대화법을 활용하여 내담자의 경험을 탐색하도록 한다. 치료자는 "신념의 근거가 무엇입니까?", "상황을 다르게 해석할 수 있습니까?", "그 생각이 사실이라면 어떤 일이 벌어집니까?"와 같은 질문을 해 나가면서 자동적 사고를 탐색할 수 있다. 특히, 자동적 사고는 내담자가 대체로 자각하기 어려우므로, 치료자는 명료화를 통하여 내담자의 표현 속에서 자동적 사고를 발견해 나간다. 내담자는 숙제로 〈표 9-3〉과 같은 '역기능적 사고 기록지'에 스스로 관찰한 내용을 기록해 올 수 있다. 반복적 탐색을 통해 치료자와 내담자는 점차 자동적 사고를 분명히 해 나갈 수 있다.

자동적 사고를 변화시키겠다는 치료자와 내담자의 합의가 잘 이루어졌다면, 그다음 자동적 사고에서 오류를 수정하고 대안적 사고로 대체해 나가는 과정을 함께 한다. 이 과정에서는 내담자가 사태를 있는 그대로 현실적으로 지각할 수 있도록, 즉 사실과 사실에 대한 인지적 해석을 구분할 수 있도록 돕는다. 또한 재귀인(reattribution)을 시도하여 사건에 대한 과도한 책임을 줄이도록 한다.

　이어서 해석에 담긴 인지적 오류를 찾아내 명명한다. 예를 들어, 발표에 한 번 실수 한 뒤로 다시 발표를 시도하지 않는 학생이 "나는 항상 실패해"라고 생각하는 데에 '과잉일반화' 오류가 있다는 점을 찾아 논의한다. 파국화의 경우, 파국적인 일이 만약 실제로 벌어졌을 때 어떻게 대처할 수 있는지 논의하면 내담자는 상황에 대한 보다 현실적인 감각을 형성할 수 있다.

　이어서 문제를 해결하는 데 자동적 사고가 과연 효율적인지를 검토할 수 있다. 내담자가 특정 자동적 사고를 갖추게 된 데에는 과거 경험의 맥락에서는 효율적일 수 있었으나, 현재 상황에서도 과연 적응에 도움이 되거나 문제를 해결하는 데 효율적일지 논의한다. 〈표 9-4〉처럼 생각의 장점과 단점을 기술해 보는 방법도 유용하다. 예를 들어, "모두에게

〈표 9-3〉 역기능적 사고 기록지

날짜	5월 3일	
감정	• 변화시키고 싶은 부정적 감정(0~100점)	수치심(80점)
상황	• 감정에 선행한 촉발 사건이나 상태	• 발표를 하던 중에 다른 친구가 한 질문에 한참 동안 대답을 하지 못하고 얼굴이 빨개졌다.
자동적 사고	• 당시 자동으로 일어났던 생각이나 심상 • 자동적 사고를 믿는 정도(0~100%)	• 모두들 나를 '바보'라고 생각하고 비웃었다, 모든 질문에 완벽하게 답해야 했다(90%).
대안적 사고	• 발견한 인지적 오류는? • 대안적 설명을 해 본다면? • 이 생각이 사실일 때 벌어질 최악의 사건과 나의 대처 방법은? • 자동적 사고에 따랐을 때 결과는? 과연 효율적인가?	• 독심술, 흑백논리 • 잘 대답한 질문도 있었다. 한두 질문에 답하지 못한다 해도 실패는 아니다. 나에게 수고했다고 친구들이 말해 주었다. 다른 친구가 답하지 못했을 때 나는 그를 '바보'라고 생각하지 않았다. • 만약 그런 일로 나를 바보라고 여기는 사람이 있다 하면 그와는 가까이 지내지 않는 게 좋겠다. • 모두들 나를 바보라고 생각한다 하면 다음번에 발표하기 어려워지고, 수치심에 우울해지므로 효율적이지 않다.
결과	• 대안적 사고를 살펴본 후 자동적 사고에 대한 믿음, 감정, 행동에서 변화	• 자동적 사고에 대한 믿음 40% • 수치심 30점 • 행동: 괴로운 생각은 그만두고 친구와 발표 끝나고 기념 파티를 함

인정받아야 한다"는 생각을 했을 때의 장점과 단점을 각기 기술해 본다면, 그러한 신념 이면의 욕구와 발달 경험이 드러날 수 있다. 또한 극단적이거나 경직된 생각을 고수하기보다는 진정으로 자신이 원하는 방향으로 문제를 해결하기 위해서는 어떤 생각이 필요한지 모색해 볼 수 있을 것이다.

마지막으로, 벡은 대안적 생각이 새롭게 자리 잡기 위해서는 행동 실험이 필요하다고 보았다. 자동적 사고에 도전하는 행동을 했을 때 벌어진 새로운 경험을 통해서 개인은 자신의 오래된 신념체계를 재검토하고 새로운 신념이 들어설 자리를 마련할 수 있다.

〈표 9-4〉 **신념의 장단점 찾기**

"모든 사람에게 인정받아야 한다."	
신념의 장점	신념의 단점
• 인정을 얻기 위해 열심히 노력하여 발전할 수 있다. • 대인관계가 넓어질 수 있다. • 더 많은 사람에게 사랑받을 수 있다.	• 비현실적이다. • 타인에게 인정받는 데 급급하여 내가 원하는 인생을 살 수 없다. • 사는 게 피곤해진다. • 모든 사람이 인정한다면 나는 더 이상 발전할 수가 없다.

(3) 스트레스 면역 훈련

① SIT의 치료 원리

스트레스 면역 훈련(Stress Inoculation Training: SIT)은 마이켄바움이 불안 증상 완화를 위해 개발한 치료로 인지행동치료 전략을 포함한다(Meichenbaum, 1985). 불안은 생리적 각성과 더불어 불안을 유발하는 생각과 심상으로 구성되는데, SIT는 각성을 낮추는 훈련과 생각 및 심상을 조절하는 대처 방법을 학습하도록 한다. SIT는 통증, 분노 통제, 수행 불안, 사회 공포증, 공황 및 범불안장애에 효과적이라고 보고된 바 있다(Meichenbaum, 1985; Meichenbaum & Deffenbacher, 1988).

인지치료가 점차 발전하면서, SIT 역시 인지 재구성의 요소에 무게를 싣는 방향으로 발전하였다. 마이켄바움은 인지 과정(cognitive process)과 인지 구조(cognitive structures)를 설명하였다. 인지 과정이란 정보를 처리하는 개인별 특징으로, 어떠한 사건에 주의를 기울이는지, 사건을 어떻게 해석하고 평가하는지, 그리고 신념에 일치하는 정보에 보다 주목하는지

Donald Meichenbaum
(1940~)

등 주의, 추론, 저장, 인출의 인지 처리 과정을 포함한다. 불안이 높은 사람은 부정적 평가에 더 많은 주의를 기울이고, 긍정적 결과는 간과하며, 부정적 측면을 과잉 일반화하는 추론 과정이 특징이고, 대체로 많은 사건을 불안과 관련하여 해석하는 경향이 있다.

한편, 인지 구조란 세상을 바라보는 틀에 영향을 미치는 가정, 신념, 의미체계를 뜻한다. 어떠한 정보에 주목하고, 이를 어떻게 정리하고 어떤 정보에 중요성을 두는가는 개인의 '핵심 조직화 원리(core organizing principles)'를 따르고, 개인은 핵심 조직화 원리에 따라 세상을 해석하고 의사결정한다. 핵심 조직화 원리란 곧 인생이 펼쳐질 구체적 대본을 좌우하는데, 불안이 높은 사람은 위험, 통제 상실, 거절에 대한 두려움과 같은 인지 구조를 지닐 가능성이 높다(Meichenbaum & Deffenbacher, 1988).

② SIT 치료 절차

SIT는 크게 세 단계로 진행한다. 우선 치료자와 내담자의 협력관계를 바탕으로 심리교육을 수행하여, 불안이 발생하고 유지되는 원리를 이해하도록 한다. 두 번째로 불안 완화를 위한 대처기술을 학습한다. 내담자는 자신의 불안을 유발하는 인지를 자각하는 방법을 배우고, 과도하게 확고하고 과잉 일반화하는 부정적이고 파국적 생각을 재구성하기를 시도한다. 또한 이완 훈련, 자기주장 훈련, 자기 보상과 같은 행동주의 전략을 배우고 문제 해결 방법을 익힌다. 이어지는 세 번째 단계에서는 실제 상황에서 활용을 연습한다. 불안을 유발하는 상황을 심상으로 떠올리며 이완 훈련을 시도하고, 회기와 회기 사이에 불안을 유발하는 상황에 실제 노출을 시도하는 등 숙제와 실험을 통해 실생활에서 일반화를 연습한다. 최근까지 SIT는 광범위한 영역에서 스트레스를 예방하고 조절하는 치료 접근으로 활용되고 있다.

✎ 요약

　행동 평가는 법칙정립적 접근과 개별 개인 접근 모두를 취하며, 가장 적합한 인지행동치료 개입에 관한 의사결정을 할 때 수행한다. 개인 접근에서 행동주의 기능분석은 주요한 행동 평가의 틀이다. A-B-C 행동주의 기능분석은 특정 행동을 둘러싼 선행사건과 결과 등 환경 맥락의 인과관계를 파악함으로써 행동의 기능, 행동의 발생과 유지 맥락을 파악할 수 있다. 여기에 칸퍼는 유기체적 변인과 수반성 특징을 추가하여 SORCK 모형을 제시하였다.

　행동 관찰은 외부 관찰자가 신뢰롭고 타당한 방법으로 특정 맥락에서 일어나는 행동을 체계적으로 측정하는 행위를 말한다. 행동 관찰을 위해서는 우선 측정하고자 하는 행동의 조작적 정의가 잘 정립되어 있어야 하고, 측정 결과를 수량화할 수 있도록 적합한 측정 방법을 결정해야 한다.

　행동 관찰은 관찰자 위치에 따라 참여관찰, 비참여관찰, 자기관찰로, 관찰 장면에 따라 자연관찰, 유사관찰로 구분할 수 있다. 행동을 측정할 때에는 행동의 빈도, 강도, 지속시간, 지연시간을 측정할 수 있다. 행동 표집 전략은 행동의 특성과 측정 단위에 걸맞은 방법을 사용하도록 한다. 행동 측정치의 타당도, 신뢰도, 임상적 유용성은 측정 결과를 평가하는 중요한 기준이다.

　인지행동치료는 행동주의 치료에서부터 그 역사가 시작된다. 행동주의 치료의 본격적 시작은 1950년대 월피의 체계적 둔감화와 스키너의 행동 조정이라 볼 수 있다. 1960년대 인지혁명을 거치면서 인지 매개 가설이 등장한다. 이어서 1970년대에 인지행동 조정의 원리가 등장하는데, 마호니는 행동은 관찰 가능하고, 인지 조절을 통해 행동 변화를 꾀할 수 있다고 제안하였다.

　당대 주요 인지행동치료로 엘리스의 합리적 정서행동치료, 벡의 인지치료, 그리고 마이켄바움의 스트레스 면역 훈련을 꼽을 수 있다. 엘리스는 비합리적 신념에 주목하면서 A-B-C-D-E 치료 모형을 제시하였다. 비합리적 신념을 보다 합리적인 신념으로 바꾸어 가는 과정을 통해 심리적 어려움이 줄어들 수 있다. 벡은 개인의 인지 도식에서 활성화된 뜨거운 생각인 자동적 사고에 주목하였고, 자동적 사고에 담긴 인지적 오류 혹은 인지적 왜곡을 수정하는 치료 과정을 제안하였다. 스트레스 면역 훈련은 불안 증상 완화를 위해 개발한 치료로 불안 각성을 낮추는 훈련과 더불어 불안을 유발하는 생각과 심상을 조절하는 방법을 훈련한다.

🤔 생각해 봅시다.

● 바꾸고 싶은 나의 구체적 행동(R) 하나를 선택하여 칸퍼의 SORCK 모형에 따라 분석해 봅시다.

- 지난 한 주 들었던 경미한 수준의 부정적 감정 하나를 선택하여 벡의 이론에 따른 역기능적 사고 기록지를 완성해 봅시다.

- 개인은 자신이 살아온 삶의 역사에 따른 신념과 인지 도식을 구성합니다. 특정 신념은 다른 사람 눈에는 비합리적이지만 당사자에게는 중요할 수 있습니다. 나와 다른 삶을 살아온 사람이 나와는 다른 신념을 고수한다면, 이때 내가 어떻게 반응할 수 있을지 생각해 봅시다.

형성평가

- 행동 관찰에서 자연관찰과 유사관찰의 장단점에 대해 논의해 보시오.

- 타당하고 신뢰로운 행동 관찰을 수행할 때 갖추어야 할 두 가지 요소를 설명해 보시오.

- 칸퍼의 SORCK 행동주의 기능분석 모형을 설명해 보시오.

- 엘리스의 합리적 정서행동치료에서 A-B-C-D-E 모형을 설명해 보시오.

- 벡의 인지치료에서 자동적 사고개념을 설명하고, 치료 전략을 설명해 보시오.

- 마이켄바움이 제시한 불안 증상의 원인을 설명해 보시오.

참고문헌

Atkinson, R. C., & Shiffrin, R. M. (1968). Human memory: A proposed system and its control processes. In K. W. Spence & J. T. Spence (Eds.), *The psychology of learning and motivation: Advances in research and theory* (Vol. 2, pp. 89-195). New York: Academic Press.

Bandura, A. (1999). A social cognitive theory of personality. In L. Pervin & O. John (Eds.), *Handbook of personality* (2nd ed., pp. 154-196). New York: Guilford Publications.

Beck, A. T., Rush, J., Shaw, B. F., & Emery, G. (1997). 우울증의 인지치료(원호택 외 역). 학지사. (원저는 1979년에 출판).

Chambless, D. L., & Hollon, S. D. (1998). Defining empirically supported therapies. *Journal of Consulting and Clinical psychology, 66*(1), 7-18. https://doi.org/10.1037//0022-006x.66.1.7

Dozois, D. J. A., Dobson, K. S., & Rnic, K. (2019). Historical and philosophical bases of the cognitive-behavioral therapies. In K. S. Dobson & D. J. A. Dozois (Eds.), *Handbook of Cognitive-Behavioral Therapies* (pp. 3-31). The Guilford Press.

Haynes, S. N. (2001). Clinical applications of analogue behavioral observation: Dimensions of psychometric evaluation. *Psychological Assessment, 13*(1), 73-85.

Haynes, S. N., & O'Brien, W. H. (2000). *Principles and Practice of Behavioral Assessment.* Kluwer Academic/Plenum Publishers.

Jacobson, E. (1938). *Progressive relaxation* (2nd ed.). Chicago, IL: University of Chicago Press.

Kanfer, F. H., & Saslow, G. (1965). Behavioral analysis: An alternative to diagnostic classification. *Archives of General Psychiatry, 12*, 529-538. https://doi.org/10.1001/archpsyc.1965.01720360001001

Kanfer, F. H., Reinecker, H., & Schmelzer, D. (2012). *Self Management Therapy: A Text Book for Clinical Practice.* Berlin: Springer.

Lazarus, R. S. (1982). Thoughts on the relations between emotion and cognition. *American Psychologist, 9*, 1019-1024.

Mahoney, M. J., & Arnkoff, D. (1978). Cognitive and self-control therapies. In S. L. Garfield & A. E. Bergin (Eds.), *Handbook of Psychotherapy and Behavior Change* (2nd ed.). Wiley: New York.

Meichenbaum, D. (1985). *Stress inoculation training*. New York: Pergamon Press.

Meichenbaum, D. H., & Deffenbacher, J. L. (1988). Stress inoculation training. *The Counseling Psychologist, 16*(1), 69-90. https://doi.org/10.1177/0011000088161005

Tennen, H., Affleck, G., & Armeli, S. (2005). Personality and daily experience revisited. *Journal of personality, 73*(6), 1465-1483.

Tolin, D. F., McKay, D., Forman, E. M., Klonsky, E. D., & Thombs, B. D. (2015). Empirically supported treatment: Recommendations for a new model. *Clinical Psychology: Science and Practice, 22*(4), 317-338. https://doi.org/10.1037/h0101729

Wolpe, J. (1958). *Psychotherapy by reciprocal inhibition*. Stanford University Press.

인지행동치료의 현재:
수용전념치료와 변증법행동치료
제10장

이 장은 최근 인지행동치료의 본격적인 발전과 더불어, 1990년대 등장한 인지행동치료의 새로운 흐름을 살펴본다. 이어서 대표적인 최신 인지행동치료로 수용전념치료와 변증법행동치료의 세계관과 철학, 치료 개념 및 절차를 공부해 보도록 한다.

1. 인지행동치료의 발전과 새로운 흐름

1) 1990년대 인지행동치료의 발전

1980년대 불안장애의 원인에 관한 연구와 동물 실험 연구가 발전하면서 더불어 불안장애 분야에서 인지행동치료가 급속한 성장을 이룬다. 이어서 1990년대 초반 불안장애 심리치료에 관한 다양한 효능(efficacy) 연구가 발표되었고, 인지행동치료는 실증 근거를 갖추어 효능이 검증된 치료로 주목을 받기 시작했다.

불안장애의 인지행동치료는 기본적으로 불안 유발 자극을 의도적으로 접하는 노출(exposure)과, 불안 유발 자극과 연결된 생각을 중재하는 인지 재구성(cognitive restructuring)의 치료 요소로 이루어졌다(Zinbarg, Barlow, Brown, & Hertz, 1992).

노출 치료의 원리는 고전적 조건형성의 행동주의 학습 원리를 기반으로 설명할 수 있다. 역조건형성(counterconditioning) 원리라 할 수 있는데, 불안과 공포를 유발하는 자극에 공포 반응과 상반되는 안전 반응을 반복하여 연합하여 공포 반응을 완화하는 방법이다. 예를 들어, 운전에 대한 공포를 가진 사람은 운전을 회피하므로 운전 공포는 수정할 여지가 없다. 그러나 그가 이완 훈련을 연습함과 동시에, 운전석에 앉기, 시동을 켜기와 같은 상황에서부터, 주차장을 돌기, 한적한 길을 운전하기, 혹은 복잡한 길을 운전하기까지 상황에 의도적이고 체계적으로 스스로 노출하면서 이러한 상황을 피하지 않고 이완과 연합시킨다면, 결국 운전했을 때 파국적 상황이 일어나지 않는다는 경험을 할 수 있다.

　인지 재구성은 불안과 공포를 중재하는 생각의 내용과 양상을 조절하는 방법이다. 만약 '운전을 하면 반드시 사고가 난다'는 파국적 생각을 하거나, '상대편 운전자는 나를 해칠 것이다', '사고가 났을 때 나는 대처할 수 없을 것이다'와 같은 생각이 있다면, 운전에 대한 공포는 지속될 수 있다. 이러한 역기능 생각 양상을 재구성하는 방법을 통해, 인지와 연관된 불안 및 공포에 대한 조절이 가능하다. 이 당시 개발한 인지행동치료는 현재까지 범불안장애, 특정공포증, 공황장애, 사회불안장애, 강박장애, 외상후 스트레스장애에 효과적이라는 강한 근거를 갖추고 있다.

강박장애의 노출 및 반응 방지(Exposure and Response Prevention: ERP)

Edna Foa(1937~)

　DSM-5 이전에 강박장애는 불안장애 하위 유형이었다. 1980년대 에드나 포아(Edna Foa)와 동료들이 체계화한 노출 및 반응 방지 치료는 대표적으로 효능이 검증된 인지행동치료다. 강박 사고를 유발하는 상황, 심상, 생각에 의도적으로 노출을 한 상태에서 강박 행동을 하지 않은 채 불안 수준을 완화하는 과정을 경험한다. 불안을 유발하는 상황에 직면하는 동시에 회피하지 않는다면, 불안 수준은 완화될 수 있다.

강박장애 환자는 점진적 이완을 훈련한 뒤, 강박 사고와 관련된 0~100점 사이의 불안 수준을 유발하는 상황 위계 목록을 작성하고, 순서에 따라 불안 수준이 낮은 약 30~40점 수준의 단서부터 노출을 시도하여 보다 높은 위계로 노출 작업을 발전시켜 나간다. 이때 강박 행동을 하지 않으면서도 불안이 점차 완화되는 과정을 경험하는 것이 중요하다. 이를 통해 환자는 강박 행동을 하지 않아도 두려워하는 파국적 상황이 벌어지지 않는다는 체험을 점차 하면서, 강박 행동은 완화될 수 있다.

1980년대 연구 성과에 힘입어 불안장애에 노출 기반 인지행동치료가 발전할 무렵, 1990년대 인지행동치료의 또 다른 흐름으로 등장한 제3세대 인지행동치료를 이야기할 수 있다.

1세대 인지행동치료가 행동주의 원리에 기반한 치료 개발을 이끌었고, 2세대 인지행동치료가 인지 재구성 측면에서 발전을 이루었다면, 제3세대 인지행동치료가 들여온 가장 큰 변화는 심리학적 개입에 철학적 바탕을 강조했다는 점과 더불어, 치료 목표로 범진단적 과정의 변화에 주목한 데 있다(Hayes & Hofmann, 2017).

범진단적 과정(Transdiagnostic Process)

최신 인지행동치료는 치료 변화와 연관된 매개변인과 조절변인을 강조하면서 범진단적 변화를 꾀하고자 한다. 범진단이라 함은 다양한 진단 범주를 벗어나 진단 이면을 관통하는 기능을 일컫는다. 제3세대 인지행동치료는 서로 공병(comorbid)하는 여러 진단 이면의 범진단적 과정을 치료 목표로 다룬다.

대표적으로 드러난 범진단적 과정 개념으로 특정 자극의 선택적 주의 및 선택적 기억, 기억 및 사고의 반복, 추론 과정, 긍정 및 부정적 메타인지 신념, 체험 회피, 정서조절, 회피 행동, 완벽주의, 불확실성에 대한 감내 부족, 신경증(Barlow et al., 2013; Egan, Wade, & Shafran, 2011; Harvey, Watkins, Mansell, & Shafran, 2004; Mahoney & McEvoy, 2012; Sloan et al., 2017) 등이 있다.

최근 코토브와 동료들(Kotov et al., 2017)은 정신장애의 새로운 차원(dimension) 분류체계로 정신병리 위계 분류(Hierarchical Taxonomy Of Psychopathology: HiTOP)를 제안하였다. 기존 정신병리학은 정신장애의 범주(category) 개념에 근간하는 데 비하여, 실증 근거는 정신병리가 일련의 차원으로 드러난다는 점을 지지하는 것으로 보인다.

그동안 범주 개념의 정신병리는 진단 신뢰도를 확보하기 어렵고, 같은 진단이 이질적인 특징을 자주 보이고, 범주 진단 간 공병이 높으며, 특정 범주 진단으로 설명할 수 없는 사람들이 더 많다는 점이 문제로 제기되었다.

HiTOP은 기존 범주체계가 병리 구조에 관한 실증 연구와 원인론에 대한 이해를 반영하지 못한다고 비판하면서, 증상 간 공변량을 기초로 다층 수준의 스펙트럼을 도출하는 양적 실증 연구에 기반한 분류체계를 제안하였다. 이에 따르면 정신병리는 개인 증상(symptoms), 요소(components)와 특질(traits), 증후군(syndromes)과 장애(disorder), 하위 요인(subfactors), 스펙트럼(spectra), 그리고 상위 스펙트럼(super spectra)의 위계로 구성된다. 이 모형은 대표적으로 스펙트럼 수준의 범진단적 차원 개념으로 내현화(internalizing), 외현화(externalizing), 사고장애(thought disorder), 그리고 신체형(somatoform)의 네 가지 스펙트럼을 발견하였다.

2) 인지행동치료의 새로운 흐름

제3세대 인지행동치료라 불리는 대표적 치료로 수용전념치료, 변증법행동치료, 마음챙김 기반 인지치료가 있다. 이들 치료는 '무엇을' 하는가보다는 '어떻게' 하는가에 더 중점을 둔다고 볼 수 있다. 이전 세대 인지행동치료가 어떠한 인지나 행동을 문제로 정의하고, 이를 마치 기계 부속품처럼 새 부품으로 교체하는 관점에서 생각과 행동의 '내용'을 고친다면(구조론, structuralism), 이후 세대 인지행동치료는 전통적 인지행동치료의 효과적인 치료 전략을 받아들이면서도, 개인이 경험을 어떻게 관찰하고 처리하는지, 자신의 생각 및 행동과 어떻게 관계하는지 등 맥락에 초점을 두어(기능론, functionalism), 마음챙김, 가치 및 목적 지향적 삶, 수용 기반 변화의 치료 개념을 발전시켰다.

마음챙김(Mindfulness)이란

John Kabat-Zinn(1944~)

　존 카밧진(John Kabat-Zinn)은 선불교 명상 수련에서 착안하여, 스트레스와 통증 분야에 마음챙김 훈련을 적용하였다. 그에 따르면 마음챙김이란 현재 순간에 펼쳐지는 경험에 대해 판단하지 않고 있는 그대로를 의도적으로 주의하는 알아차림을 뜻한다.

　마음챙김은 개인이 자기 경험과 어떻게 관계하는지를 변화시킬 수 있는 방법으로, 인지행동치료에서 경험을 비판단적으로 온전히 체험하도록 하여 경험회피(experiential avoidance)를 넘어서고 정서조절을 증진하는 대표적인 수용 기반 치료 전략이 된다.

　쾌와 불쾌의 경험을 좋다 혹은 나쁘다와 같이 평가하거나, 없애거나 증폭하려는 등 바꾸려 하지 않은 채 있는 그대로 바라보며 체험하는 과정을 통해 개인은 자신의 어려움을 해결하고 변화로 나아갈 수 있는 바탕을 다진다.

다양한 제3세대 인지행동치료

• 마음챙김 기반 치료: 마음챙김 훈련을 통해 불안과 재발성 우울 완화를 위해 개발한 치료로 대표적으로 마음챙김 기반 스트레스 완화(mindfulness-based stress reduction: MBSR; Kabat-Zinn, 2003)와 마음챙김 기반 인지치료(mindfulness-based cognitive therapy: MBCT; Segal, Williams, & Teasdale, 2002)가 있다.

- 자비초점치료(Compassion-Focused Therapy: CFT; Gilbert, 2009): 수치심과 자기 비난의 범진단적 문제를 완화하기 위한 치료로 진화심리학, 사회심리학, 발달심리학, 불교심리학과 신경과학에 기반을 두고 있다. 자기 자비를 배움으로서 정동 조절체계를 조절하는 법을 익힌다.
- 수용전념치료(Acceptance and Commitment Therapy: ACT; Hayes, Strosahl, & Wilson, 1999): 심리적 유연성(psychological flexibility)의 증진을 위해 수용, 인지 탈융합(cognitive defusion), 현재와 접촉하기, 맥락으로서 자기, 가치, 행동 전념의 과정을 훈련한다. ACT는 불안장애, 우울장애, 중독, 신체 증상 문제 등 다양한 어려움의 완화를 위해 개발되었다.
- 변증법행동치료(Dialectical Behavior Therapy: DBT; Linehan, 1993): 경계성 성격장애와 자살 및 유사 자살 행동을 완화하기 위해 개발한 치료로 광범위한 정서조절 문제(pervasive emotion dysregulation)의 범진단적 과정을 완화한다. 변증법 철학, 선불교 수행 원리 그리고 인지행동주의 치료 원리에 기반한다.
- 행동 활성화(Behavior Activation: BA; Dimidjian, Barrera, Jr., Martell, Muñoz, Lewinsohn, 2011). 우울장애에 효능이 있다는 강한 근거를 지니고 있는 인지행동치료 기술이다. 행동은 기분에 영향을 미칠 수 있으며, 따라서 우울장애에 수반하는 회피 행동에서 벗어나 가치, 즐거움, 숙달감, 목적 달성을 경험할 수 있는 활동을 계획하여 점진적으로 수행한다.

2. 수용전념치료

수용전념치료(Acceptance and Commitment Therapy: ACT)는 1980년대 미국의 심리학자 스티븐 헤이즈(Steven Hayes)에 의해 개발되었으며, "건강한 것이 정상"이라는 가정을 하지 않는다는 점에서 전통적인 치료와 다르다. 수용전념치료는 증상을 줄이는 대신 개인의 증상과 고통스러운 감정을 받아들이고, 그러한 가운데서도 풍요롭고 의미 있는 삶을 만들어 나가도록 돕는 것을 주요 목표로 한다. 수용전념치료는 관계구성틀 이론(relational frame theory)에 기반을 두고 있다. 이는 인간의 언어와 인지에 대한 이론으로, 인간의 언어적인 능력을 통해 직접 경험하지 않고도 많은 문제를 효과적으로 해결할 수 있지만, 심리적 문제해결에는 반드시 효과가 있는 것은 아니라는 것을 주장한다. 이에 수용전념치료는 고통

스러운 감정이나 심리적인 경험을 통제하려 하는 것은 궁극적으
로 더 많은 괴로움을 초래하기 때문에, 정신적·정서적 고통에 관
한 한 새로운 접근이 필요하다는 것을 주장한다.

Steven Hayes
(1948~)

1) 수용전념치료의 핵심 과정

수용전념치료는 고통을 초래하는 생활 사건과 감정 상태에 대
한 새로운 접근 방식을 설명하기 위해 '심리적 유연성'이라는 용어
를 만들었다. 심리적 유연성이란 방어 없이 현재의 경험과 완전히 접촉하는 능력을 의미
한다. 심리적으로 유연하면 지금-여기의 상황적 요구에 대한 반응을 조절할 수 있다. 예
를 들면, 주의를 집중하고, 에너지를 효과적으로 사용하며, 정서적 혼란 속에서도 장기적
인 가치와 의미 있는 목표 달성을 촉진하는 방식으로 행동할 수 있다. 수용전념치료는 심
리적 유연성 기술을 개발하도록 돕는 6가지 핵심 치료 과정을 포함하는데, 이 과정은 서로
상호의존적이기 때문에 심리적 유연성을 기르기 위해서는 일부 과정에만 초점을 맞추기
보다 전체 과정을 함께 다루어야 한다.

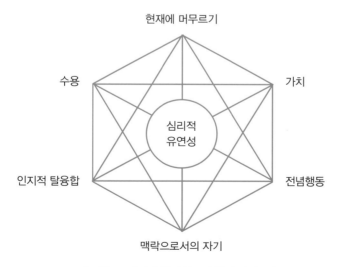

[그림 10-1] **수용전념치료의 핵심 과정 모형**

(1) 현재에 머무르기

인간은 의식적으로나 무의식적으로 과거를 반추하거나 미래를 걱정하는 데 지나치게 많은 시간을 보내는 경향이 있으며, 이는 종종 불필요한 고통을 초래한다. 현재에 머무른다는 것은 개인의 환경과 내부(예: 생각, 감정, 감각 등)에서 일어나는 그 순간에 특별히 주의를 두는 것을 말한다. 이는 판단(과거와 비교)하거나 예측(미래에 대한 걱정)할 필요 없이 바로 지금 그리고 여기 주변에서 일어나는 일을 알아차리게 하여, 밀려오는 수많은 잡념에 사로잡히지 않도록 도와준다.

(2) 인지적 탈융합

인간은 자신의 생각(기억, 가정, 믿음, 이미지 포함)과 강하게 동일시하여 이에 말려들어 결정을 내리고 행동하는 경향이 있다. 이렇듯 오감을 통해 경험하는 것보다 자신의 생각에 익숙해지는 경우 다른 선택지를 보지 못할 수 있다. 인지적 탈융합은 생각으로부터 보는 것(looking from)이 아닌 생각을 보는 것(looking at), 생각에 사로잡히기보다는 생각을 알아차리는 것, 생각을 붙잡는 것보다는 생각이 들어왔다 나가는 것을 관찰하는 과정을 말한다. 이를 통해 생각의 내용을 변화시키기보다는 생각과의 거리를 두게 하여 인간이 삶에서 효과적으로 기능할 수 있도록 도와준다.

(3) 수용

인간은 감정, 생각, 기억, 감각과 같은 원치 않는 내적 경험을 회피(차단, 축소, 변경)하려는 경향이 있다. 그러나 이러한 회피는 건강에 해로운 방식으로 행동(예: 물질남용, 자해)하도록 촉진하거나 가치에 부합하는 방향으로 나아가는 것을 막는다. 원치 않는 내적 경험을 수용한다는 것은 이와 싸우거나 도망치려 하는 대신 적극적이고 의식적으로 허용하고 경험할 수 있는 공간을 만드는 것을 의미한다. 이를 통해 개인이 통제할 수 없는 부분과 통제할 수 있는 부분을 인식할 수 있게 하여, 보다 건강에 유익한 방식으로 행동할 수 있게 해 준다.

(4) 맥락으로서의 자기

모든 인간은 자신이 어떤 사람인지에 대한 이야기를 갖고 있고, 이러한 이야기에 지나치게 집착하게 되면 문제가 된다. 맥락으로서의 자기는 '관찰하는 자기'를 의미한다. 이는 뒤로 물러서서 자신 안에서 일어날 수 있는 일을 볼 수 있는 개인의 일부분이다. 이를 통해 자신이 생각하고 있다는 것을 알 수 있고, 신체적·정서적 감각을 경험할 수 있으며, 자신의 생각에 대해 생각할 수 있다. 따라서 관찰하는 자기의 관점을 더 많이 취할수록 이전에 개념화된 자기(개인이 말하는/생각하는 자신에 따라 살아가는 자기; 예: 나는 착한 사람이야)에 덜 집착하게 되고, 그 결과 자신의 가치에 맞는 행동을 선택할 수 있게 된다.

(5) 가치

인간은 자신의 생각, 신념, 태도에 융합되거나 내적 경험을 회피하는 과정에서 자신의 가치에 부합하는 행동을 하지 않는 경향이 있다. 가치란 개인이 가장 중요하게 생각하는 것으로, 삶의 방향이며 평생 동안 개인을 인도하는 내적 나침반이다. 따라서 가치는 삶의 의미와 목적을 부여하여 힘들거나 고통스러운 경험에도 불구하고 의미 있는 방향으로 나아가는 데 도움이 된다. 이때 가치는 다른 사람들이 개인에게 기대하는 것이나 자신이 해야 한다고 생각하는 것이 아닌 진정 개인이 원하는 것에 기초해야 한다.

(6) 전념행동

가치를 확인했다 하더라도 그러한 가치에 부합하는 삶을 살기 위한 행동이 뒤따르지 않는다면 의미가 없다. 전념행동이란 고통스럽거나 불편하더라도 가치에 따른 행동에 참여하는 것을 말한다. 행동 변화를 위해 개인은 전념행동을 취해야 하는데, 이때 자신이 가장 중요하게 여기는 일을 위해 새로운 것을 시도하거나 현재 하고 있는 일을 지속하는 형태로 나타날 수 있다. 전념행동을 위해서는 앞서 언급한 5가지의 핵심 과정이 동반되어야 하고, 궁극적으로 이를 통해 개인은 충만하고 만족스러운 삶을 창출할 수 있다.

2) 치료적 개입

일반적으로 내담자는 우울증, 불안, 음주 충동, 충격적인 기억, 낮은 자존감, 거부에 대한 두려움, 분노, 슬픔 등과 같은 내적 경험을 없애려는 목적으로 내원한다. 그러나 내담자의 기대와는 달리 수용전념치료에서는 이러한 내적 경험을 제거하는 것보다는 내적 경험에 대한 내담자의 반응을 수정하는 데 더 초점을 맞춘다. 따라서 치료에서는 다양한 치료적 개입을 통해 경험회피에 대한 대안을 내담자에게 제공한다. 이를 위해 우선 임상가는 내담자와 함께 원치 않는 내적 경험을 제거하거나 피하기 위해 지금까지 사용해 왔던 방법을 확인한 후, 각 방법에 대해 다음과 같은 질문을 던져 그 효과성을 파악한다.

"장기적으로 증상이 감소했는가?"

"이 방법은 시간, 에너지, 건강, 활력, 관계의 측면에서 어떤 대가를 지불했는가?"

"당신이 원하는 삶에 더 가까워졌는가?"

이러한 평가는 종종 내담자가 비효율적이거나 비생산적인 대처 방법을 사용하고 있다는 것을 보여 준다. 이에 임상가는 내담자로 하여금 지금까지 사용해 왔던 통제 방법이 오히려 내담자의 고통을 증가시켰다는 점을 알아차리게 하여, 이전과는 다른 방법을 시도할 수 있는 기회를 제공한다. 치료 초기에 임상가는 다양한 비유(metaphors)를 사용하여 내담자가 자신의 원치 않는 내적 경험에 대해 이해하고, 대응하는 방법을 가르친다. 치료 전 과정에 걸쳐 내담자는 마음챙김의 효과적인 사용을 통해 원치 않는 내적 경험의 영향을 줄이는 법을 배운다. 또한 내적 경험을 허용하고 내적 경험을 위한 공간을 만들며, 내적 경험이 어려움 없이 들어오고 나갈 수 있도록 하여 내적 경험과의 투쟁을 그만두는 법을 배운다. 결과적으로 이전에 내담자가 원치 않는 내적 경험을 통제하기 위해 낭비한 시간, 에너지, 돈을 자신의 삶을 더 좋게 바꾸기 위해 가치에 따라 효과적인 행동을 취하는 데 투자하게 한다. 이렇듯 수용전념치료에서는 내담자가 기능을 잘 하거나 삶을 즐기는 능력을 제한하지 않으면서, 내적 경험을 관리하는 기술을 가르친다. 내담자의 기대와는 달리 수용전념치료의 명시적 목표는 내담자의 증상을 줄이는 것이 아니지만, 일반적으로 치료의 부산물로 증상의 감소가 나타나게 된다.

수용전념치료 비유 예시

버스운전사의 비유

당신이 버스를 운전하는 사람이라고 상상해 보겠습니다. 여러 명의 승객을 태우고 목적지를 향해서 운전을 시작했습니다. 승객 중에 어떤 사람들은 소란을 떨기도 하고, 때로 당신이 하는 운전에 대해 "이렇게 하면 되나, 저렇게 해야지."라고 간섭합니다.

어떻게 하면 좋을까요? 버스를 멈출까요? 승객이 하자는 대로 운전할까요? 승객이 목적지와 전혀 상관없는 곳을 이야기하면 어떻게 해야 할까요? 아마도 당신은 승객의 소란을 들으면서도, 또 간섭을 받으면서도 자신이 가고자 했던 목적지로 운전해 갈 것입니다. 결국 운전대를 잡은 사람은 당신 자신이기 때문입니다. 여기서 목적지가 가치라면, 승객은 당신의 여정에 함께하는 생각 또는 감정입니다. 때로 당황스럽고, 화가 나고, 짜증이 날 수도 있습니다. 때로 이런저런 생각이 들 수도 있지만 결국 운전대는 당신이 잡고 있으며, 어디로 갈 것인지는 당신 자신이 선택합니다. 이것이 가치의 특징입니다.

이선영(2017)에서 일부 발췌 및 수정.

3. 변증법행동치료

변증법행동치료(Dialectical Behavior Therapy: DBT)는 미국의 심리학자 마샤 리네한(Marsha Linehan)이 '살 만한 삶(life worth living)'을 위해 개발한 치료체계로 변증법 철학, 인지행동치료의 원리, 그리고 선불교 영성 훈련의 가르침에 기반을 두고 있다. 초기 DBT는 자살 및 유사 자살 행동을 완화하는 데 초점을 두어 개발되었는데, 자살 행동이 발생하는 이유는 삶이 살 만하지 못하기 때문이며, 삶이 힘든 사람에게 단지 죽지 말라고 하기보다는 삶을 개선하는 데 도움을 주어야만 살아갈 수 있다고 본 셈이다.

Marsha Linehan
(1943~)

1990년대 시작된 초창기 효능 연구는 이러한 자살 및 유사 자살 행동을 보이는 경계성 성격장애 진단 환자를 통해 밝혀지기 시작하였다. 최근에는 전반적 정서조절장애(pervasive emotion regulation disorder) 완화를 위한 치료로 여러 진단 군에 효능이 검증되었고, 경계성 성격장애에 동반하는 폭식장애와 물질 사용 문제, 자살 및 자해 행동이 동반되는 외상후 스트레스장애, 기분장애에 효능이 검증되었으며 성인뿐 아니라 일부 아동 · 청소년과 장 · 노년 집단에게서도 효능이 검증된 바 있다(최현정, 2018). 변증법행동치료는 지역사회에서 활용한 효과성이 검증되었으며, 특히 치료체계의 일부인 집단 기술 훈련을 단독으로 수행하였을 때에도 성격장애가 없는 일부 증상에 효과가 있는 것으로 나타나는 등(Valentine et al., 2015) 유용한 활용 범위를 지닌다.

1) 변증법행동치료에서 변증법 철학과 핵심 치료 전략

리네한은 치료에서 세계관과 철학을 확립해 나가면서 가장 어울리는 이름으로 변증법을 선택하였다. 리네한이 말하는 변증법이란 반대 극단이 동시에 참일 수 있으며, 양극단 간 갈등이 결국 균형과 통합을 이루는 과정을 통해 새로운 합으로 발전할 수 있다고 말한다.

변증법 세계관을 살펴보면, ① 모든 것은 서로 연결되어 부분과 전체는 서로의 관계 속에서 정의되고, ② 진실은 고정되어 있지 않고, ③ 양극단인 정(正, thesis)과 반(反, antithesis)이라는 반대 세력의 통합으로 이루어진 새로운 합(合, synthesis)은 다시 양극단으로 발전하고, 이러한 정과 반의 움직임을 통해 변화는 지속된다(Linehan, 1993). ①에 따르면 한 개인이 지닌 어려움은 개인 단독의 문제이기보다는 주변의 맥락과 타인과의 작용을 통해 구성된다. ②를 바탕을 보았을 때, 어떠한 행동은 맥락에 따라 역기능적인 동시에 기능적일 수도 있고, 어떠한 생각은 왜곡인 동시에 진실일 수도 있다. 마지막으로, ③에 따르면 변화와 성장을 위해서는 갈등과 대립이 선행할 수밖에 없다. 리네한은 이러한 세계관을 바탕으로 극심한 정서적 고통을 겪고 만성적인 자살 행동을 보이는 사람을 도울 수 있다고 보았다.

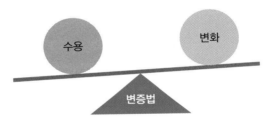

[그림 10-2] 수용과 변화의 균형을 통해 변증법을 익힌다

가장 큰 틀에서 리네한은 수용과 변화의 변증법이 가장 중요하다고 보았다. 이에 따라 변증법행동치료의 핵심 치료 전략은 수용과 변화를 중심으로 구성되어 있다. 대표적인 수용 측면에서 치료 전략에 타당화(validation)가 있고, 대표적인 변화 측면에서 치료 전략으로는 체인분석(chain analysis)과 해결분석(solution analysis)이 있다.

예를 들어, 자해 행동을 보이는 사람이 있다고 할 때, 대개 치료법은 자해 행동을 문제로 간주하고 이를 부정적으로 평가하거나 문제 행동을 없애는 작업에 초점을 두기 마련이다. 반면에 변증법행동치료는 문제 행동의 타당화에서부터 출발한다. 타당화란 내담자의 생각, 감정, 행동을 옳고 그르거나 좋고 나쁜 것으로 평가하지 않고, 과거와 현재 맥락에서 생각, 감정, 행동이 수행하는 기능을 이해하며 내담자를 둘러싼 맥락과 삶의 목적에 따라 타당한 것과 타당하지 않은 것을 구분한다. 타당화에서 출발할 때 내담자는 자기 행동의 맥락을 보다 이해하고 수용할 수 있게 되며, 수용에 기반했을 때 스스로 비난하지 않으면서 원하는 삶을 위한 변화로 움직일 수 있다. 변화를 위해서는 수용이 선행해야 한다는 진실을 변화의 역설(pardox of change)이라고 부른다.

무엇보다 내담자가 변화시키고 싶은 행동을 스스로 결정해 나가는 게 중요하다. 따라서 내담자의 전념을 이끄는 중요한 치료 과제가 있다. 어려운 삶 속에 오래 갇혀 있던 사람은 변화를 생각하기 어려우므로, 삶의 변화에 전념할 수 있도록 치료자는 뒤에서 밀어주기와 앞에서 이끌어 주기의 변증법을 완수해야 한다.

변화 전략으로 체인분석은 행동주의 기능분석의 틀에 근거하며, 변화시키고자 하는 행동과 환경 맥락(촉발 사건과 행동 이후 결과)을 밝히고, 그 사이에 벌어진 생각, 감정, 행동, 감각, 주변 자극의 체인 연쇄, 그리고 행동을 유발하는 취약요인을 내담자와 함께 분석한다. 이때 순간으로 이어지는 구체적인 체인을 밝히는 것이 중요하며, 특히 체인분석은 타당화와 더불어 진행해야 한다.

이어서 행동의 기능을 대체할 수 있는 대안 행동을 함께 고안하고 시도하는 과정이 해결분석이다. 내담자는 점차 기존의 체인이 아니라 대안적인 체인을 연습하면서 행동 주변의 체인을 변화시키는 방법으로 목표 행동을 변화시켜 나간다. 대안 체인을 구성하기 위해서는 정서조절 기술 연습, 노출, 인지 재구성, 수반성 관리와 같은 인지행동주의 치료 전략을 적용한다.

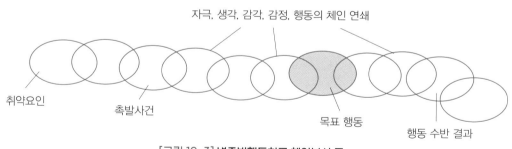

[그림 10-3] **변증법행동치료 체인분석 틀**

2) 변증법행동치료의 치료체계

종합 변증법행동치료는 네 가지 치료 형태로 구성된다. ① 개인 변증법행동치료, ② 집단 기술 훈련, ③ 전화 코칭, ④ 치료자 자문팀이 해당한다. 개인 변증법행동치료를 수행하는 치료자가 주 치료자가 되며, 매주 1회 약 한 시간 동안 진행한다. 구체적인 치료 작업은

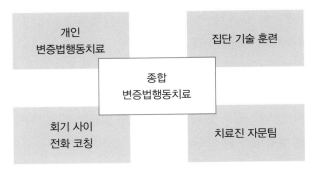

[그림 10-4] 종합 변증법행동치료 구성

개인치료에서 진행하는데, 치료에의 전념, 체인분석, 해결분석을 중심으로 진행한다. 집단 기술 훈련은 리네한(2015)이 개발한 기술 훈련 프로토콜에 따라 집단 강의 및 워크숍 형태로 진행한다. 기술 훈련은 네 개의 모듈로 구성되어 있는데, 핵심 마음챙김, 고통 감싸기, 정서조절, 대인관계 효과성 모듈이다. 집단 기술 훈련은 매주 1회 약 2~2.5시간 진행한다. 전체 회기 수는 기술 훈련 구성 목적에 따라서 결정할 수 있다. 집단 기술 훈련을 통해서 마음챙김을 포함하여 정서조절 역량 향상에 필요한 기술을 습득한다.

〈표 10-1〉 변증법행동치료 기술 훈련 모듈

모듈	내용
핵심 마음챙김(core mindfulness)	변증법을 이해하고 지혜로운 마음을 찾기 위한 마음챙김 '무엇을', 마음챙김 '어떻게' 기술을 배운다.
고통 감싸기(distress tolerance)*	심리적 위기 상황에서 각성과 혼란을 완화하고 시간을 벌 수 있는 위기 생존 기술과, 장기적으로 짊어진 삶의 무게에 대처하는 온전한 수용기술을 배운다.
정서조절(emotion regulation)	감정을 인식하고 이해하는 방법, 감정을 완화하거나 변화시키는 기술, 감정조절을 위한 기초 체력을 쌓는 기술을 배운다.
대인관계 효과성(interpersonal effectiveness)	대인관계 문제를 해결하는 기술로서 자신이 원하는 것을 효율적으로 얻으며, 관계와 자기 자신을 지키는 방법을 배운다.

* 감내(tolerance)의 한국어 뉘앙스가 '참다'의 뜻으로 고정되는 것을 피하기 위해 원의미를 살려 '감싸기'로 번안함.

전화 코칭은 개인 심리치료의 회기 사이에 내담자와 치료자의 연결고리로서, 치료 시간에 학습한 기술을 일상생활에서 활용하는 일반화를 촉진하고, 심각한 위험 행동이 발생하기 전에 위험을 완화하며, 치료관계를 유지하는 목적으로 활용한다. 치료자는 내담자와 합의해 나가면서 전화나 메시지를 통해 내담자와 회기 외 시간에도 소통할 수 있다.

마지막으로, 자문팀은 변증법행동치료에서 필수 치료 형태다. 압도적인 심리적 어려움을 지닌 내담자를 지원할 때에는 가장 치료적인 대응을 고안하기 위한 치료자 지지체계가 필수적이다. 변증법행동치료자는 팀을 구성하여 어려운 내담자의 상황을 함께 논의하고, 자기 자신의 어려움을 논의하기 위한 또래 자문 시간을 갖는다.

✎ 요약

1980년대 이후 인지행동치료는 불안장애 효능에 관한 강한 실증 근거를 확보해 나가면서 본격적인 발전을 시작한다. 이때 개발된 불안장애 인지행동치료는 현재까지도 효능이 널리 알려져 있다.

1990년대 인지행동치료는 제3세대라 지칭할 정도로 새로운 흐름 속에서 시작되었다. 제3세대 인지행동치료는 범진단적 과정 개념의 완화를 목적으로 하며, 고유의 배경철학과 세계관을 중심으로 인지행동치료와 선불교의 가르침을 통합한 치료 전략을 내세운다. 이 중에 마음챙김 기반 스트레스 완화, 마음챙김 기반 인지치료, 자비초점치료, 수용전념치료, 변증법행동치료, 그리고 행동 활성화가 포함될 수 있다.

수용전념치료는 증상을 줄이는 대신 개인의 증상과 고통스러운 감정을 받아들이고, 그러한 가운데서도 풍요롭고 의미 있는 삶을 만들어 나가도록 돕는 것을 주요 목표로 한다. 수용전념치료에서 심리적 유연성이란 방어 없이 현재의 경험과 완전히 접촉하는 능력을 의미한다. 수용전념치료에는 심리적 유연성 기술을 개발하도록 돕는 다음의 6가지 핵심 치료 과정을 포함한다. 현재에 머무르기, 인지적 탈융합, 수용, 맥락으로서의 자기, 가치, 전념행동이 포함된다.

변증법행동치료는 마샤 리네한이 개발한 치료로 전반적 정서조절장애의 완화를 목표로 하며 살 만한 삶을 가꾸는 치료 목적을 지닌다. 변증법행동치료는 경계성 성격장애, 자살 및 유사자살 행동, 섭식문제, 물질 사용, 기분장애, 외상후 스트레스장애 등 광범위한 정서조절 문제에 효능이 검증되었다. 변증법행동치료는 변증법 철학, 선불교 가르침, 그리고 인지행동치료의 원리에 기반한다. 그중 수용과 변화의 변증법을 익히는 것이 중요한데, 치료자는 핵심 수용 전략으로 타당화와, 핵심 변화 전략으로 체인분석 및 해결분석을 활용한다. 변증법행동치료는 개인 심리치료, 집단 기술 훈련, 전화 코칭, 치료자 자문팀의 종합 치료를 수행했을 때 가장 효능이 높은 것으로 나타났다. 집단 기술 훈련은 일부 증상에 단독으로 효능을 갖춘 것으로 보고되었는데, 이를 구성하는 네 가지 모듈로 핵심 마음챙김, 고통 감싸기, 정서조절, 대인관계 효과성이 있다.

(?) 생각해 봅시다

● 정신과적 진단 범주 구분과 범진단적 과정 개념의 장점과 단점으로 무엇이 있는가?

● 나의 원치 않는 내적 경험을 그동안 어떻게 다루어 왔는지 그리고 그러한 방법이 내가 원하는 삶을 사는 데 도움이 되었는지 알아차려 봅시다.

● 내가 원하는 삶이 어떤 삶인지 탐색해 보고, 이러한 삶을 살기 위해 내가 할 수 없는 것과 할 수 있는 것이 무엇인지 생각해 봅시다.

● 현재 내가 가장 변화시키고 싶은 나의 행동이 있다면 그 구체적 행동에 대한 체인분석을 수행해 봅시다. 단, 스스로를 비난하지 않는 너그러운 마음으로 분석해 봅시다.

● 모든 행동문제는 특정 기능을 수행하기 때문에 지속됩니다. 자살 행동과 자살 의도가 없는 자해 행동의 기능에는 무엇이 있을까요? 스스로에게 해로운 행동을 지속하는 이유를 행동주의 기능분석을 통해 이해해 봅시다.

형성평가

● 불안과 공포증 완화를 위한 인지행동치료의 방법과 원리를 설명해 보시오.

● 과거 1, 2세대 인지행동치료와 새로운 3세대 인지행동치료의 유사점과 차이점으로 무엇이 있는지 설명해 보시오.

● 수용전념치료가 심리적 고통을 바라보는 관점에 대해 설명해 보시오.

● 수용전념치료의 핵심 과정 모형에 대해 설명해 보시오.

● 변증법행동치료에서 수용과 변화 변증법이란 무엇인지 설명해 보시오.

● 변증법행동치료 기술 훈련 모듈 네 가지를 설명해 보시오.

참고문헌

이선영(2017). 꼭 알고 싶은 수용-전념 치료의 모든 것. 소울메이트.

최현정(2018). 변증법행동치료(DBT)의 근거와 한국 보급: 체계적 문헌 고찰. *Korean Journal of Clinical Psychology, 37*(3), 443-463. https://doi.org/10.15842/kjcp.2018.37.3.013

Barlow, D. H., Sauer-Zavala, S., Carl, J. R., Bullis, J. R., & Ellard, K. K. (2013). The nature, diagnosis, and treatment of neuroticism. *Clinical Psychological Science: A Journal of the Association for Psychological Science, 2*(3), 344-365. https://doi.org/10.1177/2167702613505532.

Dimidjian, S., Barrera, Jr., M., Martell, C., Muñoz, R. F., & Lewinsohn, P. M. (2011). The origins and current status of behavioral activation treatments for depression. *Annual Review of Clinical Psychology, 7*(1), 1-38. https://doi.org/10.1146/annurev-clinpsy-032210-104535

Egan, S. J., Wade, T. D., & Shafran, R. (2011). Perfectionism as a transdiagnostic process: a clinical review. *Clinical Psychology Review, 31*(2), 203-212. https://doi.org/10.1016/j.cpr.2010.04.009.

Gilbert, P. (2009). *The Compassionate Mind: A New Approach to Life's Challenges.* Constable-Robinson.

Harvey, A. G., Watkins, E. R., Mansell, W., & Shafran, R. (2004). *Cognitive behavioural processes across psychological disorders: a transdiagnostic approach to research and treatment.* Oxford: Oxford University Press.

Hayes, S. C., & Hofmann, S. G. (2017). The third wave of cognitive behavioral therapy and the rise of process-based care. *World psychiatry: official journal of the World Psychiatric Association (WPA), 16*(3), 245-246. https://doi.org/10.1002/wps.20442

Hayes, S. C., Strosahl, K. D., & Wilson, K. G. (1999). *Acceptance and commitment therapy: an experiential approach to behavior change.* New York: Guilford Press.

Insel, T., Cuthbert, B., Garvey, M., Heinssen, R., Pine, D. S., Quinn, K., Sanislow, C., & Wang, P. (2010). Research domain criteria (RDoC): toward a new classification framework for research on mental disorders. *American Journal of Psychiatry, 167*(7), 748–751. https://doi.org/10.1176/appi.ajp.2010.09091379.

Kabat-Zinn, J. (2003). Mindfulness-based interventions in context: past, present, and future. *Clinical Psychology: Science and Practice, 10*(2), 144–156. https://doi.org/10.1093/clipsy/bpg016.

Kotov, R., Krueger, R. F., Watson, D., Achenbach, T. M., Althoff, R. R., Bagby, R. M., Brown, T. A., Carpenter, W. T., Caspi, A., Clark, L. A., Eaton, N. R., Forbes, M. K., Forbush, K. T., Goldberg, D., Hasin, D., Hyman, S. E., Ivanova, M. Y., Lynam, D. R., Markon, K., … Zimmerman, M. (2017). The Hierarchical Taxonomy of Psychopathology (HiTOP): A dimensional alternative to traditional nosologies. *Journal of Abnormal Psychology, 126*(4), 454–477. https://doi.org/10.1037/abn0000258.

Linehan, M. (1993). *Cognitive-behavioral treatment of borderline personality disorder*. New York: Guilford Press.

Linehan, M. (2015). *DBT Skills Training Manual* (2nd ed.). New York: Guilford Press.

Mahoney, A. E. J., & McEvoy, P. M. (2012). A transdiagnostic examination of intolerance of uncertainty across anxiety and depressive disorders. *Cognitive Behaviour Therapy, 41*(3), 212–222. https://doi.org/10.1080/16506073.2011.622130.

Segal, Z. V., Williams, J. M. G., & Teasdale, J. D. (2002). *Mindfulness-based cognitive therapy for depression: a new approach to preventing relapse*. New York: Guilford Press.

Sloan, E., Hall, K., Moulding, R., Bryce, S., Mildred, H., & Staiger, P. K. (2017). Emotion regulation as a transdiagnostic treatment construct across anxiety, depression, substance, eating and borderline personality disorders: a systematic review. *Clinical Psychology Review, 57*, 141–163. https://doi.org/10.1016/j.cpr.2017.09.002.

Valentine, S. E., Bankoff, S. M., Poulin, R. M., Reidler, E. B., & Pantalone, D. W. (2015). The use of dialectical behavior therapy skills training as stand-alone treatment: a systematic review of the treatment outcome literature. *Journal of Clinical Psychology, 71*(1), 1–20. https://doi.org/10.1002/jclp.22114

Zinbarg, R. E., Barlow, D. H., Brown, T. A., & Hertz, R. M. (1992). Cognitive-behavioral approaches to the nature and treatment of anxiety disorders. *Annual Review of Psychology, 43*, 235–267. https://doi.org/10.1146/annurev.ps.43.020192.001315

인간중심치료 및 실존주의 심리치료

1950년대 이후, 정신분석과 행동주의 접근의 대안적인 방법으로 인본주의 접근인 제3세력이 등장했다. 이러한 움직임은 인본주의 접근 치료법으로 알려진 인간중심치료와 실존치료의 발전을 가져왔다. 두 치료법은 인간에 대해 긍정적 관점을 지니고 내담자와 상담자의 관계를 강조한다. 이 장에서는 내담자의 주관적 경험을 존중하며, 내담자가 가진 능력을 신뢰하는 인본주의 접근의 두 가지 치료법인 인간중심치료 및 실존치료에 대해 알아보고자 한다.

1. 인간중심치료의 개요

1) 역사 및 발전

인간중심치료는 심리학의 대표적인 세 가지 접근 중 하나인 인본주의 접근에 기반을 두고 있다. 인간의 본성을 기계론적으로 바라본 행동주의와 결정론적으로 바라본 정신역동과 달리 인본주의 접근은 인간이 가진 강점과 개인에 중점을 둔다. 이와 관련된 심리치료 및 이론으로는 칼 로저스의 인간중심치료, 매슬로의 욕구위계이론, 롤로 메이의 실존치료 등이 있다. 이 장에서는 칼 로저스의 인간중심치료를 중심으로 인본주의의 역사에 대해서 설명하고자 한다.

1940년대는 인간중심치료의 출발점으로서 '비지시적 상담'[1]이라고 불리기 시작했다.

비지시적 상담은 프로이트(Freud)의 전통적인 정신분석 접근과 지시적 상담에 대한 반발로 등장했다. 상담자가 상담 장면에서 주도성을 가져야 한다고 보았던 지시적 상담과 달리 비지시적 상담에서 상담자는 내담자야말로 자신의 문제에 대해 가장 잘 알고 있는 전문가라는 관점을 가지고 개입한다.

1950년대에 비지시적 상담은 '내담자 중심 상담'[2]으로 발전했다. 내담자 중심 상담은 내담자의 현상학적 세계에 초점을 두고 상담 장면에서 내담자를 가장 중요한 존재로 바라보겠다는 의미를 포함한다. 칼 로저스는 내담자의 내적 참조 세계를 파악하는 것을 강조하였다. 내적 참조 세계란 개인의 주관적인 경험으로 이루어진 세계를 의미하고, 개인은 내적 참조 세계에 근거하여 모든 판단을 내리며 행동한다.

1960년대에는 내담자 중심 상담 접근 방식이 대중에게 알려지면서 교육 분야에 적용되었으며 더 나아가 로저스는 교육하는 사람이 아닌 학습하는 사람이 주체적 역할을 하는 '학습자 중심 교육'의 개념을 정립했다. 1968년에 칼 로저스는 인간연구센터를 설립하고 다양한 문화적 배경을 가진 사람들을 대상으로 인간중심치료의 원리를 적용한 워크숍을 진행했다. 1970년대~1990년대에는 내담자 중심 접근이 개인을 넘어서 집단, 교육, 산업 등 다양한 영역에 걸쳐 확장되었다.

2) 학자

(1) 칼 로저스

칼 로저스(Carl Rogers, 1902~1987)는 인본주의 심리학의 대표적인 학자이며 인간중심치료의 창시자다. 로저스는 인간이 가진 잠재력을 중요하게 여겼고, 무조건적 긍정적 수용을 통해서 인간이 성장할 수 있게 된다고 주장하였다. 로저스는 자신의 이론이 개인을 넘어서 사회의 갈등을 해결하고 세계 평화를 위해 기여할 수 있도록 지속적으로 노력했다.

그의 가정환경을 살펴보면, 그는 1902년 1월 8일 시카고에서 태어났다. 육남매 중 넷째였으며 아버지(Walter A. Rogers)는 토목 기사, 어머니(Julia M. Cushing)는 전업주부였다. 그는 엄격한 기독교 집안에서 자랐으며, 부모님은 로저스가 술을 마시거나 영화를 보는 것을 금지하는 등 로저스를 엄격하게 통제했다. 경제적으로 풍요로웠던 가정환경으로 인해

---

1) 내담자에 대한 공감적 이해를 강조하는 Rogers의 독자적인 이론이 생성되는 시기인 초기 이론의 명칭이다.
2) 내담자를 중시하면서 성격과 상담에 대한 이론체계를 발달시키는 과정에서 불러진 명칭이다.

로저스는 어릴 때부터 수준 높은 교육을 받았으며 우수한 학업능력을 갖췄다. 로저스는 1924년 대학 졸업 후 어린 시절 친구인 헬렌 엘리엇과 결혼했다. 1926년에 첫째 자녀 데이비드가 태어났고, 1928년에는 둘째 자녀 나탈리가 태어났다. 로저스는 자녀들을 통해 개인의 발달과 대인관계에 대한 깊은 깨달음과 배움을 얻었다.

로저스는 정신장애가 정신분석이 주장하는 것처럼 성적인 측면에 기반을 두는 것이 적절하지 않다고 생각했고 인간중심 접근을 통해 개인을 바라보고자 했다. 그는 1945년 시카고 대학교 심리학 교수로 부임하여 심리치료센터를 설립했다. 1946년에는 미국심리학회 학회장으로 선출되었고, 1951년에는 심리치료의 새로운 접근 방법을 다룬 『내담자중심치료』를 출판했다. 1957년 위스콘신 대학교에서 심리학과 및 정신의학과 겸임교수로 재직했고, 1968년 인간연구센터(Center for the Studies of the Person)를 설립하여 인간중심치료의 원리를 다양한 문화를 가진 사람들에게 적용하기 위해 노력했다. 1987년 로저스는 노벨상 후보에 올랐고, 끊임없이 자신의 인간중심치료 이론을 통해 사회적 갈등을 해결하기 위해 힘썼다.

2. 인간중심치료의 이론

1) 주요 개념

(1) 자아개념의 발달

자아개념(Self-concept)은 자신에 대한 의식적인 자각을 의미하며 개인은 자아의 여러 가지 개념을 가질 수 있다. 예를 들어, 학생은 학교에서의 자신과 가정에서의 자신이라는 두 가지 자아개념을 가질 수 있는데, 학교에서는 성실하고 똑똑한 자신이지만 가정에서는 부모에게 반항하는 자신일 수 있다. 자아개념은 부모와의 상호작용과 사회적 환경에 의해 영향을 받는다. 예를 들어, 학대 가정에서 자란 아이는 부모의 비난과 방임 등의 부적절한 양육으로 인해 자신을 '쓸모없는 존재'로 생각하게 되고, 부정적인 자아개념이 형성될 수 있다. 개인은 형성된 자기개념을 유지하려고 하며 때로는 자아개념이 위협받는 상황을 경험한다. 인간중심치료는 개인의 경험과 자아개념의 불일치로 인한 개인의 고통을 줄이고, 자신을 괴롭게 만드는 자아개념을 변화시켜 더 나은 삶을 살아가도록 돕는다.

(2) 가치의 조건화(conditions of worth)[3]

개인은 주 양육자로부터 무조건적 긍정적 존중과 수용을 받지 못하고 조건적인 존중을 경험할 경우 개인은 조건적 가치를 내면화한다. 즉, 나는 있는 그대로 존중받을 수 있는 존재가 아닌 무언가를 해야만 가치 있는 존재라는 신념을 갖게 된다. 내면화된 조건적 가치를 지닌 사람들은 인정받지 못하는 것을 불안해하고 두려워한다. 이러한 경험에서 회피하기 위해 노력한다. 따라서 인간중심치료에서는 상담자가 무조건적 긍정적 존중을 사용하여 내담자가 어떤 조건을 통해 가치를 부여받는 존재가 아님을 스스로 알아차리도록 격려하고, 내담자가 자신의 경험, 느낌, 생각을 일치시키도록 돕는다.

(3) 실현경향성

로저스는 개인을 실현경향성(Actualizing tendency)을 가진 유기체[4]로 보았다. 실현경향성이란 개인이 스스로 자신의 잠재력과 자신이 가진 가능성을 실현하려고 끊임없이 나아가고자 하는 경향을 가지고 있음을 의미한다. 로저스는 실현경향성이 어떤 유기체이냐에 따라서 수준의 차이는 있지만 모든 유기체는 잠재력을 실현하고자 하는 성장동기를 가지고 있다고 보았다.

(4) 충분히 기능하는 사람

로저스(1961)는 자신의 잠재성을 실현하기 위해 성장해 가는 사람을 충분히 기능하는 사람(Fully-functioning person)이라고 불렀다. 충분히 기능하는 사람은 ① 경험하는 것에 대한 개방성을 가지고 있다. 예를 들어, 경험에 개방적인 사람은 시험에 떨어졌을 때 그것을 자신의 자아개념과 연관 지어 존재 자체의 실패로 보기보다 수용하고 다시 일어설 수 있다. ② 현재 매 순간의 지금-여기를 즐길 수 있게 되는 실존적 삶을 산다. 실존적 삶을 사는 사람은 과거와 미래를 중요하게 생각하여 현재를 간과하기보다 현재를 사는 것에 즐거움을 느낀다. ③ 자신의 경험에 대해 온전히 신뢰한다. 자신을 신뢰하는 사람은 편견, 고정관념, 두려움에 의존하기보다 실제적인 정보에 기반을 두어 상황이나 경험을 평가할 수 있는 힘이 있다. ④ 자신의 결정과 결과에 대해 책임을 진다. 이러한 사람은 부정적인 결과나 자신의 책임을 회피하기보다 자신의 선택에 대한 결과를 책임지고 후회하지 않는다.

---

3) '만약 ~하면, 그러면 ~한다'는 가정하에 내담자의 가치가 형성되는 것을 의미한다.
4) 자극에 반응하는 기능을 갖고 있는 생명체로서의 인간을 의미한다.

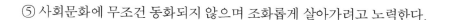

⑤ 사회문화에 무조건 동화되지 않으며 조화롭게 살아가려고 노력한다.

3. 인간중심치료의 치료적 과정

1) 목표

인간중심치료의 목표는 내담자의 성장을 도와 현재의 문제를 유연하고 적극적으로 대처하도록 돕는 것이다. 내담자의 성장을 촉진하는 방법으로 먼저 내담자 스스로가 사회에 적응하기 위해 만든 가면을 벗도록 돕는 것이 필요하다. 내담자가 가면을 벗고 진실된 자신과 접촉하여 참만남이 이루어지도록 한다. 상담자는 내담자의 자기주도성을 믿고 존중하는 치료적 분위기를 만들도록 노력해야 한다.

2) 여섯 가지 치료적 조건

로저스(1957)는 내담자가 긍정적인 방향으로 변화하도록 하는 여섯 가지 치료적 조건을 제시하였다.

(1) 치료적 동맹

치료적 동맹이란 치료를 목적으로 한 대인관계를 의미한다. 내담자와 상담자 두 사람은 치료라는 공동 목표를 갖고 심리적으로 깊게 접촉한다. 깊은 심리적 접촉이란 서로에게 진실하게 대하고 경험을 이해하며 존중하는 것이다(Mearns & Cooper, 2005).

(2) 내담자의 불일치감

내담자는 자기 자신에 대한 개념과 자신이 경험한 사건의 불일치가 반복될 경우, 불일치감을 느끼고 이로 인해 불안, 혼란, 두려움 등 부정적 감정을 느끼게 된다. 상담 장면에서 내담자는 상담자와의 대화를 통해 불일치감을 드러내게 된다.

(3) 상담자의 일관성

일관성(Congruence)은 개인과의 관계에서 성실함과 정직성을 가진 정도를 의미하며, 진솔성(Genuiness)이라고 부르기도 한다. 상담자는 상담 장면에서 자신의 생각과 외부로 표현되는 언어를 일치시킴으로써 내담자가 상담자를 신뢰하고 지금-여기의 경험을 알아채도록 도와야 한다. 일관성은 무조건적 긍정적 존중과 공감적 이해를 갖추기 위해 먼저 준비해야 할 필수 요소다. 상담자는 내담자에게 항상 진솔한 태도로 임해야 한다.

(4) 무조건적 긍정적 존중

무조건적 긍정적 존중(Unconditional positive regard)이란 내담자의 성격과 행동에 상관없이 내담자 존재 자체를 긍정적으로 수용하는 것이다. 로저스(1957)는 완벽하게 무조건적 긍정적 존중을 하는 것은 어렵지만 존중을 하고자 하는 노력이 중요하다고 주장하였다. 무조건적 긍정적 존중을 통해서 내담자는 그동안 내면화된 조건적 가치로 인해 경험한 부정적 감정과 문제들에서 벗어나 온전한 수용과 존중을 경험할 수 있다.

(5) 공감적 이해

공감적 이해(Empathic understanding)란 상담자가 내담자의 감정을 자신의 것처럼 느끼지만 자신을 잃지 않는 것이다. 상담자는 내담자의 주관적 현실에 대해 이해하고 공감해야 하지만 동시에 내담자의 상황에 대해 지나치게 몰입하여 자신을 잃는 것은 지양해야 한다. 내담자가 상담자에게 진심으로 감동 받을 때 내담자는 상담자와 관계 속에서 따뜻함을 느끼고 마음을 열 수 있게 된다.

(6) 상담자와 내담자 간 의사소통

상담자와 내담자 간의 원활한 의사소통은 내담자의 변화를 돕는 데 필요한 요소다. 효과적인 공감 표현은 의사소통의 질에 따라 달라진다. 인간중심치료에서 의사소통은 상담자의 일관성, 무조건적 긍정적 존중, 공감적 이해를 내담자에게 적절한 방식으로 나타낼 수 있는 수단이 된다. 그렇기에 의사소통은 매우 섬세한 과정이며 원활한 의사소통을 위해 많은 훈련이 필요하다.

4. 인간중심치료의 최신 치료법: 동기강화상담

1) 동기강화상담

동기강화상담(Motivational Interviewing: MI)은 윌리엄 밀러(William R. Miller)와 스티븐 롤닉(Stephen Rollnick)이 1980년대 초에 개발한 인본주의적이고 내담자 중심적이며 추구하는 목표와 방향성이 있는 상담이다. 동기강화상담의 목표는 상담자가 변화에 대한 내담자의 양가감정[5]을 줄이고 변화에 대한 내담자의 동기를 증진시키도록 돕는 것이다. 동기강화상담은 음주문제의 개입방안으로 처음 시작되었지만 이후 도박, 약물 중독, 우울, 자살 등 다양한 임상 장면에서 사용되고 있다. 최근에는 동기강화상담과 인지행동치료를 병합한 치료적 개입이 이루어지는 등 다양한 접근과 함께 사용되고 있으며, 학교 장면, 기업체, 건강관리, 군대 또는 교정 교화 장면에서도 널리 사용되고 있다.

2) 동기강화상담의 주요 개념

(1) 동기강화상담의 정신

동기강화상담의 정신은 협동정신, 수용, 연민, 유발성으로 각 정신의 의미를 파악하고 상담 현장에서 실현하는 것을 목표로 한다.

① 협동정신

협동정신은 내담자 스스로를 자기에 대하여 가장 잘 아는 전문가로 보고 상담자와 내담자가 함께 목표를 향해서 나아가는 것을 의미한다. 상담자는 내담자의 조력자로서 내담자의 삶을 경청하고 공감하고 지지하는 것에 초점을 둔다. 상담자의 긍정적 조력만으로도 내담자는

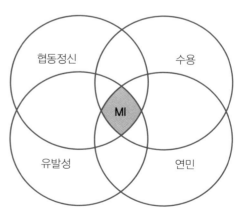

[그림 11-1] 동기강화상담 정신의 네 가지 요소
출처: Miller & Rollnick(2013)에서 인용.

---

5) 서로 모순되는 두 가지 충동이나 감정을 의미한다.

자신의 삶에서 자기주도성을 가질 수 있고, 스스로 변화시켜 나갈 힘을 얻을 수 있다.

② 수용

수용은 절대적 가치, 정확한 공감, 자율성 지지, 인정이란 네 가지 개념을 포함하는 개념이다. 절대적 가치란 모든 인간이 가진 가치와 잠재력을 존중하는 것이다. 정확한 공감은 내담자의 내적 세계에 대해 적극적인 관심을 갖고 이해하기로 노력하는 것이다. 자율성 지지는 사람이 마땅히 자율성과 자기 결정의 권리를 존중받아야 한다는 것이다. 인정은 내담자의 강점과 노력을 알아보는 것을 의미한다.

③ 연민

연민은 동정이나 동일시와 같은 개념이 아닌 타인의 복지를 위해서 적극적으로 노력하고 타인의 필요에 우선적으로 관심을 가지는 헌신을 의미한다.

④ 유발성

유발성은 강점 중심 접근에 근거하여 개인의 강점과 자원에 초점을 두고 내담자를 이해해야 함을 강조한다. 내담자는 이미 동기와 자원을 가지고 있으며, 상담자는 이를 이끌어 낼 수 있도록 돕는 역할을 해야 한다.

(2) 동기강화상담의 과정

동기강화상담의 네 가지 과정은 ① 관계 형성하기, ② 초점 맞추기, ③ 유발하기, ④ 계획하기로 구성된다. 각 과정에 대한 설명은 〈표 11-1〉과 같다.

〈표 11-1〉 **동기강화상담의 네 가지 과정**

관계 형성하기	• 내담자와 상담자가 서로 도움이 되는 협력적 관계를 형성함 • 치료적 관계를 형성하는 것이 우선적으로 필요함
초점 맞추기	• 변화에 대한 대화 과정 속에서 특정한 방향을 설정하고 그 방향을 유지함
유발하기	• 변화에 대한 내담자 자신이 가진 동기를 이끌어 내는 과정
계획하기	• 언제 변화할 것인지, 어떻게 변화할 것인지에 대해 논의하는 과정

(3) 동기강화상담의 원리

동기강화상담의 기본이 되는 원리는 공감 표현하기, 저항과 함께 구르기, 불일치감 만들기, 자기효능감 지지하기다. 각 원리에 대한 설명은 〈표 11-2〉와 같다.

〈표 11-2〉**동기강화상담의 네 가지 원리**

공감 표현하기	• 내담자의 관점을 이해하고자 하는 열망과 함께 존중하는 태도를 보이는 것
저항과 함께 구르기	• 내담자의 저항에 직접 맞서지 않고 내담자의 저항과 함께 구르거나 같이 흘러감
불일치감 만들기	• 내담자 자신의 현재 행동과 자신의 보다 넓은 목적과 가치관 사이에 불일치감을 만들어 이를 증폭시킴
자기효능감 지지하기	• 상담자가 아닌 내담자에게 변화를 선택하고 이행하는 책임이 있음

3) 동기강화상담의 실제

(1) 동기강화상담의 핵심 기술(OARS + I)

① 열린 질문하기

열린 질문하기(Open-ended questions)는 내담자가 '예, 아니요'의 단답형 대답으로 끝나지 않고 자신의 생각을 긴 문장으로 표현할 수 있도록 대화를 촉진한다. 내담자의 답변에 반영적 경청[6]을 하는 것이 좋다. 상담자는 열린 질문을 통해 내담자가 호소하는 문제와 그 문제에 대한 자신의 생각과 감정을 이끌어 내어 내담자에 대한 편견이나 성급한 판단을 하지 않도록 한다.

② 인정하기

상담자는 인정하기(Affirmation)를 통해 내담자를 진심으로 인정해 줄 때 내담자와 라포 형성에 도움이 된다. 이로 인해 내담자는 자신의 문제를 상담자에게 드러내고 변화하고자 하는 마음도 강화된다. 구체적으로 인정하기는 내담자의 생각과 말, 행동에 대해 칭찬하거나 이해하고 있다는 것을 나타낸다. 반영적 경청으로도 내담자와 라포 형성이 가능하고

---

[6] 적극적 경청이라고도 하며, 내담자의 감정과 생각을 이해하기 위해 그의 말을 주의 깊게 듣고 공감을 하는 것이다.

내담자를 지지할 수 있으나 내담자의 경험이나 느낌에 대해 타당하게 인정해 주는 것 또한 필요하다.

③ 반영하기

반영하기(Reflection)는 동기강화상담에서 가장 중요하지만 어려운 기법 중 하나다. 반영하기는 상담자가 내담자의 말에 대해 정확히 이해하고 그 의미를 재진술하는 기법이다. 내담자가 말한 내용과 과정을 상담자가 통합하여 다시 내담자에게 말해 주기 때문에 내담자로 하여금 자신의 상황을 명료화시키고 동기를 강화하는 데 도움이 된다. 반영하기에는 단순반영, 확대반영, 축소반영, 양면반영, 은유 등이 있다.

④ 요약하기

요약하기(Summarize)는 내담자가 말하고 표현한 것을 상담자가 듣고 정리하고 종합하여 다시 전달해 주는 것이다. 지금까지 다룬 내용을 정리하고 내담자의 말을 주의 깊게 경청하고 있다는 것을 보여 주면 내담자는 이야기를 더 자세하게 할 준비를 시작한다. 요약해 주기에는 수집요약, 연결요약, 전환요약의 세 가지 방법이 있다.

⑤ 정보 제공하기와 조언하기

정보 제공하기와 조언하기(Information exchange)는 내담자의 허락을 구하고 정보나 조언을 제공하는 것이다. 단순 정보 제공이 아닌 내담자의 주관적인 세계를 이해하는 것을 통해서 정보를 제공하고 내담자가 자율성을 가지고 스스로 정보를 선택하고 결정할 수 있도록 격려한다.

(2) 변화대화[7]

롤닉(1999)은 일곱 가지 변화대화(Change talk) 유형을 제시했다. 이는 열망(Desire), 능력(Ability), 이유(Reason), 필요(Need), 결심공약(Commitment), 실행활성화(Activation), 실천하기(Taking steps)다. 일곱 가지 변화대화 유형의 앞 철자를 따서 DARN + CAT라고 불린다.

---

7) 내담자가 행동, 사고, 태도 또는 상황에 긍정적인 방향으로 변화하고 있음을 나타내는 것으로, 변화를 찬성하는 표현은 모두 변화대화라고 할 수 있다.

〈표 11-3〉 **변화대화의 유형**

	변화준비 언어	
열망 (Desire)	변화를 위한 분명한 열망을 나타내는 말 예시: "운동을 하고 싶어요.", "성적을 올리고 싶어요."	
능력 (Ability)	자기효능감과 관련된 진술, 내담자가 문제 상황에서 변화할 수 있다는 믿음을 나타 내는 말 예시: "단번에 모든 것이 바뀔 수는 없겠지만, 차근차근해 나갈 수 있을 것 같아요."	
이유 (Reason)	행동의 변화를 시작하는 이유에 확실한 장점이 있음을 표현하는 말 예시: "살을 빼고 싶은 이유는 여름에 수영복을 입고 놀러가고 싶어서예요."	
필요 (Need)	어려움을 겪는 내담자의 변화에 대한 필요성을 언급하는 말 예시: "더 이상 술을 마실 수 없어요. 술을 끊어야 해요."	
	변화실행 언어	
결심공약 (Commitment)	행동 실천을 연결시키는 행동단어(예시: 동사)가 포함되는 말 예시: "이번 달에 상담이 끝나면 단주 계획을 짜 볼 예정입니다."	
실행활성화 (Activation)	결심공약은 아니지만 변화를 실행하겠다는 의도를 담고 있는 말 예시: "술을 마시지 않는 게 좋을 것 같아요."	
실천하기 (Taking steps)	실천하기의 요소를 포함하고 있는 말 예시: "저는 저번 주에 술을 마시지 않았어요."	

4) 임상 현장에서의 동기강화상담

(1) 동기강화상담의 치료적 효과

MI는 내담자가 상담에 자발적인지 비자발적인지에 관계없이 내담자의 내면에서 생겨나는 자신만의 이유를 발견하고 변화할 수 있도록 돕는다. MI는 다양한 정신건강과 질병뿐만 아니라 알코올 사용장애 및 약물 사용장애와 같은 중독문제에도 효과적이다(Borsari & Carey, 2000; Miller et al., 1993; Project MATCH Research Group, 1997). 또한 MI는 심각한 중독문제를 경험하는 사람이 지속적으로 약물을 섭취하지 않아 생기는 경제적 비용을 절감하도록 돕는다는 점에서 비용효과적이다. 게다가 MI는 임상 현장에서 심혈관계, 내분비계, 소화기계, 신경계 등의 질환을 앓고 있는 사람들을 위해서도 사용되고 있다.

(2) 동기강화상담 적용하기: 제임스의 사례

물질중독과 행동중독 문제를 겪는 내담자들은 흔히 중독문제로 인해 발생되는 부정적 결과들을 부정하거나 최소화하려는 경향을 가지고 있으며, 자신의 문제가 해결되지 못할 것이라는 낙담과 함께 변화하고자 하는 마음 또한 있는 양가감정을 가지고 있다. MI는 이러한 양가감정을 가진 내담자가 자신의 변화동기를 통해 행동할 수 있는 실천력을 행사하도록 돕는다. 다음 사례를 통해 중독문제를 겪는 내담자에게 어떻게 MI가 적용되는지 살펴보자.

A씨의 사례

A씨는 현재 자신의 음주 행동에 문제가 있다는 것과 음주 행동으로 인한 손실에 대해서 알고 있으며 이로 인한 양가감정을 느끼고 있다. 그리고 변화하고자 하는 확고한 마음이나 실제적인 변화행동은 없는 상태다. 이를 바탕으로, A씨의 이러한 상태는 변화의 필요성에 대해 생각하고 있지만 생각을 실천으로 옮기려 하지 않는 숙고 단계라 볼 수 있다. 숙고 단계에서 상담자는 열린 질문하기를 통해 A씨로 하여금 스스로를 탐색하고 자유롭게 생각하고 표현할 수 있도록 유도할 수 있다. 또한 A씨가 바라는 자신의 모습과 실제 자신의 모습을 대조하는 불일치감 유발하기 기법을 사용하여 자신의 신념과 행동이 일치하는 방향으로 행동하려는 동기를 이끌어 낼 수 있다.

다음의 대화는 동기강화상담에서 사용하는 기법을 적용한 대화의 예시다.

동기강화상담 예시

환자: 저는 술을 끊고 싶은 마음이 없어요. 그저 이혼 당하지 않기 위해 억지로 온 거예요.

임상가: 오기 싫은 마음이 있었는데도 불구하고 이 자리에 오셨다는 것만으로 참 용기 내셨어요. [인정하기] 먼저 이 자리에 오신 이유에 대해 듣고 싶습니다. [열린 질문하기]

환자: 술 때문에 오게 됐죠. 아내가 술을 끊지 않으면 이혼하겠다고 난리더군요.

임상가: 아내분과 이혼하지 않기 위해서 상담을 받으러 오셨네요. [단순반영]

환자: 술을 자주 마시고, 마실 때면 아내에게 조금 언성이 높아질 때가 있지만…… 문제가 될 정도로 마시진 않았습니다.

임상가: 술을 마시는 행동에 당당하고, 아내와의 관계에서 본인의 문제는 전혀 없다고 생각하시는군요. [확대반영]

환자: 전혀 문제라고 생각하지 않는 건 아닙니다. 저도 술을 많이 마시는 게 좋지 않다는 것은 알고 있습니다. 하지만 그렇게 하지 않으면 힘들어서 견딜 수가 없습니다.

임상가: 술이 문제라는 것을 알고 계심에도 불구하고 마실 수밖에 없는 이유가 있으시네요. [복합반영], 무엇이 당신을 힘들게 하나요? [열린 질문하기]

5. 실존주의 심리치료의 개요

1) 역사 및 발전

실존주의 심리치료는 삶의 중요한 주제와 삶에 대한 태도를 다루는 치료법이다. 실존주의 심리치료는 정해진 모형이나 구체적인 기법이 아닌, 철학적인 접근을 지향한다. 제1, 2차 세계 대전 이후, 사람들은 불안과 상실, 회의에 빠져들었고, 인간의 주체성 회복에 관심을 가지기 시작하였다. 19세기 쇠렌 키르케고르(Søren Kierkegaard), 프리드리히 니체(Friedrich Nietzsche), 마르틴 하이데거(Martin Heidegger), 장 폴 사르트르(Jean Paul Sartre), 마르틴 부버(Martin Buber) 등 많은 철학자의 영향을 받았으며, 이들이 고안해 낸 개념과 인간에 대한 철학적 이해를 토대로 다양한 학파로 발전하였다. 얄롬(Yalom)은 실존주의에 대한 초기 철학자들의 영향을 인정하며, 이들 모두 개인의 사고를 이끌어 내는 주요한 주제들에 기여하였음을 발견하였다. 실존주의 심리치료는 미국과 영국에서 다소 다른 형태로 발전하였다. 영국의 실존주의 심리치료에서는 후설(Husserl)의 현상학에 영향을 받아 심리치료의 철학적 접근에 초점을 맞추었고, 미국의 실존주의 심리치료는 주로 로저스(Rogers)의 인간중심치료와 결합하여 심리치료적인 방향성이 뚜렷한 특징을 가지고 있다.

실존주의 심리치료는 중심이 되는 인물과 공통된 이론이 존재하는 다른 접근과는 달리 시조가 되는 인물이 없으므로 하나의 특징으로 단정 짓기 어렵다. 그중에서도 쿠퍼(Cooper)는 실존치료를 네 가지 학파로 분류한다(Cooper, 2014). 쿠퍼의 주장에 따라 이 장에서는 실존치료를 현존재분석, 인본주의적 실존치료, 영국 실존치료, 로고테라피의 네 학파로 나누어 소개하고자 한다.

(1) 현존재분석

현존재분석 접근은 하이데거의 이론에 근거한 접근으로, 루트비히 빈스방거(Ludwig Binswanger, 1881~1966)에 의해 시작되었다. 프로이트에 따르면, 인간은 과거의 경험으로 인해 현재의 상태로 존재한다고 보지만, 하이데거는 인간이 현재의 상태에 존재하는 것은 미래에 대한 기대 때문이라고 본다. 따라서 현존재분석은 무의식적 추동이나 과거의 경험을 알아차리는 것에 집중하는 정신분석과 달리, 내담자가 자신의 세계를 현재 어떻게 경험하고 있는지에 관심이 있다. 개인은 현재 상태에서 자신과 타인 모두 아는 영역, 자신은 모르고 타인만 아는 영역, 자신만 알고 타인이 모르는 영역, 자신과 타인 모두 모르는 영역의 네 가지 존재 방식으로 타인과 상호작용한다. 현존재분석에서는 자신과 타인에게 감춰지고 모르는 영역을 자신과 타인에게 열어 가고, 주어진 실존적 상황과 삶의 경험에 충분히 열려 있는 삶을 사는 것을 강조한다. 현존재분석 심리치료자는 내담자를 닫힌 상태(closeness)에서 벗어나 환경을 창조하고, 잠재력을 발현할 수 있는 열린 상태(openness)로 나아갈 수 있도록 돕고, 이를 위해 내담자의 경험을 수용하고 격려한다.

(2) 인본주의적 실존치료

인본주의적 실존치료는 1950년대 롤로 메이(Rollo May, 1909~1994)와 동료들에 의해 시작된 치료로, 1960년대에 접어들면서 롤로 메이, 어빈 얄롬(Irvin Yalom), 제임스 부젠탈(James Bugental), 커크 슈나이더(Kirk Schneider) 등의 학자에 의해 다양한 형태로 발전되었다. 인본주의적 실존치료는 인간의 한계를 주장하는 실존주의와 인간의 가능성을 주장하는 인본주의의 결합이다. 내담자가 지금 이 순간에 실제로 경험하는 것을 자각하도록 돕고, 주어진 한계 속에서 선택하는 자유, 그 선택의 의미를 파악하는 경험적 반영, 결정한 선택에 따라 행동하며 표현하는 책임감을 강조한다(Schneider, 2003). 인본주의적 실존치료는 현재도 약물 상담, 불안과 공포증, 애착장애 등 다양한 분야로 확장되어 가고 있다.

(3) 영국 실존치료 학파

영국 실존치료는 후설(Husserl)의 현상학적 방법에 많은 영향을 받은 치료로, 다른 실존치료에 비해 정신과적 모델을 거부하는 경향이 있다. 치료자는 내담자를 임상적 범주와 진단을 통해서 바라보지 않고, 삶의 일반적 문제를 가진 것으로 바라본다. 정신과 의사인 로널드 데이비드 랭(R. D. Laing)을 시작으로 발전하였고, 랭을 뒤이은 에미 밴 덜젠(Emmy van Deurzen, 1951~)의 등장은 영국 실존치료 학파의 큰 발전을 가져왔다. 밴 덜젠은 영국 실존치료 학파를 설립하여 자신만의 고유한 접근을 개발해 왔다. 밴 덜젠은 치료자는 내담자들의 핵심 가치를 판별하고, 내담자가 진정으로 얻기 원하는 삶의 의미와 목적의 발견을 도와야 한다고 말한다.

(4) 로고테라피

정신분석, 막스 셸러(Max Scheler), 현상학적 이론에 영향을 받아 발전한 로고테라피(Logotherapy)는 빅터 프랭클(Viktor Frankl, 1905~1997)에 의해 시작되었다.

프랭클은 인간의 실존에 대한 삶의 의미에 관심을 두었다. 그는 인간을 "의미를 향해 이끌리며, 삶의 의미를 찾아가는 존재"로 보았고, 사람들은 실존적 공허와 무의미함을 겪으며 살아간다고 말한다. 로고테라피에서는 내담자가 의미를 추구하는 과정에서 내담자의 선택과 책임이 중요하며, 내담자가 삶에서 실존적 의미를 '발견'하도록 돕는 것이 치료자의 역할이다. 로고테라피에서는 이러한 자기 초월을 통하여 자신과 타인과의 관계로 존재 의미를 확장해 나간다. 로고테라피는 태도 수정(attitude modulation), 반성 제거(dereflection), 역설적 의도(paradoxical intention), 소크라테스식 대화(Socratic dialogue)의 네 가지 기법을 통해 개인이 문제를 건설적인 관점에서 바라보도록 돕는다.

2) 실존주의 심리치료의 대표적인 학자

(1) 롤로 메이

롤로 메이(Rollo May, 1909~1994)는 유럽의 실존주의를 미국에 전파하고 심리치료에 적용한 핵심 인물로, 현대 실존주의 치료의 대표 저자로 가장 잘 알려져 있다. 메이는 미국 오하이오주에서 태어나 부모의 이혼으로 정신분열증을 앓고 있는 동생을 돌보는 등 어려운 어린 시절을 보냈다. 그는 오벌린 대학교에서 영문학을 전공하고, 그리스로 넘어가 교사 생활을 하기도 하며, 아들러와 함께 정신역동치료를 공부하기도 했다. 미국으로 돌아와 칼 로저스(Carl Rogers)가 다녔던 유니온 신학교에서 다시 신학을 공부했고, 그때 만난 파울 틸리히(Paul Tillich)와 오랜 우정을 나누며 깊은 영향을 받았다. 그는 컬럼비아 대학교에서 박사 학위 과정 중 폐결핵으로 2년 동안 입원했는데, 이러한 경험은 그가 불안의 본질을 경험하고 배우는 계기가 되었다. 메이는 죽음, 늙음, 고독과 같은 존재적 문제에 관심을 가져야 한다고 말했다. 메이는 심리치료를 통해 개인이 삶의 의미를 발견하게 해야 한다고 주장하였고, 실존철학과 인본주의 심리학을 접목하여 심리치료에 적용하였다. 롤로 메이의 대표 저서로는 『불안의 의미(The Meaning of Anxiety)』, 『사랑과 의지(Love and will)』, 『창조를 위한 용기(The courage to create)』 등이 있다.

(2) 어빈 얄롬

어빈 얄롬(Irvin Yalom, 1931~)은 실존주의 치료에 대해 가장 철저하고 포괄적으로 설명하고, 실존주의의 이론적 체계를 제공한 인물이다. 얄롬은 미국으로 이주해 온 러시아계 유대인인 부모 사이에서 태어났다. 워싱턴 D.C.의 가난한 동네에서 채소 장사를 하며 살았던 부모로 인해 집 안에서 혼자 책을 읽으며 보내는 시간이 많았다. 그는 존스 홉킨스 의과대학에 진학하여 정신의학을 공부하였고, 스탠퍼드 대학교에서 정신과 교수로 재직하면서 실존적 심리치료의 발전에 기여했다. 인간에게는 죽음, 자유, 소외, 무의미와 같은 주제들이 있다고 이야기하였고, 다양한 정신병리가 이 네 가지의 실존적 주제와 밀접한 관련이 있다고 주장하였다. 실존적 문제를 해결하기 위해서는 '지금-여기'의 관계를 통해 내담자의 세계를 탐색해야 하고, 내담자 각자에게 맞는 치료의 필요성을 강조하였다. 얄롬의 대표 저서로는 『실존 심리치료(Existential Psychotherapy)』, 『나는 사랑의 처형자가 되기 싫다(Loves' Executioner)』 등이 있다.

(3) 로널드 데이비드 랭

로널드 데이비드 랭(R. D. Laing, 1927~1989)은 실존주의적 접근으로 조현병을 연구한 영국의 정신과 의사다. 랭은 스코틀랜드 글래스고에서 중산층 가정의 독자로 태어났으며, 독서와 음악에 남다른 재능을 보였던 아이였다. 그는 어머니의 부정적인 양육 방식으로 인해 어머니에게 반감을 보였고, 이로 인해 정신적 갈등을 겪기도 했다. 그는 글래스고 대학교에서 의학박사 학위를 받았고, 정신과 수련의 과정을 거쳤다. 그는 일반적인 정신의학적 세계관을 거부하고, 조현병은 개인의 심리 내적 요인과 대인관계로 인해 유발된다고 설명하였다. 내담자를 존중하는 실존주의적 철학을 기반으로, 랭은 정신병원에서 환자들이 평상복을 입고, 자유롭고 평등한 관계에서 소통할 수 있도록 존중했다. 랭의 치료로 인해 환자들은 눈에 띌 만한 행동 양상의 변화를 보였다. 그의 저서 『분열된 자기(The Divided Self)』에서는 조현병과 같은 정신장애를 겪는 환자와 관계 형성을 통해 진정으로 그들의 아픔을 이해하고자 노력했던 랭의 치료 과정에 대해 설명하고 있다.

(4) 에미 밴 덜젠 스미스

에미 밴 덜젠 스미스(Emmy van Deurzen, 1951~)는 영국 실존치료의 발전에 큰 공헌을 한 학자다. 밴 덜젠은 네덜란드 덴하흐에서 태어났다. 그녀는 프랑스에서 심리치료사로 일하던 중, 랭과 함께 일하기 위해 1977년 영국으로 건너와 1982년 실존치료 훈련 과정을 설립했다. 리전트 대학교와 실러 국제대학교의 심리치료 및 상담대학에서 실존 훈련 과정을 설립하여 발전시켰으며, 학문 및 교육 프로그램을 개발하는 '심리치료와 상담의 새 학교(New School of Psychotherapy and Counseling)'의 공동 설립자다. 밴 덜젠은 개인이 자기 탐색에 집중하면, 문제를 극복하는 엄청난 회복 탄력성과 지능을 보인다는 것을 강조한다. 그녀는 내담자가 삶의 모순과 역설을 인식하고, 그 역설 속에서 의미를 찾아 문제를 해결해 나갈 수 있다고 주장하였다. 밴 딜젠의 저서로는 『실존주의 상담과 심리치료의 실제』, 『심리치료에서의 역설과 열정』 등이 있다.

6. 실존주의 심리치료의 이론

1) 주요 개념

실존이란 자신을 대상화하여 자신에게 지속적으로 근원적인 질문을 하며 살아가는 인간의 주체적인 상태다. 실존주의자들은 실존(existence)이 본질(essence)[8]에 앞선다고 주장한다. 본질이란 한 개체를 형성하는 특성을, 실존이란 있는 그대로 드러나 있는 상태로서의 존재를 말한다. 인간은 본질적으로 규정된 존재가 아니며 실존으로 본질을 결정해나가는 존재이기에, 실존은 곧 자신의 의미와 가치를 스스로 만들어 나가는 것이라고 할 수 있다.

실존주의에서는 인간을 주어진 유한한 틀이라는 한계 속에서 실존적으로 살아가는 존재로 바라본다. 유한한 틀이란, 성별과 같은 주어진 조건, 역설이라는 실존적 상태, 죽음과 같은 존재적 한계를 일컫는다. 죽음은 불안의 원시적 원천이며(Cooper, 2014), 이러한 죽음이라는 유한한 틀이 있음에도 불구하고 인간은 자유롭게 선택하며 살아가는 존재다. 모든 인간은 죽음, 자유, 소외, 무의미의 네 가지 실존적 조건으로부터 불안을 느끼지 않으려 방어기제를 사용하고, 이것이 실존적 갈등의 내용을 만들게 된다. 인간은 실존적 불안을 지니고 살아가는 존재다. 인간은 세상에 내던져진 존재로 주어진 한계 속에서 살아간다. 인간은 죽음, 자유, 소외, 무의미, 불안이라는 특성을 가진 실존적 상황에 처해 있으며, 이는 실존에서 중요하게 다루어지고 있는 핵심 주제이기도 하다.

(1) 죽음

모든 인간은 죽음을 피할 수 없다. 인간은 하루를 살아가면서도, 죽음을 향해 나아가는

---

8) 실존(existence)은 실체의 보편적이고 불변적인 특징으로, 다른 실체와 구별되는 변하지 않는 것을 말하며, '지금-여기'에 실제로 존재하는 인간을 말한다. 존재(essence)는 하나의 실체를 형성하는 일반적이고, 특별하고 구체적인 특징이며, 눈앞에 있는 사실 그대로의 것을 의미한다(Cooper, 2014).

존재다. 죽음과 생명은 동시에 존재하며, 삶이 있다는 것은 곧 죽음이 있음을 의미한다. 얄롬(1980)은 삶과 죽음의 상호의존적 관계를 강조한다. 죽음은 언제 어디서든 발생할 수 있고, 언제, 어디서, 어떻게 죽을 것이냐에 따라 달라질 뿐, 인간은 반드시 죽음에 이른다. 또한, 죽음은 불안의 원천이자, 정신병리의 주요 원천이다. 죽음을 통해 불안에 직면할 수 있으며, 불안은 인간으로 하여금 자유와 선택을 하는 진정한 존재가 될 수 있게 한다. 개인이 현재를 포용할 때, 정신병리나 정서적 고통 없이 죽음에 접근할 수 있다. 죽음에 대한 인식은 인간에게 두려움을 야기할 수 있지만, 반대로 인간을 창조적 삶으로 이끌 수도 있다.

(2) 자유

인간은 본래 자유로운 존재다. 우리에겐 수많은 자유가 주어지며 많은 것들을 선택할 수 있는 자유가 있다. 인간은 자유롭기 때문에 선택할 수 있고, 그 선택에 책임을 지게 된다. 인간은 의지와는 상관없이 세상 속에 내던져진 존재이지만, '어떻게 살아갈 것인지'를 선택할 수 있다. 사르트르에 따르면 인간은 자유롭도록 지어졌으며, 선택함으로써 진정한 내가 누구인지를 형성한다. 자유는 우리의 삶, 행동하는 것과 행동하지 않는 것에 대한 책임이 우리에게 있다고 말한다. 자유로울 수 없는 상황이 존재하지만, 우리는 그러한 제한적인 상황에 맞서 태도를 선택할 수 있는 자유가 있다. 자유와 선택에 책임을 진다는 것이 두려울 수 있다. 하지만 이를 직면할 때, 즉 자신의 자유에 의해 선택하고 선택의 결과에 책임질 수 있을 때, 비로소 실존적 삶을 살아갈 수 있다.

(3) 소외

사람은 세상에 홀로 태어나며 홀로 죽게 된다. 인간은 함께 살아가지만 모든 인간은 근본적으로 혼자다. 자신이 혼자라는 인식은 고독과 소외에 대한 불안을 불러일으키며, 소외를 느끼고 싶지 않기에 다양한 방어기제를 만들어 낸다(Bugental, 1981). 얄롬(1980)은 소외를 개인 상호 간 소외, 개인 내 소외, 실존적 소외라는 세 가지 유형으로 구분한다. 개인 상호 간 소외는 다른 사람과 물리적 · 심리적 · 사회적으로 거리를 두는 것과 관련이 있다. 개인 내 소외는 인간이 자기 자신과 분리될 때 일어난다. 이때, 자신의 욕구를 알아차리지 못하도록 합리화, 투사, 억압 등 방어기제를 사용하기도 한다. 실존적 소외는 더 본질적인 소외로, 세계로부터 분리되는 것을 의미한다. 많은 사람들은 소외에서 오는 불안과 공포감을 방어하기 위해 소외 자체를 부정하기도 한다. 또한, 실존적 소외를 회피하기 위해 사람들은 타인을 도구로 이용하기도 한다. 이러한 실존적 소외를 받아들이고 살아가거나 다른 사람과 관계를 형성함으로써 이를 극복하려는 태도를 보이기도 한다.

(4) 무의미

프랭클(1986)은 인간의 기본 동기는 삶의 의미를 찾는 것이라고 주장한다. 삶의 의미는 창조하는 것이 아니라 발견하는 것이며, 인간은 이러한 특별한 의미를 발견해 가는 존재라고 보았다. 반면, 얄롬은 인간에게 궁극적 의미는 존재하지 않기에 인생이 무의미하다는 것을 직면하고 인정하는 것이 중요하다고 말한다. 이러한 무의미함의 경험을 통해 그 누구도 자신의 삶의 의미를 규정해 줄 수 없다는 사실을 깨닫게 된다. 무의미한 세상 속에서 의미를 발견해 나가는 것이야말로 실존주의 심리치료의 목표라고 할 수 있다.

(5) 불안

인간에게 주어진 자유가 때로는 불안의 원천이 되기도 한다. 이러한 불안은 선택으로 인해 발생한다. 하나를 선택한다는 것은 수많은 대안을 버린다는 것을 의미한다. 한 가지를 선택함으로써 반대로 선택하지 못하는 것들이 발생하고, 이로 인해 인간은 불안을 느끼게 된다.

불안은 정상적 불안과 신경증적 불안으로 구분된다(May & Yalom, 2005). 정상적 불안은 개인이 직면한 상황에서 나타나는 적절한 반응으로, 죽음, 책임감, 선택과 같은 실존적 딜레마에 직면하는 기회를 제공할 수 있다. 반면에 신경증적 불안은 절망에서 벗어나기 위해 반응할 때 나타나는데, 이는 인생의 중요한 요구를 직면하지 않고 부인하고 억압했기 때문에 이에 대한 결과로 어려움을 느끼게 된다. 실존치료자는 정상적 불안의 제거가 아닌 신경증적 불안의 제거에 목적을 둔다.

랭(2018)은 정신분열증 경향이 있는 개인은 '존재론적 불안'을 경험할 수 있다고 말한다. 존재론적 불안을 겪는 사람들은 세 가지 두려움을 가질 수 있다. 먼저, 자기 자신의 자율성이 다른 사람에 의해 빼앗기거나 통합될 것이라는 흡입에 대한 두려움, 둘째, 자신을 둘러싼 진짜 세계에 의해 소멸될 것이라는 파멸에 대한 두려움, 마지막으로, 다른 사람에 의해서 생기 없는 사물로 변해 버리는 것에 대한 두려움이다. 이러한 불안은 참 자기를 위축되게 하여 뒤에 거짓 자기를 남겨 놓게 한다. 참 자기가 위축될수록 정신분열 증세는 더욱 심해질 수 있다. 한편 밴 덜젠은 존재론적 불안을 병리적 상태와 연결 짓는 랭의 주장을 비판했다. 그녀는 존재론적 불안도 실존적 불안과 같은 개념이며, 극복하는 것이 아니라 직면해야 할 문제라고 주장했다.

2) 인간관

쿠퍼(2014)는 실존철학자들이 인간의 실존에 대해 바라보는 공통적 요인을 13가지로 구분하였다. A라는 내담자의 예시를 통해 인간의 13가지 존재적 특성을 알아보고자 한다.

A에게는 장애가 있다. A는 장애로 인해 여러 어려움을 겪었고, 부모님은 A가 성공하는 길은 공부뿐이라고 생각했다. A는 부모님의 기대에 맞춰 열심히 공부한 결과, 유명 대학의 취업이 보장된 학과에 합격했다. 사실 A는 음악을 하고 싶었다. 하지만 부모님은 장애가 있는 A의 불안정한 미래가 걱정되는 마음에 이를 반대했다.

A는 전공을 바꾼 경험이 있다. 하지만 부모님의 반대와 자신의 불안으로 인해 원래의 전공으로 다시 돌아왔다. A는 예전부터 음악을 하고 싶었지만, 부모님의 기대에 맞춰 안정적인 직업을 갖기 위해 그에 맞는 스펙을 쌓는 것에 치중했다. A는 장애로 인해 여러 한계에 부딪혔고, 부모님의 기대를 위해 살아왔지만 마음 한편에는 여전히 음악을 향한 꿈을 품고 있다.

〈표 11-4〉 인간의 13가지 존재적 특성

존재	정의	예시
유일한 존재	인간은 독특하고 대체될 수 없는 존재다. 보편적이면서도 구체적이고 특별한 존재다.	A는 자신만의 세계를 표현하고자 하는 욕구가 강렬한 사람이다.
동사로서의 존재	인간은 역동적이고, 끊임없이 변화하는 존재다. 고정된 자아가 아니라 자기 자신과 관계하는 존재다.	A는 지금까지 그래 왔듯 앞으로의 삶도 이전과 같을 것이라고 생각한다. 하지만 A는 부모님의 품을 벗어나 대학생활을 하다 보니 예술을 하고 싶은 마음이 점점 커지고 있다.
자유로운 선택권을 가진 존재	인간은 근본적으로 자유로운 존재다.	A는 불안으로 인해 선택을 미루고 있지만, A에게는 전공을 선택할 수 있는 자유가 있다.
미래를 향해, 과거를 참고로, 현재에 사는 존재	과거, 현재, 미래와 불가분한 것이며 서로 연결된 존재다.	A는 과거의 상처들로 인해 선택에 두려움이 있었지만, 지금은 과거의 경험을 예술로 승화하였고, 미래에는 누군가를 돕는 예술가가 되고 싶어 한다.

유한한 존재	인간에겐 자유와 동시에 존재적 한계가 있는 존재다.	A에게는 미래를 선택할 수 있는 자유가 있지만, 진로를 정하려는 현재의 시점에서 원하는 한 가지 전공을 선택해야만 한다.
세상 속 존재	인간은 세상과 분리할 수 없는 존재다.	A는 자신이 하고 싶은 음악을 할 때, 자신이 이 세상에 존재하며, 세상과 교감한다고 느낀다.
타인과 함께하는 존재	인간은 다른 존재와 밀접하게 연관되어 있는 존재다. 인간은 사회가 준 틀 속에서 타인과 함께 연결되는 방식으로 존재한다.	A는 자신과 같은 경험을 한 선배의 도움으로 인해 용기를 얻었다. 자신이 혼자가 아니라 함께할 동료가 있다는 것이 A의 불안을 감소시켜 주었다.
체화된 존재	인간은 몸을 통해서 세상에 나아가는 존재다.	A에게는 사회에서의 성공과 성취도 중요하지만, 음악을 통해 느끼는 즐거움과 기쁨도 중요하다.
불안한 존재	인간은 불안을 경험하는 존재다.	A는 진로 선택 과정에서 현재의 전공을 유지할지, 다른 전공을 선택할지 고민이 된다.
죄책감의 존재	인간은 잘못된 자기 자신을 경험하는 죄책감을 느끼는 존재다.	A는 이전에 한 번 전공을 바꾼 경험이 있었다. 전공을 바꾼 것에 대한 후회와 자신의 선택에 대한 죄책감을 가지고 있었다.
본래적 존재	인간은 불안과 삶의 문제에 직면하며 진정한 자신이 되는 존재다.	A는 미래에 대한 불안을 직면하는 것을 어려워하나, 회피하지 않고 자신의 불안을 들여다보고 인정하려 한다.
비본래적 존재	인간은 자신의 존재적 현실로부터 도망치고자 하는 경향성을 지닌 존재다.	A는 미래에 대한 불안으로 인해 자신의 감정을 마주하기보다는 무작정 스펙을 쌓거나, 사람을 의존하는 등 자신에게 주어진 일에 지나치게 몰두하는 경향이 있다.
타인을 향한 존재	인간은 자신과 사물 또는 타자와의 연관성을 인정하고 실현하는 존재다.	A는 외로웠던 자신의 삶 가운데, 절대적 신의 존재와 관계를 맺으며 (신앙을 가지게 되며) 상처가 치유되었다. A는 자신과 같은 상처가 있는 타인의 마음을 치유해 주고 싶어 한다.

7. 실존주의 심리치료의 치료적 과정

1) 목표

실존주의 심리치료란 인간의 여러 가지 삶의 문제를 실존주의적 입장에서 바라보는 것이다. 실존주의 치료의 목표에 대해 학자들의 다양한 의견이 존재한다. 메이는 내담자가 자신의 존재를 현실로 경험하는 것, 슈나이더와 크루그(2010)는 내담자들이 현재의 삶에서 책임감을 가지고, 세상에 존재하기를 선택하도록 돕는 것을 치료의 목표로 한다. 실존적 인간중심치료의 궁극적 목표는 내담자가 스스로 선택할 수 있는 능력의 개발을 도와 내담자를 자유롭게 하는 것이다. 밴 덜젠(2012)은 내담자가 자기기만을 스스로 인식하고, 본래성을 향해 나아가는 진실한 존재로 살아가도록 돕는 것을 치료의 목표로 한다. 각 학자마다 주장하는 실존치료의 목표는 조금씩 다르지만, 공통적인 목표는 내담자가 본래적 존재로 회복될 수 있도록 돕는 것으로, 삶의 의미와 목적을 찾고 자신의 존재를 충분히 경험하는 것에 중심을 둔다. 궁극적으로 실존주의 심리치료란 인간이 해결해야 할 네 가지 실존적 조건(죽음, 자유, 소외, 무의미)에 대한 직면을 통해, 주체성과 자율성을 가지고 자신의 삶을 책임지는 인간이 되도록 돕는 과정이다.

2) 주요 기법

실존치료는 정신장애 진단 범주에 초점을 맞추거나 특정 기법을 사용하기보다는 죽음, 자유, 소외, 무의미 등의 실존적 삶의 태도와 생각에 대한 주제를 다룬다. 이러한 실존적 주제를 다루며 내담자가 자신의 삶에서 실존적 가치와 의미를 발견하는 것에 치료의 목적을 둔다.

(1) 죽음 직면하기

죽음은 불안의 원천이기도, 정신병리의 원천이기도 하다. 죽음은 불안을 이해하는 데 도와주고 역동적 구조를 제공하여 이것에 기초한 해석을 제공한다. 인간은 죽음이라는 존재적 한계를 마주하며, 이러한 죽음을 수용하는 것은 치료에서 중요한 부분으로 여겨진다. 치료자는 죽음에 대한 내담자의 불안, 방어, 태도를 함께 탐색해 볼 수 있으며, 이때 치료자들은 내담자가 죽음과 직면할 수 있는 몇 가지 방법을 사용한다. 죽음에 대해 직면하는 방법은 내담자에 따라 다르게 적용할 수 있다. 죽음이라는 상황에 분명히 직면시킬 수도 있지만, 상황에 따라 죽음의 불안에 대해 이야기할 수 있도록 격려하는 방법을 택하기도 한다. 또한, 내담자가 자신의 불안, 방어, 죽음에 대한 태도를 탐색할 수 있게 한다. 이러한 방법을 통해 내담자는 죽음에 당당하게 맞설 수 있게 되고, 현재의 삶에 충실할 수 있다.

죽음에서 도망치지 않고, 직면이 가능해지는 것이 실존심리치료의 목표다. 내담자의 죽음에 대한 태도와 감정을 다루기 위해서는 치료자들 또한 죽음을 직면할 수 있는 의지가 있어야 한다. 죽음이라는 한계적인 상황에 직면하는 것은 세상을 살아가는 개인에게 상당한 변화를 자극한다. 치료자들은 피할 수 없는 죽음을 수용하는 것이 치료에 있어 중요한 요소라고 주장한다. 죽음에 대한 저항을 없애고, 죽음을 거부하기보다 이를 수용할 수 있게 돕는 것이 치료자의 역할이다.

치료자는 다음과 같은 질문을 활용하여 내담자가 죽음을 자각할 수 있도록 도울 수 있다.

> 앞으로 5분 후에 죽는다고 상상해 보라. 당신이 죽는다고 생각했을 때 어떤 생각과 감정이 드는가?
> 당신이 죽는다면, 당신의 묘비명에 쓰였으면 하는 문구는 무엇인가?

(2) 자유 직면하기

인간은 선택할 수 있는 자유로운 존재다. 하지만 불확실한 선택으로 인한 책임을 두려워하기 때문에 이를 방어하기 위해 다양한 방법을 사용한다. 선택을 미루거나, 강박적인 행동을 하거나, 선택권을 다른 사람에게 넘겨주며 선택에 대한 책임을 회피한다. 자신의 삶을 통제할 수 없다고 느끼기 때문에 불안이 커지고, 이러한 실존적 불안은 신경증적 불안으로 이어질 수 있다.

자유 직면하기의 첫 단계로는 내담자에게 자유가 있음을 깨닫게 하는 인지적 교육이 필요하다. 내담자 본인에게 선택할 수 있는 능력이 있음을 인지하고, 충동적이지 않고 의지적으로 행동할 수 있도록 도와야 한다. 다음으로, 자유를 직면시키기 위해 자신의 주체성을 드러내는 자기 주도적 단어를 사용하게 한다. 예를 들어, "어쩔 수 없이, 할 수 없다."의 수동적 표현보다는 "나는 할 것이다. 하지 않을 것이다."의 주도적 표현을 사용한다. 이를 통해 내담자는 자신에게 선택권이 있다는 사실과 자유와 잠재력이 있음을 깨닫게 된다. 내담자에게 선택하지 않는 것 또한 선택임을 알려 줄 수도 있다. 예를 들어, 부모님의 강요에 의해 원치 않는 대학에 온 내담자에게, 그 선택을 하지 않는 것 또한 내담자의 선택이었음을 인지하게 한다. 또한, 치료자는 자유를 직면하게 될 때 내담자가 느낄 수 있는 불안을 충분히 이해하고 수용해 주고, 자신의 저항을 인정하게 된 내담자가 자신의 인생을 다른 방식으로 살아갈 수 있도록 돕는다. 구체적인 계획이 있을수록 확실한 변화가 일어나므로, 내담자가 구체적인 계획을 가질 수 있도록 돕는다.

(3) 소외 직면하기

실존에서 말하는 소외란 개인이나 인간관계로부터 오는 소외가 아닌 근본적인 소외이며 필연적으로 경험하게 되는 소외다. 사람들은 근본적으로 소외되지 않기 위해 다양한 방어기제를 만들어 낸다. 타인에게 확인받기 위해 애쓰고, 주의를 끌고자 과장된 행동을 하기도 하며, 타인과 지나치게 밀착된 관계를 맺는 이들도 있다. 하지만 실존적 소외에서 벗어나려는 몸부림이 오히려 인간에게 신경증적 불안을 유발하여 더 외롭게 만들기도 한다.

실존적 인간중심치료에서 치료자는 내담자가 근본적인 소외를 수용할 수 있도록 도와야 한다. 치료자는 내담자가 스스로 소외를 견딜 힘이 있음을 자각할 수 있도록 일부러 소외된 상황에 머물게 한다. 스스로 상실감에 빠져 보기도 하고, 자신을 소외시켜 보기도 하면서 내담자는 실존적 소외에 직면하고, 이를 수용할 수 있으며 내담자 자신 및 타인과 건강한 관계를 맺는 것이 가능해진다. 또 다른 방법으로 비슷한 상황에 있는 타인과 관계를 맺는 것을 통해 소외의 불안을 마주할 수 있다.

(4) 무의미 직면하기

얄롬(1980)은 삶이란 것은 본질적으로 의미가 없기 때문에 이를 인정하고 의미를 만들어 나가며 살아야 한다고 말한다. 인간은 매 순간 의미를 만들며 살아가며, 봉사활동이나 진로, 가정 등 의미를 만들어 나가는 존재다. 모든 것은 자유로운 선택으로 이루어진다. 무의미에 대한 불안은 원초적인 불안이 아니라, 죽음과 고독에 대한 불안을 대체하는 것이다. 따라서 인간은 존재적으로 무의미하다고 느끼게 되면, 무의미하고 무가치한 삶 속에서 자신의 의미와 가치를 찾고자 한다. 이때 치료자는 삶의 의미나 가치를 인위적으로 찾고자 하기보다는 내담자가 무의미로부터 오는 불안에서 벗어나려고 한다는 것을 스스로 보게 하고, 삶은 무의미하다는 자각에 머물게 해야 한다. 의미가 없다고 말하는 내담자에게 의미에 대한 질문 대신에 내담자가 실존적 소외를 어떻게 다루는지 살펴본 후, 소외를 먼저 마주하게 도와줄 수 있다(Yalom, 1980).

A씨의 사례

> A씨는 38세 남자로, 아내와의 관계 회복을 위해 상담실을 방문했다. 아내는 A씨의 음주 문제로 인해 이혼을 통보하였고, A씨는 현재 자신의 음주 행동에 문제가 있음을 자각하고 상담실을 방문하였다.
>
> A씨에게는 선천적으로 신체적 장애가 있고, 그로 인해 자신의 원래 꿈이었던 음악을 포기하고 작은 회사에 취직했다. A씨는 사회에서 그리고 가족 내에서 자신의 존재에 대한 회의를 느끼며 자신이 비참하다고 생각한다. 그는 자신의 음주 행동으로 인한 손실에 대해 알고 있지만 술을 마시지 않으면 견딜 수 없기 때문에 술을 마신다고 말하며, 이로 인해 양가감정을 느끼고 있다.

상담자는 A씨의 죽음, 자유, 소외, 무의미와 같은 실존적 주제에 귀를 기울임으로써 심리치료 작업에 어떠한 주제가 요구되는지 확인한 후, 각 주제별로 세분화하여 개입할 수 있다.

1. 자유

현재 A씨는 음주를 통해 자신이 느끼는 실존적 불안으로부터 도피하고자 시도하고 있다. A씨가 자신에 대해 어떻게 생각하는지 자기 인식 능력에 대한 파악이 필요하며, A씨의 불안(죽음에 대한 불안, 실존적 불안)과 관련된 대처방식을 평가하는 과정이 필요하다. 상담자는 A씨에게 삶의 방향을 정할 수 있는 능력이 있음을 믿고, 내담자도 이를 깨달을 수 있도록 자유 직면하기 기법을 통해 도울 수 있다.

[자유 직면하기] ① 내담자에게 자유가 있음을 깨닫게 한다. ② 자신의 주체성을 드러내는 표현을 사용한다. ③ 선택하지 않는 것 또한 선택임을 상기시킨다. ④ 불안을 수용할 수 있도록 돕는다.

2. 소외

A씨의 술을 마시는 행동은 장애인의 삶으로 인해 느끼는 실존적 소외에서 벗어나려는 몸부림으로 보인다. A씨가 술을 마시는 이유와 술을 마심으로써 도망치고자 했던 두려움과 불안을 인식하고 수용할 수 있도록 돕는다. 또한 A씨와 같은 경험을 하고 있는 사람들과 만남을 통해 소외의 불안을 마주하며, 불안과 관련된 서로의 대처 방식을 배우고 이해할 수 있다. 상담자는 A씨가 실존적 고독을 받아들이고, 스스로를 위해 선택하고 자신의 중심으로부터 살아갈 수 있도록 도울 수 있다.

3. 무의미

A씨는 장애라는 자신의 한계로부터 오는 실존적 불안을 관리하고, 삶에서 느끼는 무의미함을 해소하기 위한 수단으로 음주 행동을 하는 것으로 보인다. 따라서 삶의 의미라는 실존적 요인들을 탐색해 볼 필요가 있다. A씨에게 삶의 의미가 없다면 인위적으로 삶의 의미를 찾게 하기보다는 자신이 불안에서 벗어나려고 한다는 것을 스스로 바라볼 수 있도록 도와야 한다. 또한 내담자가 실존적 소외를 다루는 방식에 대해 확인한 후, 소외를 마주할 수 있도록 돕는다.

📝 요약

인간중심치료는 로저스에 의해 창시되었으며, 인본주의 접근에서 파생된 주요 상담 및 심리치료 이론이다.

인간중심치료의 주요 개념은 자아개념의 발달, 내면화된 조건적 가치, 실현경향성, 충분히 기능하는 사람이다.

인간중심치료는 상담 장면에서 건강한 성격 변화를 돕는 여섯 가지 치료적 조건으로 치료적 동맹, 내담자의 불일치감, 상담자의 일관성, 무조건적 긍정적 존중, 공감적 이해, 내담자와 상담자 간의 의사소통을 제시한다.

동기강화상담은 인간중심치료에 기반을 둔 최신 치료법으로, 내담자의 변화를 돕는 데 초점을 맞춘다.

동기강화상담의 주요 개념에는 정신, 네 가지 과정, 원리가 있다. 정신은 협동정신, 수용, 연민, 유발성으로 구성되며, 네 가지 과정은 관계 형성하기, 초점 맞추기 유발하기, 계획하기로 이루어진다. 원리에는 공감 표현하기, 저항과 함께 구르기, 불일치감 만들기, 자기효능감 지지하기가 있다.

동기강화상담의 실제는 다섯 가지 핵심 기술인 OARS + I와 변화대화가 있다. OARS + I는 열린 질문하기, 인정하기, 반영하기, 요약하기, 정보 제공하기로 구성되며, 변화대화는 변화준비언어와 변화실행언어로 나누어진다.

실존주의 심리치료는 쇠렌 키르케고르, 프리드리히 니체, 마르틴 하이데거, 장 폴 사르트르, 마르틴 부버 등의 실존철학자들의 철학적 접근법에 영향을 받아 발전하였다.

쿠퍼(2014)는 실존치료를 현존재분석, 인본주의적 실존치료, 영국 실존치료, 의미지향치료의 네 학파로 분류하여 바라본다.

실존주의 심리치료란 특정한 기법이 아닌, 내담자의 삶을 대하는 태도를 다루는 치료다.

실존주의 심리치료에서는 인간의 네 가지 실존적 주제인 죽음, 자유, 소외, 무의미와 불안을 다루는 것에 집중하며, 본래적 존재로의 회복을 목표로 한다.

쿠퍼(2014)는 인간에게는 유일한 존재, 동사로서의 존재, 자유로운 선택권을 가진 존재, 미래를 향해 · 과거를 참고로 · 현재에 사는 존재, 유한한 존재, 세상 속 존재, 타인과 함께하는 존재, 체화된 존재, 불안한 존재, 죄책감의 존재, 본래적 존재, 비본래적 존재, 타인을 향한 존재 등의 13가지의 존재적 특성이 있다고 주장한다.

🧠 생각해 봅시다

- 인간중심치료의 목표는 무엇인가?

- 인간중심치료에서 이야기하는 충분히 기능하는 사람의 특징은 무엇인가?

- 무조건적 긍정적 존중이란 무엇인가?

- 본인이 변화하고자 하는 행동을 동기강화상담의 일곱 가지 변화대화로 이야기해 봅시다.

- 영국 실존치료와 미국 실존치료의 차이점은 무엇인가?

- 얄롬이 이야기한 네 가지 실존적 주제 중 본인이 인상 깊었던 주제는 무엇인가?

- 정상적 불안과 신경증적 불안의 차이는 무엇인가?

- 쿠퍼가 제시한 13가지 존재의 특성은 무엇인가?

✍️ 형성평가

- 인간중심치료에서 가치의 조건화는 무엇을 의미하는지 기술하시오.

- 인간중심치료의 여섯 가지 치료적 조건은 무엇인지 기술하시오.

- 동기강화상담의 네 가지 정신은 무엇인지 기술하시오.

- 동기강화상담의 기법 다섯 가지는 무엇인지 기술하시오.

- 쿠퍼가 제시한 실존주의 네 학파는 무엇인지 기술하시오.

- 실존주의 심리치료의 공통적 목표는 무엇인지 기술하시오.

- 다음 빈칸에 들어갈 알맞은 말은 찾아보시오.
  메이와 얄롬에 의하면 불안은 (A)와/과 (B)(으)로 구분된다. (A)은/는 개인이 직면한 상황에서 나타나는 적절한 반응으로, 죽음, 책임감, 선택과 같은 실존적 딜레마에 직면하는 기회를 제공할 수 있다. 반면에 (B)은/는 절망에서 벗어나기 위해 반응할 때 나타난다. 이는 인생의 중요한 요구를 직면하지 않고 부인하고 억압했기 때문에 어려움을 느끼게 된다.

- 쿠퍼가 제시한 인간의 13가지 존재의 특성 중 다음은 무엇을 의미하는지 기술하시오.
  "인간은 자신의 존재적 현실로부터 도망치고자 하는 경향성을 지닌 존재다."

- 얄롬이 제시한 실존치료의 네 가지 소주제는 무엇인지 기술하시오.

- 세 가지 유형의 소외는 무엇인지 기술하시오.

참고문헌

Borsari, B., & Carey, K. B. (2000). Effects of a brief motivational intervention with college student drinkers. *Journal of consulting and clinical psychology, 68*(4), 728-733.

Bugental, J. F. (1981). *The search for authenticity: An existential-analytic approach to psychotherapy.* New York: Irvington Pub.

Cooper, M. (2014). **실존치료**(신성만, 가요한, 김은미 공역). 서울: 학지사. (원저는 2003년에 출판).

Cooper, M. (2020). **실존 심리치료와 상담**(신성만, 이상훈 공역). 서울: 학지사. (원저는 2015년에 출판).

Frankl, V. E. (1986). *The doctor and the soul: From psychotherapy to logotherapy.* New York: Vintage.

Laing, R. D. (2018). **분열된 자기**(신장근 역). 서울: 문예출판사. (원저는 2016년에 출판).

May, R., & Yalom, I. (2005). *Existential psychotherapy.* In R. J. Corsini & D. Wedding (Eds.), *Current psychotherapies* (pp. 269-298). Thomson Brooks/Cole Publishing Co.

Mearns, D., & Cooper, M. (2005). *Working at Relational Depth in Counseling and Psychotherapy.* London: Sage.

Miller, W. R., & Rollnick, S. (2002). *Motivational interviewing: Preparing people for change.* New York: The Guilford Press.

Miller, W. R., & Rollnick, S. (2015). **동기강화상담: 변화 함께하기**(신성만, 권정옥, 이상훈 공역). 서울: 시그마프레스. (원저는 2013년에 출판).

Miller, W. R., Benefield, R. G., & Tonigan, J. S. (1993). Enhancing motivation for change in problem drinking: A controlled comparison of two therapist styles. *Journal of Consulting and Clinical Psychology, 61*, 455-461.

Project MATCH Research Group. (1997). Matching alcoholism treatments to client heterogeneity: Project MATCH posttreatment drinking outcomes. *Journal of Studies on Alcohol, 58*, 7-29.

Rollnick, S., Mason, P., & Butler, C. (1999). *Health behavior Change: A guide for practitioners.* Edinburgh: Churchill Livingstone.

Rogers, C. R. (1957). The necessary and sufficient conditions of therapeutic personality change. *Journal of Consulting Psyhcology, 21*, 95-103.

Rogers, C. R. (1961). *On becoming a person.* Boston: Houghton Mifflin.

Schneider, K. J. (2003). Existential-humanistic psychotherapies. In A. S. Gurman & S. B. Messer (Eds.), *Essential psychotherapies*. New York: Guilford Press.

Schneider, K. J., & Krug, O. T. (2010). *Existential-humanistic therapy*. Washington, DC: American Psychological Association.

Van Deurzen, E. (2012). *Existential counselling & psychotherapy in practice*. London: Sage.

Yalom, I. D. (1980). *Existential psychotherapy*. New York: Basic Books.

Yalom, I. D. (2008). Staring at the sun: Overcoming the terror of death. *The Humanistic Psychologist, 36*(3-4), 283-297.

집단 심리치료

제12장

집단치료는 심리치료를 위해 집단의 역동을 이용하는 것으로, 집단에 참여한 집단원들의 상호작용 자체를 치료에 이용한다. 집단치료가 개인치료와 구분되는 가장 큰 차이는 여러 명의 환자가 치료에 참여하게 된다는 것이다. 개인치료에서의 치료자는 환자 한 명과의 일대일 관계 속에서 상담을 하는 반면, 집단치료에서는 치료자가 두 명 이상의 집단원들(환자)과 관계를 맺으며 그 역동 속에서 치료를 진행한다. 큰 틀에서 봤을 때는 치료에 참여하는 환자의 수에 따라 개인치료와 집단치료를 구분할 수 있다.

집단치료는 1905년 미국 내과 의사인 프랫(Joseph H. Pratt, 1872~1956)에 의해 시작되었다. 그는 결핵 환자들을 대상으로 하여 위생에 대한 집단 토론 방식을 실시하였는데, 이러한 집단교육을 집단치료의 시초라 본다. 이후 1931년에 정신과 의사인 모레노(Jacob Moreno)가 집단에서 다루는 문제를 심리적인 영역에 초점을 맞추고, 교육이 아닌 심리치료를 목적으로 집단정신치료라는 명칭을 사용하였다. 초기의 집단치료는 심리적 문제의 치료에 초점을 맞추어 시작되었지만, 로저스(C. Rogers, 1902~1987)에 의해 환자가 아닌 비환자를 대상으로 한 성장 집단으로 발전하였다. 집단치료에 참여하는 대상의 범위가 확대되고, 심리적 문제를 치료하는 것을 넘어서 심리 발달 및 성장에 목표를 둠으로써 지금의 집단치료 형태의 틀을 갖추게 되었다.

현재 '집단치료'와 '집단상담'이라는 용어는 임상 현장에서 혼재되어 사용되고 있다. '치료'라는 용어는 본래 없어야 했던 해로운 병이 발생하여 이를 제거해 본래의 건강을 찾는다는 의미로 사용되고, '상담'은 일상생활에서 경험할 수 있는 스트레스나 개인의 적응문제를 특정한 교육을 받은 상담 전문가와 함께 해결해 나간다는 의미에서 성장 지향적인 의미로 사용된다. 임상심리학자들은 과거에 의사들과 함께 병원에서 활동했던 과정에서 '환자'라 불리는 정신병리를 경험하고 있는 사람들을 주로 보아 왔다. 이 과정에서 임상심리학자들은 정신병리를 제거하여 정신건강을 되찾는 업무를 했던 과정에서 '치료'라는 용어를 더 자주 사용했다. 즉, 병원에서 집단으로 환자를 치료하는 일을 하는 것에 있어서 임상심리학자들은 집단치료라는 용어를 더 자주 사용했었다. 그러나 임상심리학자들의 일터가 병의원만이 아닌 일반 사회로 확장되고 서비스 대상자도 환자가 아닌 일반적인 적응의 어려움을 경험하는 사람들로 확대되면서 더 이상 집단치료라는 용어의 사용이 적합하지 않게 되었다. 심리기술의 적용 대상과 필드에 따라 집단치료와 집단상담이 바뀌게 된 것이다. 이에 이 장에서는 병에 대한 제거라는 다소 협소한 심리기술의 사용 범위에서 벗어나, 인간의 심리적 · 인격적 성숙과 성장의 도모를 위한 심리기술의 사용이라는 의미에서 '집단상담'이라는 용어로, 환자는 '내담자'라는 용어로 기술하도록 하겠다.

1. 집단상담

1) 집단상담의 정의

집단상담의 정의는 학자들에 따라 다르다. 그러나 학자들의 의견을 종합해 보면 집단상담은 다음과 같은 요인을 갖춘 상담이 된다.

① 집단상담에 대한 전문적 교육을 받고 임상 경험을 갖춘 전문가, ② 2인 이상의 집단원, ③ 개인들의 문제해결 및 변화, 성장을 추구, ④ 역동적인 상호 교류, ⑤ 비슷한 문제와 관심사를 공유하는 집단원, ⑥ 경제적 · 전문적 · 효과적 상담 서비스.

이상의 내용을 종합하면, 집단상담은 "집단상담에 대한 전문적 교육을 받고 임상 경험을 가진 상담 전문가가, 비슷한 문제와 관심사를 공유하는 2인 이상의 집단원들에게, 집단 역동과 상호작용을 활용하여, 집단원의 적응문제 해결 및 변화, 성장을 도모하는 경제적 · 전문적 · 효과적 상담 서비스"라 할 수 있겠다.

[그림 12-1] 집단상담의 모습

2) 집단상담의 목적

집단상담의 목적은 집단원이 경험하고 있는 의사소통, 대인관계, 사회 적응 등과 관련된 문제적 이슈, 성장적 이슈를 해결하는 데 있다. 그 과정에서 자신의 문제, 감정, 태도를 통찰하고 필요시 관련 기술을 학습한다(천성문 외, 2017). 치료적 집단에서는 병리적 증상의 감소와 사회 적응과 관련된 기술의 학습과 적용을, 성장적 집단에서는 개인 내면에 있는 힘을 발견하고 성장을 막는 요인을 제거하여 보다 건설적인 삶을 유지하게 하는 통찰과 기술 학습과 적용을 목적으로 한다.

3) 집단상담의 목표

집단상담의 목표는 여느 상담 목표와 마찬가지로 구체적이고 현실적이며 개인의 특성이 반영된 것이어야 한다. 집단상담 이론에 따라 목표의 내용과 형태, 기술 방식은 다를 수 있지만, 집단상담의 목표는 내담자의 호소문제와 직접적인 관련이 있어야 한다. 목표를 이루기 위한 세부 목표로 감정의 명확한 인식, 감정의 바람직한 표현, 자기 문제에 대한 직면, 특정 하위 문제의 해결, 자아개념의 강화, 협동심의 향상, 대인관계 기술의 향상 등이 세워질 수 있다. 또한 이러한 목표들은 가급적이면 객관적이고 구체적으로 기술될 수 있어야 하고, 수량화될 수 있어야 하며, 내담자가 할 수 있는 수준이어야 하고, 결과 지향적이고 시간 제한적인 것이 좋다. 목표 내용이 추상적이면 목표 달성에 대해 확인하기 어렵고, 상담자든 내담자든 상담에 대한 효능감도 떨어질 가능성이 높다.

한편, 집단상담의 목표와 관련하여 코리 등(Corey, Corey, & Corey, 2013)은 자기개방, 진실성 추구, 외부 압력에서의 해방, 타인을 배려하고 진실성 있게 대하는 행동의 학습, 다른 사람들도 문제를 가지고 있다는 것을 인식하는 것, 가치관의 명료화, 선택, 문제를 스스로 해결하는 법의 학습 등을 집단상담의 목표로 언급하기도 하였다.

4) 집단상담의 특징

집단상담도 개인상담처럼 개인 내적인 문제를 알아차리고, 문제해결뿐만 아니라 개인의 성장과 변화를 목적으로 한다. 일반적으로 집단상담은 특정 문제의 예방적 차원을 더 강조하는 경향이 있다. 내담자 문제해결에 직접적인 개입을 하는 것이 개인상담이라면, 집단상담에서는 그러한 문제의 해결뿐만 아니라 예방 방법도 더 자세히, 다양하게 다루게 된다. 집단상담은 방법적인 면이나 다루는 주제와 심각도 면에서 개인상담과는 다른 몇 가지 특징을 가진다.

이를 정리해 보면 다음과 같다.

(1) 구성원들과의 관계

집단상담은 상담자와 내담자의 '1:1' 관계가 아닌 집단원과 집단원의 '1:다수'의 관계다. 집단상담 리더(집단상담 전문가)는 집단상담이 잘 흘러가게끔 만드는 조력자의 역할을 하는 것이지 집단원의 문제에 직접 개입하여 1:1로 문제를 해결해 주는 역할을 하는 것이 아니다. 오히려 집단상담 리더가 집단상담 중에 1:1로 상담을 하는 것은 가장 하지 말아야 할 일 중 하나다. 집단상담 리더는 집단의 역동을 이용해야 한다. 이러한 의미에서 집단상담에서는 집단원 모두가 집단상담사이기도 하고 구성원이기도 하다. 집단상담 리더는 집단원이 다른 집단원에 미치는 영향의 강도와 흐름을 잘 관찰하고 조율해야 한다. 집단원은 서로에게 영향을 미치며, 그 과정에서 자신의 문제에 대한 통찰, 해결방법의 학습, 연습까지 하게 된다.

(2) 상호작용

집단상담이 개인상담과 가장 다른 하나는 구성원들 간에 발생하는 '상호작용' 자체를 이용하는 것이다. 개인상담에서는 주로 내담자의 언어적·비언어적 정보들이 상담의 재료가 되는 반면, 집단상담에서는 집단원 내 언어적·비언어적 정보들뿐만 아니라, 집단원 간 역동이 상담의 주재료가 된다. 개인상담에서는 상담사가 내담자의 언어적·비언어적 정보들을 항시 관찰하고 경청해야 하지만, 집단상담에서는 상담사 외에도 집단원들이 서로의 언어적·비언어적 정보들을 계속 관찰하고 경청하게 된다. 그 과정에서 발생하는 어떤 집단원의 내적 경험과 변화, 그것의 표현은 다른 집단원의 마음을 움직이게 하고, 이러한 움직임을 집단상담 리더가 포착하여 그 역동을 특정 집단원에게 활용하게 된다. 집단상담 리더는 집단원의 문제에 직접 개입하는 것 없이, 집단원의 역동만 가지고 집단원이 다른 집단원에게 도움이 되게 하는 역할을 하게 한다. 이 보이지 않는 집단원 간의 상호작용, 즉 역동의 활용이야말로 집단상담과 개인상담의 큰 차이이자 특징이라 할 수 있다.

(3) 예방

집단원들은 간접 학습을 통해 새로운 상황에 대한 대처 지식을 알 수 있게 된다. 지금 당장 해당 특정 문제를 경험하고 있지 않다고 해도, 다른 집단원의 고민과 그것을 풀어 나가는 것을 집단상담에서 보고 배움에 따라, 자신이 해당 고민과 문제를 경험했을 때, 집단상담에서의 경험을 살려 보다 현명하게 대처할 수 있게 된다. 8명의 집단원이 있다면, 집단상담이 끝날 때 쯤에는 나의 고민과 문제 외에도 7개 문제에 대한 대처 자원을 갖추게 된다.

5) 집단상담의 장단점

왜 개인상담이 아닌 집단상담에 참여하는가? 개인상담에 비해 집단상담은 어떠한 부분에서 이점이 있는지 살펴보겠다.

(1) 집단상담의 장점

① 경제성

집단상담은 집단원들의 역동을 이용하여 상담이 진행되는 것으로, 집단상담 리더가 집단상담의 구조화와 조력을 잘하면 적은 에너지로 많은 문제를 해결할 수 있다. 집단상담은 집단원이 집단원을 조력하는 구조가 형성되므로, 집단상담 리더는 집단상담에서 지켜야 할 규칙, 의사소통 방법, 감정을 경험하고 표현하는 방법 등에 대해서 명확한 규정을 제시하고 이를 집단상담 초기에 집단상담원들에게 연습을 시키면, 그다음부터는 집단원들이 서로를 상담하게 되는 시스템이 만들어진다. 집단상담 리더는 이 시스템을 관리, 감독하고 상황에 따라 약간의 개입이나 조력을 제공하게 되면 집단원들의 문제를 효과적으로 동시에 해결할 수 있게 된다. 여기에는 상담사의 에너지 절약, 집단원들의 조력능력 향상, 동시에 여러 문제의 해결, 집단원의 간접 경험 증가 등의 이득이 발생한다. 이러한 의미에서 집단상담은, 개인상담에 비해 월등한 경제성을 갖추고 있다.

② 다양한 대처 전략의 실험

집단상담의 가장 큰 장점 중 하나는 집단상담 내에서 배운 사회기술이나 대처 전략을 집단상담 도중에 바로 시험해 볼 수 있다는 것이다. 집단원들은 다양한 사회기술, 문제해결 기술을 알려 주고, 이것이 필요한 집단원은 이를 직접학습, 대리학습 등을 통해 학습 후 집단상담 중에 연습 및 사용해 볼 수 있다. 집단 내에서 연습이 되는 것이므로, 사회기술이나 문제해결 기술의 연습은 안전하고, 바로 교정이 가능하며, 예측할 수 있는 여러 상황으로의 응용도 가능해진다. 개인상담의 경우, 상담자와 제한된 역할 연습을 하게 되거나, 상담 시간에 배운 것을 문제 상황에 가서야 적용해 볼 수 있는데, 집단상담에서는 배운 기술이나 전략을 집단원들에게 적용하여 더 다양한 피드백을 받을 수 있게 된다. 집단원들은 한 집단원이 자신들을 대상으로 학습한 기술과 전략을 사용할 때, 실제 있을 법한 결과들에 대해서도 피드백해 주고 다양한 2차 대처 방법을 알려 줄 수 있다. 개인상담에서는 이러한 역할을 해 주는 사람이 상담사 1명이라면, 집단상담에서는 집단원 수만큼이 이 역할을 하게 된다. 따라서 다양한 경우의 수를 고려할 수 있게 하고, 학습된 기술과 전략은 훨씬 정교하게 연습되어 실제 상황에서 사용된다.

③ 집단 응집력

집단상담은 집단원 간의 역동을 이용하므로, 집단원 간의 강한 응집력은 성공적 집단상담의 필수 요소다. 개인상담에서는 상담사와 내담자 간에 라포가 형성되는 반면, 집단상담에서는 집단상담 리더를 포함하여 모든 집단원과 라포가 형성된다. 라포가 형성된 집단원을 많이 가지고 있는 집단원일수록 목표 달성 또는 문제해결에 대한 가용 자원을 많이 가지고 있는 것과 같다. 일반적으로 집단상담은 과정 초기에 서로에 대한 탐색이나 익숙하지 않은 분위기 때문에 서로 서먹한 경우가 많지만, 자신에 대한 이야기를 본격적으로 하고 역동이 강게 발생하게 되는 중기 이후가 되면서부터는 강한 응집력이 생겨나서 '우리 집단'이라는 것이 발생되기도 한다. '우리 집단'은 자신의 문제를 집단에 노출하면 도움을 받을 수 있다라는 집단에 대한 신뢰를 의미한다. 이렇게 집단에 대한 응집력이 강하게 만들어지면, 집단상담 리더는 간단한 조력만으로도 집단원들이 서로를 지지하고 보살피고

문제해결을 위해 함께 노력하게 할 수 있다.

④ 현실검증의 장

집단상담의 장점 중 하나는 집단상담에 참여한 집단원들이 현실적인 조언을 해 준다는 것이다. 집단원의 평소 생각이나 대처 행동에 대한 효과성, 발생할 수 있는 다양한 상황에 대해, 다른 집단원들은 자신들의 생각과 경험을 이야기해 줄 수 있다. 이 과정을 통해 나의 생각이 얼마나 타당한 것인지, 얼마나 현실적으로 가능한 것인지, 다른 문제가 발생할 소지가 있는지, 앞으로 어떤 일들이 벌어질 수 있는지 등의 피드백을 받을 수 있다. 이러한 피드백은 집단원의 통찰, 결정, 최종적 전략 선택과 연습, 대비해야 할 것들에 대해 큰 도움을 줄 수 있다.

⑤ 간접 학습

집단상담에 참여하다 보면, 자신이 고민하고 있는 것을 다른 사람도 고민하고 있다는 것을 알게 된다. 이러한 것 자체가 치료적인 경우도 있지만, 다른 집단원이 그 문제를 해결해 나가는 것을 보고, 간접적으로 그것을 학습할 수 있다. 대리학습, 모방학습이 가능하며, 어떤 집단원이 다루었던 문제를 자신의 상황에 비추어 적용해 보고, 이를 집단 내에서 적용, 연습해 볼 수 있다. 만약 8명의 집단원이 있다면, 최소 8개의 고민이 집단상담에 펼쳐질 것이고, 8개의 고민이 풀려 나가는 동안 각각의 집원들은 그것을 자신들에게 적용해 자신의 문제해결 방법으로 가져가게 된다.

(2) 집단상담의 단점

① 특정 문제에 대한 한계

집단상담에서는 집단원들의 상호작용과 역동이 집단상담의 효과를 결정한다. 따라서 집단원들과의 상호작용과 역동이 부정적이면 집단상담의 효과도 부정적이게 된다. 따라서 집단원의 구성은 동질한 것이 좋으며, 대인 간 상호작용이나 역동 자체에 문제가 발생하는 성격장애나 현실검증력 문제를 경험하고 있는 정신증 환자들은 집단상담에 적합하지 않다. 정신증 환자들의 경우 사회기술 훈련을 집단으로 하는 집단치료를 할 수는 있으나, 이는 특정 기술에 대한 교육과 그것의 연습, 간단한 경험 나눔을 집단으로 하는 것이지, 상기한 대인 간 상호작용과 역동이 주재료가 되어 치료가 진행되는 것은 아니다. 성격장애 환자들은 그들의 인지, 정동, 충동조절 문제 등으로 인해 대인관계가 원만하지 않은 경우가 많으므로, 집단상담에 참여하게 될 경우 부정적인 역동을 만들어 낼 가능성이 높다. 따라서 이러한 환자들은 개인상담이나 치료를 먼저 받은 후 핵심 증상들이 감소되어 대인관계가 어느 정도 가능해진 다음에 집단상담에 참여하는 것이 권유된다.

② 집단상담 리더의 피로

집단상담은 다수의 집단원의 역동을 관찰하고 개입해야 하는 부분에 있어, 집단상담 리더의 초기 에너지 소모율이 높을 수 있다. 집단 응집력이 형성되고 집단원들이 스스로 집단상담을 이끌어 나가는 시스템이 형성되기 전까지는, 집단원들 각자가 다양한 호소문제와 불만을 이야기하는 과정에서 집단 분위기가 산만해질 수 있다. 집단상담 리더가 이러한 분위기를 통제하지 못하면 특정 집단원의 문제나 호소에만 귀 기울이게 되고, 이를 못마땅하게 여기는 다른 집단원들의 불만에 집단상담 리더가 어디에 주의를 주어야 할지 매우 난감해지는 상황이 발생된다. 훈련된 집단상담 리더라면 처음부터 이러한 상황이 발생되지 않도록 집단을 구조화하고 적재적소에 개입하여 특정 집단원과 호소에만 치우치는 일이 없겠지만, 다양한 사람들이 다양한 문제를 가지고 한곳에 모였다는 점에 있어서, 예상치 못한 일이 발생할 가능성은 항상 높다고 볼 수 있다. 지금-여기 관점에서, 상기한 상황이 발생해도 그것 자체를 집단의 공동 문제로 보고 이를 해결하려는 개입을 즉시 할 수 있겠지만, 이를 수습하는 과정은 처음의 집단 구조화나 시스템을 만들 때보다도 더 많은 에너지가 필요하게 된다. 따라서 집단상담 리더는 항시 집단원 전체와 집단 분위기, 역동을 잘 관찰하고, 적재적소에 조력하고자 지속적인 주의집중과 그것을 뒷받침해 줄 체력과 정신력이 필요하다.

③ 소외되는 집단원과 호소문제

집단상담 리더가 집단원들의 각 호소문제에 주의를 기울이고 이를 다루려 역동을 이용하다 보면, 그 역동의 흐름에 따라 특정 집단원이나 호소문제에만 시간이 집중되는 경우가 발생한다. 특정 집단원들이 공통적으로 가지고 있는 문제의 경우, 해당 집단원들의 강한 역동에 의해 특정 주제에만 시간과 주의가 할애되는 경우가 발생하는데, 이를 방치하다가는 다른 집단원들의 호소문제를 시간 내에 다루지 못하게 되는 경우가 발생한다. 또는 어떤 집단원은 처음 집단 분위기에 적응하지 못하여, 또는 개인의 성격적 특성에 의해, 집단상담 내내 침묵을 유지하는 경우가 있는데, 이러한 경우 집단상담 리더가 개입하지 않으면 집단상담이 끝날 때까지 한마디도 못하는 경우가 발생한다. 이처럼 의도치 않게 집단 소외가 발생할 수 있는데, 집단상담 리더는 이러한 일이 발생하지 않도록, 집단 역동의 흐름과 집단원 발언의 균형을 계속 주시하고 개입해야 한다.

④ 비밀보장의 한계

비밀보장의 문제는 심리치료 전반에 있어 가장 중요한 윤리 이슈 중 하나다. 일반적으로 개인상담이든 집단상담이든 비밀보장의 원칙과 한계는 상담 구조화 때 다루어진다. 그러나 집단상담에서는, 특히 비밀보장의 원칙이 잘 지켜지지 않을 때가 많다. 회기와 회기 사이에 자신의 벅찼던 집단상담 경험을 이야기하다 보면 자신도 모르게 다른 집단원의 이야기를 하게 되는 경우가 발생한다. 집단상담 경험에 대해 이야기할 때면, 자신과 관련된 이야기만 할 수 없는 경우가 발생하는데, 이러한 이유는 집단상담이 집단원들의 역동을 이용하기 때문에, 자신의 이야기에 다른 집단원의 이야기가 포함되어 있기 때문이다. 그럼에도 불구하고 집단상담은 개인상담과 같이 비밀보장의 원칙이 철저히 지켜져야 하며, 집단상담 리더는 이에 대해 상담 구조화 시에 다른 어느 때보다 비밀보장 원칙을 강조해야 한다.

6) 집단상담의 구분

집단상담의 종류를 구분하는 방법은 여러 관점에 따라 달라진다. 구조화의 정도, 집단의 형태, 집단원의 특성, 집단 참여의 목적, 집단원의 발달 단계, 사용하는 치료적 도구 등에 따라 구분할 수 있다.

〈표 12-1〉 **집단상담의 종류**

구분	명칭	내용
구조화 정도	비구조화 집단상담	사전에 정해진 특정한 집단상담의 형태나 틀, 활동, 진행 방식이 없는 집단상담
	구조화 집단상담	사전에 특정하게 설정된 활동, 주제, 목표가 구체적인 계획과 절차에 따라 진행되는 집단상담
	반구조화 집단상담	기본적인 형태는 비구조화 형태이나 필요시 구조화 집단상담에서 사용하는 활동을 혼합하여 사용하는 집단상담

집단의 형태	개방 집단과 폐쇄 집단	개방형 집단상담: 집단원의 집단 참여 및 이탈이 자유로운 집단상담 폐쇄형 집단상담: 집단상담이 시작되면 새로운 집단원이 들어올 수 없는 집단상담
	집중 집단과 분산 집단	집중 집단: 집단상담을 2박 3일, 3박 4일 등 특정 시간 동안 집중적으로 수행하는 것(예: 마라톤 집단상담) 분산 집단: 집단상담을 특정 기간 동안 나누어서 수행하는 것(예: 주 1회)
집단원의 특성	동질 집단과 이질 집단	동질 집단: 집단원의 성질이 유사한 집단 이질 집단: 집단원의 성질이 이질적인 집단
	자발적 집단상담과 비자발적 집단상담	자발적 집단: 집단원이 집단상담에 자발적으로 참여하여 이루어진 집단 비자발적 집단: 집단원이 타인의 강제에 의해 참여하게 된 집단
집단원의 참여 목적	치료 집단	특정 증상(정신병리 증상)의 감소를 목적으로 하는 집단
	상담 집단	일반적인 적응 관련 문제를 다루는 집단
	성장 집단	개인의 심리적 성장 및 성숙을 위해 진행되는 집단
	교육 집단	특정 정보 습득 및 기술 학습을 목적으로 하는 집단
집단원의 발달 단계	아동 집단상담	대상자가 아동인 집단상담
	청소년 집단상담	대상자가 청소년인 집단상담
	성인 집단상담	대상자가 성인인 집단상담
	노인 집단상담	대상자가 노인인 집단상담
사용하는 치료적 도구	미술 집단상담	집단상담의 주요 도구가 미술인 집단상담
	음악 집단상담	집단상담의 주요 도구가 음악 및 관련 악기인 집단상담
	무용 집단상담	집단상담의 주요 도구가 무용인 집단상담
	사이코드라마 집단상담	집단상담의 주요 이론과 방법이 사이코드라마인 집단상담

7) 집단상담의 구성

(1) 집단원의 크기

너무 많지도 적지도 않은 인원이 좋다. 집단상담 리더가 집단 역동을 부담 없이 통제할 수 있는 인원은 약 4~8명 정도다. 4명보다 적으면 집단 역동이 잘 발생되지 않으며, 집단원이 8명 이상일 경우 집단상담 리더의 주의의 폭에서 집단원이 벗어나는 경우가 발생한다.

(2) 집단원의 성질

집단원의 성별, 연령, 성격, 성숙도 등을 일치시키는 것이 권유된다. 성인의 경우 집단 목표나 호소문제를 일치시키는 것이 중요하지만, 아동이나 청소년의 경우 성별과 연령, 지능 등을 일치시키는 것이 중요하다. 동질 집단일수록 집단 효과가 크게 발생한다. 집단상담의 주제에 따라 주의력 문제의 유무, 공감능력 등도 동질적으로 만드는 것이 중요하다.

(3) 집단원의 구성

집단원의 다양한 성질을 일치시키는 것도 중요하지만, 도움을 기꺼이 원하고, 자신의 문제를 기꺼이 말할 수 있으며, 집단 분위기에 잘 적응할 수 있다고 보이는 집단원으로 집단상담을 구성하는 것도 중요하다. 이러한 것들을 알아보기 위해 집단상담 전에 사전 면담을 하는 것이 권유된다.

더불어 집단원이 구성되면, 집단상담 리더는 집단상담의 과정, 목적, 방식, 예상되는 문제, 윤리적 이슈 등에 대한 내용을 집단원들에게 자세히, 충분히 전달해야 한다. 집단상담에 필요한 개인적 준비물이 있다면, 그러한 것 역시 친절히 고지되어야 한다. 집단상담이 잘 이루어질 수 있는 조건과 준비물들은 집단상담이 시작되기 전에 미래 준비되어 있어야 한다.

한편, 개방형 집단상담의 경우, 집단에 참여하고 이탈하는 것은 자발적이어야 한다. 다만, 집단 이탈 시 해당 집단원이 비밀보장에 대한 것을 철저히 지킬 수 있도록, 구조화된 서약서 등을 활용하여 나름의 노력을 다해야 한다.

(4) 집단상담의 시간

집단상담은 집단상담 시간 형태에 따라 분산형과 집중형 집단상담으로 나눌 수 있다.

분산형 집단상담의 경우 일반적으로 성인의 경우 주 1회 1~2시간, 2주 1회 2시간, 청소년의 경우 주 1회 1~1시간 30분, 아동의 경우 주 1회 20~40분으로 구성한다. 이러한 이유는 발달 연령상 최대 주의집중 시간이 다르기 때문이다. 이는 대학생, 중·고등학생, 초등학교 저학년과 고학년의 수업시간을 생각해 보면 쉽게 이해할 수 있다.

집중형 집단상담은 오랫동안 한 모임을 계속하는 것이다. 일반적으로 2박 3일, 3박 4일 등 한 장소에서 집단원이 숙식하며 집단상담을 진행하는 것을 의미한다. 이러한 집단상담의 형태를 쉬지 않고 달린다는 의미에서 마라톤 집단이라고 불리기도 한다.

집단상담의 시간은 집단상담의 목적과 구성원에 따라 가장 효과적인 것을 선택해야 한다.

(5) 집단상담의 환경

집단상담의 물리적 시설은 집단원들이 원형으로 앉아 있을 시 너무 크지도 작지도 않은 공간이어야 하고, 무엇보다 외부 방해를 받지 않는 조용한 공간이어야 한다. 집단상담은 집단원 서로를 잘 관찰할 수 있으면서도 개인의 공간이 보장되는 거리의 '원형'으로 앉게 되는 경우가 많다. 워크시트를 자주 사용하는 구조화 집단상담일지라도 집단원 간의 피드백이 있어야 하므로, 가급적 서로를 볼 수 있는 구조가 좋다.

(6) 집단상담의 윤리

집단상담도 개인상담처럼 동일한 윤리가 적용된다. 집단상담의 윤리를 간단히 살펴보면 〈표 12-2〉와 같다. 아래 기술은 '한국집단상담학회(KGCA)' 윤리강령을 정리한 것이다.

〈표 12-2〉 **집단상담 윤리**

집단상담의 윤리(한국집단상담학회 편)

1. 사회적 관계
- 집단상담자는 자신이 속한 기관의 목적 및 방침에 모순되지 않는 활동을 해야 하고, 소속 기관의 방침이 상담 수혜자의 성장 및 복지에 큰 위협이 된다면, 소속 기관 내에서는 상담자로서의 활동을 중단해야 한다.
- 집단상담자는 자신이 속한 지역사회의 도덕적 기준과 윤리를 존중하고, 전체 지역사회의 공익과 상담 전문직의 발전을 위해 최선을 다한다.
- 집단상담자는 자신이 실제로 갖추고 있는 자격 및 경험에 벗어나는 활동이나 업무를 수행해서는 안되며, 실제 사실과 다르게 오도되었을 때는 시정해야 한다.

2. 전문적 태도
- 집단상담자는 전문상담자로서 갖추어야 할 이론적 지식, 임상 경험 및 연구 능력을 유지 향상시키기 위해 지속적으로 노력한다.
- 집단상담자는 집단 역동에 대한 전문적 바탕으로 상담 수혜자의 정신건강 향상에 노력한다.
- 집단상담자는 자신의 능력 및 기법의 한계를 잘 인식하고, 상담 수혜자에게 도움을 줄 수 없다고 판단될 경우에는 다른 전문가 및 관련 기관으로 의뢰한다.

3. 비밀보장
- 집단상담자는 비밀보장과 그 한계를 규정함으로써 상담 수혜자를 보호할 조치를 취한다. 단, 상담 수혜자 개인 및 사회에 심각한 위협을 줄 수 있다고 판단될 경우에는 충분히 고려한 후, 상담 수혜자에 관한 정보를 가족, 보호자, 적정한 전문인, 사회기관, 정부기관에 공개한다.
- 집단상담자는 집단의 특성상 집단 내에서는 비밀 유지가 완벽하게 보장될 수 없다는 사실을 집단구성원들에게 분명히 전달한다.

- 집단상담자는 상담 수혜자에 대한 정보를 상담 사례 발표, 상담교육, 연구의 목적으로 사용할 경우에는 상담 수혜자의 동의를 받아야 하며, 동의를 받았다 하더라도 구체적 신분에 대해 익명성이 보장되도록 한다.
- 집단상담자는 상담 수혜자에 관한 정보를 보관 혹은 처분할 경우 소속 기관의 방침에 따르도록 한다.

4. 상담 수혜자의 복지
- 집단상담자는 상담 활동 과정에서 소속 기관 및 비전문인과 갈등이 있을 경우, 상담 수혜자의 복지를 최우선으로 고려하고 자신의 전문적인 활동 및 집단의 이익은 부차적인 것으로 간주한다.
- 집단상담자는 상담 환경, 기간 및 기타 여건으로 인해 상담 수혜자에게 적절한 전문적인 도움을 주기 어렵다고 판단될 경우 상담관계를 시작하지 말아야 하며, 이미 시작된 상담관계는 즉시 종결해야 한다. 이 경우 집단상담자는 상담 수혜자에게 적절한 대안을 제시해 주어야 한다.
- 집단상담자는 상담 수혜자에게 도움이 된다고 판단되는 경우에 한하여 상담 수혜자의 동의를 얻은 후, 검사를 실시하거나 가족 및 관련 인물을 면접한다.

5. 상담관계
- 집단상담자는 상담 수혜자와 성적인 친밀 관계를 맺어서는 안 된다.
- 집단상담자는 교육과정의 일부로서 학점에 큰 영향을 미칠 수 있는 상담 수혜자와는 상담관계를 형성하지 않는다.
- 집단상담자는 상담 시작 때 상담 수혜자에게 상담 서비스의 목적, 목표, 기법, 절차 및 한계점 등을 알려 준다.
- 집단상담자는 집단 장면에서 상담 수혜자들이 신체적 혹은 심리적 외상을 겪지 않도록 적절히 예방하고 신중을 기한다.

6. 심리검사
- 심리검사를 실시할 때는 자격이 있는 검사 실시자가 표준화된 절차에 따라 실시하도록 하며, 소속 기관에서 부적격자로 하여금 심리검사를 실시하게 할 경우에는 이를 시정하도록 노력한다.
- 심리검사 및 해석에는 충분한 교육 및 훈련을 받은 사람이 실시하며, 단순 수치만 통보하거나 상담 수혜자의 동의 없이 검사 결과를 제삼자에게 통보하는 행위를 하지 않도록 한다.

7. 상담 연구
- 집단상담자는 연구 실시 전에 상담 연구 피험자에게 연구의 필요성을 포함하여 연구에 관한 전반적인 사항에 대해 충분히 설명하고 피험자의 동의를 얻는다.
- 집단상담자는 연구 결과를 발표할 때 상담 수혜자의 신상 정보가 노출되지 않도록 한다.

8. 다른 전문가와의 관계
- 집단상담자는 다른 상담 전문가 집단의 고유한 전통과 상담 접근법을 존중한다.
- 집단상담자는 자신의 상담 수혜자가 다른 정신건강 전문가의 치료를 받고 있음을 알게 되는 경우, 상담 수혜자에게 다른 전문가에 대한 정보를 요구할 수 있으며, 상담 수혜자의 복지를 위해 그와 긍정적인 협조관계를 유지한다.

8) 집단상담의 구조화

(1) 시간의 제한

집단원에게 집단상담의 시간과 횟수, 기간 등을 알려 주고, 집단상담에 대한 비용에 대해서도 사전에 명확하게 알린다.

(2) 행동의 제한

집단원은 집단상담 과정에서 자신의 감정을 표출할 수 있지만, 자타해 및 주변 환경의 파괴 가능성이 있는 행동은 제한된다는 것을 알린다.

(3) 역할의 구조화

집단상담이 성공적으로 끝나기 위해서 집단원이 적극적으로 자신의 경험, 생각, 감정, 개인사 등을 이야기하고, 적극적인 집단에 참여해야 한다는 것을 알린다.

(4) 집단상담 리더 역할의 구조화

집단상담 리더는 리더의 역할이 무엇이고 어디까지인지에 대해 범위와 한계를 알려 주어, 집단원과 집단상담 리더의 역할 혼란을 방지하도록 한다.

(5) 상담 과정 및 목표의 구조화

집단상담 리더는 집단원이 편안한 분위기에서 집단상담에 몰두할 수 있도록 도우며, 구체적이고 명확한 목표 설정을 돕고, 집단상담에 대한 비합리적인 기대를 교정한다.

(6) 비밀보호의 원칙 및 한계

집단상담 리더는 집단원들에게 집단상담 내에서 일어나는 일들이 다른 집단원들의 전체 동의 없이 노출되어서는 안된다는 것과, 그것의 한계 상황에 대한 사실을 알린다.

2. 집단상담의 치료적 요인

집단치료에 참여하는 사람들은 저마다 다른 각자의 목표를 갖고 심리적 문제와 갈등을 해결하고자 한다. 궁극적으로는 심리적 성장과 발달, 긍정적 변화를 목표로 둔다. 이러한 성장과 변화의 과정이 집단 내 타인과의 관계에서 이루어지기에, 개인치료와 달리 집단에서만 경험할 수 있는 집단의 치료적 요인이 존재한다. 이에 대해 얄롬(Irvin D. Yalom)은 자신의 경험을 토대로 11가지의 치료적 요인을 언급하였으며, 그 내용은 다음과 같다(Yalom & Leszc, 2005).

(1) 희망

희망을 심어 주는 것이다. 집단치료자가 집단에 대한 목적과 효과 등을 설명함으로써 집단원들은 자신의 어려움을 해결할 수 있으리라는 기대를 하게 된다. 또한, 비슷한 어려움을 갖고 있던 집단원들이 점차 나아지는 변화를 지켜봄으로써 자신도 변화할 수 있다는 희망을 갖게 된다.

(2) 보편성

집단원들은 심리적 문제로 인해 오랜 시간 힘들고 고통스러운 상태에서 집단치료에 참여하게 된다. '나는 왜 이럴까, 다른 사람들은 잘 지내는 것 같은데 나만 왜 이러지?' 등의 생각으로 자신을 사회적으로 더욱 고립시키며, 누군가에게 자신의 고민에 대해 털어놓지 못하는 경우가 많다. 집단원 누군가가 어렵게 자기개방을 하였을 때, 비슷한 경험을 한 다른 집단원들이 있다는 것에 놀라며, 그들의 공감과 수용을 통해 위안을 받는다. 집단에 참여하여 누군가에게 자신의 이야기를 하고, 자신의 이야기를 여러 명의 사람들이 들어주는 것을 통해 자신이 혼자가 아니라는 경험을 한다.

(3) 정보 전달

이는 두 가지 면에서 도움을 받을 수 있는데, 하나는 집단치료자가 이야기해 주는 문제에 대한 심리교육, 심리적 문제에 대한 여러 정보, 충고, 조언 등을 말한다. 또 다른 하나는 집단에 함께 참여한 집단원들이 자신의 경험과 지식을 토대로 전달하는 제안, 충고, 조언 등이 이에 해당된다.

(4) 이타성

집단원들은 서로를 위로해 주고 지지해 주며, 자신의 문제뿐만 아니라 다른 사람들의 어려움에 대해서도 진실성 있게 참여한다. 집단 과정에서 다른 집단원이 자신의 도움을 받아들이는 경험을 하고, 자신도 누군가에게 도움을 줄 수 있는 존재이며, 누군가의 도움을 수용하는 경험을 기꺼이 한다.

(5) 초기 가족의 경험의 재체험과 교정의 기회

가족들과 만족스러운 경험을 하고 자라지 못한 경우, 과거 가족들과 상호작용했던 방식으로 집단원들과 상호작용하고 가족 내 갈등이 다시 살아난다. 집단 내에서 재체험된 감정들은 집단원과의 새로운 상호작용을 통해 달리 경험될 수 있다.

(6) 사회화 기술 발달

집단원들은 타인의 이야기에 경청하는 법, 도움이 되게 반응하는 법, 갈등을 해결하는 법 등을 배움으로써 사회적 기술을 학습한다.

(7) 모방행동

집단원들은 집단치료자가 자신과 비슷한 문제를 갖고 있는 집단원들에게 하는 치료 과정을 관찰하고, 집단원들이 각자의 문제에 대처하고 그 효과를 봄으로써 모방을 하며 배운다. 또한, 집단치료자가 집단원들에게 하는 의사소통 양식을 모방하며 자신의 변화에 기여한다.

(8) 대인관계

우리는 대인관계 속에서 살아가며, 대인관계에서의 부적응은 심리적 문제에도 영향을 미친다. 집단은 마치, 축소된 사회와 같아서 집단원에게 반복되는 부적응적인 대인관계 패턴이 있다면, 집단의 역동 속에서 그대로 드러난다. 집단치료자는 집단 속에서 나타나는 자신의 대인관계 패턴이 현실 속 대인관계 패턴과 어떠한 연관이 있는지를 알아차리도록 하여, 집단 속에서 새로운 대인관계를 경험하고 학습하도록 돕는다.

(9) 집단 응집력

집단원들에게 인정받고 소속된다는 느낌을 받는다. 집단원은 개인의 문제를 해결하는 과정에서 고립감, 외로움, 이해받지 못함 등을 경험할 수 있는데, 집단상담이 진행되는 동안 집단원들에게 받는 공감, 위로, 다양한 문제해결에 대한 조언 등은 상당한 응원이 될 수 있다. 집단상담이 진행되는 동안 서로가 서로에게 공감하고 위로하고 조언하면서 집단원들의 마음은 점차 하나로 뭉쳐지고 응집력은 강해진다. 혼자가 아니라는 느낌은 어떤 새로운 시도를 할 때 용기를 줄 수 있다. 변화는 거기서부터 시작된다. 집단 응집력은 그 자체로도 집단원에게 충분히 긍정적 변화를 준다.

(10) 정화

집단상담이라는 안전한 공간에서 집단원들은 그동안 표현하지 못했던 생각, 감정, 행동을 표현할 수 있다. 집단원을 해칠 수 있을 정도의 강한 공격적 행동은 여전히 제한되지만, 그렇지 않은 수준의 표현은 허용된다. 집단원은 억제되었던 감정이나 생각을 집단원들에게 자유롭게 발산한다. 그동안의 답답했던 마음을 해소하고, 답답함에 밀려 있던 다른 감정들, 생각들을 경험한다. 충분한 정화 후에는 보다 안정되고 객관화된 상태로 상황을 바라볼 수 있다. 그렇게 꼬여 있던 문제의 실타래가 하나씩 풀어진다.

(11) 실존적 요인

집단원들은 자기 삶의 주인은 자신이고 결국 자신이 이 문제를 해결하고 결과에 대해 책임져야 한다는 것을 깨닫는다. 타인에 대한 비난이나 어쩔 수 없음에 대한 회피적 태도 모두, 결국 문제해결에 별다른 효과가 없다는 것을 이해하고, 주체적으로 문제를 해결하고 자신의 삶을 살아야 함을 깨닫는다. 집단상담을 통해 마음의 정화, 다양한 정보 습득, 행동을 할 수 있는 용기, 보다 긍정적 미래 등을 경험하면서 무기력하기만 했던 자기를 뒤로하고, 보다 주체적이고 독립적이고 책임 있는 삶을 사려는 자기를 마주한다.

3. 집단상담의 과정

1) 초기 단계

(1) 집단원에게 벌어지는 일

집단상담의 첫 시간에는 집단원의 목표 설정과 함께 서로 친숙해지는 시간을 가진다. 첫 모임뿐 아니라 매 회기 마지막 일정 시간(약 15~30분)은 집단원들이 집단상담을 하면서 경험했던 것을 돌아가면서 피드백하게 한다. 더불어 집단상담 리더 역시 해당 회기 내용을 요약하고 집단원을 격려한다.

(2) 집단상담 리더가 해야 할 일

집단상담 리더는 집단상담이 시작되기 전에 사전 면담 등을 통해 구성원의 특성을 미리 파악하고, 필요시 동질화 작업을 해야 한다. 집단상담 리더는 집단상담 동안 집단원과 자신의 정서적 내용을 민감하게 알아차리고, 집단상담 분위기를 형성하고 유지시키는 데 노력을 기울인다. 집단상담 리더는 각 집단원들의 말을 듣고, 침묵하는 집단원이 말을 할 수 있게 도우며, 분위기 촉진을 위해 필요시 자기 문제를 공개하기도 한다. 집단상담에서 바람직한 행동을 확인하고 이를 권장하며, 이를 다른 집단원이 모델링할 수 있도록 돕는다.

2) 과도기 단계 1

(1) 집단원에게 벌어지는 일

과도기에는 집단에 참여하면서 발생하는 다양한 망설임이나 저항, 방어 등이 겉으로 드러나게 된다. 특히, 일부 집단원들은 집단상담 리더에 대한 적대감이나 저항을 하기도 한다. 또 다른 집단원들은 집단과 집단리더가 자기만을 위해 존재한다는 비현실적인 기대도 가지고 있다. 점차 집단이 자신의 의도와는 다르게 흘러가는 것을 경험하면 집단원뿐만 아니라 집단상담 리더에게도 적대감과 불만을 드러낸다. 또 다른 집단원들은 자신이 집단에 필요한 사람이 되어야겠다며 자신이 집단상담 리더의 역할을 하려 하거나 지나치게 개입하고, 또는 지나치게 방어하는 모습을 보이기도 한다.

(2) 집단상담 리더가 해야 할 일

집단상담 리더는 집단원들의 적대, 저항, 방어적 모습에도 수용적이고 신뢰로운 태도를 보여야 한다. 특정 문제의 해결책을 제공해 주려 하지 말고, 집단원 스스로가 문제를 탐색하고 해결하는 과정이 집단상담이라는 것을 주지시켜 집단원이 그 과정을 안정된 상황에서 따라 하도록 조력해야 한다.

3) 과도기 단계 2

(1) 집단원에게 벌어지는 일

집단원은 의존과 저항 사이의 갈등을 직접적으로 다루어 가면서 여러 가지를 배우게 된다. 직접적이고 정당한 분노 표현법, 적절한 감정 표현 시도를 통해 감정 표현이 위협적인 것이 아니라는 것에 대한 것을 알게 된다. 반면, 그동안 자기주장만 해 온 사람들은 다른 집단원으로부터 피드백을 받는 법과 그들의 주장 방법이 대인관계에 미치는 영향을 알아 차릴 수 있다. 더불어 의견을 교환하는 과정에서 발생하는 서로의 입장 차이와 타인의 공격과 압력을 참는 방법, 의사소통 방법 등을 체득한다.

(2) 집단상담 리더가 해야 할 일
집단상담 리더는 집단원들의 다양한 학습 과정에서, 더 용기 있게 집단에 참여하여 적극적인 경험을 할 수 있도록 조력한다. 유사한 주제를 가지고 있는 사람들의 역동을 이용하고, 적절한 모델이 될 만한 집단원과 다른 집단원을 연결한다. 다양한 연결과 역동 이용을 통해 집단원들이 서로 도움이 될 수 있게 분위기를 조성하고 과정에 개입한다.

4) 작업 단계

(1) 집단원에게 벌어지는 일
집단원들은 이제 집단을 신뢰하고 자기를 솔직하게 공개한다. 자신의 구체적인 문제를 이야기하고 활발히 논의하며 바람직한 관점에서 새로운 행동 전략을 생각해 본다. 이 시기에 집단 응집력이 가장 강해지고 집단원들은 이 집단에 분명한 소속감을 느끼며 '우리 집단'이라는 인식을 갖는다. 집단원들은 집단상담에 더 참여하려 하고, 일상생활에서 특정 문제가 발생되면 이를 집단에 와서 해결하려 하기도 한다.

(2) 집단상담 리더가 해야 할 일
집단상담 리더는 집단원들의 호소 문제를 분석하고 문제를 다루어 가는 데 자신감을 얻도록 조력한다.

5) 종결 단계

(1) 집단원에게 벌어지는 일
집단원들은 집단상담에서 배운 것을 실제로 어떻게 활용할 수 있을지를 생각하게 된다. 집단상담의 종결에 대해 토의를 통해 결정하게 되고 종결 형태를 제안하시도 한다. 특정일에 바로 끝내거나 점차 집단상담 날의 기간을 늘려 점진적으로 마치기도 한다. 집단원은 배운 것을 사용하는 것뿐만 아니라 자신과 타인에 대해 더 이해하고 수용하면서 살 수 있다는 자신감을 갖게 된다.

(2) 집단상담 리더가 해야 할 일

집단상담 리더는 첫 집단상담에서 집단원들이 이야기한 호소문제의 달성 여부를 검토한다. 목표 달성이 이루어졌다면 각 집단원들의 자기 통찰이 되도록 훈련시키고, 앞으로의 행동 방향에 대해서도 논의하게 한다.

4. 집단상담 리더의 자질

1) 집단원에 대해 자세히 알려는 태도

집단상담 리더는 집단원의 감정, 사고, 행동에 대해 왜 그러한 것들을 경험하고 하게 되었는지를 명확히 알 수 있어야 한다. 집단원의 실존적 존재 의미뿐만 아니라, 집단원의 핵심 가치, 의미 부여 양상, 욕구 충족 전략, 전략의 효율성, 행위의 결과와 그것이 현실에 미치는 영향, 그리고 그러한 것과 집단원이 호소하는 증상, 문제들과의 관계 양상 등을 잘 알아야 하고, 그것을 알기 위한 궁금증, 호기심을 가질 수 있어야 한다. 그래야 집단상담 리더는 집단상담 중에 집단원들에게 좋은 질문을 할 수 있고, 그러한 질문의 답변을 가지고 집단원을 개념화할 수 있다. 즉, 집단상담 리더는 집단상담 내에서 펼쳐지는 무수한 질문과 답변, 역동을 가지고 집단원을 사례개념화하고, 그들이 움직이는 작동 원리를 파악하고, 주변의 집단원을 활용하여 상담을 진행해야 한다. 따라서 집단상담 리더는 관찰력이 높아야 하고, 감수성 또한 예민해야 한다.

2) 명료화

어떤 현상이나 지식, 상황에 대해 집단원들이 알아야 할 경우, 그 내용을 명확히 명료화하여 집단원에게 전달하는 능력이 있어야 한다. 집단원의 말을 잘 듣고, 그 내용을 적절히 요약할 수 있으며, 그것을 집단원의 수준에 맞게 잘 이야기할 수 있어야 한다. 기본적으로 집단상담 리더는 의사소통 기술이 뛰어나야 한다.

예 "당신 문제를 오늘 너무 깊이 말하지 않는 것이 좋을 것 같아요. 우리가 좀 더 친숙해질 수 있는 시간을 갖고 나서 여기에서 논의하고자 하는 여러 가지 문제를 고려한 후에 이 문제를 생각해 보기로 하고 그때까지 미루는 것이 어떨까요?"

3) 조력

집단상담의 원활한 진행을 위해 집단원의 용기를 북돋아 주고, 긍정적 강화를 해 줄 수 있어야 한다. 집단상담 리더는 이러한 조력을 통해 집단원의 변화를 유도한다. 보다 건설적인 집단상담 분위기를 만들기 위해, 다양한 기법과 기술을 사용하고, 특정 집단원의 진도가 너무 빠르거나 느리면 그것을 조율해 주어야 한다. 지나치게 충동적인 사람은 신중한 생각을 할 수 있게, 지나치게 감정적인 사람은 보다 사실에 근거한 판단을 할 수 있게 그 집단원의 수준으로 전달할 수 있어야 한다. 이러한 것이 되기 위해서 집단상담 리더는 공감 및 조망 능력을 향상시켜야 한다.

5. 집단상담 리더가 높여야 할 능력

집단상담 리더는 다음과 같은 능력들을 향상시켜야 한다.

① 집단원들의 참여를 격려하는 능력
② 집단상담 과정에서 일어나는 일들을 관찰하고 규명하는 능력
③ 집단상담에 주의를 집중하고 역동을 파악하는 능력
④ 집단원들에게 필요 정보를 제공하고 연결하는 능력
⑤ 집단상담에 건설적인 효과를 내는 자기개방을 하는 능력
⑥ 집단원의 말을 명료화하고 반영하는 능력
⑦ 효과적인 의사소통 및 공감 능력
⑧ 역동을 이용하여 질문하고 직면시키는 능력
⑨ 집단원의 경험에 의미를 부여하는 능력
⑩ 집단상담을 운영하는 데 필요한 윤리적 · 도덕적 능력
⑪ 필요시 집단의 목표 달성을 위해 과제를 부여하는 능력

6. 집단상담 리더가 집단상담 중에 해야 할 일

1) 경청하기

집단상담 리더는 집단원의 언어적 · 비언어적 말을 경청하고, 그것을 잘 들었다는 것에 대한 표현도 적절히 할 수 있어야 한다. '잘 듣는다'는 것은 단순히 내용을 듣고 기억한다는 것을 넘어, 그 사람의 의도와 기분까지 알아차리고 이를 말로 돌려 주는 일까지도 포함되는 일이다.

2) 연결하기

집단상담 리더는 집단원들이 서로의 호소문제를 알고 공유할 수 있도록, 집단원들의 문제를 묶고, 연결하고, 나누고, 조직해야 한다. 이러한 것은 집단원의 응집력, 연대감, 동질감을 높이는 것뿐만 아니라, 구체적인 자원 활용에도 도움을 준다.

3) 개념화하기

각 집단원의 말과 행동을 통해, 집단원이 중요하다고 생각하는 가치, 가치의 실현화 전략, 전략의 효율성, 효율성과 현재 문제와의 연결성을 파악할 수 있어야 한다. 그래야 집단원의 어느 부분이 효율적으로 기능하고 있지 못한 것인지, 어떤 부분을 어떻게 개입해야 하는지를 구체적으로 알 수 있다.

4) 현실검증하기

집단원의 생각, 신념을 실제 현실에 맞게 검증해 주어야 한다. 집단원의 생각이 너무 비합리적인지, 이상적인지, 비관습적인지 등을 판단하고, 보다 현실적인 감각을 찾기 위해 다양한 방법을 사용할 수 있어야 한다.

5) 반영하기 · 명료화하기

집단원이 말한 내용과 감정, 표현한 행동을 집단원 스스로 잘 이해할 수 있도록 조력해 준다. 집단원의 내용을 반영하고, 감정을 반영하고, 보다 쉽게 바꾸어 말하여 집단원 스스로가 무엇을 어떻게 느끼고 경험하고 있었는지를 명료하게 느끼게 도와준다.

6) 질문하기

집단상담 리더는 집단원 스스로가 무엇을 느끼고 있고, 무엇을 중요하게 여기는지, 현재 자신이 무엇을 하고 있는지 등을 알려 주기 위해 효과적인 질문을 할 수 있어야 한다. 효과적인 질문에는 이야기치료, 해결중심상담, 인지행동치료, 게슈탈트 치료 등에서 사용하는 다양한 질문을 활용할 수 있다.

7) 촉진하기

집단상담이 원활히 진행되기 위해서는 집단원의 적극적 참여가 필요하다. 이를 위해 집단상담 리더의 집단원에 대한 적절한 공감, 지지, 직면, 해석, 이끌어 주기가 필요하다. 적재적소에 과하지 않은 공감과 지지, 정확한 직면과 해석, 이를 통해 나아가야 할 방향과 대안 도출을 위한 기회 제공까지 집단상담 리더가 해 주어야 한다. 이러한 기술들은 집단원들의 집단 몰입도와 신뢰도를 향상시키고, 결과적으로 집단 응집력을 강화시켜 집단의 치료적 요인인 역동성을 더욱 높인다.

8) 평가하기

집단상담 리더는 현재의 집단상담이 어느 방향으로 흘러가고 있는지, 어떤 상태인지, 어디가 문제인지, 무엇이 강점인지, 잘 진행되고 있는 것인지, 아닌지 등을 알고 있어야 한다. 항시 집단상담을 평가하고 모니터링해야 하며, 이를 통해 집단상담을 바른 방향으로 이끌어 가야 한다.

9) 초점 두기 및 차단하기

이번 회기에 누구의 어떤 주제를 다룰지, 누구를 중점적으로 다룰지, 어떤 집단원을 차단해야 할지, 활동을 약화시켜야 할지 등을 파악하고 있어야 한다. 집단상담의 순행요인과 방해요인을 민감하게 감지하고, 필요시 적절한 조치를 취한다.

10) 끌어내기

집단상담에서는 흔히 '침묵'이 발생한다. 집단상담 리더는 이러한 침묵 상태에서 집단원의 반응을 끌어내는 적절한 질문, 활동을 알고 있어야 한다. 그리고 침묵의 의미를 알고 있어야 하며, 침묵의 발생 시기, 맥락에 따라 어떤 활동을 하는 것이 좋은지도 알고 있어야 한다.

7. 구조화 집단상담의 제작 및 평가 과정

임상심리나 상담심리 장면에서 사용하는 집단상담이라는 용어는 일반적으로 비구조화 집단상담을 의미하는 경우가 많다. 앞서 다룬 내용들도 대부분은 비구조화 집단상담에서 사용되는 것이며, 특히 '집단상담의 과정'은 비구조화 집단상담에서 잘 나타나는 경우가 많다. 그러나 실제 현장에서는 비구조화 집단상담보다 구조화 집단상담이 더 자주 사용된다. 예를 들어, 학교나 특정 교육기관에서 특정 주제를 가지고 정해진 시간 내에 집단상담을 요청한다면, 그 집단상담의 형태는 구조화된 집단상담일 가능성이 높다. 구조화된 집단상담은 집단상담 프로그램이라는 말로도 자주 사용된다. 일반적으로 8~12회기 내의 회기 수와 짧게는 45분에서 길게는 120분 정도의 회기 시간, 분명한 목표와 활동, 정해져 있는 워크시트를 사용한다. 집단상담 프로그램이 끝나고 나면 프로그램에 대한 평가도 시행하여 효과성을 검증하기도 한다. 학술논문에 출판되는 대부분의 집단상담은 이러한 구조화된 집단상담 프로그램이다. 집단상담 프로그램은 매뉴얼을 보고 따라 할 수 있고 표준화되어 있어서 누가 리더를 하든지 간에 비교적 유사한 효과성을 낸다는 장점이 있다. 비구조화 집단상담이 집단상담 리더의 실력에 크게 상담 효과성이 좌우된다면, 구조화 집단상담은 프로그램 자체의 구체성, 목적성, 정교함에 상담 효과성이 달라진다. 따라서 잘 만들어진 구조화 집단상담은 프로그램의 일반화 관점에서 아주 유용하다.

한편, 구조화 집단상담은 특정 활동을 적당히 짜깁기하여 만들어지는 것이 아니다. 상담 초심자들이 자주 하는 실수로, 해당 목표를 달성할 것 같은 느낌의 활동을 창조하거나 모방하여 회기를 짜깁기해서 집단상담 프로그램을 만드는 경우가 있는데, 이는 매우 잘 못된 방법이다. 매 회기는 목표를 달성할 수 있을 것이라 검증된 활동들로 이루어져야 하고, 이 활동들은 목표를 잘 이룰 수 있을 것이라 생각되는 이론에 기반하고 있는 것이어야 한다. 즉, 목적, 목표, 하위 목표, 회기의 구성, 구체적 활동, 시스템, 평가 모두가 특정한 이론과 논리로 일관성을 가지고 있어야 한다. '이 활동을 하면 도움이 되지 않을까?' 하는 직관적인 사고 대신, 선행연구를 찾고 적절한 활동을 선택한 후, 개발할 프로그램에 응용하고, 다른 전문가들에게 타당성을 검토받은 후, 이를 파일럿 연구로 검증해 보아야 한다.

집단상담 프로그램 제작은 특정한 방법이 있음에도 불구하고 무시되는 경우가 많다. 이제 구조화 집단상담을 만드는 법에 대해 알아보려 한다.

1) 프로그램의 기획

기획이란 어떤 일을 하기 전에 일 처리에 대한 방법, 순서 등을 미리 생각하고 계획한 것들에 대한 계획을 말한다(김창대 외, 2011). 계획에 대한 계획으로, 전체적으로 프로그램을 어떤 목적으로, 어떤 목표를 가지고, 어떤 방법을 활용해서, 어떻게 개발할지에 대해 설정하는 것이 기획이다. 따라서 기획 단계에서는 목적 설정, 요구조사, 필요성 확인, 상황 분석, 목표 선정, 예산 확보 등의 과정이 필요하다. 예산 확보 부분은 프로그램을 운영하기 위해 필요한 비용을 말하는데, 기관 및 조직의 상황에 따라 달라지는 부분이므로 이 책에서는 목표 선정까지 설명하도록 하겠다.

(1) 프로그램 목적 설정

집단상담 프로그램을 통해 달성해야 할 최종적인 목적을 정한다. 비교적 추상적인 수준에서 설정해도 되나, 합리성과 책무성이 충분한 내용으로 기술되어야 한다.

(2) 요구조사

집단상담 프로그램 목적을 달성하기 위해 관련자들의 욕구를 조사해야 한다. 만약 비행청소년들을 대상으로 프로그램을 개발한다면, 관련 교사나 부모, 비행 청소년 등이 요구조사에 포함되어야 한다. 의뢰자가 누구냐에 따라 달라질 수 있지만, 중요한 것은 '의뢰자' 가 만족할 만한 효과를 내기 위해 그들이 필요로 하는 것이 무엇인지를 명확히 아는 것이 다. 요구조사는 설문지 형식이나 인터뷰 형식이 될 수 있다. 요구조사에서 나온 결과들은 어떠한 방식으로든 프로그램에 포함되어야 한다.

(3) 필요성 확인

요구조사를 통해 나온 내용으로 프로그램 개발이 꼭 있어야 함을 재확인한다. 집단상 담 프로그램을 새로 개발한다는 것은, 기존 집단상담 프로그램이 현재 사용되기에 적합하 지 않기 때문에 이를 개선하여 새로 만든다는 의미다. 따라서 의뢰자의 욕구를 충족시켜 줄 기존의 집단상담 프로그램이 있다면, 그것을 사용하는 것이 더 경제적이고 현명한 것이 다. 즉, 집단상담 프로그램의 개발을 통해 만들어진 새로운 집단상담 프로그램은 기존의 것보다 더 참신하고, 효과적이고 차별적이어야 한다. 기존의 것보다 효과성이 유사하거나 떨어진다면 개발의 의미가 없어 진다.

(4) 상황 분석

집단상담 프로그램이 시행될 상황에 대해 고려해야 한다. 여러 가지는 분석해 보아야 하는데, 그중 하나는 SWOT 분석(Strength: 강점, Weakness: 약점, Opportunity: 기회, Threat: 위험요인)을 하여 집단상담 프로그램 시행과 관련한 강점, 약점, 기회, 위험요인을 파악하 는 것이다. 더불어 의뢰자, 의뢰기관, 잠재적 대상자에 대해서도 분석해야 하며, 특히 잠재 적 대상자의 경우 성별, 연령, 발달 수준, 문제 종류, 위험요인, 보호요인 등에 대해서도 분 석해야 한다. 이러한 과정을 거쳐야 통해 의뢰자와 대상자에 가장 적합한 목적, 목표, 활동 이 도출될 수 있다.

(5) 목표 선정

목표는 최대한 구체적이고 현실적이고 합리적이고 실현 가능한 것으로 정해야 한다. 목 적이 집단상담 프로그램을 통해 달성하고자 하는 최종의 것이라면, 목표는 목적을 이루기 위해 집단상담 프로그램에서 '달성되어야 할 일'이다. 따라서 달성의 기준과 정도가 명확 히 기술되어 있어야 한다. 목표는 내용이 방법과 내용이 구체적이어야 하고, 수량화되어 측정 가능해야 하며, 대상자가 반드시 할 수 있는 수준이어야 하고, 가시적 결과로 관찰 가 능해야 하며, 제한시간 내에 달성되어야 한다. '사회성 향상', '부정적 감정의 감소'가 목표가 아니라, '일주일 동안 10회 이상 친구들에게 먼저 말 걸고 인사하기', '재미를 경험할 수 있는 행동을 일주일에 3번 이상 해서 즐거운 감정 3번 이상 경험하기' 등으로 기술되어야 한다. 이러한 목표는 수준에 따라 상위 목표, 하위 목표로 나누어지며, 하위 목표는 상위 목표를 달성하기 위한 더 세부적인 활동의 달성으로 기술될 수 있다.

전략은 목표를 달성하기 위해 집단상담 리더가 해야 하는 일을 말한다. 목표는 집단원이 달성해야 할 상태를 의미하는 것이고, 전략은 집단상담 리더가 집단원의 목표 달성을 위해 조력하는 구체적 방법을 말한다. 예를 들어, 집단원이 '인지 왜곡 알아차리기'라는 목표를 달성해야 한다면, 집단상담 리더의 전략은 '아래 화살표 질문 기법을 사용하여 집단원의 인지 왜곡을 알아차리게 한다.'이다. 목표와 전략이 명확히 구분되어야, 집단원과 집단상담 리더가 무엇을 해야 하는지 명확해진다.

2) 프로그램의 구성

(1) 프로그램에 대한 이론적 검토

집단상담 프로그램 개발에 대한 이론적 기초를 확립하는 것으로, 집단상담 목적과 목표를 달성하는 데 최적이라고 생각되는 이론을 선정하는 것이다. 대부분 성격 또는 상담 이론이 선정되는데, 각 이론의 장점과 고유의 기법이 집단상담 목적과 목표를 달성하는 데 최적인지가 고려된다. 여기에 더해 대상자의 호소문제 발생을 잘 설명하고 있는지, 잘 예언하는지, 통제에 대한 논리가 탄탄한지 등도 이론 선정에 고려해야 한다. 즉, 선정된 이론은 집단원의 발달, 호소문제, 기능 손상에 대한 명확한 설명과 예측이 가능해야 한다. 그리고 해당 이론에서 제시하는 기법으로 집단원의 호소문제가 논리적으로 해결될 수 있어야 한다. 이러한 가능성에 더해, 실효성, 효과성, 경제성 등을 더 고려하여 최종적으로 가장 적합한 이론을 선정해야 한다.

(2) 활동의 수집과 활용성 평가

프로그램의 목표가 잘 구현되는 데 필요한 이론적 구성 요인을 잘 추출해 내고, 그것을 구현해 낼 수 있는 최적의 활동을 선정하고 연결한다. 여기서 중요한 것은 특정 문제와 관련된 심리 구성 요인을 추출하는 것이다. 이 구성요인은 대부분 선정된 이론에서 발생된다. 즉, 선정된 이론에서 어떤 문제가 어떤 요인의 부족이나 증가 때문에 발생된다면, 그 요인이 목표변인이 되고 그 변인의 부족이나 증가를 통제하는 활동을 선정해야 한다. 변인 통제에 대한 다양한 활동들이 선정될 수 있는데, 일반적으로 한 회기 내에서 시행되는 활동은 2~3개 정도가 적당하다. 4개를 넘어가면 회기 진행이 너무 바빠지고, 2개 미만이 되면 시간이 남아 곤란해진다. 더불어 2~3개의 활동이 하나의 효과를 얻게 하는 방식으로 구성할지, 2~3개의 활동 요소를 순서대로 연계하는 방식으로 구성할지, 2~3개의 활동을 각기 다른 형식으로 진행하여 서로 간에 상승효과를 줄지도 결정해야 한다.

(3) 회기안 구성

집단상담 활동 내용이 결정되면 이를 회기에 따라 구성한다. 한 회기는 일반적으로 도입, 전개, 마무리의 3단계 형식으로 구성된다. 도입에서는 오늘 할 활동에 대한 목표 설명, 활동 설명, 아이스브레이킹 등이 포함된다. 도입에 포함되는 활동의 주목적은 전개 활동이 잘 진행되기 위해서 준비를 하는 것이다. 전개 단계로 돌입하면, 해당 회기의 주요 활동들을 수행한다. 전개 단계의 활동들은 집단상담 프로그램 목표와 직접 관련된 것들로, 각 활동의 순서, 구성, 강조되어야 할 활동 등이 잘 구분되어 있어야 한다. 마무리 단계는 해당 회기를 끝내는 데 있어 정리를 하는 시간이다. 일반적으로 종합정리, 활동 피드백, 소감 나누기, 숙제 내주기 등의 활동으로 구성된다. 전개 활동으로 학습된 것들을 정리하여 자신의 것으로 만들고, 이를 일반화할 수 있게 돕는 것이다. 이렇듯, 각 회기는 도입, 전개, 마무리로, 기승전결의 과정을 분명하게 거쳐야 한다. 각각의 권장 시간은 한 회기 90분 기준으로, 도입 15분, 전개 60분, 마무리 15분이다. 권장 시간은 집단상담 프로그램의 성격과 활동, 이론에 따라 달라질 수 있다.

(4) 전체 프로그램 구성

각 회기가 구성되면, 회기의 순서를 정해야 한다. 그러나 사실상 회기 내 활동과 회기 간 구성은 동시에 진행되게 된다. 이론에서 설명하는 문제 발생의 과정이나 대상자의 발달 수준상 어떤 활동은 먼저 해야 하고, 어떤 활동은 나중으로 미루어야 하는 것들이 있기 때문이다. 즉, 회기의 구성도 특정 목표를 달성하기 위해 연속적으로 구성할지, 목표 달성을 위해 상호작용하는 방식으로 구성할지, 목표 달성을 위해 각 회기를 독립적 활동들로 구성할지를 결정해야 한다.

한편, 일반적으로 집단상담 프로그램은 8회기인 경우가 많다. 적게는 4회기, 많게는 12~20회기까지도 하는데, 이는 예산, 주어진 기간, 이론, 목표 등에 따라 달라진다. 집단상담 회기의 시간도 한 회기당 적게는 40분, 많게는 120분으로 구성된다. 이 역시 집단원의 발달 수준, 집중 시간, 주어진 환경에 따라 달라진다. 구성원은 일반적으로 4명 이상, 8명 이하를 권유한다. 구조화된 집단상담 프로그램이라도 집단 역동은 발생하므로, 집단 역동을 적절히 이용하려면 8명 정도는 되어야 한다. 그 이상의 집단원으로 집단상담 프로그램을 수행하려면 훈련된 보조 리더를 사용해야 한다.

3) 예비 연구

상대적으로 적은 표본 수로 완성된 초안 프로그램을 검증해 본다. 본래 하려던 집단과는 다르게 비교적 적은 수의 대상자들에게 개발된 집단상담 프로그램을 시행하면서 집단상담 프로그램이 잘 완성되었는지, 원활히 실행되는지, 집단원을 위한 내용이 맞는지, 수행하면서 불편한 점은 없는지, 본래 예상했던 반응이나 효과가 나타나는지 등을 확인한다. 그리고 수정해야 할 부분을 파악하고 수정한 후, 더 개선된 집단상담 프로그램으로 완성시킨다.

4) 프로그램 실시 및 개선

본래의 집단원들에게 집단상담 프로그램을 실행한다. 실행하면서도 계속적인 프로그램 모니터링을 실시하고, 모니터링을 통해 피드백 된 내용들을 계속 수정한다.

집단상담 프로그램 회기가 모두 끝나고 나면 그 효과성에 대해 검증한다. 따라서 집단상담 프로그램 1회기 전에 사전 평가를, 모든 회기가 끝난 후에 사후 평가를 하는 것이 좋다. 1회기와 마지막 회기에 평가를 하는 것은 회기 시간을 사용하는 데 있어 효율적이지 못하다. 특히, 마지막 회기에 사후 평가를 하는 것은 당시의 분위기 등에 의해 과대평가된 결과가 나타날 수 있다.

일반적으로 사전, 사후 평가는 집단상담 프로그램 개발 목적 및 목표변인들과 연관된 측정 도구를 사용하는 경우가 많다. 그리고 이는 다양한 연구 논문에서 찾을 수 있다. 그러나 종종 일부 집단상담 리더는 이러한 구성요인들의 변화에만 신경을 쓴 나머지, '만족도'와 같은 부분은 측정하지 않는 경우가 있다. 집단상담 프로그램에서 목표한 변인의 변화도 중요하지만, 전반적으로 집단상담 프로그램에 참여한 집단원들이 프로그램에 참여하면서 얼마나 만족했는지를 알아보는 것도 중요하다. 이러한 만족도 조사는 회기가 끝날 때마다 정해진 객관식 형식의 문항으로 받을 수도 있고, 주관식 기술형으로 시행할 수 있다. 만족도 조사는 집단상담 프로그램의 진행 방식이나 외형 등, 집단원이 더 즐겁게 흥미롭게 집단상담 프로그램에 참여할 수 있게 하는 변화의 단서들을 제공해 줄 수 있다.

✎ 요약

집단상담은 "집단상담에 대한 전문적 교육을 받고 임상 경험을 가진 상담 전문가가, 비슷한 문제와 관심사를 공유하는 2인 이상의 집단원들에게, 집단 역동과 상호작용을 활용하여, 집단원의 적응문제 해결 및 변화, 성장을 도모하는 경제적·전문적·효과적 상담 서비스"다.

집단상담의 목적은 집단원이 경험하고 있는 의사소통, 대인관계, 사회 적응 등과 관련된 문제적 이슈, 성장적 이슈를 해결하는 데 있다.

집단상담의 목표에는 자기개방, 진실성 추구, 외부 압력에서의 해방, 타인을 배려하고 진실성 있게 대하는 행동의 학습, 다른 사람들도 문제를 가지고 있다는 것을 인식하는 것, 가치관의 명료화, 선택, 문제를 스스로 해결하는 법의 학습 등이 될 수 있다.

집단상담에서는 그러한 문제의 해결뿐만 아니라 예방 방법도 더 자세히, 다양하게 다루게 되며, 집단을 다루는 주제와 심각도 면에서 개인상담과는 다른 몇 가지 특징과 장단점을 가지고 있다.

집단상담은 구조화의 정도, 집단의 형태, 집단원의 특성, 집단 참여의 목적, 집단원의 발달 단계, 사용하는 치료적 도구 등에 따라 다양하게 구분된다.

집단상담의 치료적 요인으로는 희망, 보편성, 정보 전달, 이타성, 초기 가족의 경험의 재체험과 교정의 기회, 사회화 기술 발달, 모방행동, 대인관계, 집단응집력, 정화, 실존적 요인 등이 있다.

집단상담 리더는 원활한 집단상담 진행을 위해 다양한 자질과 능력을 향상시키고, 여러 기술을 알고 있어야 한다.

구조화 집단상담 프로그램을 만들기 위해서는 프로그램의 기획, 프로그램의 구성, 예비 연구, 프로그램 실시 및 개선 과정을 거쳐 논리적이고 합목적적으로 만들어야 한다.

{?} 생각해 봅시다

● 집단상담 리더에게 필요한 자질과 능력 중 나는 어떠한 것이 우수하고 어떠한 부분이 부족한가? 그리고 그것은 어떻게 더 성장시킬 수 있는가?

● 집단원들의 역동을 있는 있는 그대로 바라보고 이용하는 데 있어 걸림돌이 될 만한 나의 미해결된 욕구나 감정이 있는가? 그리고 그것은 어떻게 해결할 수 있는가?

- 집단상담 프로그램을 제작할 때 새로운 활동에 대한 나만의 새로운 아이디어가 있는가?

- 어떤 집단원이 집단상담 초반부터 지속적으로 침묵을 하고 있다. 내가 집단상담 리더라면 어떻게 개입할 것인가?

- 어떤 집단원이 집단상담 리더를 흉내 내며 자신이 집단상담을 이끌어 가려는 모습을 보이고 있다. 내가 집단상담 리더라면 어떻게 개입할 것인가?

- 협조적이지 않은 집단원들을 집단상담에 참여시키기 위한 나만의 활동이나 방법을 이야기해 봅시다.

형성평가

- 집단상담과 집단치료의 차이에 대해 기술하시오.

- 집단상담의 치료적 요인에 대해 기술하시오.

- 집단상담의 과정에 대해 기술하시오.

- 집단상담자의 자질에 대해 기술하시오.

- 구조화 집단상담 제작 과정에 대해 기술하시오.

참고문헌

김창대, 김형수, 신을진, 이상희, 최한나(2011). 상담 및 심리교육 프로그램 개발과 평가. 서울: 학지사.

천성문, 함경애, 박명숙, 김미옥(2017). 집단상담: 이론과 실제. 서울: 학지사.

Corey, M. S., Corey, G., & Corey, C. (2013). *Groups: Process and practice*. Cengage Learning: CA.

Yalom, I. D., & Leszc, M. (2005). *Theory and Practice of Group Psychotherapy*. Basic Books: NY.

가족치료와 놀이치료

제13장

가족이란 무엇일까? 가족치료를 이해하기 위해서는 '가족'이란 무엇인지에 대해서 생각해 볼 필요가 있다. 1980년대에는 가족을 부부와 그들의 자녀 하위체계로 구성된 집단이라고 보는 입장이었다. 1990년대로 오면서 학자들의 관점은 어디까지를 가족으로 볼 것인가는 개인에 따라 다르다는 입장으로 변화되었다. 예를 들어, 부부 중 한 명은 자신의 원가족과 배우자의 원가족까지를 가족으로 볼 수 있지만, 나머지 한 명은 현재 부부 중심으로 이루어진 가족만을 가족이라고 볼 수도 있다. 가족구성원에 누구를 넣는가의 관점 차이에 따라 서로의 의견 차이가 생길 수 있다. 특히, 현대사회에서는 기존의 부부자녀 체계라는 가족의 정의에서 벗어난 다양한 형태의 가족이 존재한다. 이러한 변화는 가족이라는 개념이 사회 및 시대적 변화와 사람들의 관점에 의해서 달라질 수 있다는 것을 의미한다. 치료사들은 자신이 바라보는 가족의 관점이 어떠한지를 생각하고 치료에 참여할 필요가 있다.

1. 가족치료

1) 가족치료의 정의와 특징

가족치료는 제대로 기능하지 못하는 가족체계에서 생기는 문제들을 다루는 유용한 방법 중 하나로, 가족치료의 여러 모델을 적용하여 가족기능을 회복하고자 하는 치료적 개입이다(김유숙, 2014). 개인 심리치료에서는 치료적 개입의 대상을 개인으로 보지만, 가족치료에서는 가족을 하나의 체계로 보고, 가족이나 부모-자녀 등 '가족이라는 관계'를 치료적 대상으로 본다. 개인 심리치료는 개인의 병리적 또는 내면의 역동성에 초점을 맞추는 반면, 가족치료는 상호작용에 초점을 두고 가족 내 관계와 역동성에 초점을 맞춘다. 치료자는 내담자가 가지고 온 문제를 내담자의 가족관계와 그 맥락 속에서 이해하고 치료적 개입을 함으로써, 가족체계에서 새로운 변화가 일어나도록 접근한다.

가족치료는 문제의 원인이 가족체계에 있다고 보기 때문에 문제 탐색을 위해 가족들의 상호작용 패턴을 파악하고자 한다. 개인 심리치료와 달리, 서로 영향을 주고받는 순환적 관계에서 문제가 발생한다고 보기 때문이다. 치료적 대상은 개인이 아닌 가족체계이며, 치료의 단위 또한 가족체계다. 내면의 갈등에 초점을 맞춘 개인 심리치료보다 가족 내 역기능적 상호작용에 변화를 줌으로써 가족치료는 개인 심리치료보다 치료 기간이 짧다는 특징이 있다.

2) 가족치료의 적용

사실 가족관계 내에서 일어나는 문제는 서로 연결되어 있기에 원인과 결과를 분명히 파악하기가 어렵다. 따라서 가족치료에서는 그 문제를 원인과 결과로 나누는 관점에서 벗어나, 지금-여기에서 일어나는 상호작용의 패턴을 파악하고자 한다(정문자 외, 2018). 가족이 역기능적이고 그 역기능이 내담자가 호소하는 문제와 관련이 있다는 것으로 여겨질 때, 개인 심리치료보다는 가족치료가 더 적합하다(Barker & Chang, 2013). 그러나 개인 심리치료보다 가족치료가 더 적합할지에 대해서 판단하는 것은 쉬운 일이 아니다. 만약, 내담자가 가져온 문제가 가족체계의 문제라고 판단되며, 그 호소문제가 가족관계의 변화에 있으며, 가족이 서로 분리되는 것에 어려움을 겪고 있는 경우에는 개인 심리치료보다도 가족치료를 적용하는 것이 적합하다(Walrond-Skinner, 1978).

3) 가족생활주기와 발달과업

인간은 태어나서 전 생애에 걸쳐 변화하면서 성장한다. 가족 또한 시간의 흐름에 따라 형태가 변화하면서 발달한다. 많은 경우에 결혼을 통해 원가족에서 분리가 되어 부부가 되었다가 자녀를 출산하면서 가족의 형태가 확대된다. 자녀들이 자라나서 또 원가족으로부터 분리가 되며 부부만 남게 되어 가족의 형태가 다시 축소된다. 이렇게 시간의 흐름에 따라 가족의 형태가 변화하는 것을 가족생활주기라고 한다. 가족생활주기를 살펴보면, 때로는 가족의 문제가 주기의 변화에 적응하지 못해 생긴다는 것을 알 수 있다. 개인이 인생을 살아가면서 발달과업이 있는 것처럼 가족에게도 가족생활주기마다 요구되는 발달과업이 있다. 그 가족이 발달과업을 이행했는지의 여부는 가족 모두에게 영향을 준다. 따라서 가족치료를 함에 있어 가족생활주기와 발달과업 도중에 생길 수 있는 문제를 살펴보는 것은 중요하기에 이를 살펴보겠다.

첫 단계는 원가족으로부터 독립은 했으나 아직 새로운 가족에 속하지 않은 성인의 단계다. 이 단계의 과업은 원가족으로부터의 분화와 직장에서의 적응 및 사회적 관계를 맺는 것이다. 이 단계에서는 성인이 독립 시에 가질 수 있는 여러 어려움이 생길 수 있다. 성인이지만 부모로부터 정서적으로 분리되지 못하여 생기는 문제, 성인이 된 자녀를 어린 자녀 취급하여 생기는 갈등 등이 이에 해당된다.

두 번째는 결혼에 의해 부부체계를 형성하는 것이다. 이 단계에서는 새로 형성한 가족에 집중함으로써 원가족과의 관계를 조절하고, 가정과 사회 활동 간의 균형 또한 적절히 조절하는 것이 필요하다. 만약, 부부를 중심으로 갈등을 해결하지 못하고 균형을 잡지 못한다면, 원가족의 부모와 심리적으로 분리되지 못하고 고부갈등과 같은 어려움이 생기기 쉽다. 또한, 부부가 서로의 가정생활에 충실하지 못하고 사회 활동에만 집중하여 생기는 어려움들이 발생할 수 있는 시기다. 집안일을 어떻게 분담할 것인지, 원가족의 방문을 어떻게 정할 것인지, 자녀를 가질 것인지 아닌지 등의 논의해야 할 많은 이야기들이 오고 가는 단계다.

세 번째 단계는 부부가 자녀를 출생함으로써 형성된다. 자녀가 생김으로써 가족의 관계가 재구성된다. 부부는 부모가 되고, 원가족의 부모는 조부모가 됨으로써 각자에게 새로운 역할이 주어진다. 자녀가 생긴다는 것은 가족구성원이 바뀌는 역동적인 변화다. 자녀 양육을 어떻게 분담할 것인지, 자녀 양육을 누가 전적으로 맡으며, 그동안의 가계 운영은 어떻게 할 것인지 등에 대한 논의와 집안일에 대한 재분담도 이루어진다. 자녀를 돌보는 데 너무 몰두하다 부부가 서로에게 소홀해지는 경우 또한 대두되는 문제다. 자녀를 돌봄으로써 누군가는 자신의 사회적 역할을 멈추게 되는 경우도 있는데, 이로 인해 생기는 우울증 등의 심리적 어려움도 가족치료의 대상이다. 자녀가 자라면서 생기는 자녀의 문제 또한 가족의 문제가 된다.

네 번째는 청소년 및 청년기 자녀가 있는 가족 단계다. 청소년기 자녀가 있는 부모는 자녀가 성인기로 이행할 수 있는 준비를 할 수 있게 한다. 자녀의 독립을 준비하는 동안 부모는 자녀가 떠난 이후, 부부의 삶을 준비해야 한다. 이 시기 청소년기를 둔 부모는 청소년기의 특징으로 인해 생기는 가족문제들을 호소한다. 자녀의 사춘기 반항이라든가, 학교 및 학업문제, 품행문제 등이 이에 해당된다. 또한, 이 시기의 부모들은 중년기를 맞기 때문에 갱년기와 같은 부모의 심리적 어려움도 발생할 수 있다.

다섯 번째 단계는 자녀가 집을 떠나 독립을 하는 시기다. 가족생활주기의 첫 단계의 독립 주체가 '나'에서 '자녀'로 바뀐 것이다. 이 시기에는 자립한 자녀의 사회인 및 성인으로의 역할을 인정하는 부모–자녀체계를 구성해야 한다. 만약, 자녀가 결혼을 하고 자녀를 갖게 된다면 조부모의 역할이 주어진다. 자녀가 성장하여 떠남으로써 부모는 슬픔과 공허함을 느끼기도 하는데, 이를 '빈 둥지 증후군(empty nest syndrome)'이라고 부른다. 이 시기에 가족 모두의 심리적 건강을 위해서는 자녀와 부모 모두 마음의 준비가 필요하다. 독립하는 자녀 또한 새로운 생활에 대한 스트레스를 경험하기 때문에 부부는 자녀가 사회 및 새로운 가족에 잘 적응할 수 있도록 도와야 한다. 따라서 오히려 부부체계가 더욱더 긴밀한 협력관계에 있는 것이 중요한 과업이다.

마지막 단계는 조부모가 되는 노년기 시기다. 노년기에는 함께 살아온 주변의 많은 이들을 떠나보내는 시기이며, 자녀로부터 돌봄을 받는 위치로 역할이 바뀐다. 이 시기에는 가정 내 중심이 자녀가 새로 꾸린 부부체계로 이행한다. 배우자나 형제자매 및 친구들의 죽음을 경험하며 생기는 심리적 어려움에도 대비하고, 가족치료를 통해 이에 대한 애도작업을 할 수도 있다. 이 시기의 발달과업은 노년기의 자연스러운 노화를 받아들이고, 인생을 전체적으로 통합하는 일이다.

4) 가족치료의 발달과 종류

가족치료는 분석의 대상이 개인이었던 심리치료 패러다임에서 가족 및 가족체계에 초점을 둔 패러다임의 변화로 성장하였다. 가족치료는 패러다임의 변화에 따라 크게 1차(초기) 가족치료와 2차(후기) 가족치료로 나눌 수 있다. 1차 가족치료를 체계론적 사고를 바탕으로 발전하여 체계론적 가족치료라고도 한다. 체계론적 사고란 모든 현상은 서로 연관되어 있고, 상호의존적이라고 보는 관점이다. 또한, 가족치료가 발전하기 시작할 당시 서구 사회는 모더니즘 사조의 영향을 많이 받았다. 모더니즘은 기계론적 세계관을 반영하는데, 세상에는 원인과 결과가 있으며, 과학을 기반으로 하여 절대적·보편적 원리가 있기 때문에 관찰 및 연구 등을 통해 실재를 측정할 수 있다고 믿었다. 또한, 객관적이고 절대적인 진실이 있다고 보는 관점을 따른다. 또한 구조주의의 영향을 받아 1차 가족치료는 치료의 초기 단계에서 가족체계 평가를 중요시 여기고, 문제의 원인을 가족체계에 있다고 보며, 가족의 상호작용을 강조하고, 치료의 목표가 분명하다. 이러한 패러다임에 근거해서 가족을 중심으로 발전시킨 모델이 1차 가족치료이며, 다세대, 구조적, 전략적, 경험적 가족치료가 이에 해당된다. 1차 가족치료에서도 초점을 개인 내면에 중점을 두는지(다세대, 경험적 가족치료), 가족관계 체계에 중점을 두는지(구조적·전략적 가족치료)에 따라 다소 차이가 있다. 1차 가족치료에서는 가족을 관찰하고 평가하는 치료자의 역할이 중요하였던 만큼 가족의 관점에서 경험하는 세계는 그다지 고려되지 않았다는 한계가 있었다. 이러한 한계는 시대가 변화하면서, 구조주의에서 말한 절대적이고 보편적인 진실이 가능한가라는 의문을 가지게 되었다. 이러한 관점이 포스트모더니즘이며, 포스트모더니즘이란 개인이 의미를 부여하는 것이 실재라고 보는 관점이다. 사회과학에서 일어난 이러한 포스터모더니즘의 현상을 후기 구조주의라고 하며, 이는 구성주의와 사회구성주의에 영향을 주었다. 구성주의는 "실재란 개인이 어떠한 의미를 부여하는지의 관점에서 구성된다"고 하였다. 따라서 구성주의 관점의 치료사들은 가족의 문제를 상호작용 패턴보다는 사람들이 그들의 문제를 바라보는 관점에서 탐색한다. 내담자가 자신들의 문제를 어떻게 바라보는지가 중요한 것이다. 이를 위해 전문가적인 치료사와 내담자와의 관계가 아니라, 이들의 동등한 관계를 중요시한다. 동등한 관계에서 내담자가 경험하는 주관적 세계를 함께 경험할 수 있기 때문이다. 여기에, 사람들이 부여하는 의미는 결국 사람들과의 사회적 상호작용에 의해서 만들어진다는 사회심리학적인 관점이 보태지면서, 사회구성주의적 관점으로 확장되었다. 사회구성주의는 "사회 속에서 언어적 상호작용을 통해 실재는 구성된다"고 하였다. 실재가 사회나 사람들의 상호작용 속에서 구성되기 때문에 이들의 관점에서 본다면, 내담자의 문제 또한 그가 처한 사회적 배경이나 문화에서 바라보는 시선에 따라 달라진다. 2차 가족치료는 이러한 관점의 영향을 받아 보편적이라 믿었던 규칙이나 규범에서 벗어난 모델로 해결중심, 이야기치료 등이 있다.

[그림 13-1] 가족치료의 종류

(1) 다세대 가족치료

다세대 가족치료는 정신분석학에서 영향을 받은 보웬(Murray Bowen)에 의해 개발되어 보웬의 가족치료라고 부르기도 한다. 보웬은 대부분의 가족문제가 가족원이 원가족에서 심리적으로 분리되지 못했기 때문이라고 보았다. 따라서 가족치료의 목표는 가족원이 자신의 원가족으로부터 분리되어 독립적이고 자율적으로 기능할 수 있도록 하는 데 있다. 보웬은 한 개인이 원가족의 정서체계와 융합하고 미분화되어 있을수록 자신의 새로운 가족에 충실할 수 없다고 보았다. 따라서 보웬은 '자기분화'의 개념을 매우 중요하다고 보았다. 분화란 사고와 감정을 분리한다는 의미와 자신과 타인을 분리할 수 있는 대인관계적 측면을 말한다. 다세대 가족치료에서 자기분화란, 원가족의 정서적 융합으로부터 자유롭게 분리되는 과정이라 할 수 있다. 이러한 분화 수준을 탐색하기 위해 보웬은 3세대 이상의 가계도를 탐색하는 것을 치료에 활용하였다. 보웬은 자기분화 수준이 낮은 부모는 그 불안을 다음 세대를 희생시킴으로써 융해하고자 한다고 하였으며, 이 과정을 가족투사 과정이라고 하였다. 다세대에 걸쳐 가족을 보아야 하는 이유는 이와 같은 가족투사 과정이 다음 세대, 또 그다음 세대로 자녀에게 전해지는 다세대 전수 과정이 일어나기 때문이다.

(2) 구조적 가족치료

구조적 가족치료의 치료적 목표는 가족 위계구조를 적절히 확립하고, 명확한 경계선을 만들어 역기능적 가족구조를 재구조화시키는 것이다. 이러한 치료 과정을 예로 들면 [그림 13-2]로 도식화할 수 있다. 김남수 씨는 어머니와 애매한 경계를 가지며 융합되어 있

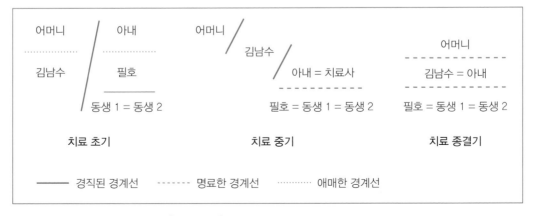

[그림 13-2] 구조적 가족치료 가족지도의 예

출처: 김유숙(2014). 가족치료: 이론과 실제(제3판), p. 295. 학지사.

고, 아내와 아이들과 경직된 관계를 맺고 있다. 남수 씨의 큰 아들인 필호는 자신의 엄마와 애매한 경계로 융합되어 있고, 동생 1과 2는 필호 아래에 서로 팀을 맺고 있다. 치료를 통해 종결기에는 남수 씨와 아내가 한 팀이 되고, 필호와 동생 둘과 한 팀이 되는 명료한 경계로 재구조화된 것을 확인할 수 있다.

(3) 전략적 가족치료

전략적 가족치료는 크게 'MRI(Mental Research Institute) 상호작용 모델, 헤일리(Haley)의 전략적 구조주의 모델, 밀란(Milan)의 체계적 모델'이라는 세 가지의 형태로 제안되나 가족문제를 해결하기 위해 치료사가 전략을 제안한다는 것이 공통적이다. 전략적 가족치료에서는 가족문제의 발생 이유를 가족 전체의 역기능적인 상호작용 과정과 역기능적 위계 때문이라고 보았다. 이를 해결하기 위해 MRI 상호작용 모델에서는 역기능적 상호작용을 탐색하고, 그것을 유지하는 가족규칙을 파악하여 그 규칙을 변화시키는 전략으로 치료하였다. 헤일리는 증상 행동이 다른 가족원들을 통제하기 위한 전략으로 보고, 역설적 개념을 치료에 활용하였다. 역설적 기법은 내담자들에게 변화하지 말도록 요구하여 오히려 저항감으로 변화를 이끌어 내는 기술이다. 밀란의 치료적 개입방법은 긍정적인 의미와 의식에 있다. 긍정적 의미 부여란, 가족문제를 긍정적인 의미로 재정의하는 것이다. 의식은 치료자가 가족에게 역설적 의식(어머니와 밀착된 성인 아들에게 매일 한 시간씩 어머니와 이야기 나누기 과제)을 하게끔 하여, 가족에게 내재되어 있는 가족게임의 규칙을 변경시키는 것이다.

(4) 경험적 가족치료

경험적 가족치료는 인본주의 심리학에 기반을 두고 '지금-여기'에서의 경험을 중요하게 여기며, 대표적인 인물로는 사티어(Virginia Satir)와 휘태커(Carl Whitaker)가 있다. 경험적 가족치료에서는 가족문제의 원인이 정서적 억압에 있다고 생각하였다. 휘태커는 치료의 목표를 내담자와 가족의 성장에 초점을 두었으며, 사티어는 개인의 자아존중감을 높이고 가족 내 의사소통을 개선하는 데 목표를 두었다. 이를 위해 치료 과정에서 사티어는 의사소통 기법, 개인의 심리 내적 경험을 이해하기 위해 빙산 탐색(행동, 감정, 지각, 기대, 열망, 자기 존재에 대한 자각을 탐색하도록 도움) 등의 여러 기법을 활용하였다.

사티어는 스트레스 상황에서 사람들은 회유형, 비난형, 초이성형, 산만형으로 역기능적인 의사소통을 하게 된다고 하였으며, 우리가 지향해야 하는 기능적인 유형은 일치형이다. 일치형은 언어적 메시지와 비언어적 메시지가 일치하여, 분명한 메시지를 전달하며

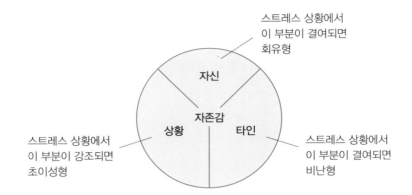

- 스트레스 상황에서 모든 부분이 불일치하면 산만형
- 스트레스 상황에서 모든 부분이 적절하게 고려되면 일치형

[그림 13-3] 사티어의 의사소통 유형

출처: 김유숙(2014). 가족치료: 이론과 실제(제3판), p. 229. 학지사.

진솔한 소통을 한다. 스트레스 상황에서 상황만 강조한 경우에는 초이성형, 자신을 무시하면 회유형, 타인을 무시하면 비난형으로 나타난다. 자신, 타인, 상황 모두를 무시한 경우를 산만형이라고 한다.

(5) 해결중심 가족치료

해결중심 가족치료의 주요 인물은 드 셰이저(Steve de Shazer)와 버그(Insoo Kim Berg)이다. 해결중심은 내담자가 문제라고 이야기하지 않은 것은 문제 삼지 않으며, 효과가 없으면 하지 않을 것, 효과가 있다는 것을 알면 더 많이 한다는 철학적 관점을 가진다. 문제는 문제라고 보는 순간 정해지기 때문에 문제의 원인을 파악하는 것보다는 해결책을 찾는 것에 초점을 둔다. 이를 위해 '상담 전 변화에 대한 질문, 척도질문, 예외질문, 기적질문, 대처질문, 관계성 질문, 악몽질문, 간접적 칭찬' 등의 해결지향적인 상담 기법을 활용한다.

해결중심 가족치료에서 활용하는 질문 기법과 칭찬의 예시

- 상담 전 변화에 대한 질문: 상담을 신청하고 첫 면담에 오기 전까지의 변화와 노력을 격려하기 위한 질문

  예 상담을 신청하고 오기 전까지 경험하신 변화에 대해서 이야기해 주세요.

- 척도질문: 가족들이 갖고 온 문제의 심각 정도, 치료 목표, 달성하고자 하는 정도 등을 수치화할 수 있도록 질문

  예 만약, 문제가 최악일 때가 1을 의미하고, 문제가 해결된 상태를 10으로 둔다면, 지금은 어디쯤에 있는 것 같으세요? *점이라고 말씀하신 이유는 무엇인가요?

- 예외질문: 문제가 일어나지 않은 예외적인 상황을 발견할 수 있도록 하는 질문

  예 ○○의 산만한 행동이 나타나지 않을 때는 언제인가요? 그때는 무엇이 달랐기에 그 행동이 일어나지 않는 것 같으세요?

- 기적질문: 마치 문제가 해결되었을 경우를 상상하게 함으로써 내담자가 원하는 것을 구체화하는 데 도움을 주는 질문

  예 오늘 상담을 마치고 집에 갔는데, 밤사이에 기적이 일어났다고 할게요. 그 기적으로 지금 힘들어하고 있는 문제들이 모두 해결이 된 거예요. 아침에 일어났을 때, 무얼 보고 '밤사이에 기적이 일어났잖아!' 하는 것을 알아차릴 수 있을까요? 그 기적이 일어난 것을 다른 가족들은 어떻게 알아차릴 수 있을까요?

- 대처질문: 가족들이 겪는 어려움으로 인해 아무런 변화가 없을 거라 생각하고 낙담해 있는 상황에서 사용할 수 있는 질문

  예 그럼에도 불구하고 더 나빠지지 않을 수 있는 것은 무엇 때문인지 궁금합니다. 그렇게 힘드신데, 어떻게 버티면서 유지를 하실 수 있는 건가요?

- 관계성 질문: 가족원에게 영향을 미치는 중요한 사람의 입장에서 생각해 보게 하는 질문

  예 ○○ 씨의 노력을, 자녀는 뭘 보고 알아차리고 얘기해 줄 것 같으세요?

- 악몽질문: 내담자에게 '면담 전 변화에 대한 질문, 기적질문, 예외질문' 등의 여러 질문이 효과가 없고, 자신의 긍정적 변화나 해결의 실마리를 전혀 생각해 내지 못할 때 조심스럽게 사용할 수 있는 질문

  예 기적질문과 비슷한 패턴으로 "밤에 악몽을 꾸었습니다. 지금보다 더 최악인 상황은 무엇인가요?"

- 간접적 칭찬: 가족원의 긍정적 변화와 노력에 대해 피드백해 주는 반응

  예 정말 놀라운데요. 어떻게 그렇게 할 수 있었나요?

(6) 이야기치료

화이트(Michael White)와 엡스턴(David Epston)은 이야기치료의 대표적인 인물이다. 이야기치료는 사회구성주의의 영향을 받았다. 사회구성주에서 실재는 주관적인 것이며, 개인의 현실감각과 그 사람의 이야기는 그 개인을 둘러싼 사회적 관계와의 산물이라고 본다. 문제 또한 사회적 관계 속에서 생겨나는 것이다. 내담자 또는 가족이 가져온 문제는 사람 자체가 아니라, 단지 문제를 문제로 보는 것이 문제라는 것이다. 따라서 내담자를 문제

로부터 어떻게 분리하는가에 치료적 초점을 맞춘다. 이야기치료의 목표는 내담자의 삶으로부터 독특한 결과를 발견하게 하여, 내담자가 강조한 새로운 이야기를 다시 쓰도록 돕는 것이다. 다음의 개인 심리치료와 가족치료, 이야기치료를 비교한 표를 통해서 이야기치료의 특징에 대해서 이해할 수 있도록 하였다.

〈표 13-1〉 개인 **심리치료, 가족치료, 이야기치료의 비교**

	개인 심리치료	가족치료	이야기치료
인식론	기계론적 사고	체계이론	사회구성주의
문제를 보는 관점	• 문제의 원인은 개인에게 있다고 전제 • 개인의 정신 내적인 것에 초점	• 가족이나 사회체계의 문제에 문제가 있다고 전제 • 가족관계 및 가족 간 의사소통 패턴에 초점	• 문제는 사람이 아니며, 문제가 단지 문제일 뿐 • 내담자로부터 문제를 어떻게 분리하는가에 초점
치료 목표	궁극적인 치료 목표가 고통 받고 있는 개인을 돕는다는 점에 있어서는 다르지 않으나 어떻게 도울 것인가에 대해서는 많은 견해차가 존재함		
치료 목표	• 치료 목표를 개인과 함께 설정하는 데 관심 가지며 목표 설정 및 형성에 적극적 • 내담자의 문제를 파악하여 그 문제로부터 벗어나 스스로 문제를 관리하고 해결할 수 있도록 도움	• 역기능적 행동을 만드는 관계 및 맥락 파악 • 가족 간 상호작용 형태를 변화시켜 가족 기능을 향상시킴	• 독특한 결과(빛나는 사건)의 발견 • 내담자와 협력하며 선택의 폭을 확장시켜 내담자와 다른 사람들이 건강하게 관계하도록 도움이 되는 새로운 이야기를 다시 쓰도록 함 • 상담 목표 형성에 소극적
치료 과정	개인에게 초점을 두고 과거와 현재 탐색	• 한 개인의 환경이나 생태학적 체계와의 관계 속에서 일어나는 문제에 관심 갖고, 관계 내에서 상호작용할 수 있도록 탐색하고 구성	• 사람들의 경험을 엮어 만들어진 이야기를 자신의 삶 이야기에 정착시킴 • 이야기는 등장인물과 내담자 스스로의 해석 과정에 의해 만들어지고 구성됨
치료적 관계 및 치료자의 역할	치료자와 치료관계를 맺고 있는 내담자의 권리를 존중함.		
치료적 관계 및 치료자의 역할	• 전문가적 입장 • 분석가(개인치료 기법에 따라 차이가 있으나, 개인 내면을 탐색하고 분석)	• 전문가적 입장 • 적극적 참여 관찰자 • 숨겨진 의사소통 체계를 분석하고 분리	• 비전문가적 입장 • 동반자, 협력자 • 알지 못한다는 자세로 함께함

치료의 단위	개인: 개인의 행동 그 자체가 초점이 됨	개인을 둘러싼 체계의 많은 구성원(치료 단위는 가족)	• 내담자가 겪은 삶의 경험과 내담자의 이야기가 초점이 되므로 치료의 단위는 개인, 가족, 집단 모두 가능 • 풍부한 이야기를 통한 정체성 찾기
치료 기간	비교적 오래 걸림(개인이 가진 지난날의 경험에 기초한 내면의 갈등을 해결하기 때문)	최근의 역기능적인 문제를 중심으로 단기간에 치료를 시도 → 개인을 둘러싼 역기능적 상호작용에 의한 위기를 해결하고자 함	내담자가 어떤 이야기를 구성하느냐에 따라 치료 기간이 달라짐
중심 개념	악순환	항상성	외재화
기법	일반경 평가, 정의, 분석	일방경(one way mirror) 가족조각기법 가계도	반영팀 이야기 재저작 삶의 회원 재구성

5) 가족평가

심리치료를 진행하기 전에 내담자 문제 및 증상에 대한 진단과 평가를 하며, 이를 심리 평가라고 부른다. 가족치료에서도 다양한 평가 도구를 통해 가족평가(Family Assessment: 가족사정)를 한다. 엄밀히 말하면 가족체계에 대해 평가하는 것이기 때문에 가족체계 평가라고도 부른다. 가족을 평가하는 방법은 가족치료의 모델에 따라서 초점이 달라지지만, 가족을 가족체계라는 하나의 단위로 이해하고 치료적 개입을 계획한다는 점은 공통적이다. 가족평가를 하는 이유는 가족의 문제와 현재의 가족기능을 이해하여 적절한 치료계획을 세우고 가족에게 필요한 자원과 강점을 발견하기 위해서다. 가족평가 과정은 치료 초기에 한정된 것이 아니라 가족치료 전 과정을 통해 이루어지는 것이 바람직하다(김유숙, 2014). 가족평가는 크게 주관적 평가와 객관적 평가 또는 질적 평가와 양적 평가로 나눌 수 있다(김유숙 외, 2017). 다양한 가족평가 방법이 있지만 한두 가지의 자료만으로 가족을 이해해서는 곤란하다. 개인 심리평가를 위해서 풀배터리(full-battery) 검사를 활용하여 다양한 검사들의 정보를 활용한다. 마찬가지로, 가족평가에서도 자가 체크리스트 검사, 관찰법, 투사법, 면접 등을 통해서 얻어낸 다양한 자료를 수집하여 가족체계에 이해하고 평가하여야 한다.

〈표 13-2〉 **가족평가의 접근 방식과 유형**

	객관적 평가	주관적 평가
양적 평가	체크리스트, 설문지, 척도 등	생활조사, 연구문헌 등
질적 평가	가계도, 가족화 등	치료사의 관찰, 면접 등

출처: 김유숙, 전영주, 김요완(2017). 가족평가, p. 16. 학지사.

(1) 치료사의 관찰을 통한 가족평가

가족관계를 파악하기 위해서는 치료의 모든 과정에서 이루어지는 가족들 간의 상호작용과 역동을 관찰하는 것이 일반적이다. 가족관계에 대해 가능한 많은 정보를 수집하기 위해서 치료사가 가족에게 그들 관계에 대해서 질문한 후, 그들의 언어적 또는 비언어적 반응(표정, 자세, 태도 등)을 관찰하기도 한다. 가족의 상호작용을 관찰함으로써 가족 내 누가 누구와 연합하거나 동맹을 맺고 있는지, 가족 권력을 가진 사람은 누구인지 등을 탐색할 수 있다.

(2) 면담을 통한 가족평가

면담은 평가의 가장 기본적인 도구 중 하나다. 면담에서 치료사는 가족문제의 촉발요인, 지속기간, 문제에 대한 가족원들이 보는 관점, 문제를 해결하기 위해서 해 왔던 노력의 정도와 기간, 변화에 대한 의지 정도 등을 평가한다(조흥식 외, 2010). 면담을 통해서 치료사는 현재의 가족체계 구조와 이를 유지하는 가족규칙, 가족신화, 가족의식 등을 발견할 수 있다.

> • 가족규칙: 오랜 시간 동안 가족끼리 합의 또는 암암리에 만들어진 규칙이다.
>   예 아버지의 말씀에는 무조건 복종해야 한다.
> • 가족신화: 가족들이 가지는 기대와 공유된 믿음으로, 보통 현실에 대한 왜곡 또는 부정의 요소로 이루어진다.
>   예 우리 가족은 절대 갈등이 없는 가족이다.
> • 가족의식: 가족신화를 보존하는 수단으로 존재하며, 역기능적 가정에서 나타나는 전형적으로 보여 주는 활동이 포함된다. 쉬는 날, 명절, 주말 등 가족이 함께 하는 일이 있는지를 묻고, 가족의식에 대한 가족의 감정적인 반응이 어떠한지를 파악한다.
>   예 "우리 가족은 저녁 식사는 꼭 함께 해요."

(3) 평가 도구를 통한 가족평가

검사 도구를 통한 평가로 보통 자기보고식 검사가 이루어지는데, 가족원이 어떻게 상호작용하는지 그 기능이 어떠한지 등에 대한 정보를 얻는 데 목적이 있다. 가족체계를 평가하는 데 주로 사용되는 도구로는 올슨(D. H. Olson)의 순환 모델(circumplex modell; Olson et al., 1983)을 기반으로 한, FACES(Family Adaptability and Cohesion Evaluation Scales)가 있다. 올슨은 가족에게 응집력과 적응력이 중요하다는 사실을 토대로 그 두 가지를 체크할 수 있는 측정 척도를 구성하였다. 가족의 적응력이란 변화에 대한 허용도와 변화에 대한 균형을 유지할 수 있는 가족의 능력이다. 응집력이란 가족구성원들 사이의 정서적 결합 정도를 의미한다. 적응력과 응집력은 4개의 수준으로 구성되어 16개의 수준의 가족을 구분할 수 있다. 순환 모델에서는 응집력과 적응력이 모두 적절한 상태인 가족을 건강하다고 보았다.

또한, 가족체계검사(Family System Test: FAST)와 맥매스터 모델(McMaster Model)의 척도

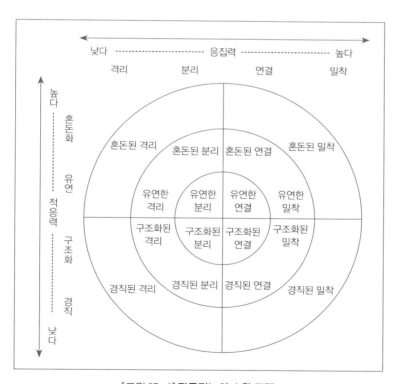

[그림 13-4] 가족기능의 순환 모델

출처: 김유숙(2014). 가족치료: 이론과 실제(3판), p. 163. 학지사에서 재인용.
원출처: Olson et al. (1983).

인 가족사정 척도(Family Assessment Device: FAD)도 평가 도구로 활용되고 있다. FAST는 81개의 정방형이 그려진 보드판 위에 인물 인형을 두게 한다. 인물 인형은 가족구성원 각자가 되는데, 놓여진 거리를 통해 가족구성원들의 응집력을 파악할 수 있다. 또한 주어지는 사각형 블록 위에 인물 인형을 놓음으로써 인형의 높낮이를 조절할 수 있는데, 이를 통해 가족구성원의 위계를 파악할 수 있게 한다. 가족의 응집력과 위계는 '낮음, 중간, 높음'이라는 3개의 범주로 점수화되어 채점된다. FAD의 문항은 총 53개이며, 하위 요인의 내용으로는 '문제해결 능력, 의사소통 정도, 가족원의 역할, 정서적 반응성, 정서적 상호작용, 행동 통제'가 있다. 이외에도 보웬의 자아분화 척도, 부모-자녀 간 의사소통 척도(Barnes & Olson, 1985) 등이 있다.

(4) 가계도를 통한 가족평가

가계도란 3세대 이상에 걸친 가족원의 정보와 그들의 관계를 그림 또는 기호로 나타내는 방법으로 복잡한 가족 유형과 정보를 한눈에 살펴볼 수 있다. 가족치료를 진행하면서 나타난 새로운 가족에 대한 정보를 새롭게 덧붙여 나갈 수 있어 임상 기록 시에도 유용하게 활용할 수 있다. 우선, 시작에 앞서 치료사는 가계도를 그리는 이유와 그 필요성에 대해서 가족들에게 설명한다. 치료사는 가족들이 부담스럽지 않도록 배려하며 참여를 격려한다. 가계도에 포함되어야 할 사항은 다음과 같다.

- 가족구성원의 이름(별명, 가족 애칭), 나이, 직업
- 출생, 사망, 결혼 , 이혼, 재혼 등의 연도(그 밖의 중요하다고 생각되는 정보의 날짜)
- 동거, 별거, 내연관계, 성적 관계 등
- 중독, 신체적 · 정신적 장애 및 기타 문제에 대한 정보
- 가족구성원 각자의 종교
- 의사소통 유형 및 성격 등 필요하다고 여겨지는 정보
- 가족구성원 간 표현의 방식과 상호작용의 패턴
- 가족 간 친밀감 또는 소원함의 정도, 정서적 단절의 표현

가족구성원 간 상호작용의 패턴과 관계를 나타낼 수 있는 그림과 완성된 가계도의 예는 [그림 13-5], [그림 13-6]과 같이 표현할 수 있다.

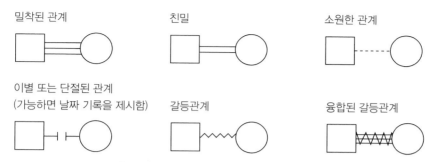

[그림 13-5] **가계도에서의 구성원 관계 표시**
출처: 김유숙, 전영주, 김요완(2017). **가족평가**, p. 150. 학지사.

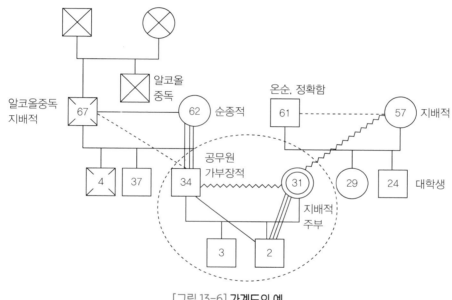

[그림 13-6] **가계도의 예**
출처: 김유숙, 전영주, 김요완(2017). **가족평가**, p. 150. 학지사.

　완성된 가계도를 통해 가족구성원과 형제순위, 세대를 통해 반복되는 관계나 유형이 있는지를 알 수 있으며, 삼각관계의 유무, 가족구성원의 보이지 않는 역할, 가족의 강점 등을 확인할 수 있다. 가족이 정서적 관계를 맺을 때 두 사람 간의 갈등은 불안이나 긴장을 유발한다. 이에 두 사람의 갈등을 완화시키기 위해서 다른 사람을 끌어들이는 경우가 종종 있다. 예를 들어, 부부 사이의 갈등이 일어났을 때, 어머니가 자녀를 관계에 끌어들이며 자녀와 연합을 맺었다면 삼각관계를 형성하고 있는 것이다. 가계도는 이러한 삼각관계를 가시화하여 살펴보게 함으로써 가족의 치료적 개입에 도움을 준다.

(5) 투사기법을 통한 가족평가

피검자는 자신의 무엇에 대해 평가받는지 알 수 없기에 자신의 무의식이나 심리적 욕구를 검사에 반영할 가능성이 크다. 검사에 반영된 피검자의 심리적 상태를 잘 해석하기 위해서는 면담, 수검 태도와 여러 가지 평가 결과로부터 얻은 일치되는 정보를 통해 전체적으로 이해하여야 한다. 따라서 치료사의 평가 해석 능력과 경험이 중요하다. 투사적 검사의 예로는 가족동적화(Kinetic Family Drawing: KFD) 검사, 가족조각, 가족놀이 과정을 활용한 평가 등이 있다. KFD는 "가족구성원들이 함께 모여, 무언가를 하고 있는 그림을 그리세요."라는 지시를 통해, 가족관계와 가족들의 상호작용의 특징을 살펴볼 수 있는 검사다. 가족동적화를 통해 가족들의 감정, 신뢰 등도 추측할 수 있다. 가족놀이의 경우, 치료사는 가족들에게 그들이 함께할 수 있는 놀이 과제 및 미션을 제시한다. 가족들이 주어진 과제를 완료하기 위한 놀이를 하는 동안 치료사는 다음과 같은 것들을 살펴본다. '누가 주도적인 역할을 하는가', '가족구성원들 간 연합된 인물과 소외된 인물은 누구인가', '누가 쉽게 포기하고 누가 끈기가 있는가', '누가 다른 사람을 돕는가', '부모가 자녀에게 어떻게 대하는가', '부모는 자녀들에게 지시와 한계를 어떻게 알려 주는가', '가족들은 과제에 어떻게 협상하며 참여하는가', '재료의 공유는 어떻게 하는가' 등이다.

6) 가족치료의 과정

(1) 초기 과정

치료의 첫 시작은 흔히 상담기관에 전화를 하는 순간 이루어진다. 치료기관의 상황 및 여건에 따라 다르겠지만, 가능한 전화 접수는 오랫동안 심리상담의 경험이 있는 전문가가 받는 것이 좋다. 첫 전화 상담에서부터 내담자와의 라포 형성이 이루어지며, 때로는 주 호소문제에 대해서도 가늠하게 된다. 또한, 치료사는 개인 심리치료로 진행해야 할지, 가족치료로 진행해야 할지에 대해서도 안내를 해 줄 수 있어야 한다. 가족치료를 진행하기로 결정이 되었다면, 가족 모두가 치료기관을 방문해야 할지, 가족구성원 중 누가 방문을 하면 좋을지 등도 첫 전화 상담에서 판단할 수도 있기 때문이다.

첫 면접 상담의 일정이 정해지면, 가족은 치료기관을 방문하게 된다. 상담의 성공을 좌우하는 가장 중요한 치료적 과업은 내담 가족과의 치료적 관계 형성(라포 형성)이다. 치료관계에 있어서 인간중심상담자 로저스(Rogers)는 상담의 기술이나 기법보다 상담자의 태도가 더 중요하다고 하였다. 가족치료에서도 마찬가지로, 내담자 가족이 치료 센터를 방

"가족체계는 움직이는 장난감 모빌과 같다. 장난감 모빌에서처럼 가족 모빌에서도 한 부분을 움직이면 다른 부분들도 움직인다"(Satir, 1972).

[그림 13-7] 가족구성원이 매달린 모빌 그림

출처: 정문자, 정혜정, 이선혜, 전영주(2018). 가족치료의 이해(3판), p. 107. 학지사.

문하게 된 의뢰 사유에 대해서 경청을 하면서 무조건적 긍정적 존중, 공감적 이해, 진실한 자세로 가족을 만나는 것이 매우 중요하다.

가족치료의 첫 면담에서는 무엇이 문제인가에 대해서 이야기를 나누어, 문제를 명료화하는 것이 필요하다. 즉, "왜? 무엇 때문에 가족치료를 받으러 왔는가?"를 탐색하고 이해하는 것이다. 가족구성원들이 함께 왔을 경우에는 현재 드러나는 어려움에 대해서 가족원 각자의 이야기를 들어볼 필요가 있다. 문제가 지속된 기간을 탐색하고, "왜 하필, 지금 이 시점에 치료에 왔는가?"에 대해서도 탐색해야 한다. 지금 현재 오게 된 원인이 문제를 불거지게 만든 촉발요인이 될 수도 있다. 또한, 치료사는 문제를 해결하기 위해서 가족구성원 각자의 노력을 물어보고, 그 노력의 결과에 대해서도 이야기 나눈다. 가족치료에서의 변화 대상은 가족구성원이 아니라, 가족체계다. 치료사는 가족들에게 가족체계의 개념에 대해서 설명할 필요가 있는데, 경험적 가족치료사 사티어는 가족체계를 모빌에 비유하여 설명하고 있다. 모빌에 매달린 인형 하나가 흔들리면 다른 인형들도 그 흔들림의 영향을 받아 흔들리기 마련이다. 가족도 이와 마찬가지다. 가족구성원 중 한 명의 흔들림은 다른 가족구성원들의 삶에 영향을 미친다는 것을 모빌로 상징한다.

　　첫 회기에 치료사는 가족치료에 대한 구조화를 통해 가족치료에 대한 안내를 한다. 가족치료 구조화 시 포함되어야 할 내용들은 다음과 같다.

> **상담의 구조화 시 포함되어야 할 내용**
> • 가족체계에 대한 명료화
> • 가족치료에 포함되는 가족의 범위
> • 가족치료의 계약: 가족치료의 회기 수와 주기, 치료 시간과 장소, 참석할 가족구성원, 치료의 목표, 회기당 치료 비용, 치료 시간 변경 시 연락하는 방법
> • 가족치료 중에 이루어지는 가족구성원의 개인 심리치료의 진행 여부와 다른 가족구성원의 합의
> • 치료사의 역할과 내담자의 역할, 가족치료 진행 과정에 대한 설명
> • 비밀보장과 예외 사항

　　치료사가 질문하고 가족들이 대답을 하는 과정 내에서 치료사가 해야 하는 역할이 있다. 치료사는 가족들이 이야기하는 과정 속에서 '누가 먼저 이야기하는지, 문제라고 하는 것 외에 다른 내용의 이야기를 하는지, 그렇다면 누가 그 이야기를 하고 있는지, 이야기하는 사람의 이야기를 방해하는 사람은 있는지, 누가 다른 이의 이야기에 동조를 하거나 핀잔을 주는지, 누가 문제의 원인으로 지목받고 있는지' 등을 파악해야 한다. 즉, 가족구조와 기능을 파악하고 가족들의 문제에 대해 치료사가 세운 가설이 있다면, 그 가설을 검토하며 치료를 진행한다.

　　치료사는 치료적 가설을 통해 치료 목표를 세운다. 가족치료의 경우, 가족구성원마다 서로 다른 상담 목표와 상담을 통해 기대하는 것이 다를 수 있다. 구체적인 목표를 합의하지 못하는 경우도 있으니, 치료의 목표를 세우기 위해서 여러 회기가 필요한 경우도 있다. 가족치료의 궁극적 목적은 현재 가족의 기능을 이해하고 적응적인 가족체계를 확립하도록 돕는 것이다. 초기 면담에서 가족체계 평가 도구 등을 사용하여 가족의 기능을 파악하는데, 많은 가족치료사들이 '가계도'를 활용한다. 가족관계를 파악하는 데에는 "○○이 그러한 행동을 할 경우에, 다른 가족들은 어떻게 하지요?" 등 서로의 상호작용을 파악할 수 있는 순환적 질문을 사용한다.

(2) 중기 과정
　　몇 회기의 치료를 통해 치료사는 가족체계 문제와 원인에 대해서 도출해 낸 이론적 설명

을 구성한다. 이를 사례개념화라고 한다. 치료 초기에 치료적 가설을 세운다고 하였는데, 가족치료를 진행하면서 초기에 세운 가설에 대한 타당성을 검증해 보아야 한다. 추가적인 정보가 생기고, 가족들의 반응을 통해 가설은 얼마든지 수정되고 보완될 수 있다. 가족치료에서의 사례개념화에 포함되어야 할 내용과 활용할 수 있는 질문들을 소개한다.

- 가족관계의 역사와 개인체계에 대한 요인 파악
  - 가족원 중 정신장애를 가지고 있는 사람이 있는가?
  - 가족체계에 영향을 미치는 생물학(의학)적 문제를 갖고 있는 가족원이 있는가?
  - 제시된 문제에 기여하는 가족원의 감정 표현 방식이 있다면?
- 상호작용 체계에 대한 파악
  - 가족이 밀착되어 있는가, 유리되어 있는가?
  - 위계구조는 적절한가, 부적절한가?
  - 가족의 규칙과 역할이 불분명한가, 지나치게 엄격한가?
  - 부부 및 가족 내 관계의 패턴이 있는가, 삼각관계가 있는가?
- 3세대 이상 걸친 세대 간 체계
  - 배우자의 부모의 역할과 배우자의 원가족 내 역할은 어떠한가?
  - 다세대 가족 내 존재하는 패턴은 어떠한가?
  - 세대에 전수되어 온 가족신화가 있는가?
- 지역사회 체계
  - 가족원들은 지역사회 체계를 어떻게 보는가?
  - 가족원들과 지역사회 체계 간 어떤 패턴이 있는가?
  - 어떤 지역사회 체계가 가족원들의 삶의 질을 향상시키는 데 기여하는가?

출처: 김유숙(2014). 가족치료: 이론과 실제(제3판), pp. 112-114. 학지사.

치료 중기에는 가족원들이 서로 대화하는 것을 격려하면서, 가족들 간 활발한 상호작용이 일어나도록 한다. 이때, 치료사는 한발 물러나 가족들의 있는 그대로의 상호작용을 관찰하며 지시적 역할은 자제하고, 치료 개입을 위한 적절한 질문을 하는 것이 중요하다.

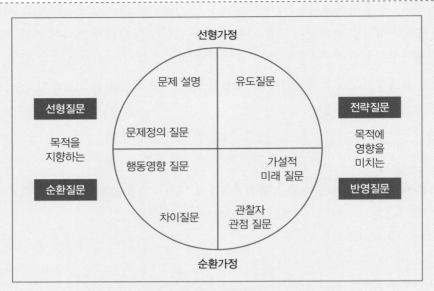

[그림 13-8] **질문 유형**

김유숙(2014). **가족치료: 이론과 실제(제3판)**, p. 116. 학지사에서 재인용.
원출처: Patterson et al. (2009).

질문기법의 예

• 선형질문: 원인과 결과가 드러나는 정보를 수집하는 질문

  "원인을 제공하는 것은 ○○인 것 같은데, 맞나요?"

• 순환질문: 문제가 가족보다 체계와 관련되어 있음을 탐색하는 질문

  "○○이 술을 마시지 않는 날은 다른 날과 어떤 차이가 있나요?"

  "가족 중에 누가 가장 먼저 ○○이의 기분을 알아차리나요?"

  "무엇을 다르게 하였더니, ○○이가 그 행동을 하지 않던가요?"

• 전략질문 또는 영향질문: 목적에 영향을 미치는 새로운 가능성을 제기하는 질문

  "만약, ○○이의 행동을 모르는 체하였다면, 어떤 일이 일어나나요?"

• 반영질문: 가족 내 변화를 이끌어 낼 수 있는 질문

  "○○가 다시 학교를 잘 가기 시작하면, 무엇이 어떻게 달라질까요?"

치료 중기에 치료사는 가족들이 가져온 문제를 다른 관점에서 볼 수 있도록 재정의하고, 가족의 위계구조를 재구조화할 수 있다. 때로는 과제를 부여하고 회기 초반에 지난 회기에 부여된 과제를 확인함으로써 매 회기를 연결 짓고, 과제에 대한 노력을 격려하고, 치료와 치료 사이에 가족의 변화를 도모할 수 있다.

(3) 종결 과정

치료 회기가 정해진 경우든, 그렇지 않든 간에 우선, 종결의 시점인가를 파악하는 것이 중요하다. 성공적인 종결을 위해서는 다음과 같은 사항들을 살펴보아야 한다. '문제가 해결되었는가', '가족들이 기대하는 목표를 이루었는가', '가족들이 성과에 만족하는가', '가족체계 및 기능에 긍정적인 변화가 생겼는가', '비슷한 문제가 생긴다면 어떻게 대처해야 할지를 알고 있는가', '가족치료의 도움이 없이도 앞으로 생길 문제에 대처할 수 있는 힘이 생겼는가', '가족관계를 발전시키는 데 관심이 생기고 노력하고 있는가?'에 대한 이야기를 통해 종결을 점검한다. 치료의 종결 과정에서는 지금까지 이룬 성과들을 되짚어 보며, 가족들 각자의 어떠한 노력을 통해 치료적 성과를 이루었는지를 확인하도록 한다. 이후, 가족들과 추후 면담을 계획함으로써 치료의 효과가 지속되고 있는가를 확인한다. 성공적인 종결만 있는 것은 아니므로, 조기 종결이 일어날 경우에 해결해야 할 문제와 달성되지 않은 목표를 검토하여 가족들이 이에 대비하도록 돕는다.

2. 놀이치료

놀이치료란 놀이를 적용한 심리치료다. 프랭크(Frank)는 아동들에게 아무도 가르쳐 줄 수 없는 것들에 대해 배울 수 있는 방법이 바로, '놀이'라고 하였다. 놀이는 아동에게 접근하기에 가장 자연스러운 방법 중 하나다. 또한, 놀이는 개별 심리치료를 넘어서 집단이나 가족에게도 응용할 수 있는 도구다(송영혜, 1998). 심리치료에 왜 '놀이'를 적용한 것인가에 대해서 생각해 볼 필요가 있기에 놀이의 치료적인 요인(송영혜, 1998)에 대해서 살펴보겠다.

1) 놀이의 치료적 요인

(1) 놀이의 즐거움

놀이치료에 참여하는 아동은 자신의 의지와 상관없이 부모나 교사에게 이끌려 오게 되는 경우가 대다수다. 그러나 놀이 자체가 주는 즐거움이 있기 때문에 아동에게 놀이를 하게끔 억지로 강요할 필요가 없다. 놀이의 즐거움이 없다면 아마도 놀이치료실은 아동에게 그리 매력적이지 않은 공간이 될 것이다. 놀이의 즐거움 때문에 아동은 외부의 압력에서가 아니라, 스스로 치료 과정에 즐겁게 참여하게 된다.

(2) 관계의 증진

보통 문제가 있다고 지목된 아동이 주변 사람들에 의해 놀이치료실에 오게 되는 경우가 많다. 아동은 자신이 무언가 잘못을 했기 때문에, 또는 어른들이 원하는 모습의 아동으로 행동하지 않았기에 오는 것으로 지각하게 될 가능성이 크다. 치료사는 아동과 치료적 관계를 맺기 위해 다년간 놀이치료 훈련을 받은 사람들이다. 아동은 그동안 자신이 만나 왔던 어른과는 다른 반응을 해 주는 치료사와 놀이를 통해 새로운 형태의 치료적 동맹을 맺게 된다.

(3) 의사소통의 도구

놀이는 아동들이 가장 자연스럽고 편안하게 자신의 경험과 감정을 표현할 수 있는 수단이다. 성인은 언어를 매개로 자신의 의사 표현을 할 수 있지만, 아동의 인지 및 언어 발달 수준으로는 소통이 어려울 수 있다. 놀이라는 상징적인 표현으로 아동은 자신의 감정, 소망 및 욕구, 생각하고 있는 것들을 표현하게 된다.

(4) 애착 형성의 기회

영아기 아동은 '까꿍놀이, 로션 마사지, 어부바'와 같은 형태의 놀이로 주 양육자와 상호작용하며 애착 형성을 한다. 에릭슨(Erikson)에 의하면, 아이는 태어나서 생후 1년 이내, 주 양육자와의 안정적 애착을 통해 자기, 타인, 세상에 대한 신뢰감을 형성한다. 이 시기에 형성된 애착은 이후의 정서, 사회성, 인지 발달에 매우 중요한 영향을 미친다. 그러나 한 번 형성된 불안정한 애착 유형이 영원히 지속되는 것은 아니다. 만약, 이 시기 애착 형성에 어려움을 겪은 아동이 놀이치료실에 방문했을 경우, 놀이치료실에서 아동은 온전히 자신만을 위해서 바라봐 주는 치료사의 관심을 받게 된다. 치료사는 아동의 감정에 민감하게 반응하고, 그들의 감정을 수용하고 있는 그대로를 존중해 준다. 그 안에서 아동은 치료사가 자신에게 의미 있고 신뢰할 수 있는 사람이라는 것을 알고, 마음을 열며 새로운 애착 형성의 기회를 갖는다.

(5) 숙달감의 배양과 창의력의 개발

아동은 자연스럽게 자신의 내적 욕구와 관계되는 놀이를 탐색하고 선택한다. 놀이에서는 언제든 자신이 원하는 대로 새로운 도전을 해 볼 수 있기에 실패에 대한 두려움을 극복할 수도 있다. 또한, 놀이는 새로운 선택을 함으로써 창의력을 기르는 데 도움이 된다. 특히, 아동의 역할놀이는 현실에서의 문제들에 대처하고 해결을 할 수 있는 방안을 찾게끔 돕는다.

(6) 감정의 정화

놀이실에서의 행위에 대해 아동은 비난받거나 보복당할 두려움을 느끼지 않아도 된다. 예를 들어, '마녀' 피겨를 불가마니에 넣는 놀이를 하며 자신의 분노를 안전하게 표출할 수 있는 것이다. 설령, 마녀 피겨에 엄마가 투사되어 있을지라도 말이다. 보보인형을 때리며 자신의 화를 표출할 수 있으며, 무덤을 만들며 슬픔과 같은 감정을 표현할 수 있다. 놀이 상황에서는 자신의 감정을 능동적으로 표출하고 감정에 대한 대처를 할 수 있다.

(7) 역할놀이를 통한 타인의 입장 이해

놀이를 통해 아동은 새로운 행동을 해 볼 수 있다. 아동은 역할놀이를 통해 자신이 엄마 나 아빠가 될 수도 있고, 의사와 환자, 선생님과 같은 여러 역할을 맡는다. 아동은 역할놀이를 통해 자신이 아닌 타인의 역할을 연기하는 것이다. 아동은 역할을 맡은 사람의 입장에서 그 사람의 행동을 해 보며 타인의 생각과 감정을 이해하는 능력을 발달시킨다.

(8) 상상의 기회 제공

아동은 상상의 세계에서 무엇이든 될 수 있다. 부족하거나 취약한 부분을 넘어서 놀이를 통해서는 아동 자신이 소망하는 것들을 이룰 수 있다. 아동은 놀이 안에서 힘이 아주 강한 어른이 될 수도 있고, 더 어린 날의 자기로 돌아가 보살핌을 받는 아가가 될 수도 있다. 상상의 세계에서 아동은 자신의 한계를 느낄 필요 없이, 자신의 욕구를 표현하고 새로운 도전을 시도할 수 있다. 놀이는 아동의 자기 문제와 성장에 중요한 의미를 가진 욕구를 보상받을 수도 있으며, 여러 인간관계를 다양하게 투영할 수 있는 적절한 도구다.

2) 놀이치료의 대상

놀이치료에 적합하다고 여겨지는 나이는 따로 없지만, 놀잇감이라는 사물에 흥미를 보이는 시기라면 언제든지 가능하다. 또한, 놀이치료를 적용할 수 있는 어려움의 종류도 다양하다. '과격함, 산만함, 도벽, 거짓말 등' 외현적으로 드러나는 문제 행동, '스트레스, 우울, 분리불안, 강박, 함묵증'과 같은 내면의 문제를 비롯하여 '언어 및 발달 지연, 인지 저하의 문제' 등의 발달상의 문제, '주의집중 결여, 이해 및 사고력의 저하, 학습문제'를 가진 아동들도 놀이치료의 대상이 될 수 있다. 부모의 이별 및 죽음, 방임, 피학대 등의 관계 외상의 경험도 놀이치료의 영역이다. 나아가 자아 강화, 자아개념의 증진, 사회성 향상 등의 영역에도 적용할 수 있다. 다만, 매우 심한 자폐스펙트럼장애와 현실검증력이 없는 조현병을 앓고 있는 경우에는 놀이치료가 적합한지 검증해 보아야 한다(Landreth, 2011).

더불어, 특별한 경우(부모로부터 학대를 받은 아동, 심각한 정신병리 및 지적 기능의 결함이 있는 부모의 아동, 부모가 부재한 시설 아동 등)를 제외하고 아동의 경우에는 부모상담을 함께 진행하는 것이 좋다. 부모상담은 부모가 효과적인 역할을 수행할 수 있게끔 하여 아동의 놀이치료적 성과를 높이는 데 기여하기 때문이다(기채영, 2006; 전혜리, 2010). 또한, 부모상담을 통해 아동 심리에 대한 이해와 양육 기술의 증가, 자신에 대한 이해와 심리문제의 해결, 부모 자신의 긍정적 변화 등이 놀이치료 효과에 영향을 미치는 것으로 나타났다(전혜리, 2010).

3) 다양한 놀이치료의 방법들

놀이치료를 종류별로 구분해 놓는다는 것은 사실상 어려운 일이다. '집단 모래놀이치료'는 집단놀이치료가 될 수도 있고, 사용 매체에 따라서 모래놀이치료가 될 수도 있기 때문이다. 한 가지 영역으로 어떠한 놀이치료로 구분하기가 어렵기 때문에 다양한 놀이치료의 방법들이 있다는 것으로 이해하는 것이 좋겠다. 크랜쇼와 스튜어트(Crenshaw & Stewart, 2018)는 자신들의 저서 『놀이치료: 이론과 기법편』에서 놀이치료를 이론별로 소개하였는데, 이에 덧붙여 사용 매체나 놀이치료에 참여하는 대상에 따라서 자주 활용되고 있는 놀이치료를 위주로 소개하고자 한다.

〈표 13-3〉 **다양한 놀이치료 이론과 매체**

이론	사용 매체		
아동중심놀이치료 대상관계 및 애착 기반 놀이치료 아들러학파 놀이치료 융학파 분석적 놀이치료 정신역동 놀이치료 인지행동 놀이치료	• 모래놀이치료 • 게임놀이치료		• 동물매개 놀이치료
	대상(참여자)		
	집단	부모 및 가족	개인
	• 집단 모래놀이치료 • 집단 게임놀이치료	• 부모자녀놀이치료 • 치료놀이 • 가족놀이치료	• 개인 놀이치료 –아동 · 청소년 · 성인 놀이치료

(1) 아동중심놀이치료

아동중심놀이치료는 가장 자주 활용되고 있으며, 가장 오랜 역사를 가진 놀이치료 기법 중 하나다(David & Anne, 2018). 이 이론은 놀이치료 사례로 유명한 『딥스』의 저자이자 아동중심놀이치료사인 액슬린(Virginia Axline)에 의해 구조화되었다. 액슬린은 이를 비지시적 놀이치료라고 하였으나 차후에 미국 치료사들이 아동중심놀이치료라 명명하였다. 아동중심놀이치료의 인간관은 로저스의 인간중심이론을 바탕으로 한다. 이에 아동중심놀이치료에서도 아동의 타고난 경향성인 자기실현의 경향성을 믿는다. 아동의 실현 경향성을 믿어 주는 치료사가 놀이치료에서 가장 중요한 치료적 도구다. 치료사와 아동과의 관계 자체가 무척 중요하다는 의미다(Garry, 2011). 치료사는 아동에게 수용받고 이해받는 관계를 경험할 수 있는 안전기지를 형성해 준다. 그 안에서 아동은 다양한 놀잇감을 통해 자연스럽고 적절한 방법으로 자신을 표현해 나간다.

(2) 집단놀이치료

집단놀이치료는 두 명 이상의 내담자가 참여한 집단치료와 놀이치료의 결합으로 이루어진다. 아동의 문제가 관계 안에서 생기기 때문에 치료를 위해 집단을 활용하는 것이다(Landreth & Sweeney, 1999). 집단이 곧 사회의 축소판이라는 관점에서 아동은 자신의 문제를 집단 내에서 드러내기가 쉬운데, 이는 치료사가 아동의 관계 및 역동에 대한 통찰을 얻는 데 도움이 된다. 아동은 집단을 통해 대인관계 기술을 배우고, 새로운 행동을 해 보는 기회를 갖고, 자신과 타인에 대한 이해를 넓혀 간다. 집단놀이치료는 보통 두 명 이상의 그룹별로 진행된다. 따라서 참여 아동을 쉽게 모집할 수 있는 치료 센터나 병원, 학교 등에서 진행되기에 적합한 방법이다. 집단놀이치료 효과성에 대한 국내 연구에서는 게임놀이치료, 치료놀이, 놀이 활용, 표현예술놀이치료, 놀이치료의 순으로 집단놀이치료의 효과 크기가 있는 것으로 나타났다(채은영, 정문주, 2016).

(3) 게임놀이치료

게임놀이치료는 집단놀이치료, 개인 놀이치료에서도 다양하게 활용되고 있다. 또한, 이야기하기를 좋아하지 않는 청소년이나 성인들에게도 적용하기에 유용한 방법이다. 게임에는 형식과 규칙이 있고 제한적이라는 특징이 있다. 치료사는 게임 과정에서 나타나는 아동의 행동과 언어 등을 통해 아동의 심리적 욕구와 갈등을 알아차릴 수 있다. 쉐퍼와 레이드(Schaefer & Reid, 2004)는 게임의 치료적 요소를 '진단, 즐거움, 치료적 동맹, 자기표현,

자아통제, 인지능력 발달, 사회화'라고 정리하였다. 즐거움을 주는 게임을 통해 치료사는 아동과 관계 형성을 하는 데 도움이 되며, 아동의 어려움이 무엇인지 진단할 수도 있다. 아동은 게임놀이치료를 통해 자기표현과 자아통제의 방법을 배울 수 있으며, 인지능력 및 사회기술 능력을 발달시킬 수 있다(이영미, 2001).

(4) 부모자녀놀이치료

1960년대에는 정서적 문제를 가진 아동을 치료할 수 있는 전문가가 그리 많지 않았기에 아동들이 처한 어려움을 해결하기 위해서는 부모의 도움이 필요하였다(Guerney, 1964). 부모자녀놀이치료(Filial therapy)는 부모에게 아동중심놀이치료 기법을 가르쳐, 부모가 자녀의 치료사가 될 수 있도록 고안된 놀이치료다. 부모가 자녀를 위해 긍정적인 변화의 역할을 해 줄 수 있다는 가정하에 치료의 영역을 부모에게 확대시킨 것이다. 치료사로서 기초교육을 받은 부모가 가정에서 매주 자녀와 놀이치료를 위한 놀이시간을 갖는다. 3~10세의 아동이 적합하지만, 12세 이하의 아동에게도 적용할 수 있다. 부모자녀놀이치료는 이혼가정의 아동, 학교부적응 아동, 우울한 아동, 유분증 및 유뇨증 등의 배설문제를 갖고 있는 아동들에게 많이 적용하고 있다. 부모가 놀이치료를 실시하는 사람이 되기 때문에 부모가 놀이치료를 실시할 수 없는 경우에는 부적절한 기법이다. 예를 들어, 인지능력의 부족으로 부모가 놀이치료 기술을 배울 수 없는 경우, 자신의 문제가 해결되지 않아 아동에게 부정적인 영향을 미칠 것으로 사료되는 부모의 경우, 부모가 아동 학대를 한 경우, 아동의 정서적 문제가 부모의 해결 능력 밖에 있는 경우 등이 이에 해당된다.

(5) 치료놀이

치료놀이(Theraplay)는 애착이론에 기반을 두고, 부모-자녀 간 상호작용을 통해 애착을 증진시켜 주는 데 목적이 있는 치료 기법이다. 치료놀이의 일반적인 순서는 평가, 치료, 추후점검으로 이루어진다. 아동과 양육자와의 관계 질과 특성을 평가하기 위해서는 마르샤크 상호작용 평가 도구(Marschak Interaction Method: MIM; Marschak, 1960)를 사용한다. 이후, 평가의 해석을 통해 치료 목표와 계획을 설정한다. 치료놀이는 아이와 함께하는 회기에 부모(혹은 주 양육자)를 참여하게 하여 부모와 자녀가 즐거운 상호작용을 하게 하는 양육적인 놀이를 제공하여 진행된다. 치료놀이 시간 동안 부모가 아동에게 긍정적인 신체접촉을 해 줌으로써, 아동은 안정애착을 형성하는 기회를 갖게 된다. 치료놀이 과정을 통해 아동은 자신이 사랑스럽고 특별한 존재이며, 이 세상이 신뢰로운 곳이라는 것을 배우게 된다. 치료놀이 회기 이후에는 부모 양육 상담 시간을 가져, 함께한 회기에서 일어난 일과 부모의 역할에 대해서 이야기 나누고 질문에 대답해 준다. 치료놀이는 모든 연령대의 대상에게 효과적이지만, 일반적으로 18개월~12세의 아동들에게 흔히 실시된다. 그러나 청소년이나 노인을 위해서도 사용이 가능하며, 집단상담에도 적용될 수 있다(Phyllis & Ann, 2011). 치료놀이에는 '로션 발라 주기, 머리 빗겨 주기, 음식 먹여 주기' 등의 접촉을 위한 활동들이 활용되고 있다.

(6) 성인놀이치료

놀이치료의 메타분석 연구에 의하면, 놀이치료는 나이와 관계없이 동일한 효과가 있는 것으로 나타났다(Bratton et al., 2005) 고령화 사회에서 노인을 대상으로 하여 놀이의 치유적 힘이 활용되고 있는 추세다. 노인놀이치료는 치료적 기능이 있는 놀이를 영역별로 통합하고, 구체적이고 체계적으로 매뉴얼을 구성하여 진행된다. 신체적ㆍ정서적ㆍ인지적ㆍ사회적 기능이 잘 통합된 놀이치료 프로그램은 노인의 적응력을 향상시켜 준다(신혜원, 2019). 통합적으로 구성된 치료 프로그램은 노인의 자아존중감과 자아통합감을 증진시켜 주며(김윤경, 2010), 초기 치매 노인들의 인지기능의 향상과 우울감 감소에 효과적이다(정애련, 김미연, 2017). 놀이치료의 영역은 광범위하지만, '음악, 언어 문학, 신체 운동, 미술, 인지 게임, 생활, 전통놀이' 등이 노인놀이치료에 활용되고 있다. 노인놀이치료는 노인들이 최대한 기존의 기능과 상태를 유지하거나 회복할 수 있도록 하며, 심리ㆍ사회ㆍ신체적으로 건강하게 사는 데 도움을 주고 있다.

4) 놀이치료의 단계

놀이치료는 보통 초기, 중기, 말기, 종료 시기로 구분되는데(조미영, 김광웅, 2016), 가장 일반적으로 활용되고 있는 아동중심놀이치료를 기반으로 놀이치료의 단계를 설명하고자 한다.

(1) 초기 단계

놀이치료 초기에 내담자는 주로 탐색을 하며, 놀이치료실 내에서 보호를 받고 치료자와의 안전한 관계를 형성할 수 있는 데 주력한다. 초기 단계의 아동은 치료자와 좋은 관계를 맺고 싶어 잘 보이고자 노력을 한다.

(2) 중기 단계

중기는 놀이치료의 전 과정에서 대부분을 차지하는 시기인데, 이 시기에 아동의 심리적 어려움과 관련된 주제가 놀이에서 잘 드러난다. 액슬린(Axline)은 이 시기에 아동이 부모와의 관계에서 결핍되거나 미흡했다고 생각되는 부분에 대해 치료자와의 재체험을 경험한다고 보았다. 따라서 아동이 가진 문제가 심각할수록 중기 단계가 역동적이고 길어질 수 있음을 시사한다. 초기 단계에서 치료자와 신뢰를 쌓은 아동은 마음 놓고 치료자를 시험하기도 하고, 놀이 장면 및 현실 세계에서 퇴행을 경험하기도 한다. 퇴행을 통해서 아동이 가진 문제가 더 심해져 보이기도 하지만, 치료적 과정에서 반드시 필요한 것으로 여기기 때문에 퇴행은 치료를 향한 반가운 징조다.

(3) 말기 단계

앞선 단계에서 퇴행을 딛고 한층 성장한 아동은 자신의 문제를 수용할 수 있는 능력과 현실에서 잘 지낼 수 있는 적응력이 생긴다. 때로는 다시 퇴행을 겪는 아동도 있지만, 처음의 퇴행에 비해 강도도 적고 퇴행의 기간이 짧다. 여러 번의 퇴행을 경험하는 아동의 경우에도 마찬가지다. 말기 단계는 종결을 준비하는 단계로 아동은 치료자에게 덜 의존적이고 독립적이며, 놀이치료에 대한 흥미가 저하되고 관심이 덜 해진다는 조짐을 보인다. 그동안 문제로 보였던 행동도 차츰 사라지고 적응적인 행동이 증가한다. 어떤 아동들은 종결에 대해 직접적으로 묻기도 하고, 놀이치료실에서 일상에서의 과업(숙제, 편지 쓰기, 시험공부 등)들을 하려고 가지고 오는 경우도 있다.

(4) 종결 단계

종결의 즈음에는 놀이치료실에 오게 되었던 아동의 문제가 사라지고, 아동이 현실에서의 문제를 잘 해결할 수 있다는 것을 치료사, 아동의 부모, 아동 모두가 느낄 수 있다. 아동은 "이제 여기에 오지 않아도 돼요. 여기에 오는 대신에 다른 것 배우고 싶어요." 등의 자기표현을 할 수 있다. 아동이 종결에 대해서 언급하기 시작하면, 앞으로 몇 회기를 더 할 것인지 상의하고, 끝나기까지 몇 회기가 남았는지를 알려 주어 상기시킨다. 종결이란 표면적으로 아동에게 놀이치료실의 매력이 떨어졌다는 것이지만, 그만큼 자신의 문제가 해결되어 놀이치료를 필요로 하지 않는다는 의미다. 그만큼 아동이 성장하였다는 것을 시사한다.

✏️ 요약

가족치료는 가족체계에서 생기는 문제들을 여러 모델을 적용하여 가족기능을 회복하고자 하는 치료적 개입이다. 치료적 대상과 단위는 가족체계다. 호소문제가 가족관계의 변화에 있으며, 가족이 서로 분리되는 것에 어려움이 있으면 가족치료를 적용한다. 가족생활주기는 원가족으로부터 독립은 했으나 아직 새로운 가족에 속하지 않은 성인의 시기, 결혼에 의해 부부체계를 형성하는 시기, 부부가 자녀를 출생하는 시기, 청소년 및 청년기 자녀가 있는 시기, 자녀가 집을 떠나 독립을 하는 시기, 조부모가 되는 노년기 시기로 나누어진다.

가족치료는 패러다임의 변화에 따라 크게 1차, 2차 가족치료로 나눌 수 있다. 1차 가족치료는 치료의 초기 단계에서 가족체계 평가를 중요시 여기고, 문제의 원인을 가족체계에 두고 있다. 그 예로, 다세대, 경험적, 구조적, 전략적 가족치료가 있다. 2차 가족치료는 보편적이라 믿었던 규칙이나 규범에서 벗어난 모델로 해결중심, 이야기치료 등이 있다. 가족치료에서도 다양한 가족평가도구(자가 체크리스트 검사, 관찰법, 투사법, 면접 등)을 통해서 얻어낸 다양한 자료를 수집하여 가족체계에 이해하고 평가한다.

놀이치료란 놀이를 적용한 심리치료다. 놀이의 치료적 요인으로는 '즐거움, 관계 증진, 의사소통의 도구, 애착 형성의 기회, 숙달감의 배양 및 창의력의 개발, 감정의 정화, 역할놀이를 통한 타인의 입장 이해, 상상의 기회 제공' 등이 있다. 놀이치료는 놀잇감이라는 사물에 흥미를 보이는 시기라면 언제든지 가능하며, 적용할 수 있는 어려움의 종류도 다양하다. 놀이치료는 이론, 사용 매체, 참여하는 대상자 등에 따라 구체적으로 불린다. 놀이치료의 단계는 초기, 중기, 말기, 종결 단계로 이루어진다.

🤔 생각해 봅시다

● 가족생활주기 단계 비추어 생각해 볼 때, 나와 내 가족은 어느 단계에 있는가?

● 우리 가족의 가족생활주기 발달과업은 무엇이라 생각하는가? 잘 이루어지고 있는가? 아니면 어떤 어려움이 있는가?

● 가족치료 및 가족평가가 필요하다고 생각되는 드라마나 영화 속 가족들을 떠올려 봅시다.

● 치료가 필요한 가족에게 어떠한 가족치료 방법으로 접근하면 좋을까? 그 이유는 무엇인가?

● 나를 포함하여 3세대 이상의 우리 가족 가계도를 그려 보고, 우리 가족을 평가해 봅시다.

● 우리 가족에게 존재하는 가족규칙, 가족신화, 가족의식에 대해서 생각해 봅시다. 그러한 것들이 가족체계에 어떠한 영향을 미치는 것 같은가?

● 다양한 놀이치료 기법들 중 부모자녀놀이치료와 치료놀이를 비교하여 설명해 봅시다.

● 놀이치료 단계에서 나타나는 아동의 놀이에 참여하는 태도를 예상하여 기술해 봅시다.

📝 형성평가

● 가족치료와 개인치료를 비교하여 설명해 보시오.

● 가족평가의 방법에 대해 기술하시오.

● 1차 가족치료와 2차 가족치료의 차이점에 대해 설명하시오.

- 놀이가 치료적 도구로 쓰일 수 있는 이유는 무엇인지 설명해 보시오.

- 놀이치료를 하기에 적합한 대상과 그렇지 않은 대상에 대해서 생각해 보시오.

📖 참고문헌

기채영(2006). 놀이치료에서 부모상담의 치료성과 요인 및 과정에 대한 질적 분석. 놀이치료
　　연구, 9(2), 41-58.

김유숙(2014). 가족치료: 이론과 실제(제3판). 서울: 학지사.

김유숙, 전영주, 김요완(2017). 가족평가. 서울: 학지사.

김윤경(2010). 집단치료놀이가 여성독거노인의 자아존중감에 미치는 효과. 놀이치료연구-한
　　국놀이치료학회, 13(4), 153-169.

송영혜(1998). 놀이치료와 발달정신병리: 놀이치료 대상의 진단과 치료 사례. 한국아동심리
　　재활학회. 놀이치료연구, 2(2), 3-10.

신혜원(2019). 노인놀이치료. 경기: 공동체.

이영미(2001). 게임놀이치료의 이론적 고찰과 적용 사례. 놀이치료연구, 4(1), 71-82.

전혜리(2010). 아동. 청소년 상담에서의 부모상담의 유형과 효과에 대한 질적 연구. 청소년시
　　설환경, 8(4), 3-20.

정문자, 정혜정, 이선혜, 전영주(2018). 가족치료의 이해(3판). 서울: 학지사.

정애련, 김미연(2017). 집단치료놀이 프로그램이 서울형 데이케어센터 이용 노인의 자아존중
　　감과 자아통합감 증진에 미치는 효과. 아동가족치료연구, 15, 67-80.

조미영, 김광웅(2016). 놀이치료 진행 단계에 따른 부모상담 내용 연구. 열린부모교육연구,
　　8(3), 59-86.

조홍식, 김인숙, 김혜란, 김혜련, 신은주(2010). 가족복지학(4판). 서울: 학지사.

채은영, 정문주(2016). 국내 집단 놀이치료 프로그램 효과에 대한 메타분석. 한국 놀이치료학
　　회, 19(2), 159-177.

Barker, P., & Chang, J. (2013). *Basic family therapy*. John Wiley & Sons.

Barnes, H. L., & Olson, D. H. (1985). Parent-adolescent communication and the circumplex model. *Child development, 56*(2), 438-447.

Booth, P. B., & Jernberg, A. M. (2011). 치료놀이(윤미원, 김윤경, 신현정, 전은희, 김유진 공역). 서울: 학지사.

Bratton, S. C., Ray, D., Rhine, T., & Jones, L. (2005). The efficacy of play therapy with children: A meta-analytic review of treatment outcomes. *Professional psychology: research and practice, 36*(4), 376.

Crenshaw, D. A., & Stewart, A. L. (2018). 놀이치료 1: 이론과 기법편(이순행, 최해훈, 박혜근, 윤진영, 최은실 공역). 서울: 학지사.

Guerney, Jr., B. (1964). *Filial therapy: Description and rationale. Journal of consulting psychology, 28*(4), 304.

Landreth, G. L. (2011). 놀이치료: 치료관계의 기술(유미숙 역). 서울: 학지사.

Landreth, G., & Sweeney, D. (1999). The freedom to be: Child-centered group play therapy. In D. Sweeney & L. Homeyer (Eds.), *The handbook of group play therapy: How to do it, how it works, whom it's best for* (pp. 39-64). San Francisco, CA, US: Jossey-Bass.

Marschak, M. (1960). *A method for evaluating child-parent interaction under controlled conditions. The Journal of Genetic Psychology, 97*(1), 3-22.

Olson, D. H., Russell, C. S., & Sprenkle, D. H. (1983). Circumplex model of marital and family systems: Vl. Theoretical update. *Family process, 22*(1), 69-83.

Satir, V. (1972). *Peoplemaking.* Palo Alto, CA: Science and Behavior Books.

Schaefer, C. E., & Reid, S. E. (Eds.). (2004). *Game play: Therapeutic use of childhood games.* John Wiley & Sons.

Walrond-Skinner, S. (1978). *Indications and contra-indications for the use of family therapy.* Child Psychology & Psychiatry & Allied Disciplines.

정신재활

제14장

정신재활이란 만성적인 정신장애를 가진 사람이 스스로 선택한 환경 속에서 지속적인 동시에 최소한의 전문적인 개입을 받음으로써 만족스러운 삶을 살 수 있도록 도와주는 것을 말한다(Farkas, Anthony, & Cohen,1989). 재활이 잘 이루어지기 위해서는 정신장애를 가진 사람들의 심리·사회적 기능을 향상시키기 위한 전략과 기술이 필요하다. 따라서 정신재활의 핵심은 정신장애를 가진 사람들이 효율적으로 기능하는 데 필요한 구체적인 기술을 개발하고, 이들의 기능력 수준을 강화하기 위한 지지체계를 개발하는 것이라고 할 수 있다.

1. 정신재활의 목표

1) 재기

재기(Recovery)란 정신재활의 핵심 목표 중 하나다. 앤서니(Anthony)는 "재기란 개인의 가치, 태도, 감정, 기술 및 역할, 목표를 변화시키는 개인적이고 특별한 과정이다. 이는 질병으로 인한 한계에도 불구하고 자신의 삶에 만족하고, 희망을 가지며, 기여하는 삶의 방식이다. 재기는 정신장애의 악영향을 넘어 삶의 새로운 의미와 목적을 개발하는 것을 포함한다."라고 하였다(Anthony, 1993). 개인마다 고유한 환경과 형편에 처해 있기에 재기의 과정 또한 다양하다. 정신재활 실무자들은 내담자 각자가 성취할 수 있는 목표에 이르도록 돕고 격려해야 한다.

재기란 많은 경우에 치료를 의미하기도 하지만, 정신장애를 가진 사람들이 경험하는 어려움은 장기간에 걸쳐서 나타나기 때문에 학자들은 질병의 증상 및 경험과 공존할 수 있는 재기의 새로운 개념을 적용할 필요가 있다고 주장한다. 디건(Deegan)은 재기에 관하여 장애의 어려움을 해결하는 것뿐만 아니라 정체성의 재확립과 장애의 한계를 넘어서는 목적의식을 회복할 필요가 있다고 주장하였다(Deegan, 1988).

2) 지역사회통합

국제적으로 일관된 정신재활 서비스의 목표는 정신장애를 가진 내담자가 지역사회 내에서 스스로 선택한 곳에서 독립적으로 살아갈 수 있도록 하는 것이다(IAPRS, 1996). 병원 또는 시설이 아닌 자택에서 거주하는 것은 모든 사람들이 중요하게 생각하고 원하는 바이다. 지역사회통합은 장소뿐만 아니라 누구나 학습, 노동, 사회적 관계, 지역사회 활동 참여대한 권리가 보장되는 것을 의미한다. 이러한 지역사회통합은 재기가 외적인 모습으로 관찰되는 하나의 현상이라고 볼 수 있다(Bond et al., 2004).

웡과 솔로몬(Wong & Solomon, 2002)은 지역사회통합을 물리적 · 사회적 · 심리적 통합이라는 3개의 영역으로 설명하였다. 물리적 통합이란 내담자가 자신이 거주하는 곳 주변의 자원을 활용하는 것이다. 예를 들어, 학교, 직장, 쇼핑몰, 음식점, 여가시설 등의 장소를 이용할 수 있다. 사회적 통합은 지역사회 내의 여러 사회적 관계를 형성하는 것이다. 가족, 친구, 이웃, 직장 동료, 동호회, 종교 등 자신과 관련된 사람들과의 모임 및 교류가 사회적 통합에 해당한다. 심리적 통합이란 내담자 스스로가 자신이 살고 있는 지역의 구성원이라는 의식과 그로 인한 소속감을 말한다. 내담자는 물리적으로 가깝고 동일한 사회적 환경에 노출되더라도 심리적으로 불편하거나 어려움을 느낄 수 있다. 따라서 궁극적으로 심리적 통합이 이루어질 때 내담자가 만족할 수 있는 지역사회통합이 이루어졌다고 말할 수 있을 것이다.

지역사회통합의 이러한 구분은 정신재활 실무자가 내담자의 상황에 따라 우선적으로 서비스가 제공되어야 할 영역이 무엇인지 파악하는 데에 도움을 줄 수 있다. 정신재활 실무자들은 지역사회에서 내담자가 장애가 없는 사람들과 의미 있는 상호작용을 할 수 있는 기회를 얻도록 노력해야 할 것이다. 이를 통해 내담자는 지역사회의 일원으로서 느낄 수 있는 행복감과 만족감을 경험할 수 있을 것이다.

3) 삶의 질

정신재활의 세 번째 목표는 장애의 증상과 단계에 상관없이 모든 개인이 최선의 삶의 질을 이루도록 돕는 것이다. 삶의 질이란 삶을 가치 있게 만드는 모든 요소를 포괄하는 개념으로 소득, 건강, 교육, 환경과 같은 객관적 생활조건과 자신의 삶에 대한 주관적 만족도로 평가될 수 있다. 이에 정신장애를 경험하고 있는 사람들의 생활 영역을 측정하기 위해서 다양한 도구가 개발되었다(Becker, Diamond, & Sainfort, 1993; Lehman, 1983, 1988, 1996).

정신장애를 가지고 있는 사람들의 삶의 질에 부정적인 영향을 끼치는 대표적인 요인은 무엇일까? 그것은 바로 빈곤이다. 빈곤은 정신장애를 가지고 있지 않은 사람들의 삶의 질에도 부정적 영향을 미치겠지만 정신장애를 가진 사람들에게는 그보다 더 치명적인 영향을 미친다. 그렇기 때문에 학자들은 직업 성과를 정신재활의 최우선 과제 혹은 중요한 성과 중의 하나로 꼽고 있다(Semba, Takayanagi, & Kodama, 1993; Seyfried, 1987; Eikelmann & Reker, 1993; Shepherd, 1998).

질병 또한 삶의 질을 위협하는 요인 중 하나다. 심각한 정신장애를 가지고 있는 사람들은 생명을 위협할 수 있는 기타 만성 질환을 동시에 앓고 있고, 일반 인구에 비해 기대수명이 상당히 짧다(Brown, 1997; Hutchinson et al., 2006). 이러한 점에서 신체적인 건강과 안녕감을 증진시키는 정신재활 프로그램은 정신건강 체계의 필수 요소라고 할 수 있다.

2. 재활 모델

1980년에 보고된 세계보건기구(World Health Organization: WHO)의 질병의 결과에 대한 분류(Frey, 1983)는 정신장애의 영향을 기술하는 개념적인 틀로 정신건강 분야 전반에 걸쳐 정신장애가 가져다주는 결과에 대해 보다 통합적인 이해를 가능하게 만들어 주었다.

1980년대 정신재활 옹호자들은 정신장애가 내담자에게 심각한 기능 저하와 장애를 초래한다는 점을 강조하였다(Anthony, 1982; Anthony & Liberman, 1986; Anthony et al., 1990; Cohen & Anthony, 1984). 당시 WHO는 질병과 손상뿐만 아니라 장애와 손상과 같은 질병의 결과를 포함하는 질병 모델을 발전시키고 있었고, 손상, 활동, 참여라는 용어들을 지속적으로 개념화하고 있었다(World Health Organization, 1997). 이러한 WHO의 분류체계에 기초하여 손상(impairment), 기능 저하(dysfunction), 장애(disability), 불이익(disadvantage)

⟨표 14-1⟩ **재활 모델: 심각한 정신장애의 부정적 영향**

단계	I. 손상 (impairment)	II. 기능 저하 (dysfunction)	III. 장애 (disability)	IV. 불이익 (disadvantage)
정의	심리적·생리적·해부학적 구조 또는 기능이 상실되거나 어떤 이상이 생긴 상태	정상이라고 생각되는 방식과 범위 내에서 활동 수행 능력이 한정되거나 부족한 상태	정상이라고 생각되는 방식과 범위 내에서 역할 수행 능력이 한정되거나 부족한 상태	한 사람의(연령, 성, 사회문화적 요인에 따른) 정상적인 활동 수행과 역할 이행을 제한하거나 방해가 되도록 기회가 결핍된 상태
예시	환각 망상 우울	직무적응 기술 부족 사회기술 부족 일상생활수행 능력 (ADL) 부족	취업을 못함 거주지가 없음	차별 대우 빈곤

이라는 용어들이 재정의되었다(⟨표 14-1⟩ 참조). 정신장애의 부정적인 영향에 관한 개념화 작업은 이후 정신건강 분야에서 정신재활 모델로 널리 알려졌다(Anthony, Cohen, & Farkas, 1982).

역사적으로 정신건강에 대한 치료 개입은 손상 단계에 대한 개입이었다. 즉, 치료는 병리의 징후와 증상을 완화하고자 하는 노력을 중심으로 이루어졌다. 그러나 재활은 건강을 증진시키는 방향으로 이루어지고 있다(Leitner & Drasgow, 1972).

이러한 점에 있어서 정신재활의 임상 실천은 재활의 기본 원칙을 따르게 되는데, 장애를 가진 사람이 자신의 일상, 사회 및 직업 환경에서 적절한 기능을 수행하기 위해 기술(역량) 개발에 대한 지원과 환경적인 지원이 필요하다. 정신재활은 이러한 지원을 통해 내담자가 자신이 속해 있는 환경에서 스스로가 선택한 특정 역할을 잘 수행하도록 돕는다.

정신장애를 가진 사람들은 이러한 임상적 재활 개입법뿐만 아니라, 사회적 재활 개입법을 통해서도 도움을 받을 수 있다(Anthony, 1972). 사회적 재활은 정신장애를 가진 사람들이 역할 수행을 위한 특정한 기술과 환경적 지원보다 자신들이 살고자 선택한 환경에서 보다 만족하며 살 수 있도록 사회를 변화시키는 데 초점이 있다. 즉, 사회 전반에서 정신장애를 가진 사람들이 겪을 수 있는 불이익을 해결하는 데에 초점을 두는 방법이다(Mehta & Farina, 1997; Penn & Martin, 1998). 임상적 재활 개입과 사회적 재활 개입 모두 정신장애를 가진 사람들의 행복과 만족을 최우선의 가치를 두고 있기에 두 개입법은 결코 상호 배타적일 수 없다. 오히려 두 개입법이 적절하게 이루어졌을 때 진정한 재활이 이루어질 수 있다.

3. 정신재활의 기본 가치와 원리

1) 정신재활의 기본 가치

정신장애인들에 대한 개입은 재활 모델의 근본이 되는 가치와 원리에 기초하여 이루어진다. 정신재활의 주요 가치(Farkas et al., 1989)는 다음과 같다.

첫째, 인간 지향이다. 재활은 사람과 함께하는 과정이다. '환자'의 역할이나 진단이 아닌 전인적인 인간과 함께 하는 과정이며, 이러한 과정은 내담자와 실무자의 관계를 바탕으로 이루어진다. 상호 관계 속에서 실무자는 도움이 필요한 사람을 최우선적으로 고려하여 내담자의 만족과 행복에 기여한다.

둘째, 재활은 기능(력)의 향상을 위한 활동이다. 정신재활은 부정적인 행동을 통제하는 개입법이 아닌 긍정적인 행동을 증진시키는 것에 초점을 맞춘다. 개입의 목표는 일상의 활동에 초점을 둔다.

셋째, 재활은 지원에 대한 활동이다. 오해하지 않아야 할 것은 내담자에게 제공하는 도움이란 내담자가 필요로 하고 원하는 만큼만 제공해야 한다는 것이다. 원하지 않는 도움을 지원으로 여기는 사람이 없듯이 실무자의 지원 제공의 범위, 정도는 내담자의 요구가 기준이 된다.

넷째, 정신재활의 가치는 환경적 특성이다. 정신재활은 내담자가 선택한 특정 환경에서의 요구와 관련하여 그 사람을 평가한다. 이는 내담자가 상호작용하는 환경에 대한 이해를 필요로 하며, 내담자가 실재하는 환경에서 내담자가 필요로 하는 능력을 개선하는 것에 초점을 맞춘다.

다섯째, 정신재활의 가치는 참여다. 재활이란 사람에게 하는 것이 아닌 사람과 함께하는 것이다. 참여의 가치는 내담자가 재활 프로그램에 관한 의사결정에 참여할 수 있고, 제도 전반에 대한 그들의 가치 및 의견을 주장할 수 있다.

여섯째, 정신재활의 가치는 선택이다. 우리는 대부분 우리가 어떠한 삶을 살 것인지, 어떠한 곳에서 살 것인지, 누구와 살 것인지 선택할 수 있는 권리를 가지고 있다. 이와 마찬가지로 정신장애를 가진 사람 또한 그들이 원하는 어떠한 수준의 선택을 할 수 있는 기술과 지원이 제공되어야 마땅하다. 그들이 생활하고 학습하며 직업 활동을 하는 곳을 선택할 수 있도록 돕는 것은 정신재활이 추구해야 할 실제적인 사안이다.

일곱째, 정신재활의 가치는 성과 지향이다. 정신재활은 관찰이 가능한 성과를 지향한다. 재활의 목표는 정신장애를 가진 사람들에게 서비스를 제공하는 데 그치는 것이 아니라 실제적인 행복과 만족감이 향상되도록 돕는 것이다. 따라서 정신재활의 성과란 서비스가 제공된 정도와 빈도, 기간이 아닌 실제 내담자가 경험하는 만족과 성공의 수준에 의해 결정된다.

여덟째, 정신재활이 지닌 가치는 성장 가능성에 대한 믿음이다. 재활의 초점은 내담자가 경험하는 성공과 만족도이고, 성공은 선택한 환경의 요구에 내담자의 반응능력이며, 만족도란 그 환경에서 내담자가 보고한 경험에서 측정된다. 장애가 있든, 없든 모든 사람들은 성장 가능성이 있다. 재활의 중심 메시지는 정신장애를 가지고 있는 사람들도 '가능성을 지니고 있다는 믿음'을 갖는 것이다(Beard, Propst, & Malamud, 1982). 일정 수준을 유지하는 것은 일시적인 목표일 뿐이다. 실무자들의 목표는 모두가 성장할 수 있다는 믿음을 바탕으로 한 내담자들의 지속적인 성장을 이루도록 돕는 것이다.

2) 정신재활의 핵심 원리

(1) 정신재활의 기본적 목적은 정신장애를 가진 사람의 기능을 향상시키는 것이다

재활은 질병(의 완치) 또는 증상의 완화와 함께 신체, 정신, 사회적 건강을 증진시키는 것을 지향한다. 즉, 정신재활이 성장의 기회를 제공해 준다는 딘신(Dincin)의 제언과 같이, 재활은 병을 최소화하거나 억제하기보다 장애에 대해 오히려 의미 있는 적응과 변화에 도전하는 것이다(Dincin, 1981).

(2) 내담자의 적극적인 참여가 정신재활의 핵심이다

재활 과정에서 실무자와 내담자 간의 협력관계는 매우 중요하다. 실무자와 내담자는 함께 최선의 치료와 재활 방법을 선택하며, 공동의 의사결정 과정을 통해 수행되어야 한다. 또한, 실무자는 내담자에게 전문지식, 기술과 자원과 관련된 지원을 하고, 내담자는 실무자에게 자신의 욕구와 선호에 대한 이해를 제공한다. 이러한 실무자와 내담자의 협력관계에서 놓치지 말아야 할 것은 정신장애를 가진 사람은 '재활되는 사람'이 아닌 스스로가 적극적이고 능동적인 참여자로 재활 과정에 임해야 한다는 것이다. 실무자 또한 내담자가 그저 도움을 받기만 하는 수동적인 존재로 여기지 말아야 하며, 적극적인 참여를 도울 수 있는 지원이나 기술을 제공할 책임이 있다.

(3) 정신재활의 두 가지 기본적인 개입방법은 내담자의 기술을 개발하는 것과 환경적인 지원을 개발하는 것이다

신체재활과 정신재활 모두 정신장애를 가진 사람이 기술을 습득하거나 그들의 환경을 수정하는 데 목적이 있다. 때로는 내담자의 환경에 대한 지원을 강력하게 주장하는 반면 (Beard et al., 1982), 때로는 내담자의 기술 개발을 더욱 중심적으로 수행되는 경우가 있다 (Azrin & Philip, 1979). 이러한 두 가지 개입법은 기술 습득이나 환경 수정을 체계적으로 수행할 수도 있고, 과정을 경험해 나가면서 운영을 할 수도 있다(Dincin, 1981).

(4) 내담자의 의존성을 지원함으로써 결과적으로 내담자의 독립적인 기능력을 증대시킬 수 있다

내담자의 의존성을 지원한다는 것은 내담자를 수동적인 존재로 만든다는 말로 들릴 수 있다. 실제로 주거, 교육, 사회 및 직업 장면에서의 지원 제공은 이러한 지원이 제공되지 않는 경우보다 내담자의 의존성을 더욱 증가시키는 것은 사실이며, 과도한 의존성을 갖게 하는 것은 위험할 수 있다. 따라서 재활 개입이 이루어지는 현장에서 분류하고 있는 의존성의 유형에 대해 잘 이해하고 있어야 한다.

재활의 관점에서 의존성이란 '나쁜 단어'가 아니다(Anthony, 1982). 우리 모두는 사람, 도구, 사물 등에 의존한다. 태어나서 자립하기 전까지는 부모에게 의존하고, 교육을 위해서는 학교 및 선생님에게 의존하고, 병을 치료하기 위해서는 의사에게 의존하는 등 의존은 지극히 정상적인 삶의 부분이다. 전문성이 더욱 부각되는 현대에는 전문성의 증가와 함께 여러 분야에서 우리의 의존성 또한 증가하고 있다. 이러한 측면에서 볼 때 완전히 독립적인 사람은 없다.

의존성을 강조하는 이유는 한 가지 기능 영역에서의 의존은 그 외의 기능 영역을 자유롭게 할 수 있기 때문이다. 다리를 다친 사람이 목발에 의존하여 걷는 것은 그 사람의 일상을 자유로워지게 할 수 있다. 낮은 시력으로 인해 안경에 의존하는 일은 제한된 시력에서 자유롭게 한다. 이처럼 정신재활의 영역에서도 내담자가 전문가로부터 완전하게 독립하는 것은 한계가 존재하며, 한 시기의 적절한 개입법은 내담자에게 일상의 만족과 안정감을 제공할 수 있다. 과의존에 대한 우려로 의존을 멀리할 이유가 전혀 없다.

(5) 정신재활은 정신장애를 가진 사람의 주거, 교육, 직업 성과 향상에 초점을 둔다

정신장애를 가진 내담자 또는 가족들이 원하는 실제적인 성과는 정신장애를 가진 사람

이 안락한 집, 알맞은 직업, 적절한 교육 등의 환경 속에서 가족구성원 혹은 지역사회 구성원으로 해야 할 역할을 적절히 감당하는 것이다(Shepherd et al., 1996).

앞서 언급하였듯이 정신재활에서 직업 성과는 최우선적 과제이자 중요한 성과이기 때문에, 직업의 가치가 반영된 직업 프로그램은 필수적으로 포함되어야 한다(Cochrane, Goering, & Rogers, 2009). 또한, 주거의 지원 정도에 대해서는 국가마다 의견이 다를지 몰라도 정신장애를 가진 사람들의 사회복귀를 위해서는 그들이 생활할 수 있는 주거 공간이 필요하다는 점에서는 대부분의 사람이 동의하고 있다. 주거, 교육, 직업의 영역이 일반적인 사람에게 중요하듯 정신장애를 가진 사람에게도 동일하게 중요하다.

4. 정신재활에 대한 오해들

1) 정신장애를 가진 사람들은 재활이 불가능하다

1980년대 전반에 걸쳐 조현병 형태의 정신장애는 계속해서 악화되는 질병이라는 믿음이 팽배하였다. 이러한 믿음은 현재에도 큰 변함이 없으며, 이는 정신재활이 임상 현장에서 받아들여지는 것을 방해하는 역할을 하였다. 병의 지속적인 악화는 질병 자체의 특성보다도 장애를 가진 사람들이 받는 치료 환경과 더욱 밀접한 관련이 있다(Harding, Zubin, & Strauss, 1987). 만성화의 원인은 질병 자체보다도 질병을 가진 내담자가 상호작용하는 다양한 사회적 요인과 관련이 높다. 이러한 관점은 정신장애가 지속적으로 악화된다는 주장에 반대를 제기하는 근거가 되었으며, 재기의 개념으로 발전하였다. 오해하지 말아야 할 것은 (문제가 되는 사회적 요인의 해결로) 모든 질병이 완치될 수 있다는 의미가 아니다. 즉, 정신장애에서의 재기는 신체질환에서 이야기하는 증상이 제거되고, 기능이 완전하게 복구된다는 것을 뜻하지 않는다. 앤서니(1993)는 재기란 정신장애의 파괴적인 영향을 극복하는 과정에서 장애를 가진 사람이 새로운 삶의 의미와 목적을 만들어 나간다는 의미라고 하였다.

2) 내담자의 재활 성과는 전문가들의 자격증에 따라 차이가 있다

정신재활 영역에 종사하고 있는 직업군은 정신의학, 간호학, 심리학, 사회복지학 등 다양한 전문 분야들이 포함되어 있다. 이러한 구분된 직업군은 임상 현장에서 우열을 결코 나눌 수 없다. 각 직업군에서 성취할 수 있는 성과를 바탕으로 내담자에게 필요한 프로그램에 개입되어야 한다. 정신장애를 가진 사람들이 필요로 하는 자원은 특정한 영역에만 국한되어 있지 않다. 따라서 정신장애를 가진 개인마다 중점적으로 필요한 지원이 다르기에 각 직업군은 그들이 제공할 수 있는 최상의 서비스를 내담자에게 제공할 뿐이다. 칼허프(Carkhuff)는 전문 영역의 전문가들이 아닌 기능적 전문가라는 용어를 탄생시켰다 (Carkhuff, 1971). 기능적 전문가란 정신건강 분야와 관련한 공식적인 자격증은 소지하고 있지 않으나 정신건강 전문가의 기능을 수행하고 있는 사람을 말한다. 기능적 전문가들은 교사, 내담자의 부모, 지역사회 재활자원 등이 포함된다. 기능적 전문가들은 정신재활 영역에서 자신들이 제공할 수 있는 개인적 지원, 기술 교육, 자원 제공 등의 역할을 수행한다. 이처럼 내담자가 재활을 위해 필요한 주변 환경과 도움들이 다수가 존재하기 때문에 전문학위, 자격증이 아닌 내담자 중심의 지원들이 적절히 제공되는 것이 중요하다고 볼 수 있다.

3) 약물치료만으로도 재활에 좋은 성과를 거둘 수 있다

약물치료에 대해 대개 두려움을 가지게 되면서도 그만큼 강력한 효과를 기대하게 된다. 정신재활 영역에서도 약물치료는 대부분의 정신장애 문제를 해결하는 방법으로 기대를 모았다. 하지만 근래에 들어서는 약물 부작용에 대한 경각심과 약물치료의 한계가 나타나면서 약물치료로 이룰 수 있는 성과가 생각보다 극적이지 않다는 것이 인식되기 시작하였다.

정신재활에 있어서 재활과 약물치료는 상호 보완적인 관계에 있다. 질환의 병인과 증상들은 개인적 · 사회적 · 환경적 요인에 따라 다양한 형태와 특성을 보이기 때문에 모든 상황에 항시 적용될 수 있는 개입법은 존재하지 않는다. 다만 약물치료를 받고 있는 정신장애인은 약물치료를 받고 있지 않은 정신장애인보다 재활에 더 적극적으로 참여하려고 한다(Menditto et al., 1996).

5. 정신재활의 실제

정신재활은 단순히 신념적 차원에서의 관점 혹은 가치만을 갖춘 이론이 아닌, 과학적 증거를 기반으로 하는 실천이다. 정신재활은 초창기 여러 시행착오를 거쳐 효과적인 서비스를 개발해 왔다. 그러나 이런 과정을 통해 만들어진 서비스 일부는 효과적이고, 일부는 그렇지 않다. 이러한 문제를 해결하기 위해 정신재활에서는 근거 중심 실무를 채택해 왔다. 근거 중심 실무(Evidence-based practice)란 편견에 노출될 위험성이 가장 적은 연구방법을 통하여 도출된 결과 중에서 내적타당도가 높으며, 일반화의 가능성이 높은 것으로 판명된 개입방법들을 기반으로 하여 내담자들에게 서비스를 제공해야 한다는 개념이다. 정신재활 연구와 지식의 기반이 확장되면서, 내담자에게 바람직한 결과를 제공하기 위해 어떤 실천과 전략이 다른 것에 비해 더 우월한지 분명해지고 있다.

1) 사례관리

사례관리(Case management) 서비스는 "소비자가 필요한 서비스를 조율하고 효과적이고 효율적으로 제공받도록 고안된 절차나 방법"을 의미한다(Baker & Intagliata, 1992). 여기서 '사례'의 의미는 대상화되는 사람이 아닌 개인의 삶에 영향을 주는 환경이나 조건을 의미한다. 다양하고 복합적인 욕구를 가진 내담자를 대상으로 하는 사례관리는 문제해결과 치료보다는 욕구충족과 보호에 더 중점을 둔다. 이는 내담자의 사회적 기능과 자립생활을 극대화하기 위해 보호의 연속성과 책임성의 보장과 함께, 내담자와 사회 환경과의 상호작용에 관심을 가진다. 내담자 각자의 욕구를 개별화해 다양한 자원체계의 광범위한 서비스를 효율적으로 활용하여 서비스의 파편을 감소시키는 것을 목표한다. 개입 과정에서 내담자의 참여와 자기 결정을 촉진시키는 사례관리는 개별적인 실천기술과 지역사회 실천기술을 통합한 형태다.

베이커(Baker)와 잉타글리아타(Intagliata)는 성공적인 사례관리 서비스를 정의하는 네 가지 공통점에 대해 정리하였다(Baker & Intagliata, 1992). 첫째, 적절한 기간 이상의 시간 동안 포괄적인 서비스를 제공 받는 돌봄의 지속성, 둘째, 필요로 하는 서비스를 찾아서 이용할 수 있는 접근성, 셋째, 제공하는 서비스에 대한 책임을 받아들이는 책임성, 넷째, 경제적이고 효율적인 서비스가 제공되어야 하는 효율성이다. 아그라노프(Agranoff)는 사례관리의 다섯 가지 기본적인 기능체계를 제시하였다(Agranoff, 1997). 고객의 욕구를 확인하는 사정, 고객에 대한 포괄적인 서비스 계획은 만드는 계획, 서비스를 고객과 이어 주는 연계, 고객에게 실제로 서비스가 제공될 수 있도록 하는 관찰, 서비스에 대한 고객의 반응을 사정하고 후속 서비스를 제공하는 평가다. 이러한 사례관리의 형태는 〈표 14-2〉와 같이 여섯 개의 모델을 지닌다(Corrigan et al., 2008; Mueser et al., 1998).

〈표 14-2〉 **지역사회 돌봄 모델**

지역사회 돌봄 모델						
프로그램 특징	중개의 사례관리	임상적 사례관리	강점 모델	재활 모델	적극적 지역사회 치료	집중형 사례관리
직원: 내담자 비율	약 1:50	1:30 이상	1:20~30	1:20~30	1:10	1:10
내담자에 대한 방문 접근	낮음	낮음	보통	보통	높음	높음
사례 업무 공유	없음	없음	없음	없음	있음	없음
24시간 접근성	없음	없음	없음	없음	있음	있음
내담자 참여	없음	낮음	높음	높음	낮음	낮음
기술 훈련 강조	없음	낮음	보통	높음	보통	보통
환자 접촉 빈도	낮음	보통	보통	보통	높음	높음
접촉 장소	기관	기관	지역사회	기관/ 지역사회	지역사회	지역사회
치료의 통합	낮음	보통	약간 낮음	약간 낮음	높음	약간 높음
직접 서비스 제공	낮음	보통	보통	보통	높음	높음
목표 집단	심각한 정신장애를 가진 집단	심각한 정신장애를 가진 집단	심각한 정신장애를 가진 집단	심각한 정신장애를 가진 집단	고도의 서비스를 요하는 심각한 정신장애를 가진 집단	고도의 서비스를 요하는 심각한 정신장애를 가진 집단

2) 적극적 지역사회치료

앞의 여섯 가지 모델 중, 적극적 지역사회 치료 프로그램(Program of Assertive Community Treatment: PACT)은 가장 면밀하게 연구된 근거 중심 실무 서비스(Evidence-Based Practice: EBP)[1]다. PACT란 만성 정신장애인들의 치료와 재활을 위해 개발된 프로그램으로 병원에서의 입원치료에 대한 대안적 치료로서 증상의 조절과 심리사회적 재활을 위한 지역사회 제반 서비스를 통합적이고 지속적으로 제공하는 것을 목적으로 한다. TCL(Training in Community Living, 지역사회 생활에 대한 훈련)은 PACT의 전조가 되는 모델로 대상자들이 지역사회에서 효율적인 자기관리를 할 수 없어서 정신병원을 반복적으로 드나드는 회전문 현상을 해결하기 위한 시도로 시작되었다. TCL 서비스는 지역사회에서 개별화된 서비스 계획을 효과적으로 전달하기 위해 내담자의 집과 직장이나 여가를 보내는 장소에서 제공되었다. 이러한 TCL의 서비스 제공 방식은 PACT 모델의 기본 개념으로 이어져 병원이 아닌 지역사회가 내담자를 위한 케어의 주요한 현장이 된다. 지역사회는 내담자가 매일 계속되는 스트레스 요인들을 직면하는 곳이기 때문에 지역사회에서 생활하면서 사회적 기능을 증진하고 사회 환경을 변화시키는 것이 필요하다. 지역사회 속에서의 치료와 지지는 모든 생활 분야를 포함해야 하는데, 이들의 포괄적이고 융통성 있는 치료와 지지들은 내담자에게 능률적인 방식으로 제공되어야 한다.

(1) PACT 모델의 특징

적극적 지역사회치료는 전문가로 구성된 팀으로 개입이 이루어지는 치료를 뜻하고, 여기서 전문가 팀은 치료, 재활 및 사회복귀, 사회적 서비스의 일차적인 제공자를 포함한다. PACT 모델은 어느 한 사람이 항상 책임감을 가지고 내담자에게 자생적으로 발생되는 많은 욕구들의 범위에서 도움을 공급할 수 있어야 한다. 이를 위해 다학문적인 전문가들로 구성된 팀 접근을 통하여 다방면에 걸친 서비스를 포괄적으로 제공한다. 정신과 의사, 간호사, 임상심리사, 사회복지사, 동료 서비스 제공자, 작업치료사 등의 전문가들이 유동적으로 이동하고, 장기적인 치료를 지향하며, 보다 유기적이고 지속적인 서비스를 제공한다. 직원들은 자기의 담당 사례만 책임을 갖고 사례관리를 하는 개별 실천가보다는 하나

---

1) 최선의 연구 결과에서 발견한 임상 지식을 가지고 실무자가 활용 가능한 자원을 사용하여 의사결정을 내려 실무를 수행하는 것을 말한다(Sackett et al., 2000).

의 팀으로 일하게 된다. 이는 정신장애인이 실제로 생활하고 있는 지역사회에 직접 방문하여 서비스를 제공하는 현장 중심적·적극적 서비스다.

(2) PACT의 역할

임상사정과 기능사정을 통해, 내담자와 팀은 증상과 심리적 기능, 주거와 다른 환경적 지원, 일상생활의 활동(생활비, 요리, 또는 신변 돌보기 같은), 직업기술, 사회적 관계와 레저 활동, 가족과의 관계와 의학적·일반적 건강 등을 위한 개별화된 치료계획을 수립한다. 또한, 팀에 의사가 포함되어 있어 질병관리를 위해 약물치료를 제공한다. 내담자가 살고 있는 곳에서 자신들이 필요로 하는 기본 욕구를 만족시킬 수 있도록 돕고, 식료품 구입, 돈 관리, 옷 세탁, 그리고 운송수단의 사용과 같은 일상생활을 가르치고 돕는 주거훈련이 제공된다. 고용은 PACT 모델에서 중심적인 역할로 내담자의 일상생활의 구조를 만들어 가는 중요한 수단이다. PACT 모델에서 직업재활의 목표는 각각의 내담자가 그들의 최선의 수준에서 일할 수 있는 개인과 환경을 구축하는 것이다.

3) 클럽하우스

클럽하우스와 낮병원(부분입원)과 같은 정신재활 낮 프로그램은 탈시설화로 생겨난 많은 사람을 위한 재활시설에서 실행되었다. 이러한 치료, 재활, 재기를 경험하는 환경을 조성하는 데에는 약물만 투여하는 경우에 비해 삶의 질 강조, 내담자 역할강화와 같은 요소가 함께 있을 때 더 효과적이라는 믿음이 함축되어 있다(Linn et al., 1979). 클럽하우스는 1944년 미국 뉴욕에서 10명의 정신장애인이 결성한 자조모임인 WANA(We Are Not Alone)가 그 전신이며, 현재 전 세계 30여 개국, 370여 개소에서 약 50,000명의 회원이 참여하고 있는 지역사회재활 모델이다. 클럽하우스에서 내담자는 환자가 아닌 회원으로 운영에 참여하고, 병원의료로부터 중간시설인 낮병원과 지역사회로부터 격리되지 않도록 하는 공통된 목적을 공유한다. 클럽하우스는 소비자, 재기와 관련된 재활훈련 모델을 중심으로 하여 낮병원 보다 정신장애인 내담자의 자기 결정을 더욱 중시한다. 내담자의 자기 결정을 중시하는 클럽하우스의 가치는 클럽하우스의 역사부터 철학과 신념에 녹아 있다. 이는 치료, 전문가 중심에서 내담자 중심으로의 전환을 의미한다. 클럽하우스는 회원이 환영받고, 일과 친구가 있는 곳으로 사회적·직업적 기회를 제공하기 위한 환경을 조성한다.

(1) 클럽하우스의 역사

• 태동기: 1940년대 초 정신과 의사 하이럼 존슨(Hiram Johnson)이 셔머혼(Schermerhorn)
이라는 여성과 함께 정신과 환자에게 A.A의 자조개념을 도입하여 소규모 회원자조
모임을 시작했다. 그 후 미카엘 오볼렌스키(Michael Obolensky)라는 회원은 퇴원환자
들을 대상으로 1944년 'WANA(We Are Not Alone)'라는 모임을 시작한 후 100여 명의
회원과 함께 '파운틴 하우스(Fountain House)'[2]를 설립하였다.

• 발전기: 1955년 회원들에 의해 고용되었던 직원인 존 비어드(John Beard)의 경험과 비
전으로 클럽하우스에서 주거 프로그램과 취업 프로그램을 시작하게 되었고, 회원들
과 친밀하게 일하는 자조의 개념으로 발전하였다. 1960년대부터는 클럽하우스 모델
을 전국적으로 확대 · 보급하기 위해 전문가들의 인턴십이 이루어지게 되었고, 1976년
국립정신 보건연구원(NIMH)으로부터 보조금을 받아 파운틴 하우스에서 3주간 머물
면서 클럽하우스 모델 교육을 실시하였다.

• 정착기: 1990년대 이후 클럽하우스 모델의 급속한 확대로 인해 상호 교류와 지원을
위하여 국제 세미나를 격년으로 개최하기 시작하였다. 국제 세미나에서 전문가들
은 각 프로그램에 대한 자문을 실시하고 클럽하우스 모델에 대한 스탠더드(Standard)
를 개발하여 국제적으로 동일한 내용을 적용하고 있다. 국제클럽하우스개발센터
(International Center for Clubhouse Development: ICCD)는 초기에 클럽하우스에서 프
로그램 고안 시에 준수해야 할 서른다섯 가지 스탠더드(Standard)를 제시하였다. 그중
대표적인 스탠더드로는 '관계: 회원과 직원의 동등함', '공간: 클럽하우스의 모든 공간
은 분리되지 않고 모두가 이용할 수 있음', '회원: 한번 회원은 평생회원', '일 중 심 일
과: 부서 활동을 통해 클럽하우스를 운영'이 있다.

(2) 클럽하우스의 철학과 신념

일하는 것을 강조하는 클럽하우스의 철학은 초기 부분입원과 중요한 차이점을 갖는다
(Vorspan, 1992). 부서 활동을 중심으로 한 일 중심 일과(work-ordered day)는 삶의 의미를
주고 지역사회에 소속되는 의미로서 일의 중요성을 강조한다. 의미 있는 일을 하는 것은
그로 하여금 삶의 목적을 갖도록 해 준다. 클럽하우스 모델은 진단명, 증상 등 치료적인 접
근의 의학적 개념보다는 사회사업의 전통적인 관심인 '지금 여기', 즉 정신장애인들이 살

---

2) 클럽하우스 모델을 적용하여 운영하는 최초의 기관명을 말한다.

아가는 데 필요한 가능성, 잠재력에 초점을 둔다. 또한 클럽하우스에서 정신장애인들은 더 이상 환자가 아니며 회원으로서 클럽하우스 운영에 직원과 함께 참여하며 책임과 의무를 공유한다. 이는 정신장애가 한 인간의 전부가 될 수 없으며, 정신장애인도 정상적이고 건강한 욕구와 능력, 정신을 소유하고 있다는 점에서 출발한다. 클럽하우스의 이러한 신념은 직원과 회원이 진실하고 친밀한 동료관계를 토대로 일시적 클럽하우스 운영뿐만 아니라 관리, 행정적인 업무를 함께 수행하면서, 상호 성장을 촉진하고 격려한다. 이론적 기반으로 정상화(normalization)와 당사자주의를 표방하여 내담자에게 낙인감을 주지 않는 것을 원칙으로 하며, 회원들은 클럽하우스의 모든 활동 영역에서 자발적으로 참여하여 계획, 수행, 평가의 모든 과정을 스스로 결정한다. 또한, 회원의 권한을 강조해 서비스의 수혜자가 아닌 능동적인 참여자로서 프로그램 운영이나 기관의 제반 운영에 전문 사회복지사나 다른 직원과 함께 행동한다. 회복에 대한 긍정적 기대와 낙관주의는 회원 모두가 클럽하우스가 기대하는 목표에 도달할 수 있다는 믿음과 내담자의 잠재력을 강조한다.

(3) 클럽하우스 현황

2020년 기준 국내 사회복귀시설 333개 기관 중 클럽하우스 모델은 16개 기관이다. 각 기관명과 주소, 홈페이지는 〈표 14-3〉과 같다.

〈표 14-3〉 **국내 클럽하우스 현황**

번호	기관명	지역	기관 홈페이지/관련 정보
1	태화샘솟는집	서울시 마포구	https://fountainhouse.or.kr/
2	해뜨는 샘	서울시 강남구	http://sunrising.org/
3	서대문해벗누리	서울시 서대문구	https://sdmhb.or.kr/
4	새벗 클럽하우스	서울시 강서구	http://www.sbhouse.or.kr/
5	늘푸름	경기도 오산시	https://nulpoorum.org/
6	클럽하우스 해피투게더	인천광역시 계양구	https://www.clubhappy.or.kr/
7	클럽하우스 비타민	충남 천안시 서북구	http://vitaminch.kr/
8	생명의 터	대전광역시 동구	http://life-nest.co.kr/
9	브솔시냇가	포항시 남구	http://besorravine.co.kr/
10	대구 위니스	대구광역시 북구	http://www.benest.or.kr/asapro/board/sub06_01.htm

11	비콘	대구광역시 남구	http://www.benest.or.kr/asapro/board/sub06.htm
12	참살이	부산광역시 동래구	http://www.chamsari.or.kr/
13	광주 해피라이프	광주광역시 서구	http://www.gjw.or.kr/kjhappylife/?fbclid=IwAR382jNNX0QXmxgyQdDzRqftB-UAPaTxOo3iW22boQEKcXzOG_vybKtoJNo
14	송국 클럽하우스	부산광역시 해운대구	https://songguk.tistory.com/
15	요한빌리지	광주광역시 남구	http://www.johnvillage.or.kr/
16	사랑밭재활원	경기도 화성시	http://www.sarangbat.or.kr/

4) 직업재활

(1) 직업재활의 개념

직업재활이란 장애인의 신체적·정신적·사회적·직업적·경제적 능력을 최대한으로 개발하고 개선하여 독립적인 경제력을 갖는 생산적 역량을 회복시키는 과정이다(이현경, 박효은, 최만규, 2013). 또한, 직업재활은 포괄적인 재활 과정의 일부로서, 직업재활의 궁극적인 목적은 장기간 증상의 감소, 독립적인 생활기술의 확립, 만족스러운 삶의 질 향상을 추구하는 것이다. 이러한 직업재활은 장애인이 직업을 확보하고 유지할 수 있도록 직업능력의 회복지도, 직업지도, 직업훈련, 직업알선 등 직업적 서비스를 제공하며 직업정착에 관련하는 지속적이고 종합적인 원조를 함으로써 정신장애인의 사회복귀를 위한 서비스를 제공한다.

(2) 정신장애인에게 있어서의 직업재활의 중요성

직업재활은 정신장애인의 삶의 질 향상, 경제적 복지와 자아존중감 향상에 기여한다. 정신장애인은 직업과 관련된 활동을 통하여 사회적 지위와 자신의 역할에 대한 정체성을 형성할 수 있다. 또한 시간과 공간에 대한 개념을 구조화시키고, 타인과 상호작용을 할 수 있는 기회를 가지고, 긍정적인 자아상을 갖도록 한다.

(3) 직업재활의 장애물

① 정신질환 증상 및 인지기능의 손상

인지기능의 손상은 개인의 정확한 지각을 방해하여 왜곡된 자아인식으로 이어질 수 있고, 현실적인 직업 선택을 하기 위한 의사결정 과정에 어려움을 초래한다. 이는 다양한 구직활동 기술의 학습이나 재학습을 어렵게 하며, 대인관계에서의 문제해결 능력의 부족으로 인한 사회기술의 결핍은 직장을 유지하는 데 문제를 가져온다.

② 스트레스 취약성

정신장애인은 지역사회에서 생활하면서 스트레스를 경험하게 된다. 정신장애인이 스트레스 상황으로 인해 스스로를 고립시키고 그 증상이 계속 유지된다면, 취업하더라도 직장을 쉽게 그만둔다거나 동기가 감소되어 직업재활에 어려움을 느낄 수 있다.

③ 사회의 부정적인 인식, 낙인과 차별

우리 사회에서 장애 문제를 해결해 나가는 데 근본적인 장애물이 되는 것은 장애인의 능력이나 일상생활 전반에 대한 잘못된 인식이나 장애의 원인에 대한 비과학적이고 미신적인 선입견이다. 정신장애를 가진 사람들에 대한 편견은 정신과적 질환과 관련된 낙인으로부터 기인한다. 이러한 낙인은 사람들이 한 개인 또는 집단에 대해 부정적인 태도를 유지하고 이를 행동으로 옮기는 차별을 생산한다. 그중 가장 은밀하면서 부정적인 영향을 미치는 편견은 정신장애를 가진 이들이 스스로에 대해 가지는 자기 낙인감(self-stigma)이다. 사회가 정신장애를 가진 사람들에게 편견과 낙인을 통해 그들의 능력에 대해 의문을 제기하게 되면 이러한 부정적 신념들을 내면화하게 되는데(Bandura, 1986; Lent, Brown, & Heckett, 1994), 이는 인식하기 가장 어려울 뿐만 아니라 극복하기도 매우 힘들다(Ritsher, Otilingam, & Grajales, 2003).

(4) 국내 직업재활의 현황

1999년 「장애인복지법」의 개정으로 정신장애인도 장애인 범주에 포함되면서 치료, 보호 중심의 의료적 접근에서 보건 및 복지 서비스가 종합적으로 제공되는 정책으로 전환되었다. 그러나 대부분의 훈련 내용이 작업치료의 수준에서 벗어나지 못하고 있고 소일거리로 작업을 하는 성격이 강하다.

(5) 직업재활 프로그램 임무

직업재활은 증상의 감소보다 직업적 능력을 증가시키는 것을 목적으로 한다. 이러한 이유 때문에, 직업재활 대상자의 참여를 중시하고 내담자의 선택을 과정의 기본적 부분으로 보고 내담자의 만족을 그 중요한 결과로 본다. 단순한 서비스를 제공한다는 차원을 넘어서 목표를 정하고 그 방향으로 진행하여 평가 및 상담을 제공함으로써 직업재활은 내담자자신의 능력, 가치관, 선호도에 따라 적합한 일자리에 고용되었을 때 성공적인 결과로 평가된다. 특히, 직업 유지율에 대한 관심이 필요하다. 정신장애인의 3개월 이상 직업 유지율은 OECD 평균 50%로 한국은 절반에도 못 미치는 18.3%이다. 작업에 대한 스트레스 대처, 원활한 대인관계 형성, 규칙적인 출·퇴근 등의 취업 유지 프로그램과 함께 직업재활이 이루어질 때 정신장애인 내담자들에게 실질적인 의미가 있을 것이다.

(6) 지원 고용

직업 준비(Pre-voc)를 통해 이루어지는 임시취업(Transitional Employment: TE)은 정신보건전문가나 재활전문가로부터 지도를 받으면서 회사나 공장에 실제로 일을 하는 것이다. 이는 실제 근로 환경에서 임금을 받는 직업 경험을 제공한다. 그러나 보호작업장과 사회에서의 실제 취업 사이의 중간 단계인 임시 취업 역시 내담자의 선택권에 제한을 초래한다. 지원고용은 사전배치-사후훈련 혹은 사후지원의 형식을 띠는 직업재활 서비스 유형으로 보호작업장, 임시 취업보다 내담자의 결정을 더욱 반영한다. 정신장애인 개인의 욕구, 관심사, 선호도, 그리고 기술적 기능수준 등에 맞춰서 배치한 후 직접 취업장에서 훈련과 지원을 동시에 제공한다. 이 경우 직무지도자를 처음으로 붙여서 훈련을 받는다. 지원 고용(supported employment)의 특징으로는 내담자가 정규 임금을 받으며 정규 직장에서 정규직원으로 일한다는 것이다. 또한 자기 직장을 유지하는 데 도움을 받기 위해 계속해서 지원 서비스를 받는다. 이러한 선택-획득-유지 지원고용 모델(Danley & Anthony, 1987)의 직무배치는 내담자의 선호에 기초할 때 직무만족과 직업유지가 증가한다.

5) 주거훈련

(1) 주거시설의 정의

주거시설은 정신장애 병력이 있거나 가지고 있는 사람이 지역사회의 한 거주자가 되어 보호자들과는 독립적으로 생활해 가는 모든 비입원 시설을 의미한다. 「정신보건법」의 개념(「정신보건법」제16조)으로는 정신질환으로 가정에서 생활하기 어려운 자에 대하여 저렴한 비용으로 주거를 제공하는 것을 목적으로 하는 시설이다. 이는 낮병원, 주간치료소 등과는 다른 개념이다. 탈시설화 이후 시설에서 퇴소한 일부는 가족에게 돌아갔지만, 많은 이들이 단기 하숙형 주거시설이나 원룸형 주거시설로 옮겨 갔으며, 일부는 요양원에서 지내게 되었다.

(2) 주거시설의 두 가지 유형

① 점진형 주거 패러다임

주거 프로그램을 한시적 치료 프로그램으로 보는 시각으로, 지도감독(supervision) 또는 구속성에 있어서 그 정도가 서로 다른 몇 개의 시설들로 구성되며 흔히 가장 구속성이 높은 시설에 가장 집중적인 치료가 제공된다. 내담자는 경과에 따라 구속성이 높은 시설에서 구속성이 낮은 시설로 이동한다. 이러한 점진형 주거 모델은 내담자가 원하는 주택 유형을 제공하지 않는다는 제한이 있다. 또한 내담자가 각각의 시설을 이동할 때마다 새로운 기술을 배우고 적용하는 과정을 거치게 됨으로써 이는 내담자에게 상당한 스트레스가 되고 재발의 가능성이 증가하게 된다. 치료적 맥락에서의 주거 프로그램은 정신장애의 만성적인 속성 때문에 프로그램의 혜택이 소수의 내담자에게 한정되는 제한점이 있다.

② 지원 주거 패러다임

지원 주거의 핵심은 내담자가 스스로 선택한 지역사회 독립 주거 환경에서 거주하며 이를 유지할 수 있도록 돕는 지원 서비스를 받는 것이다. 지원 주거는 치료자 중심이 아닌 내담자 중심의 프로그램으로 어디서 어떻게 살 것인가에 대한 내담자의 선호도를 반영하고 내담자가 결정한 주거시설에서 살기 위해 필요한 내담자의 역량을 평가한다.

〈표 14-4〉 **주거 패러다임**

점진형 주거 패러다임 (Linear Residential Continuum Model)	지원 주거 패러다임 (Supported Housing Program)
거주지 치료기관	집
배치	선택
내담자 역할	자립생활
스태프 통제	내담자 통제

장애에 의한 집단 배정	사회적 통합
일시적인 준비 장면에서의 학습	영구적인 장면에서의 현장학습
표준화된 단계별 서비스	개별화되고 융통성 있는 서비스와 지원
최소한의 규제 환경	가장 촉진적인 환경
독립성	장기적인 지원

6) 동료지원

(1) 동료지원의 개념

동료지원은 정신장애로부터 회복된 사람들이 자신의 경험을 바탕으로 도움이 필요한 다른 정신장애인의 치료와 회복을 지원하는 것을 말한다. 이는 공동체의 구성원이 새로운 행동을 시도할 수 있게 하고, 장애와 진단을 바탕으로 세워진 이전의 자기개념을 넘어설 수 있게 한다(Mead, Hilton, & Curtis, 2001). 동료지원을 통해 서로 아픈 사람이라고 말하거나 생각하는 대신, 서로 책임감을 갖고 회복에 초점을 두는 가족적 혹은 공동체 의식을 형성한다(Copeland & Mead, 2004).

(2) 동료지원가의 특징과 역할

동료지원가는 경험을 통한 수용과 공감을 바탕으로 정신장애인의 희망과 역량강화를 고취하는 역할을 한다. 빠른 신뢰관계 형성과 쉬운 라포 형성이 가능하여 동료들에게 역할 모델로 기능할 수 있다. 이는 공공의 낙인/내재화된 낙인(자기낙인)을 감소시키는 역할과 정신건강 체계 내에 존재하는 낙인감을 감소시키는 역할을 할 수 있다. 동료지원 서비스는 개인의 정신장애 경험과 더불어 이론과 지식에 기반한 전문적이고 객관적인 정보를 제공하는 것이 중요하다. 이때, 정신장애인 개인의 경험에 지나치게 의존하여 정신장애인 개인의 생각을 일반화시키지 않도록 주의해야 한다. 서울시 정신건강복지센터에서는 직원으로 동료지원가를 채용하여 동료지원 서비스를 제공하고 있다. 동료지원가의 직무 내용은 〈표 14-5〉와 같다.

〈표 14-5〉 **동료지원가의 역할**

동료지원가의 직무 내용		
동료상담	프로그램 운영	교육강사
1. 가정방문지원 서비스	1. 회복지원 프로그램	1. 가족교육
2. 독립주거지원 서비스	2. 대인관계 훈련	2. 약물 및 정신과적 교육
3. 취업장방문 서비스	3. 생활체육	3. 인권교육
4. 신규회원멘토 서비스	4. 다도 모임	4. 회복 패러다임 교육
5. 대기자상담 서비스		5. 방문자 교육

출처: 서울시 정신건강복지센터(2018)에서 재인용.

✎ 요약

　　정신재활이란 만성적인 정신장애를 가진 사람이 스스로 선택한 환경 속에서 지속적인 동시에 최소한의 전문적인 개입을 받음으로써 그들이 만족스러운 삶을 살 수 있도록 도와주는 것을 말한다.

　　재기란 개인의 가치, 태도, 감정, 기술 및 역할, 목표를 변화시키는 개인적이고 특별한 과정이다. 이는 질병으로 인한 한계에도 불구하고 자신의 삶에 만족하고, 희망을 가지며, 기여하는 삶의 태도를 의미한다.

　　정신재활 서비스의 목표는 개인이 지역사회 내에서 스스로 선택한 곳에서 독립적으로 살아갈 수 있도록 도우며, 장애의 증상과 단계에 상관없이 모든 개인이 최선의 삶의 질을 누리도록 돕는 것이다.

　　정신재활의 핵심 원리는 정신장애를 가진 사람의 기능 향상이며, 이는 정신장애를 가진 사람의 재활 과정에 대한 적극적인 참여, 기술 개발, 의존성 지원을 통한 독립적 기능 증대, 주거, 교육, 직업에 대한 사회적 지원을 통해 이루어질 수 있다.

　　정신재활은 단순히 신념적 차원에서의 관점 혹은 가치만을 갖춘 이론이 아닌, 과학적 증거를 기반으로 하는 실천이다.

　　정신재활의 실제 영역으로 사례관리, 적극적 지역사회치료, 클럽하우스, 직업재활, 주거훈련, 동료지원 등이 있다.

⦗?⦘ 생각해 봅시다

● 정신재활의 핵심 목표는 무엇인가?

● 정신재활의 핵심 원리는 무엇인가?

● 본인이 가지고 있던 정신장애인에 대한 오해는 무엇인가?

● 정신재활의 실제에 대해 새롭게 알게 된 점과 인상 깊은 점은 무엇인가?

형성평가

● 정신사회재활에서 재활계획의 4단계는 무엇인지 기술하시오.

● 정신장애를 가지고 있는 사람이 직업재활을 해야 하는 이유를 기술하시오.

● 경제적 이득을 통해 독립적인 삶과 질 높은 생활을 할 수 있다. 앤서니가 제안한 정신재활 모델의 네 가지 요소는 무엇인지 기술하시오.

● 정신재활의 기본적 개입법 두 가지는 무엇인지 기술하시오.

● 지역사회재활 모델 중 하나로 병원의료로부터 사회복귀로의 중간시설 역할을 하며 시설 이용자가 내담자가 아닌 회원으로서 기관의 운영에 참여하는 시설은 무엇인지 기술하시오.

● 정신장애인들에게 구조적이고 체계적인 직업을 갖게 하여 사회적 역할을 지속적으로 수행할 수 있도록 돕는 과정은 무엇인지 기술하시오.

참고문헌

서울시 정신건강복지센터(2018). **정신장애인을 위한 동료지원가 직무지침서**. 서울시 정신건강복지센터.
이현경, 박효은, 최만규(2013). 정신적 장애인의 경제수준, 직업능력 및 취업욕구관련 분석.

한국콘텐츠학회논문지, 13(7), 265-277.

Agranoff, R. (1997). Service integration. In W. R Anderson, B. J. Friedad, & M. J. Murphy (Eds.), *Managing human service*. Washington, DC: International City MAnagement Association.

Anthony, W. A. (1972). Societal rehabilitation: Changing society's attitudes toward the physically and mentally disabled. *Rehabilitation Psychology, 19*(3), 117-126.

Anthony, W. A. (1982). Explaining "psychiatric rehabilitation" by an analogy to "physical rehabilitation". *Psychosocial Rehabilitation Journal, 5*(1), 61-65.

Anthony, W. A. (1993). Recovery from mental illness: the guiding vision of the mental health service system in the 1990s. *Psychosocial Rehabilitation Journal, 16*(4), 11-23.

Anthony, W. A., & Liberman, R. P. (1986). The practice of psychiatric rehabilitation: Historical, conceptual, and research base. *Schizophrenia bulletin, 12*(4), 542-559.

Anthony, W. A., Cohen, M. R., Farkas, M. D., & Bachrach, L. L. (1990). *Psychiatric rehabilitation*. Boston, MA: Center for Psychiatric Rehabilitation, Boston University, Sargent College of Allied Health Professions.

Anthony, W. A., Cohen, M., & Farkas, M. (1982). A psychiatric rehabilitation treatment program: Can I recognize one if I see one?. *Community Mental Health Journal, 18*(2), 83-96.

Azrin, N. H., & Philip, R. A. (1979). The job club method for the job handicapped: A comparative outcome study. *Rehabilitation Counseling Bulletin, 23*(2), 144-155.

Baker, F., & Intagliata, J. (1992). Case management. In R. P. Liberman (Vol. Ed.). *Handbook of psychiatric rehabilitation, Vol. 166*. Boston: Allyn and Bacon.

Bandura, A. (1986). *Social foundation of thought and action*. Englewood Cliffs, New Jersey: Prentice Hail.

Beard, J. H., Propst, R. N., & Malamud, T. J. (1982). The Fountain House model of psychiatric rehabilitation. *Psychosocial Rehabilitation Journa, 5*(1), 47-53.

Becker, M., Diamond, R., & Sainfort, F. (1993). A new patient focused index for measuring quality of life in persons with severe and persistent mental illness. *Quality of life Research, 2*(4), 239-251.

Bond, G. R., Kim, H. W., Meyer, P. S., Gibson, P. J., Tunis, S., Evans, J. D., Lysaker, P., McCoy, M. L., DinCin, J., & Xie, H. (2004). Response to vocational rehabilitation during treatment with first-or second-generation antipsychotics. *Psychiatric Services*, *55*(1), 59-66.

Brown, S. (1997). Excess mortality of schizophrenia: a meta-analysis. *The British Journal of Psychiatry*, *171*(6), 502-508.

Carkhuff, R. R. (1971). *The development of human resources*. New York: Holt, Rinehart & Winston.

Carling, P. (1995). *Return to community*. New York: Guilford Press.

Cochrane, J. J., Goering, P., & Rogers, J. M. (2009). Vocational programs and services in Canada. *Canadian Journal of Community Mental Health*, *10*(1), 51-62.

Cohen, B. F., & Anthony, W. A. (1984). *Functional assessment in psychiatric rehabilitation* (pp. 79-100). Center for Rehabilitation Research and Training in Mental Health, Sargent College of Allied Health Professions, Boston University.

Copeland, M. E., & Mead, S. (2004). *WRAP and peer support for people, groups and programs*. Vermont: Peach Press.

Corrigan, P., Mueser, K., Bond, G., Dark, R., & Solomon, P. (2008). Physical health and medical care. In P. Corrigan, et al. (Eds.), *Principles and practice of psychiatric rehabilitation: An empirical approach* (pp. 346-358). New York: The Guilford Press.

Danley, K. S., & Anthony, W. A. (1987). The choose get keep approach to supported employment. *American Rehabilitation*, *13*(4), 6-9.

Deegan, P. E. (1988). Recovery: The lived experience of rehabilitation. *Psychosocial Rehabilitation Journal*, *11*(4), 11-19.

Dincin, J. (1981). A community agency model. In Talbott, J. A. (Ed.), *The chronic mentally ill*. New York: Human Sciences Press, pp. 212-226.

Eikelmann, B., & Reker, T. (1993). A second labour market? Vocational rehabilitation and work integration of chronically mentally ill people in Germany. *Acta Psychiatrica Scandinavica*, *88*(2), 124-129.

Farkas, M. D., Anthony, W. A., & Cohen, M. R. (1989). Psychiatric rehabilitation: The approach and its programs. In M. D. Farkas & W. A. Anthony (Eds.), *Psychiatric rehabilitation programs: Putting theory into practice* (pp. 1-27). Johns Hopkins University Press.

Frey, W. D. (1983). *Functional assessment in the 80s: A conceptual enigma, a technical challenge*. University Center for International Rehabilitation, Michigan State

University.

Harding, C. M., Zubin, J., & Strauss, J. S. (1987). Chronicity in schizophrenia: fact, partial fact, or artifact?. *Psychiatric Services*, *38*(5), 477-486.

Hutchinson, D. S., Gagne, C., Bowers, A., Russinova, Z., Skrinar, G. S., & Anthony, W. A. (2006). A framework for health promotion services for people with psychiatric disabilities. *Psychiatric Rehabilitation Journal*, *29*(4), 241-250.

International Association of Psychosocial Rehabilitation Services. (1996). *Core principles of psychiatric, rehabilitation*. Maryland: Author.

Lehman, A. F. (1983). The well-being of chronic mental patients: Assessing their quality of life. *Archives of general psychiatry*, *40*(4), 369-373.

Lehman, A. F. (1988). A quality of life interview for the chronically mentally ill. *Evaluation and program planning*, *11*(1), 51-62.

Lehman, A. F. (1996). Measures of quality of life among persons with severe and persistent mental disorders. In G. Thornicroft & M. Tansella (Eds.), *Mental health outcome measures*. Springer, Berlin Heidelberg New York, pp. 75-92.

Leitner, L. A., & Drasgow, J. (1972). Battling Recidivisim. *Journal of rehabilitation*, *38*(4), 29-31.

Lent, R. W., Brown, S. D., & Hackett, G. (1994). Toward a unifying social cognitive theory of carrer and academic interest, choice, and performance. *Journal of Vocational Behavior*, *45*(1), 79-122.

Linn, M. W., Caffey, E. M., Klett, C. J., Hogarty, C. E., & Lamb, H. R. (1979). Day treatment and psychotropic drugs in the aftercafe of schizophrenic patients. *Archives of General Psychiatry*, *36*(10), 1055-1066.

Mead, S., Hilton, D., & Curtis, L. (2001). Peer support: a theoretical perspective. *Psychiatric Rehabilitation Journal*, *25*(2), 134-141.

Mehta, S., & Farina, A. (1997). Is being "sick" really better? Effect of the disease view of mental disorder on stigma. *Journal of Social and Clinical Psychology*, *16*(4), 405-419.

Menditto, A. A., Beck, N. C., Stuve, P., Fisher, J. A., Stacy, M., Logue, M. B., & Baldwin, L. J. (1996). Effectiveness of clozapine and a social learning program for severely disabled psychiatric inpatients. *Psychiatric Services*, *47*(1), 46-51.

Mueser, K. T., Bond, G. R., Drake, R. E., & Resnick, S. G. (1998). Models of community care for severe mental illness: a review of research on case management. *Schizophrenia*

Bulletin, 24(1), 37-74.

Penn, D. L., & Martin, J. (1998). The stigma of severe mental illness: Some potential solutions for a recalcitrant problem. *Psychiatric Quarterly, 69*(3), 235-247.

Ritsher, J. B., Otilingam, P. G., & Grajales, M. (2003). Internalized stigma of mental illness: Psychometric properties of a new measure. *Psychiatry Research, 121*(1), 31-49.

Sackett, D. L., Straus, S. E., Richardson, W. S., Rosenberg, W., & Haynes, R. B. (2000). *Evidence-based medicine: How to practice and teach EBM*. Edinburgh: Churchill Livingstone.

Semba, T., Takayanagi, I., & Kodama, M. (1993). Rehabilitation of the mentally disabled in Japan. *International Journal of Mental Health, 22*(1), 61-68.

Seyfried, E. (1987). Providing Gainful Employment for Emotionally Disabled Persons: A model of vocational integration. *Bulletin of the Royal College of Psychiatrists, 11*(2), 46-48.

Shepherd, G. (1998). Developments in psychosocial rehabilitation for early psychosis. *International Clinical Psychopharmacology, 13*, 53-58.

Shepherd, G., Muijen, M., Dean, R., & Cooney, M. (1996). Residential care in hospital and in the community-quality of care and quality of life. *The British Journal of Psychiatry, 168*(4), 448-456.

Vorspan, R. (1992). Why work works. *Psychosocial Rehabilitation Journal, 16*(2), 49-54.

Wong, Y. L. I., & Solomon, P. L. (2002). Community integration of persons with psychiatric disabilities in supportive independent housing: A conceptual model and methodological considerations. *Mental Health Services Research, 4*(1), 13-28.

World Health Organization. (1997). ICIDH-2 International classification of impairments, activities, and participation. *A manual of dimensions of disablement and functioning Beta-1 draft for field trials June 1997*.

임상심리학의 미래와 준비

제15장

그동안의 임상심리학은 사람의 심리적 어려움을 감소시키거나, 부적응하는 사람을 적응적으로 살게끔 돕기 위해 과학적인 방법을 사용해 왔다. 임상심리학자들은 전통적인 이론을 학습하고, 새로운 이론을 개발하고, 그것을 유연하게 적용하면서 가장 효과적인 조력 방법이 무엇인지 고민하였다. 그러나 이 과정들은 대부분 '눈에 보이는 것들', '실제 존재하는', '연구자나 치료자가 직접 나서는', '대면하는' 것들이 대부분이었다. 만약 이렇게 할 수 없거나 상당한 제약이 생겨 버리는 상황이 오면, 임상심리학자들은 어떻게 대응해야 하는가?

임상심리학은 1960년대 처음 발돋움한 이래로, 현재 매우 빠르게 변하는 예상 못할 환경에 직면해 있다. 딥러닝(Deep Learning: DL)[1], 머신러닝(Machine Learning: ML)[2], 빅데이터(Big Data)[3], AI(Artificial Intelligence: AI)[4] 등 불과 100년 전에는 흔적도 없었고, 20년 전에도 상상 속에만 있던 기술들이 빠르게 개발되어 심리학의 주제와 연구방법의 변화를 압박하고 있다. 딥러닝, 머신러닝, 빅데이터, AI 등으로 대표되는 4차 산업[5]은 특정 이론이기보다는 '새로운 도구'의 출현이다(송현주, 2019). 2022년의 임상심리학자들은 새로운 기

---

1) 딥러닝(Deep Learning: DL): 사물이나 데이터를 군집화하거나 분류하는 기술을 말한다.
2) 머신러닝(Machine Learning: ML): 섭렵한 데이터를 기반으로 스스로 학습을 하고 사건을 예측하여 스스로 성능을 향상시키는 컴퓨터 시스템과 알고리즘 관련 기술을 말한다.
3) 빅데이터(Big Data): 디지털 환경에서 생성되는 규모가 방대하고, 생성 주기가 짧은 다양한 형태의 대규모 데이터를 말한다.
4) AI(Artificial Intelligence: AI): 인간의 사고, 학습, 판단, 행동 방식 등을 본 따서 만든 컴퓨터 프로그램을 말한다.
5) 4차 산업: 물리, 디지털, 생물 세계가 융합되어, 경제와 사회의 모든 영역에 영향을 미치는 정보 집약적 산업을 말한다.

술이 난무하는 상황 속에서 이를 활용해야 하는 상황에 놓였다. 기존에 사람이 했던 치료에서 기계가 하는 치료를 연구해야 하고, 연구 효율성을 높이기 위한 다양한 컴퓨터 프로그램과 AI 활용도 생각해 보아야 한다.

매 산업혁명 때마다 그것에 적응하지 못하거나 적합하지 못했던 직업이나 산업들은 모두 쇠퇴하였다. 임상심리학 역시 4차 산업에 대비해야 하는데, 이는 사양 학문이 되지 않기 위해서가 아닌, 임상심리학의 연구와 실무의 효율성을 극대화시킬 수 있는 최적의 기회이기 때문이다. 이제 우리는 임상심리학자들이 4차 산업과 미래에 어떻게 대응하고 있는지, 앞으로 어떻게 해야 하는지에 대해 알아보려 한다.

1. 인공지능(AI)의 발달과 인간사회의 변화

[그림 15-1] **4차 산업의 발달과 생활양식 및 도구의 변화**

실체했던 많은 것들이 무형의 정보로 변환된다. 책은 종이가 아닌 파일로 저장되고, 햄버거 점원은 키오스크로 바뀐다. 그에 따라 많은 직업들이 사라질 것이고, 다른 많은 직업들이 새로 만들어질 것이다. AI의 시대에 우리는 어떻게 살아갈 것인가?

정보화 산업시대, 즉 3차 산업시대에 살고 있는 우리는 이제 AI의 시대, 4차 산업시대로 접어들었다. 4차 산업은 AI의 발전으로 유래 없이 빠른 변화를 우리에게 안겨 줄 것이고, 이미 일부 영역은 그렇게 되어 버렸다. 햄버거 매장에서 햄버거를 팔던 점원은 키오스크로 바뀌었고, 은행에서 입출금을 담당하던 직원의 일은 은행 앱(APP)으로 바뀌었다. 오락

실이나 PC방에서만 할 수 있었던 게임은 스마트폰 속으로 들어왔고, 매일 무슨 옷을 살까, 입을까를 고민했던 날은 AI가 추천해 주는 옷과 구독 시스템으로 더 이상 고민할 필요가 없게 되었다. 메모장은 태블릿 PC로 바뀌었으며, 책은 PDF로, 책장에 있던 책과 자료들은 거대한 스토리지 서버로 들어갔다. 이제 눈에 보이고 잡혔던 실체하는 것들은 대부분 보이지 않는 정보로 변하였다. 이제 우리가 그 정보를 '사용할 수' 있는 사람이 되기만 하면 이전보다 매우 윤택한 삶을 살 수 있을 것이다.

4차 산업시대에서는 정보를 잘 찾고 활용하는 사람이 적응적인 사람이 된다. 세상에 정보는 많고, 대부분의 정보는 오픈된 채 사용되기를 기다리고 있다. 정보를 얼마나 잘 사용하느냐에 따라 부의 양상도 달라진다. 이제는 정보를 사용하고 조직하는 능력이 부의 지표가 된다. 부의 변화는 불평등을 낳고 이는 결국 적응의 문제를 야기한다.

AI의 발달은 컴퓨터가 '스스로 학습하고 대처하는' 상황 및 종류가 더 증가하고, 그 방식도 더 정교하고 세련되었다는 것을 의미한다. 인간이 생각하기 전에 AI가 생각하고, 거기에 다양한 경우의 수를 더 생각해서 학습한다. 그 결과로 인간에게 조언하고, 인간은 그것에 따르기만 해도 되는 경우도 발생한다. 심지어 인간이 직접 생각하는 것보다 더 정확도가 높은 경우도 있을 수 있다. AI가 관여하는 구독 시스템으로 내 취향이 결정된다면, 그것은 AI의 것인가?, 나의 것인가? 게임 AI가 나를 가이드한다면, 내가 게임을 즐기는 것인가? AI가 나를 즐기는 것인가? AI를 무분별하게 받아들일 경우 자기감마저 상실될 상황에 처해 있다(송현주, 2019). 그런데 안타깝게도 이미 AI는 우리의 생활 속에 깊게 들어와 우리의 의식과 상관없이 우리 삶을 통제하고 있다.

2. 산업 현장과 4차 산업

4차 산업의 대표격인 AI는 인간의 인지, 사회, 감성 능력을 모방하며 진화하고 있으며, 그 분야는 매우 다양하다. AI는 이미 여러 곳에서 활용되고 있고, 그 특성도 다양하다는 면에서 표준화된 정의를 내리기가 어렵다. 이러한 AI는 기술 및 서비스 분야에서 개발 경쟁이 치열하며, 특히 IT 업계에서 그러하다. 현재는 주로 인간의 시각 및 음성 등 생체 인식과 자연스러운 언어 처리 기술의 범용화, 머신러닝 기술을 기반으로 AI의 자율 구현을 하려 노력하고 있다.

산업 현장에서의 AI는 생산 비용 절감, 생산성 향성, 성장 촉진 등을 주 목적으로 하는

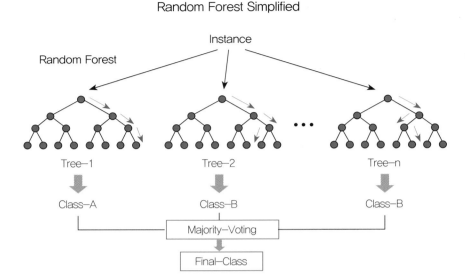

Random Forest Simplified

[그림 15-2] 머신러닝 알고리즘

AI의 핵심이 되는 머신러닝과 딥러닝은 효율적인 4차 산업 발전의 중요한 기술이다. AI의 발전에는 얼마나 좋은 품질의 데이터를 얻느냐도 중요하지만, 이를 어떻게 더 효과적이고 빠르게 학습하느냐도 중요하다. 머신러닝 알고리즘의 발달은 더 우수한 AI를 만들 수 있다.

출처: https://topflighapps.com/ideas/how-to-build-a-loan-calculator-using-machine-learning/

도구로 활용한다. 국가 경쟁력을 확보할 수 있는 원천 기술로써, 한국은 AI에 대한 R&D[6]와 다양한 프로젝트를 진행하면서 상업적으로 AI가 활용되는 것을 지원하고 있다. AI 기술 주제 동향을 살펴보면, AI 기술 창업 및 머신러닝 응용 분야가 가장 많고, 다음으로는 머신러닝 플랫폼 분야, 언어처리나 컴퓨터비전 응용, 가상원격 지원, 컴퓨터 비전 플랫폼, 스마트로봇, 음성 인식 순으로 대중매체에 언급이 많았다(박종만, 2020). 머신러닝 기술 주제로는 신경망 연구, 통계학습, 학습 그래픽 모델, 강화학습, 수행 분석 등이 있으며, AI 활용 산업 분야로는 정보기술, 건강 및 의약, 교육, 정부, 레저 및 엔터테인먼트 등이 있다. AI에 대한 관심과 필요성이 높아지고 있지만, 실질적으로 산업 현장에서는 AI의 이용 여부나 이용 의향이 그리 높지 않은 편이다(과학기술정보통신부, 정보화진흥원, 2019).

현재 한국은 AI 관련 전문가가 부족한 상황으로, 미국, 중국, 일본보다도 부족하고 빅데이터 기술 수준도 전술한 세 개 국가보다 낮은 상황이다. 한국은 응용소프트웨어 기술 수준이 중국과 일본보다는 높지만, 응용소프트웨어 기술을 빅테이터나 AI 기술에 잘 활용하

---

6) R&D: Research and Development, 연구개발을 의미한다.

고 있지 못하다는 평가를 받고 있다. Oxford Insights와 국제개발연구소(IDRC)가 발표한 '2019 정부 AI 준비도' 지수도 한국은 6.84점으로 전 세계 26위로 평가되었다. 현재 AI 및 빅데이터 관련 능력이 경쟁국들보다 낮게 나타나 경쟁력을 갖추기 위한 적극적 연구 지원이 필요한 상황이다.

지난 수년간 AI 기술 관심 분야는 연합적 머신러닝, 클라우트 API 활용 머신러닝, 환경 적응적 재학습이나 강화학습, 데이터 합성에 의한 학습, 증강기술 기반의 자동화 기계 학습 모델링 기술 알고리즘과 처리 메커니즘 등으로 확대되어 왔다. 이러한 기술들을 잘 구현하려면 데이터 수집과 가공의 품질 확보가 필요하나, 이러한 것들은 그 전에는 중요도가 후순위였던 것으로 보인다. 이는 기술 개발 이전에 기술 개발에 필요한 기초 데이터의 확실한 확보가 필요함을 의미한다.

현재 글로벌 시장에서는 개방형 AI 개발 도구 및 플랫폼 확산을 통해 전방위로 AI 산업 생태계를 구축하며 시장 점유율을 높여 가고 있다(박종만, 2020). 현재 AI 시장에서 구글, 아마존, IBM, 인텔, MS 등이 산업별 인프라 및 플랫폼 기술과 데이터 확보에 주력하고 있다. 그러나 이에 못지않게 중요한 것이 AI 구현을 위한 칩셋의 개발이다. 즉, 시장은 AI 소프트웨어 시장과 AI 하드웨어 시장으로 나뉘어 있다.

한편, 한국은 이미 AI 기술을 국가 어젠다[7]로 정하고, 기술 선도국 진입을 위해 중장기 전략을 설정해 두었다(과학기술정보통신부, 2019; 정보통신기획평가원, 2020). 세부적으로는 8대 AI(머신러닝, 추론 및 지식 표현, 시청각 및 언어 지능, 행동 및 소셜 지능, 지능형 에이전트, 범용 AI) 분야 및 44개 도전 이슈별 연구 개발 과제 추진 계획이 이미 짜여 있다(박종만, 2020). 이러한 것에 있어 한국은 'IT 강국을 넘어 AI 강국으로'를 비전으로, 3대 분야(AI 생태계, 활용, 사람 중심), 9대 전략 및 100대 실행 과제 추진, AI 육성으로 디지털 경쟁력 3위, 지능화 경제 효과 455조 원, 삶의 질 10위 목표를 목표로 다양한 사업을 펼치고 있다.

3. 임상심리학과 4차 산업

인간 정신건강 분야에서도 AI 기술을 활용하고자 하는 노력이 활발하게 이루어지고 있다. AI 기반 개입 효과 연구가 성공적이기 위해서는 산업 현장 AI에 대해 고민하는 것과 같

---

7) 회의에서 논할 의제 또는 안건을 말한다.

이 AI의 특성과 사용 가이드라인의 확보가 가장 중요하다. AI에 대한 정신건강 연구는 이미 2019년 6월 기준으로 30개가 넘는 AI 알고리즘이 미국 식약청에 승인되어 있고, 300개가 넘는 AI, 딥러닝, 머신러닝의 제목이 달린 연구들이 ClinicalTrials.gov에 등록되어 있다. 그리고 이 연구들의 대부분은 대체로 진단에 초점이 맞추어져 있다(송현주, 2019).

1) 심리치료의 동향 변화

```
Welcome to
        EEEEEE  LL       IIII  ZZZZZZZ  AAAAA
        EE      LL        II       ZZ  AA  AA
        EEEEE   LL        II      ZZZ  AAAAAAA
        EE      LL        II      ZZ   AA  AA
        EEEEEE  LLLLLL   IIII  ZZZZZZZ AA  AA

Eliza is a mock Rogerian psychotherapist.
The original program was described by Joseph Weizenbaum in 1966.
This implementation by Norbert Landsteiner 2005.


ELIZA: Is something troubling you ?
YOU:   Men are all alike.
ELIZA: What is the connection, do you suppose ?
YOU:   They're always bugging us about something or other.
ELIZA: Can you think of a specific example ?
YOU:   Well, my boyfriend made me come here.
ELIZA: Is it important to you that your boyfriend made you come here ?
YOU:   He says I'm depressed much of the time.
ELIZA: I am sorry to hear that you are depressed.
YOU:   It's true. I am unhappy.
ELIZA: Can you explain what made you unhappy ?
YOU:
```

[그림 15-3] 최초의 자연어 습득 인공지능 'ELIZA'

최초의 자연어 인공지능 프로그램이었던 'ELIZA'는 최초의 챗봇이었지만, 알고리즘과 기술의 한계로 복잡한 의사소통이나 결정에는 한계가 있었다.

최초의 자연어 습득 인공지능 'ELIZA'를 개발한 미국 MIT의 와이젠바움(Weizenbaum, 1976)은 "컴퓨터는 자비심과 지혜가 부족하여 중요한 결정을 내리게 하지 말아야 한다"고 하였다. 그러나 40여 년이 지난 지금은 이미 AI가 인간의 인지능력뿐만 아니라 감성능력까지 모방하는 수준이 되어 스스로 중요한 치료적 진단과 치료의 개입까지 할 정도로 발전하면서, 상기한 걱정은 무색해졌다.

최근에 연구되고 있는 AI 기반 심리치료 주제의 대부분은 뇌졸중과 같은 두뇌신경학적 장애를 대상으로 하는 경우가 많은 편이다. 주제가 정신장애인 경우도 있지만 대부분은 조현병, 강박장애, 자폐스펙트럼장애에 대해 약간 있는 정도다. 심리치료의 경우, AI와

VR(Virtual Reality: VR)[8] 등을 활용하여 인지행동치료를 수행하려는 시도가 있다. 그 수는 적지만, 임상심리학 내에서도 4차 산업의 기술을 활용하려는 시도는 분명하게 나타나고 있다. 이 연구들의 주 특징들은 머신러닝과 딥러닝을 활용하여 특정 치료나 진단 알고리즘을 만들고 활용하는 것이다. 더불어 컴퓨터 게임을 활용하여 치료나 교육을 시행하려는 시도도 많이 늘고 있다.

(1) 가상현실(VR)과 증강현실(AR)[9]의 활용

[그림 15-4] VR을 소재로 한 영화 〈레디 플레이어 원〉

이 영화에서는 가상현실(VR) 세상에서 자신의 아바타로 특정 목적을 수행하는 모습을 보여 준다. 그리고 이 가상현실은 현실 세상과 경제적으로 연동되어 있기도 하다. 많은 사람들이 이 게임을 즐기고 그 안에서 희로애락을 경험한다. 그야말로 또 다른 차원의 세상에서 삶을 살아가는 것이다.

크레이그 등(Craig et al., 2018)은 아바타를 활용하여 조현병 환자의 환청을 치료하는 연구를 했고, 그 결과 비교 집단에 비해 실험 집단이 12주 후 유의미한 환청 감소 효과가 있다는 것을 확인하였다. 크레이그 등(2018)은 이 결과가 기존 인지행동치료에 비해 좋은 효과였다고 주장하였다. 이는 가상현실을 사용한 치료가 새로운 시대의 치료법이 될 수 있다는 가능성을 나타낸다. 이미 게임 분야에서 자주 사용되고 있는 VR(Virtual Reality, 가상현실)이나 AR(Augmented Reality, 증강현실)은 최근 불안장애의 치료 분야에서 자주 사용되

---

8) VR: virtual reality, 가상현실을 의미한다.

9) AR: augmented reality, 증강현실을 의미한다. 실제 보이는 환경에 가상의 그래픽을 합성하여 본래 환경에 존재하는 사물처럼 보이도록 하는 그래픽 기술을 의미한다.

고 있다. 직접 노출이 어려운 불안 및 공포, PTSD(외상후 스트레스장애) 계열의 장애 치료에서 VR이나 AR이 노출을 대신해 줄 수 있는 것이다(Bouchard et al., 2017; Gujjar et al., 2019).

VR 기술은 게임에서 이미 사용되어 그 재미와 경제성이 입증되었다. 그리고 치료에서도 동일 원리로 사용될 수 있다. 여기에 대한 대표적인 예로는 충동조절 능력을 증가시키기 위한 목적으로 개발된 serious game(Smeijers & Koole, 2019)이 있다. 그러나 이러한 게임들이 얼마나 자주 사용될지에 대해서는 미지수다. 즉, 연구가 아닌 상황에서 해당 프로그램을 얼마나 자발적으로 할지는 개인의 동기나 필요성에 따라 달라진다. VR이나 AR, 그 외 앱스토어나 플레이스토어에 있는 다양한 치료 관련 앱을 개발한 개발자들은 대부분 후속 업데이트와 추가적 콘텐츠 제작들에 대해 고민한다. 즐거운 게임일지라도 계속 반복하게 되면 식상하게 되고 재미가 덜해져 더 이상 손이 안 가는 상황이 되는 것처럼, 동일 내용의 반복 프로그램은 환자의 특정 증상 치료 이상이나 그것의 응용을 학습, 또는 유도하기가 어렵다. 프로그램의 업데이트나 후속 프로그램의 개발은 그만큼 개발 비용이 따로 더 들며, VR이나 AR의 프로그램 개발비를 고려해 볼 때, 그 비용도 여타 플랫폼 게임들에 비해 매우 비싸다. 이 문제를 해결하기 위해서는 역동적인 상호작용이 필요하며, 그 대상은 AI, 동료 환자들, 치료자들이 될 수 있다. 상호작용이 일어날 수 있는 장은 SNS나 따로 제작된 대규모로 온라인상에서 아바타들이 활동할 수 있는 세계가 될 수 있다. 대규모 온라인 아바타 세상은 MMORPG(Massively Multiplayer Online Role-Playing Games)[10]와 같은 형태가 될 것이다. 그러나 이 세계에 치료자가 항상 접속해 있을 수 없으므로, 이를 대신할 AI가 필요하다. 즉, 치료 지속성, 효과성, 경제성을 높이기 위해서는 결국 치료에 적합한 AI의 개발이 필요하다.

이러한 AI로 가장 근접한 프로그램이 챗봇(chatbot)[11]이다. 풀머와 그의 동료들(Fulmer et al., 2018)은 인지행동치료 및 근거가 입증된 치료법들을 기반으로 챗봇 프로그램을 개발하였고, 이를 활용하여 우울 및 불안 증상 감소 효과를 얻었다. 그러나 아직 챗봇 프로그램도 제한된 알고리즘에 의해 움직이고 있어서, 환자의 반응 모두에 다양하게 반응할 수가 없다. 즉, 챗봇이 해 주는 가이드와 공감은 아직 치료자가 직접해 주는 치료 가이드와 공감을 따라가지는 못하고 있다. 그러나 이 역시 머신러닝과 딥러닝으로 자가학습하는 AI에 의해 어느 정도 해결이 가능할 것으로 여겨진다.

---

10) MMORPG: 동일 필드 내에서 수백에서 수천의 플레이어가 동시에 접속하여 게임을 할 수 있는 롤플레잉 게임(RPG)의 한 장르를 말한다.
11) 특정 메신저 프로그램 내에서 유저와 소통하는 봇을 말한다.

[그림 15-5] AR을 활용한 게임 '포켓몬 GO'

'포켓몬 GO'는 증강현실(AR)을 기반으로 한 수집형 게임이다. 게임과 애니메이션으로 유명한 포켓몬 캐릭터를 AR 기반 수집형 게임으로 만든 것이다. 실제 세상에는 아무것도 없는 공간에, 스마트폰으로 해당 공간을 비추면 특정 포켓몬이 나타난다. 2017년에 출시된 이 게임은 지금까지도 많은 사람들이 즐기고 있다. 이러한 AR 기술은 현재 자동차 내비게이션에도 적극 적용되고 있다.

(2) 게임의 활용

[그림 15-6] 게임을 통한 ADHD 치료 프로그램 '인데버RX'

게임의 즐거움과 반복성을 이용하여 치료를 할 수 있게 되었다. 이처럼 비게임적 내용을 게임적인 것으로 바꾸는 것을 게임화(gamification)라고 한다. 게임화는 이미 교육 영역에서 활발히 사용되고 있다. 이제 게임은 심리나 정신의학에서도 중독문제를 일으키는 문제적 대상이 아닌, 치료 도구로써 적극 사용되어야 할 것이다.

　　과거 보드, 조이스틱, 키보드, 마우스 등을 통해 수행되었던 게임(Game)은 이제 눈 운동, 신경망[12]과 언어 명령을 통해서도 수행될 수 있는 수준까지 기술이 개발되었다. 게임을 심리치료에 접목하려는 시도는 1970년대부터 시작되었다. 당시에는 보드 게임을 활용한 치료들이 종종 소개되었는데, 1980년대에 비디오 게임이 대중화되면서부터는 비디오 게임을 치료에 접목하려는 시도들이 늘어가고 있다. 게임이 아닌 것에 게임 방식을 입히는 것을 '게임화(gamification)'라고 한다(김성동, 이면재, 송경애, 2012). 비디오 게임은 그동안 노인들의 신경인지장애들의 인지재활에 자주 사용되었다. 주로 알츠하이머 질환이나 뇌졸중 질환으로 어려움이 있는 사람들의 특정 인지기능을 재활하는 데 사용되었으나 현재는 심리치료 영역에도 활용되고 있다. 심리치료를 게임화하려는 시도는 이미 1990년대부터 시작되었다. 외국에는 게임의 장르 중 하나인 RPG(Role Playing Game)를 활용하여 충동성 장애나 조현성 성격장애, 틱장애, 분리불안장애를 치료하고, 뇌 손상 환자들의 인지 재활에 이용되어 긍정적 효과를 내었던 사례가 있으며, 자폐스펙트럼장애의 사회성을 향상하는 데 긍정적 영향을 준 연구도 있다(Gardner, 1991; Blackmon, 1994; Ceranoglu, 2010). 최근에는 미국에서 FDA가 인정한 비디오 게임이 나타나기도 했다. 이 게임은 주의력결핍 및 과잉행동장애(ADHD)의 주의력 개선에 도움을 주기 위한 비디오 게임으로 '인데버RX(EndeavorRx)'라고 한다. 이 게임은 미국 FDA가 승인한 최초의 게임 기반 치료로, 비디오 게임이 치료계획의 일부가 될 수 있음을 보여 주는 증거다. 이외에도 보다 최근의 연구들에서는 다양한 게임 장르를 이용한 치료적, 또는 교육적 목표의 게임이 개발되고 있으며 VR과 AR과 같은 고차적인 기술을 이용한 치료용 · 교육용 게임들도 개발되고 있다. 최근에는 공황장애나 공포증, PTSD를 치료하는 데 VR이 이용되고 있으며, 현재 아동 및 청소년들에 대한 게임 기반 치료들도 늘고 있다. 게임을 이용한 치료는 자해, 학교 폭력, 주의력결핍 및 과잉행동장애(ADHD), 자폐스펙트럼장애(ASD) 등 다양한 주제로 연구되고 있다. 게임은 심리 및 신경학 장애 평가, 학업성취 예측, 불안장애 영역까지 활용되고 있으나 실제로 개발된 치료 게임이 장기간 유지 · 보수되고, 사람들이 활발히 사용되고 있는 사례는 매우 적다. 게다가 연구를 통해 효과성과 효율성이 입증된 사례는 더욱 적다(Korn et al., 2017; Levy, 2019; Nikolaou, Georgiou, & Kotsasarlidou, 2019; Vallejo et al., 2017).

---

12) 본래는 두뇌신경망을 의미하나, 현재는 인공 뉴런이나 노드로 구성된 인공 신경망을 의미한다.

(3) 온라인의 활용

[그림 15-7] 화상회의 프로그램

COVID-19가 2020년을 덮친 후 교육과 상담 영역은 비대면이 필수가 되면서 화상회의 프로그램을 적극 사용하게 되었다.

현재 온라인에 기반한 심리치료도 성행 중이다. 가장 일반적인 것은 심리장애나 증상 정보를 특정 플랫폼에 게시하고 필요시 상담자와 화상상담이나 채팅을 통해 심리상담을 진행하는 것이다(김도연, 조민기, 신희천, 2020).

먼저 화상상담에 대해 살펴보면 다음과 같다. 화상상담의 경우, 기존에는 인터넷망과 속도의 제한으로 충분한 해상도나 음성 전달이 이루어지지 못했으나, 현재는 기가급의 인터넷과 4G, 5G의 기술로 HD급 이상의 화질로 상담을 할 수 있게 되었다. 2020년 초에 발발한 COVID-19의 세계 유행은 그동안 해 왔던 면대면 상담의 양상을 비대면 상담으로 바꾸어 놓았다. COVID-19 사태가 발생하고 감염 확산을 막기 위해 국가에서 사람들의 대면을 제한하게 된 후에는, 심리상담사들과 학생들, 내담자들이 ZOOM, MSteams, Google Meet 등의 프로그램을 사용하여 수업이나 상담을 수행했고, 사람들도 그것에 익숙해지기 시작했다. 이제 컴퓨터 프로그램을 활용한 심리치료들은 데스크톱이나 랩톱에서 벗어나 스마트폰 또는 스마트워치 같은 웨어러블(wearable)[13]기기로 옮겨 가고 있다. 특히, 웨어러블(wearable) 기기의 활용은 수시로 바뀔 수 있는 환자의 데이터를 즉각 저장하고 확인

---

13) 안경, 시계, 의복 등과 같이 착용할 수 있는 형태를 의미한다.

할 수 있게 한다는 장점을 가진다. 어쩌면, 머지않은 미래에 환자의 바이오 신호를 감지하여 환자에게 직접 조언해 주는 AI 프로그램이 나올지도 모른다.

화상통화를 사용한 치료는 COVID-19 사태 이전에도 한국에 있었다. 임성진과 이정은, 한신(2017)의 연구에 따르면 화상통화를 이용한 심리치료(또는 상담)는 시공간적 제약이나 사람들의 불필요한 시선, 치료 비용 등을 낮추는 장점을 가진다고 하였다. 이 연구에 참여했던 사람들은 개인정보 유출이나 치료자의 전문성, 자격관리 등에 대한 우려도 중립적('보통이다')이었던 것으로 보고되었다. 대면 치료의 경우 시공간 제약이 큰 단점 중 하나이고, 화상상담의 경우 개인정보 유출이 큰 우려점 중 하나인데, 이 두 단점들이 제한점으로 작용하지 않는다는 것은 화상통화 심리치료가 대면 치료의 대안으로도 볼 수 있다는 것을 의미한다. 특히, 특정 기관에 속하지 않고 개인 자격으로 심리치료를 하는 경우, 심리상담소나 치료센터와 같은 고액이 들어가는 부동산을 구성하지 않아도 되므로, 심리치료비를 낮추고 심리치료의 진입장벽도 낮출 수 있는 기회를 제공할 수 있다. 만약, 개인적으로 심리치료를 하는 전문가들의 전문성과 자격 사항 등을 해당 전문가가 속해 있는 협회나 학회가 공개하고 관리하며 컴퓨터 프로그램을 통해 내담자와 연계시킬 수 있다면, 내담자 입장에서는 더 빠르고 간편하게 전문가를 찾을 수 있고 더 저렴하게 전문 서비스를 받을 수 있는 기회를 얻을 수 있을 것이다. 개인정보 유출의 경우도 블록체인(blockchain)[14] 기술을 활용하여 보안을 강화할 수 있다.

화상통화 심리치료에서 중요한 또 다른 요인은 '심리치료의 효과'일 것이다. 임성진과 이정은, 한신(2017)의 연구에서는 화상통화 심리치료에 있어 중요한 요인으로 상기한 심리치료 효과 외에도 필요에 맞는 치료자 선택, 치료계획 및 진료 과정의 설명 등이 중요한 것으로 나타났다. 그러나 현재 한국의 온라인 심리치료에 대한 서비스는 미미하고, 그 효과에 대한 연구는 더 제한적이다. 외국의 연구에서는 화상통화를 이용한 심리치료가 대면 심리치료만큼 효과적(Frueh et al., 2007; Germain et al., 2010; Tuerk et al., 2010; Yuen et al., 2010; Sepherd et al., 2006)이라고 말하고 있지만, 한국의 경우, 한국인만의 독특한 정서나 환경에 의해 그 효과가 외국과 같을지는 미지수다. 특히, 치료기법이 화상통화와 맞는지도 고려해야 한다. 미술치료나 놀이치료의 경우 화상통화 심리치료에 도구적 한계가 발생할 수 있고, 특히 다양한 매체가 활용되는 표현예술치료 같은 경우는 더욱 치료 효과에 제

---

14) 데이터 '블록'이라는 소규모 데이터들을 체인 형태의 연결고리 기반 분산 데이터 저장 환경에 저장하여 임의로 데이터를 수정할 수 없고 누구나 변경 결과를 열람할 수 있게 하는 데이터 관리 기술을 의미한다.

한이 발생할 수도 있다. 이를 가능케 하기 위해서는 확장현실(Extended Reality: XR)[15] 기술이 충분히 개발되어야 하는데, 아직 XR 기술의 개발은 걸음마 단계에 불과한 상황이다.

한편, 온라인 채팅 상담은 현재 챗봇의 활용이 대표적이다. 챗봇을 사용하여 심리상담을 시행하고, 그 경험에 대해 알아본 연구에 따르면(이아라 외, 2019), 챗봇만으로도 어느 정도 심리상담이 가능하고 그 효과도 있는 것으로 나타난다. 특히, 챗봇이 하는 공감적인 표현과 지지적 반응은 내담자의 우울감을 충분히 위로할 수 있는 것으로 보이고, 심지어 내담자는 챗봇으로부터 상담사의 친절함과 따스함도 느꼈던 것으로 보인다. 이 연구의 일부 다른 참여자들은 공감이 부족하다는 의견도 내었지만, 이는 AI 프로그램 설계의 한계 때문으로 추후 딥러닝과 머신러닝 기술이 이를 보완해 줄 것이다. 즉, 실제 인간 상담자와 같은 공감 반응을 나타내는 것이 가능한 것이다. 대표적인 챗봇으로는 TESS(Fulmer et al., 2018)와 Woebot(Fitzpatrick et al., 2017)이 있다.

먼저, TESS는 정신건강 지원과 심리교육을 목적으로 개발된 챗봇으로 웹 사이트뿐만 아니라 모바일 기기 앱을 통해서도 서비스되고 있다. 최근 스마트폰의 사용률이 급증하고 실제로 많은 사람들이 스마트폰을 사용하고 있다는 것을 고려해 볼 때, 스마트폰 앱으로의 서비스는 심리치료 서비스의 접근성을 크게 높일 수 있을 것으로 보인다. 기존의 대면 치료가 일반적으로 주 1회나 주 2회에 그친다는 것으로 생각해 보면, 언제나 들고 다니는 스마트폰은 이동이 가능하면서도 접근성과 편의성이 높은 치료실이 될 수 있겠다. 일반적으로 일주일에 한두 번 볼 수 있는 치료자와는 달리, 스마트폰 앱에 있는 프로그램은 사용자에게 즉각적인 피드백을 주겠고, 이를 통해 더 집중적인 치료와 새로운 시도를 가능케 할 것이다. 더불어 스마트워치와의 연동을 통해 생체 정보까지 수집할 수 있다면 그동안 정량적으로 측정하기가 어려웠던 수치들을 더 다양하게, 즉각적으로, 정확하게 수집할 수 있을 것으로 보인다. TESS는 인지행동치료, 수용전념치료, 마음챙김치료, 해결중심치료 등 다양한 치료적 기법을 통합하여 사용자의 부정적 감정과 행동에 개입한다. TESS는 탑재된 AI 프로그램으로 사용자의 정서적 반응에 반응하여 적절한 공감적 반응을 제공하고 해결 전략을 제시한다(Miner et al., 2016). TESS는 74명의 대학생이 참가자한 효과성 검증 연구에서 범불안과 우울 감소에 통계적으로 유의미한 효과와 높은 사용 만족도가 확인되었다(Fulmer et al., 2018).

---

15) VR, AR, MR(mixed reality) 기술을 망라하는 초실감형 기술을 말한다.

[그림 15-8] 챗봇 프로그램 Woebot

심리상담에 사용되는 챗봇은 상담 과정, 반응 등의 데이터로 프로그램 된 AI이다. 현재의 챗봇은 초창기의 단순한 알고리즘이 아닌, 인간과 유사한 반응을 할 수 있는 수준까지 개발되었다.

다음으로 Woebot은 인지행동치료를 기반으로 한 대화형 AI 챗봇이다. 상업적 목적으로 개발된 Woebot은 잘 알려진 애플의 시리나 아마존의 알렉사처럼 대화형 에이전트를 사용하여 시각적 인터페이스나 별도의 입력장치 없이 말로만 상호작용한다. Woebot은 임상적 의사결정(clinical decision making)과 사회적 담론 역동(the dynamics of social discourse)을 기반으로 인지행동치료의 자기 도움(self-help)을 사용한다(김도연, 조민기, 신희천, 2020). 특히, Woebot은 다른 대화형 에이전트들과 심리치료들에서 사용하는 다양한 공감 및 경청기술을 사용할 수 있다. Woebot을 활용해 우울과 불안 감소를 도모하였던 연구도 있으며, 그 결과는 통계적으로 유의미하게 우울감이 감소한 것으로 나타났다. 게다가 Woebot을 사용했던 사람들의 경험을 질적으로 분석해 본 결과, Woebot의 공감과 전달 방식은 매우 유효했던 것으로 나타났다(Fitzpatrick et al., 2017).

챗봇의 사용은 비밀보장과 내담자의 신분 노출 최소화 부분, 평가를 내리지 않는다는 점에서 가장 큰 이점을 가진다. 완전한 익명성을 보장받는 상황에서 내담자는 챗봇과의 상담에서 안정감을 가지는 것으로 여겨진다. 하지만 챗봇은 내담자의 비언어적 반응에 대한 반응을 할 수가 없다. 현재의 기술로는 표현 방식이 언어적 방식으로 제한되어 있기 때문에, 내담자 말의 미묘한 뉘앙스나 억양 같은 비언어적 반응을 잘 살피고 이에 반응할 수가 없다. 한편, 챗봇 심리상담의 효과성을 높이고자 보다 자세한 챗봇 심리상담 시나리오를 개발하려는 시도도 있다(이지원, 양현정, 김지근, 2019). 이 연구에서는 우울감 감소를 위한 심리상담 챗봇을 설계하고 상담심리전문가 10인을 대상으로 사용자 평가를 실시하였다. 더불어 대학생 78명에게 챗봇 유용성 평가도 하여 심리상담 챗봇의 활용 가능성을 확인하였다. 그 결과 사용 만족도도 높고 실제적인 기분의 긍정적 변화도 일으키는 것으로 나타났다. 여전히 단조로운 대화나 인위적인 인상, 입력체계의 한계는 챗봇의 약점으로 거론되었지만, 이는 AI와 음성 인식 기술 등의 발전으로 곧 보완될 것으로 여겨진다.

심리치료 도구가 웹이 될 수도 있다. 미국에서는 웹 기반 심리치료를 이미 오래전부터 외상후 스트레스장애(PTSD) 환자들을 대상으로 실시하고 있다. 미국의 웹 기반 심리치료의 대표로는 퇴역군인들의 외상후 스트레스장애(PTSD) 증상들을 치료하기 위한 웹 기반 자기관리형 인지행동치료 프로그램이 있다(Litz et al., 2007). 이 밖에도 웹은 섭식장애나 불안장애의 치료에도 활발히 사용되고 있다(Gulec et al., 2011, Gollings & Paxton, 2006; Spence et al., 2006). 최근 많이 알려진 웹 기반 심리치료로는 SNS 형태의 온라인 사회치료(social therapy) 프로그램인 MOST가 있다(Álvarez-Jiménez & Gleeson, 2012; Lederman et al., 2014; D'Alfonso et al., 2017). MOST 프로그램은 정신적 어려움을 경험하고 있는 청년들의 고립과 낙인을 해소하고 사회적 관계를 유지시키기 위한 목적으로 만들어졌다(Morgan et al., 2012). 이 프로그램은 페이스북과 유사한 형태로 청년들이 사용하기에 익숙한 모양으로 되어 있다. 사용자는 MOST를 사용할 때 뉴스피드를 게시하고, 코멘트를 달아 자신의 경험을 공유하고 MOST에서 제공되는 심리·사회적 기술을 연습하고 개발하도록 되어 있다. 이 프로그램에서 주목할 만한 것은 웹상에서 사람들과 교류하면서 마치 비구조화된 집단상담을 하듯 사용자의 심리 회복을 돕는다는 것이다. 'Talk it out' 영역으로 불리는 곳에서는 증거 기반 사회 문제 해결 프레임워크(evidence-based social problem solving

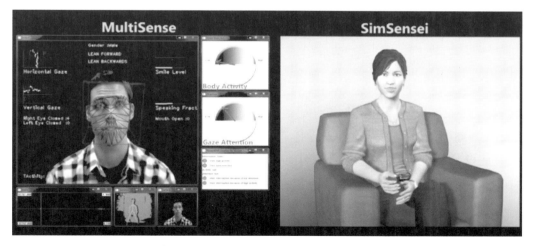

[그림 15-9] 가상현실 기반 대화형 챗봇 'Ellie'

Ellie는 인간형 그래픽으로 시각화하고 내담자의 표정 정보를 분석한다는 데서 기존의 음성인식 챗봇 프로그램의 한계를 넘어섰다는 평가를 받고 있다. Ellie는 챗봇 프로그램도 언어적·비언어적 정보를 모두 수집하여 상담할 수 있다는 것과, 앞으로의 챗봇은 이렇게 발전할 것이란 것을 보여 주는 전형적 사례.

출처: http://www.kcern.org/bbs/board.php?bo_table=kcern_monthly_late&wr_id=140&sst=wr_hit&sod=desc&sop=and&page=3

framework; McFarlane, 2004)에 따라 사용자의 문제나 어려움을 토론하며 도움을 얻을 수 있게 하고, 'Do it'이라는 영역에서는 마음챙김과 자기 연민 등을 현실에 적용할 수 있게 해 주는 프로세스를 제공해 준다. 현재 MOST는 여러 연구들을 통해 그 효과성이 검증된 상태로, 프로그램의 유용성이 이미 입증된 상태다(D'Alfonso et al., 2017). 이 프로그램은 추후 AI의 개발과 적용으로, 청년들의 뉴스피드나 피드백을 중재하고 즉각적으로 사용자의 반응에 상담사처럼 반응해 줄 수 있게 된다면, 매우 활용도가 높은 심리치료의 장이 될 수도 있을 것으로 기대된다.

가상현실 기반 대화형 챗봇 중 하나인 Ellie는 외상후 스트레스장애(PTSD) 치료에 새 지평을 열었다(Katharine, 2019). Ellie는 PTSD를 경험하고 있는 군인들을 치료할 목적으로 미국 남캘리포니아 대학교(USC)의 창의기술연구소에서 개발된 SimSensei 키오스크 프로그램(DeVault et al., 2014) 속에 등장하는 가상 면담자의 이름이다. Ellie는 3D로 구현된 인간형 컴퓨터 그래픽으로 PTSD를 경험하고 있는 내담자의 언어적 · 비언어적 정보를 통해 다양한 심리지표를 파악하고 치료한다. Ellie는 기존의 다양한 연구들과 이론들, 전문가들의 자문을 바탕으로 PTSD를 경험하고 있는 내담자들의 언어적 · 비언어적 특성을 구분할 수 있게 프로그램되어 있다. SimSensei는 시청각 지각 시스템(Visual-Audio perception system)인 MultiSense 프레임워크를 통해 실시간으로 내담자의 반응을 수집하고 이를 데이터베이스와 비교하여 내담자 상태를 파악한다. 더불어 음성 인식과 자연어 처리 시스템, 대화 관리 모듈을 통해 내담자의 말을 분석하고, 내담자에게서 얻은 정보를 통합하여 내담자와 상담을 진행한다. Ellie는 텍스트 기반 상담이 아닌, 가상현실을 활용한 상담이라는 점에서 다른 챗봇들과 차별화되어 있다. 이는 내담자가 챗봇에 더 몰입할 수 있게 하고, 결과적으로 치료의 효과성을 높인다. 아직 그래픽의 제한과 이에 따른 이질감, 대화형 에이전트의 한계에 의해 인간이 하는 상담과는 많은 부분에서 부족할 수 있겠지만, 그래픽 기술과 감각 정보 탐지 및 처리 기술, 인공지능 기술이 더 발달하게 되면 상기한 문제들은 감소하고, 높은 수준의 면담 정확성을 갖게 될 것으로 여겨진다.

2) 심리평가의 동향 변화

임상심리학자들이 제1차 세계 대전 이후 심리평가를 의뢰받아 수행해 오면서 최근까지 심리평가는 임상심리학자의 주요 업무가 되었다. 현재 심리검사는 진단에 필요한 정보 제공이나 정신병리에 대한 연구, 자기 이해 등의 목적으로 사용되고 있다. 평가 목적이나 기관 특성에 따라 몇 가지 검사들이 선택적으로 사용되고 있지만, 대체로 임상심리라고 하면 풀배터리[16] 검사를 쉽게 떠올리는 경우가 많다. 실제로 한국의 많은 임상심리전문가들은 대부분 풀배터리를 시행하고 있으며, 주요 시행검사들로는 지능검사, 로르샤흐 검사, MMPI, HTP, BGT, 문장완성검사들이 있다. 최근에는 임상심리학자들이 신경심리검사도 많이 하고 있다.

한국임상심리학회의 임상심리전문가가 되기 위해서는 3,000시간 이상의 실무 및 학습 경험과 연구 경력, 석사 학위 이상의 학력 등이 요구되는데, 이러한 전문가들이 시행하는 심리평가도 그 방식과 상황 등의 영향에 의해 오류가 발생할 수 있다. 특히, 심리평가에 있어서 가장 피해야 할 오류는 정신질환을 가지고 있지 않은 사람에게 특정 정신질환을 가졌다고 평가하는 것인데, 이는 평가가 가지고 있는 특성상 큰 낙인효과를 야기하고 불필요한 심리적·경제적 소모와 함께 개인의 심리상태를 더 크게 흔들 수 있는 문제를 일으키기 때문이다. 평가는 진단과 관련이 있어서 그 오류의 양상이 1종 오류든, 2종 오류든 상관없이 오류를 줄이는 것이 매우 중요하다.

이러한 부분에 있어, 최근에는 머신러닝을 이용하여 심리검사를 시행하고자 하는 시도들이 늘고 있다(De Wit et al., 2017; Ferreri et al., 2019). 그리고 이러한 연구들에서 나온 머신 러닝의 평가-진단 능력은 기존 심리평가 것보다 우세하거나 유사한 수준으로 나타난다. 예를 들어, 첸 등(Chen, Song, & Li, 2019)은 뇌파(EEG[17]) 기반 뇌 네트워크를 합성곱신경망(CNN[18])과 결합하여 ADHD 진단을 위한 딥러닝(DL) 프레임워크를 제시하기도 했다. 이처럼 머신러닝 기술을 이용하여 정신의학적 진단을 내리려는 시도는 이미 외국에서 시작되고 있다. 헤더리히와 아이크호프(Hedderich & Eickhoff, 2021)는 MRI 정보를 활용한 머신러닝 기술로 진단에 대한 연구를 수행하였고, 러틀리지, 체크루드 그리고 하이스(Rutledge, Chekroud, & Huys, 2019)는 방대한 임상 정보를 활용하여 머신러닝 기술로 질병 표현형을 예측하려 하기도 했다. 머신러닝을 이용한 평가와 진단은 아직 외국에서도 연구 초기에 해당하며, 도출된 정보를 임상심리학자나 의사가 의사결정에 보조적 수단으로만 사용하길 권유하고 있는 상태다. 한국에서도 조금씩 머신러닝을 활용한 자동화 진단 연구가 시행되고 있지만, 여전히 머신러닝에 대한 연구는 심리학보다는 대부분 공학이나 디자

---

16) Full Battery: 약 7종 정도의 심리검사를 면담 및 행동 관찰 정보를 통합하여 종합적으로 평가하는 것을 말한다.
17) 뇌전도(EEG)를 말한다.
18) Convolutional neural network: 시각적 영상을 분석하는 데 사용하는 인공신경망의 한 종류를 말한다.

인학 쪽 연구가 더 많은 실정이다.

한편, 머신러닝의 평가가 전통적인 심리평가와 진단 방법보다 더 우수함을 의미하는 것은 아니다. 임상심리학자는 머신러닝을 통해 얻은 정보를 다른 정보와 통합하여 진단과 평가의 신뢰도를 높이는 방법에 대해 더 고민해야 한다.

4. 미래의 임상심리학자

4차 산업은 시작되었고 인공지능과 머신러닝에 대한 기술은 이미 우리 생활에 크게 파고든 상태다. 사람들의 놀이터는 점점 SNS 세상과 메타버스[19]로 이동되고 있고, 이 같은 세상에서의 삶이 오히려 조금씩 편해지는 사람들이 늘고 있다. 가상 세계가 발전함에 따라 가상 세계 안에서의 부적응을 진단하게 되는 경우도 발생할 수 있겠다. 임상심리학자들은 이 같은 변화에 맞추어 그동안 학습했던 치료와 평가 도구들을 변환, 응용해야 할 것이다. 최근 100년간의 심리치료나 평가 이론은 대부분 직접적인 면담을 기반으로 한 것들이었다. 그러다 보니 COVID-19 사태가 발생했을 때, 많은 임상심리학자나 상담심리학자들의 일거리가 줄어드는 일이 발생하였다. 기술의 변화는 생활의 변화를 가져온다. 임상심리학자들은 새로운 기술을 자신의 기존 무기들(이론, 경험 등)과 통합하여 더 효과적이고 효율적으로 사용할 수 있어야 한다. 인공지능, 머신러닝, 메타버스, XR 등의 용어에 익숙해져야 하겠고, 실제로 이 기술을 교육, 치료, 평가에 사용할 수 있어야 하겠다.

세계 인공지능 시장은 연평균 50% 이상씩 성장할 것이라는 전망이 있을 정도로 인공지능 시장은 빠르게 발전하고 있다(박종만, 2020). 한국은 AI 분야를 국가 전략으로 2030년까지 세계 3위로 올려놓으려 한다. 심리치료와 평가 기술도 기존의 대화 에이전트 챗봇 수준을 넘어 더 지능화되고 최적화되어야 한다. 눈에 보이지 않았던 심리치료 기술은 이제 인공지능을 통해 눈에 보이게 프로그램화되고, 이는 심리치료의 직접적인 상업화, 경제적 이득 산출에 도움을 줄 것이다. 발전하는 인공지능을 위해 더 양질의 데이터를 모으는 기술과 처리 기술, 머신러닝 기술이 임상심리 분야에서도 크게 발전하겠고, 이를 통해 전보단 진단 및 치료 시스템은 심리치료와 평가의 효과성, 효율성, 경제성이 크게 개선될 것이다.

---

19) 상위를 뜻하는 'meta'에 세상을 뜻하는 'universe'를 합성해 만든 용어로, 3차원의 가상 세계를 의미한다.

미래의 임상심리학자들은 이것들을 사용할 수 있어야 한다. 가상의 공간과 현실을 오가는 과정에서 새로운 정신질환이 발생하겠고, 임상심리학자들은 이러한 정신질환뿐만 아니라, 새로운 세상에 적응할 수 있게 하는 다양한 교육적 · 치료적 기술과 도구를 보유하고 있어야 하겠다. 기술의 발달은 전례 없이 빠르고, 임상심리학자들은 그 한복판에 서 있다.

✎ 요약

인공지능, 머신러닝, 빅데이터 등을 사용하는 4차 산업은 이미 시작되었고, 이를 활용한 다양한 신기술은 이미 우리의 삶에 깊이 파고들기 시작했다. 임상심리 분야에서도 신기술의 사용이 시작되고 있고, 이는 치료, 연구, 평가의 패러다임을 완전히 바꿀 상황이 되었다.

심리치료도 전통적인 대면 치료 방법에서 비대면 방법으로 옮겨 가고 있고, 그 과정에서 다양한 화상회의 프로그램들이 사용되고 있다. 뿐만 아니라, 치료자 자체가 인공지능 프로그램인 경우도 있다. 1970년대 초기 자연어 습득 인공지능 프로그램인 ELIZA부터 시작된 인공지능 프로그램은 현재 다양한 챗봇 프로그램으로 개발되어 심리치료에 이용되고 있고, 최근에는 3D로 시각화된 형태로 내담자의 표정 변화까지 읽어내어 상담을 하는 기술까지 발전되었다. 더불어 가상현실, 증강현실, 게임 등이 심리치료에 이용되고 있다. 이러한 치료 프로그램은 면대면 치료 프로그램과 유사한 수준의 치료 효과를 나타내기도 하지만, 여전히 제한적 상황에서만 그것이 가능한 상태다. 심리평가 역시 머신러닝 기술을 이용한 자동 진단 프로그램들이 연구되고 있어서, 근래에 타당도와 신뢰도가 높은 인공지능 평가 프로그램도 개발될 것으로 여겨진다.

현재는 심리평가와 치료, 연구의 패러다임, 도구들이 빠르게 변화하고 있는 상황으로, 임상심리학자들도 이러한 변화를 받아들이고 전문성을 높이는 데 사용해야 할 것이다. 전통적인 심리치료의 방식이나 가치를 버리고 새로운 것을 받아들이자는 것이 아니라, 새로운 기술에 기존의 기법들과 가치들을 녹여 더 날카롭고 세련된 기법과 가치로 승화시켜야 하겠다.

기술의 발달은 사람들의 삶의 양상도 바꾼다. 바뀌는 생활만큼 앞으로 새로운 장애와 부적응이 발생하고, 기존의 '적응'이라는 개념이나 환경도 바뀔 것이다. 미래의 임상심리학자에게는 현재보다 더 융합적이고 융통적이며 창의적인 역량들이 요구될 것이다. 따라서 임상심리 교육도 이러한 발전 기술과 환경에 맞출 수 있는 새로운 교육, 훈련 패러다임을 준비해야 하겠다.

⟨?⟩ 생각해 봅시다

● 인공지능 심리치료와 평가 프로그램을 임상심리학자들은 어떻게 이용해야 하는가?

● 미래의 임상심리학자들에게 중요한 역량으로는 어떠한 것이 있겠는가?

- 미래의 임상심리학 교육 프로그램에는 어떠한 것들이 포함되어 있어야 하는가?

- 가상 세계의 활성화는 정신건강의 어떤 측면에 부정적이고 긍정적인 영향을 줄 수 있는가?

형성평가

- 미래의 임상심리학자가 개발해야 할 역량은 무엇인지 기술하시오.

- AI를 활용한 심리치료 프로그램에는 어떠한 것이 있는지 기술하시오.

- 딥러닝, 머신러닝을 통해 심리평가를 어떻게 활용할 수 있는지 기술하시오.

- 심리치료 플랫폼으로 게임화를 이용할 경우 장점과 단점에 대해 설명하시오.

참고문헌

과학기술정보통신부(2019). 정보통신산업의 진흥에 관한 2019 연차보고서. 서울: 과학기술정보
　　통신부.

과학기술정보통신부, 정보화진흥원(2019). 정보화통계집, https://www.nia.or.kr/ viewer/
　　skin/doc.html?fn=eb8e00bf_4c3b_40d9_9cbe_b12333acd8ce.pdf&rs=/viewer/result//
　　board/62156/

김도연, 조민기, 신희천(2020). 상담 및 심리치료에서 인공지능 기술의 활용: 국외사례를 중
　　심으로. 한국심리학회지: 상담 및 심리치료, 32(2), 821-847.

김성동, 이면재, 송경애(2012). 게임화를 이용한 대안적 학습모형개발 방법론에 관한 연구.
　　한국컴퓨터게임학회논문지, 25, 82-88.

박종만(2020). 2020년 한국의 AI 활용 현황과 전망 및 시사점. KOSEN Report 2020. 서울: 한민족과학기술자네트워크.

송현주(2019). 새로운 기술혁명 시대의 임상심리학-최근 연구 동향을 중심으로-. 한국심리학회지: 일반, 38(4), 549-578.

이아라, 김효창, 차민철, 지용구(2019). 상담 이론 기반의 심리 상담 챗봇을 활용한 내담자 경험 연구. 대한인간공학회지, 38(3), 161-175.

이지원, 양현정, 김지근(2019). 상담 챗봇 구현을 위한 시나리오 개발 및 유용성 검증. 한국콘텐츠학회논문지, 19(4), 12-29.

임성진, 이정은, 한신(2017). 화상통화를 이용한 심리치료에 대한 인식 및 필요성 연구. 스트레스研究, 25(1), 57-67.

정보통신기획평가원(2020). 인공지능 기술 청사진 2030. 서울: 정보통신기획평가원.

Álvarez-Jiménez, M., & Gleeson, J. F. (2012). Connecting the dots: twenty-first century technologies to tackle twenty-first century challenges in early intervention. *Australian & New Zealand Journal of Psychiatry, 46*(12), 1194-1196.

Blackmon, W. D. (1994). Dungeons and Dragons: The use of a fantasy game in the psychotherapeutic treatment of a young adult. *The American Journal of Psychotherapy, 48*(4), 624-632.

Bouchard, S., Dumoulin, S., Robillard, G., Guitard, T., Klinger, E., Forget, H., Loranger, C., & Roucaut, F. X. (2017). Virtual reality compared with in vivo exposure in the treatment of social anxiety disorder: a three-arm randomised controlled trial. *The British Journal of Psychiatry, 210*(4), 276-283.

Ceranoglu, T. A. (2010). Video games in psychotherapy. *Review of General Psychology, 14*(2), 141-146.

Chen, H., Song, Y., & Li, X. (2019). A deep learning framework for identifying children with ADHD using an EEG-based brain network. *Neurocomputing, 356*, 83-96.

Craig, T. K., Rus-Calafell, M., Ward, T., Leff, J. P., Huckvale, M., Howarth, E., Emsley, R., & Garety, P. A. (2018). AVATAR therapy for auditory verbal hallucinations in people with psychosis: a single-blind, randomised controlled trial. *The Lancet Psychiatry, 5*(1), 31-40.

D'Alfonso, S., Santesteban-Echarri, O., Rice, S., Wadley, G., Lederman, R., Miles, C., Gleeson, J., & Álvarez-Jiménez, M. (2017). Artificial intelligence-assisted online social therapy for youth mental health. *Frontiers in Psychology, 8,* 796.

de Wit, S., Ziermans, T. B., Nieuwenhuis, M., Schothorst, P. F., van Engeland, H., Kahn, R. S., Sarah D., & Schnack, H. G. (2017). Individual prediction of long term outcome in adolescents at ultra-high risk for psychosis: Applying machine learning techniques to brain imaging data. *Human brain mapping, 38*(2), 704-714.

DeVault, D., Artstein, R., Benn, G., Dey, T., Fast, E., Gainer, A., Georgila, K., Gratch, J., Hartholt, A., Lhommet, M., Lucas, G., Marsella, S., Morbini, F., Nazarian, A., Scherer, S., Stratou, G., Suri, A., Traum, D., Wood, R., Xu, Y., Rizzoy, A., & Morency, L. (2014). SimSensei Kiosk: A virtual human interviewer for healthcare decision support. *The 13th International conference on Autonomous Agents and Multiagent Systems,* 1061-1068.

Ferreri, F., Bourla, A., Peretti, C. S., Segawa, T., Jaafari, N., & Mouchabac, S. (2019). How new technologies can improve prediction, assessment, and intervention in obsessive-compulsive disorder (e-OCD). *JMIR mental health, 6*(12), e11643.

Fitzpatrick, K. K., Darcy, A., & Vierhile, M. (2017). Delivering cognitive behavior therapy to young adults with symptoms of depression and anxiety using a fully automated conversational agent (Woebot): a randomized controlled trial. *JMIR mental health, 4*(2), e19.

Frueh, C. B., Monnier, J., Grubaugh, A. L., Yim, E. S., & Knapp, R. (2007). Therapist Adherence and Competence With Manualized Cognitive-Behavioral Therapy for PTSD Delivered via Videoconferencing Technology. *Behavior Modification, 31*(6), 856-866.

Fulmer, R., Joerin, A., Gentile, B., Lakerink, L., & Rauws, M. (2018). Using Psychological Artificial Intelligence (Tess) to Relieve Symptoms of Depression and Anxiety: Randomized Controlled Trial. *JMIR Mental Health, 5*(4), e64.

Gardner, J. E. (1991). Can the Mario Bros. help? Nintendo games as an adjunct in psychotherapy with children. *Psychotherapy: Theory, Research, Practice, Training, 28*(4), 667-670.

Georgila, K., Gratch, J., Hartholt, A., Lhommet, M., Lucas, G., Marsella, S., Morbini, F., Nazarian, A., Scherer, S., Stratou, G., Suri, A., Traum, D., Wood, R., Xu, Y., Rizzo A., & Morency, L. P. (2014, May). SimSensei Kiosk: A virtual human interviewer for healthcare decision support. In *Proceedings of the 2014 international conference* on *Autonomous agents and multi-agent systems* (pp. 1061-1068). International Foundation for Autonomous Agents and Multiagent Systems.

Germain, V., Marcharnd, A., Bouchard, S. Guay, S., & Drouin, M. S. (2010). Assessment of the therapeutic alliance in face-to-face or videoconference treatment for posttraumatic stress disorder. *Cyberpsychology, Behavior and Social Networking, 13*(1), 29-35.

Gollings, E. K., & Paxton, S. J. (2006). Comparison of internet and face-to-face delivery of a group body image and disordered eating intervention for women: a pilot study. *Eating disorders, 14*(1), 1-15.

Gujjar, K. R., van Wijk, A., Kumar, R., & de Jongh, A. (2019). Efficacy of virtual reality exposure therapy for the treatment of dental phobia in adults: A randomized controlled trial. *Journal of Anxiety Disorders, 62,* 100-108.

Gulec, H., Moessner, M., Mezei, A., Kohls, E., Túry, F., & Bauer, S. (2011). Internet-based maintenance treatment for patients with eating disorders. *Professional Psychology: Research and Practice, 42*(6), 479.

Hedderich, D. M., & Eickhoff, S. B. (2021). Machine learning for psychiatry: getting doctors at the black box?. *Molecular psychiatry, 26*(1), 23-25.

Katharine, C. (2019, January 9). "How computer-assisted therapy helps patients and practitioners(pt. 1)", Retrieved from https://www.apa.org/members/content/computer-therapy.

Korn, C. W., Vunder, J., Miró, J., Fuentemilla, L., Hurlemann, R., & Bach, D. R. (2017). Amygdala lesions reduce anxiety-like behavior in a human benzodiazepine-sensitive approach-avoidance conflict test. *Biological psychiatry, 82*(7), 522-531.

Lederman, R., Wadley, G., Gleeson, J., Bendall, S., & Álvarez-Jiménez, M. (2014). Moderated online social therapy: Designing and evaluating technology for mental health. *ACM Transactions on Computer-Human Interaction, 21*(1), 1-26.

Levy, R. (2019). Dynamic Bayesian network modeling of game-based diagnostic assessments. *Multivariate behavioral research, 54*(6), 771-794.

Litz, B. T., Engel, C. C., Bryant, R. A., & Papa, A. (2007). A randomized, controlled proof-of-concept trial of an Internet-based, therapist-assisted self-management treatment for posttraumatic stress disorder. *American Journal of Psychiatry, 164*(11), 1676-1684.

McFarlane, W. R. (2004). *Multifamily groups in the treatment of severe psychiatric disorders.* Guilford Press: NY.

Miner, A. S., Milstein, A., Schueller, S., Hegde, R., Mangurian, C., & Linos, E. (2016). Smartphone-based conversational agents and responses to questions about mental health, interpersonal violence, and physical health. *JAMA Internal Medicine, 176*(5), 619-625.

Morgan, V. A., Waterreus, A., Jablensky, A., Mackinnon, A., McGrath, J. J., Carr, V., Bush, R., Castle, D., Cohen, M., Harvey, C., Galletly, C., Stain, H. J., Neil, A. L., McGorry, P., Hocking, B., Shah, S., & Saw, S. (2012). People living with psychotic illness in 2010: The second Australian national survey of psychosis. *Australian & New Zealand Journal of Psychiatry, 46*(8), 735-752.

Nikolaou, I., Georgiou, K., & Kotsasarlidou, V. (2019). Exploring the relationship of a gamified assessment with performance. *The Spanish Journal of Psychology, 22,* 1-10.

Rutledge, R. B., Chekroud, A. M., & Huys, Q. J. (2019). Machine learning and big data in psychiatry: toward clinical applications. *Current opinion in neurobiology, 55,* 152-159.

Sepherd, K., Goldstein, D., Whitford, H. Thewes, B., Brummell, V., & Hicks, M. (2006). The Utility of Videoconferencing to Provide Innovative Delivery of Psychological Treatment for Rural Cancer Patients: Results of a Pilot Study. *Journal of Pain and Symptom Management, 32*(5), 453-461.

Smeijers, D., & Koole, S. L. (2019). Testing the effects of a virtual reality game for aggressive impulse management (VR-GAIME): study protocol. *Frontiers in Psychiatry, 10,* 83.

Spence, S. H., Holmes, J. M., March, S., & Lipp, O. V. (2006). The feasibility and outcome of clinic plus internet delivery of cognitive-behavior therapy for childhood anxiety. *Journal of consulting and clinical psychology, 74*(3), 614-621.

Tuerk, P. W., Yoder, M., Ruggiero, K. J., Gros, D. F., & Acierno, R. (2010). A pilot study of prolonged exposure therapy for posttraumatic stress disorder delivered via telehealth technology. *Journal of Traumatic Stress, 23*(1), 116-123.

Vallejo, V., Wyss, P., Rampa, L., Mitache, A. V., Müri, R. M., Mosimann, U. P., & Nef, T. (2017). Evaluation of a novel Serious Game based assessment tool for patients with Alzheimer's disease. *PLoSOne, 12*(5), e0175999.

Weizenbaum, J. (1976). *Computer power and human reason: From Judgment to Calculation.* W. H. Freeman, San Francisco.

Yuen, E. K., Herbert, J. D., Forman, E. M., Goetter, E. M., Juarascio, A. S., Rabin, S.

J., & Bouchard, S. (2010). Using Skype videoconferencing and Second Life virtual environments to deliver acceptance-based behavior therapy for social anxiety disorder. In J. Herbert (Chair), *New developments in remote and internet-based treatment*. Paper presented at the 44th annual convention of the Association for Behavioral and Cognitive Therapies, San Francisco, CA.

찾아보기

내용

저자 소개

박상규(Sanggyu Park)

계명대학교 대학원 심리학과 임상 및 상담심리 전공 박사

전 한국중독상담학회장 및 한국중독심리학회장, 한국도박문제관리센터 이사장

현 가톨릭꽃동네대학교 상담심리학과 명예교수

　　박상규심리상담연구소 소장

주요 저서

행복수업, 중독과 마음챙김, 심리장애의 임상적용을 위한 핸드북: 근거기반의 단계적 치료(공역), 마약류 중독의 이해와 치료(공저), 알코올 중독자 내 안의 또 다른 나(공저), 중독상담학 개론(공저), 정신건강론

박준호(Joonho Park)

성균관대학교 대학원 심리학과 임상심리 전공 박사

전 한국건강심리학회 회장, 한국임상심리학회 총무·교육·홍보이사, 한국심리학회 재무이사

현 경상국립대학교 심리학과 부교수

주요 저서 및 논문

현대심리학개론(공저), 건강심리학(제9판)(공역), 경도인지장애(MCI) 하위유형의 인지적 특성에 대한 탐색적 연구(2018)/Korean Journal of Clinical Psychology, 위협의 과대평가와 기억신뢰가 강박적 확인행동에 미치는 영향(2020)/한국심리학회지: 건강

배성훈(Seonghoon Bae)

충북대학교 대학원 심리학과 임상심리, 상담심리 전공 박사

전 명지대학교 통합치료대학원 겸임교수, 이대목동병원 정신건강의학과 심리검사실 슈퍼바이저, 　　서울특별시 서남병원 정신건강의학과 심리검사실 임상심리전문가

현 가톨릭꽃동네대학교 상담심리학과 조교수

주요 논문

청소년의 비행 문제 감소를 위한 롤플레잉게임형식 인지행동 집단치료 프로그램의 개발(2019)/한국심리학회지: 학교

신성만(Sungman Shin)

Boston University 재활상담학 박사

전 한국중독심리학회 회장, 한국마약퇴치운동본부 이사

현 한동대학교 상담심리사회복지학부 교수

　한동대학교 상담대학원장

주요 저서

정신건강 임상에서의 동기강화상담(공역), 심리장애의 임상적용을 위한 핸드북: 근거기반의 단계적 치료(공역), 용서치료(공역), 정신재활(공역)

조성근(Sungkun Cho)

University of Hawaii at Manoa 심리학과 임상심리전공 박사

현 충남대학교 심리성장과자기조절센터 센터장

　충남대학교 심리학과 교수

주요 저서

현대 심리학의 이해(4판)(공저), 통증을 넘어선 새로운 삶의 시작: 수용전념치료(공저), 임상면담: 기초와 적용(공역), 건강심리학(제9판)(공역)

조혜선(Hyeseon Jo)

충북대학교 대학원 심리학과 임상 및 상담심리 전공 박사

전 조앤장 심리연구소 소장

현 아동권리보장원 아동학대예방본부 과장

주요 저서 및 논문

K-WAIS-IV에서 CHC 요인지수의 연령집단 간 비교(2017)/한국심리학회지: 일반,

일상생활 적응행동 척도: 경계선 지적 기능 선별용 실시요강(공저), BGI-II(벤더 게슈탈트 검사 2판) 검사지 지침서(공역)

최현정(Hyunjung Choi)

서울대학교 대학원 심리학과 임상심리학 전공 박사

전 공익 법인 트라우마치유센터 사람마음 설립 이사장

현 충북대학교 심리학과 부교수

주요 저서

변증법행동치료(공역), 변증법행동치료 기반 정서조절 기술 시스템(공역), DBT, 학교에 가다(공역)

홍예영(Yeyoung Hong)

서울여자대학교 일반대학원 교육심리학과 상담 및 임상심리 전공 박사

전 한스카운슬링센터 상담연구원

현 명지대학교 통합치료대학원 겸임교수

　　심리상담연구소 나다움 센터장

주요 저서

인터넷에 매달리는 아동 · 청소년: 인터넷 매체에 매달리는 아이를 어떻게 도울 것인가?(공저)

임상심리학

Clinical Psychology

2022년 4월 25일 1판 1쇄 발행
2023년 3월 20일 1판 2쇄 발행

지은이 • 박상규 · 박준호 · 배성훈 · 신성만
　　　　조성근 · 조혜선 · 최현정 · 홍예영
펴낸이 • 김진환
펴낸곳 • ㈜ **학지사**
　　　　04031 서울특별시 마포구 양화로 15길 20 마인드월드빌딩
대표전화 • 02-330-5114　　팩스 • 02-324-2345
등록번호 • 제313-2006-000265호

홈페이지 • http://www.hakjisa.co.kr
페이스북 • https://www.facebook.com/hakjisabook

ISBN 978-89-997-2672-9　93180

정가 26,000원

저자와의 협약으로 인지는 생략합니다.
파본은 구입처에서 교환해 드립니다.

이 책을 무단으로 전재하거나 복제할 경우 저작권법에 따라 처벌을 받게 됩니다.

출판미디어기업 **학지사**
간호보건의학출판 **학지사메디컬** www.hakjisamd.co.kr
심리검사연구소 **인싸이트** www.inpsyt.co.kr
학술논문서비스 **뉴논문** www.newnonmun.com
교육연수원 **카운피아** www.counpia.com